中国生物多样性保护与绿色发展基金会
绿色企业工作委员会学术出版资助项目
广东仕诚塑料机械有限公司出版赞助项目

绿色发展系列丛书

中社智库年度报告
Annual Report

主　编 ○ 谢伯阳
副主编 ○ 周晋峰　唐人虎　王斌康　郑喜鹏

2024年
中国绿色经济发展分析

中国社会科学出版社

图书在版编目（CIP）数据

2024 年中国绿色经济发展分析 / 谢伯阳主编 . —北京：中国社会科学出版社，2024.3
　（绿色发展系列丛书）
　ISBN 978-7-5227-3309-8

　Ⅰ.①2… Ⅱ.①谢… Ⅲ.①绿色经济—经济发展—研究报告—中国—2024 Ⅳ.①F124.5

中国国家版本馆 CIP 数据核字（2024）第 057896 号

出 版 人	赵剑英
责任编辑	谢欣露
责任校对	周晓东
责任印制	王　超

出　　版	中国社会科学出版社
社　　址	北京鼓楼西大街甲 158 号
邮　　编	100720
网　　址	http://www.csspw.cn
发 行 部	010-84083685
门 市 部	010-84029450
经　　销	新华书店及其他书店

印　　刷	北京君升印刷有限公司
装　　订	廊坊市广阳区广增装订厂
版　　次	2024 年 3 月第 1 版
印　　次	2024 年 3 月第 1 次印刷

开　　本	710×1000　1/16
印　　张	31.5
字　　数	533 千字
定　　价	108.00 元

凡购买中国社会科学出版社图书，如有质量问题请与本社营销中心联系调换
电话：010-84083683
版权所有　侵权必究

绿色发展系列丛书编委会

主　　编　谢伯阳
副 主 编　周晋峰　唐人虎　王斌康　郑喜鹏
撰 稿 人　（以文序排列）

胡昭广	谢伯阳	周晋峰	肖　青	张　良
王斌康	王　静	王　澜	唐人虎	陈梦梦
徐忠华	李雨桐	赵玉萍	孔垂澜	叶齐茂
张国威	王　平	肖冰璇	陈　楠	高诗颖
庄双博	封红丽	张　浩	徐　猛	郑喜鹏
石　岩	潘聪超	柏文喜	徐　岷	段梦渊
白益民	廖　竞	马晶晶	刘　璇	刘天舒
雷鹤渊	杨　丽	刘广青	薛春瑜	黄建宇
于明革	曹　宇	张大林	谢雪平	权嘉乐
苏晓玉	王梦涵	于耀伟	秦志红	何考华
黄如诔	王晓琼	杨洪兰	李泽好	马晓晴
武博文	刘思悦	孙媛媛	郑　健	刘元堂
王书平	陈宣群	王茂林	丁永健	郭玲玲

编辑组成员

王斌康	王志勇	朱　亮	王恩忠	马乐跃
卢乐杰	薛阿慧	吴程隆	杨　磊	金伽伊
李　南	胡晓生	袁　凯	李　卓	黄美秀

黄金梅　叶梦阳　关宇轩　韦　琦　封　紫
徐艳君　刘思铖

战略合作单位

国家电力投资集团有限公司商业模式创新中心
中国城市科学研究会绿色建筑研究中心
腾讯科技有限公司能源事业部
北京中创碳投科技有限公司
北京中创格润科技有限公司
北京财团商道管理咨询有限公司
广东省经济学家企业家联谊会
广东仕诚塑料机械有限公司
广州丰乐工商管理研究院
《小康》杂志社
《中国民商》杂志

序 一
坚定不移，走绿色发展之路

胡昭广[*]

对于人类命运共同体来说，绿色低碳发展是需要系好的"第一颗钮扣"。

工业革命以来，人类将化石燃料作为主导能源，人类活动的强度空前增加，在促进社会发展的同时，也带来水源、土壤、大气等环境要素的严重污染，生态系统遭到破坏。二氧化碳排放过量，导致气候变化，成为阻碍人类可持续发展和保持大自然平衡稳定的主要原因。

在生物多样性危机、气候变化危机和公共健康危机的多重冲击和挑战下，人类未来社会经济发展可行之路的核心必然是绿色发展。

完整准确全面地贯彻新发展理念，做好碳达峰、碳中和工作，努力加快实现绿色低碳转型，就必须坚持积极稳妥、坚持因地制宜、坚持改革创新、坚持安全降碳、坚持人民至上。

改革开放为国民经济发展叩开了春天的大门。四十多年的改革历程，促进了我国民营企业快速发展壮大。民营企业为中华民族富起来、强起来，做出了重要贡献。我们常用"56789"描述民营经济的重要贡献——50%以上的税收、60%以上的国内生产总值、70%以上的技术创新成果、80%以上的城镇劳动就业以及90%以上的企业数量。在世界500强企业中，我国民营企业由2010年的1家增加到2018年的28家。2023年7月发布的《中共中央 国务院关于促进民营经济发展壮大的意

---

[*] 胡昭广，北京市原副市长、中国生物多样性保护与绿色发展基金会创会理事长。曾任清华大学21世纪发展研究院兼职教授、山西省人民政府经济顾问等。主要研究领域为科技产业创新、绿色发展等。

见》，高度评价民营经济，指出民营经济是推进中国式现代化的生力军，是高质量发展的重要基础，是推动全面建成社会主义现代化强国、实现第二个百年奋斗目标的重要力量。这是对改革开放和民营经济历史地位的高度肯定。不过，民营企业也应清楚地认识到，其在完成"双碳"目标中肩负着不可推卸的责任。在改革开放的过程中，包括民营经济在内的企业，也走了很长时间的高污染、高耗能、高排放的道路。大自然为人类生存和发展提供了丰富多彩的资源，人类通过发挥主观能动性，进行各种开发和创造，使大自然为人们的衣食住行服务。然而，对资源的过度开发和利用以及对生态环境保护的忽视，让人类陷入当前的困境——气候变化加剧、生物多样性丧失、各种已知或未知的人畜共染病正不断对人和动物发起攻击……经济的绿色发展转型，碳达峰、碳中和目标的践行，是人类应对上述问题的必由之路。

科技创新、科技进步是实现"双碳"目标的重要途径。碳中和是一项包括关键技术、工程及治理等在内的巨大复杂体系，是一个多学科深度交叉融合的领域。实现碳中和目标，需要大力研发碳中和前沿技术，培养前瞻性、系统性的思维方式，具备突出的跨学科创新能力和团队合作能力。

在实现碳中和目标过程中，特别要重视技术创新的核心作用，要努力实现低碳能源与碳移除技术、新型电力系统、零碳人居环境、新能源动力系统等，就必须实施创新驱动。1988 年，我曾担任北京市新技术产业试验区（中关村园区的前身）第一任主任，职责是推动科技改革的"最后一公里"，即推动科技产业创新发展，实现产业化。回顾历史，我始终认为坚守住"创新"这一最根本的核心，是极为重要的。中关村的发展与成就，便是在改革开放的大方向下，敢于试新、敢于试错、不断摸索，体制机制创新与技术创新两者相辅相成的过程中取得的。今天，我们肩负着努力实现"双碳"目标的伟大历史使命，必须要坚定地走改革创新之路。

改革开放至今，中国在多个领域实现了超越，但在国际局势动荡、三年疫情影响、全球变暖、中美关系紧张等多方面因素综合作用下，国家的发展正面临诸多挑战，但这同时也是战略机遇期。随着我国生态文明建设的持续深入，人们越发认识到需要以友善、循环、再生、平衡的态度和理念来对待自然生态环境，秉持"向善"态度创新发展。比如数

序一 坚定不移，走绿色发展之路

字经济。大数据是一种新型的资源。数字经济使人类可以通过科学技术对社会经济发展各个领域进行无限量的数据取样和计算，用数字化的方式来准确表达过去、现在甚至未来。这是一场影响人类社会生产、生活方式和思维方式的深刻变革，将对经济绿色发展转型产生强大的推动力。

未来几年是我国全面建设社会主义现代化的关键时期，准确把握好生态保护和经济发展的辩证关系，以创新推进降碳、减污、扩绿、增长，推进生态优先、节约集约、绿色低碳发展，是继续深化改革开放的必修课。

绿色发展之路，是一条通往国家富强、人民幸福、人与自然和谐共生的道路。本书的编撰以为企业服务为导向，希望本书通过对时代脉搏的精准把握，结合优秀实践案例，成为具有参考性和指导性的优秀书籍，为破解绿色低碳发展面临的瓶颈、推动高质量发展贡献一份力量。

序 二
建设生态文明实现中华民族健康发展

谢伯阳[*]

文明是一个不断进步的过程，生态文明是人类文明发展的新阶段。进入21世纪以来，我国高度重视生态文明建设，树立起"生态兴则文明兴，生态衰则文明衰"的新理念。人类历史就是一部人与自然关系的发展史。人类历史上因生态而兴衰的例子不胜枚举，许多战争的原因也是与生态分不开的，古巴比伦文明的消亡、复活节岛的孤寂、楼兰古城的衰落等都令人扼腕叹息。当今世界正处于百年未有之大变局中，我国经济社会发展的内外部环境正在经历前所未有的变化。新一轮科技革命突飞猛进，创造出新产业、新业态，使传统产业重塑势在必行。要站在对人类文明赓续负责的高度来谋发展。这关系人民福祉，关乎民族未来，更是人类共同命运的体现。

一 建设生态文明是经济社会发展的必然成果

对于高质量发展阶段来说，生态环境因素影响越来越重要，"绿色"成了高质量发展的亮丽底色。在以往粗放的经济增长模式下，人们自觉或不自觉地把经济增长与环境保护看作矛盾的，强调其对立关系，甚至不惜牺牲环境来换取经济增长。然而，实质上，经济发展与环境保护之

---

[*] 谢伯阳，国务院参事、全国工商联原副主席、中国生物多样性保护与绿色发展基金会理事长，主要研究方向为生态文明、生态系统生产总值（GEP）等。

间是辩证统一的关系，两者是无法分离、相互促进的整体。经济发展，能够为环境保护提供源源不断的科技支持与资金支持，为人们创造出更加丰富的物质条件。与此同时，环境保护也是经济发展的基础所在，能够为经济发展提供充足的能源与动力支持。只有实现经济发展与生态环境的良性互动，才能构建出经济社会高质量发展的新格局。

改革开放四十多年的发展历程，是我国经济社会快速发展的历程，也同样是选择建设生态文明走绿色发展道路的特殊历程，建设生态文明是中国人民始终坚持走中国特色社会主义道路的历史必然，也是中国人民用绿色发展书写的改革开放的时代新篇章。

二　建设生态文明是提升经济新动能的有效途径

推动高质量发展是我国全面建设社会主义现代化国家的首要任务，是今后一个时期的发展思路。要实现经济高质量发展，需要树立"绿水青山就是金山银山"的理念。新一轮科技革命风起云涌，绿色低碳经济、数字经济等正在成为世界经济发展的新引擎。全面深化改革，推动经济结构、能源结构、生产生活方式全面绿色转型，是推进经济高质量发展的重要途径和手段，也是我国发展到新阶段的大势所趋。

企业是推动经济高质量发展的市场主体，创新是企业在市场竞争中发展壮大的制胜法宝。企业可以通过对技术进行改造升级，不断提高产品附加值，对产品进行更新迭代，以适应人们对产品数字、智能、绿色等方面的需求；还可以通过技术创新提高资源的使用效率，减少环境污染，从而形成良性的发展循环，帮助企业实现由低端制造向高端创造的转变。当下，从总体上看，我国很多企业还面临着来自全球的高端技术挤压和低端加工制造环节分流的压力。新技术新业态的发展，为我国经济发展抢占战略的制高点、实现"换道超车"提供了机遇和可能。建设生态文明，推动经济高质量发展需要在现行法律法规的框架下，依靠政府、运用市场手段，系统地引导经济投资到绿色低碳等高新科技行业中来，推动智能经济、数字经济、绿色经济等新业态新模式加快发展，实现"创道引领"和经济新动能提升的历史任务。

三 建设生态文明需要着重处理好三个辩证关系

当前,新一轮科技革命和产业变革加速演进,人工智能等新兴技术与传统技术相结合,孕育出以绿色、智能等为特征的重大技术变革。在此大背景下,推进生态文明建设,走绿色发展之路、走高质量发展之路势在必行。建设生态文明,稳步推进经济社会绿色低碳高质量发展的进程中需要处理好三个辩证关系。

一是处理好经济增长与减碳、减排之间的关系。推动社会经济发展绿色化、低碳化是实现经济高质量发展的一个关键举措。党的二十大明确提出,积极稳妥推进碳达峰、碳中和。推动经济社会发展绿色化、低碳化是实现高质量发展的关键环节。经济增长和减碳、减排不能割裂,减碳应该建立在经济增长的基础之上,不能为了减碳而人为压低经济增长,应着重以绿色低碳产业来促进经济新的增长。处理好经济增长与减碳、减排之间的关系,不仅不会限制经济增长,反而会推动新兴经济的发展,促进新的经济发展方式出现,带动新投资、新技术、新交通、新建筑、新能源等。处理好经济增长与减碳、减排之间的关系,有效降低发展的资源环境代价,势必为经济高质量发展提供强大的动力。处理好经济增长与减碳、减排之间的关系就是要站在人与自然和谐共生的高度谋划发展,在推进中国式现代化建设全过程中,加快产业结构调整,促进经济社会全面绿色低碳转型。

二是处理好政府与市场之间的关系。党的二十大报告指出:坚持和完善社会主义基本经济制度,毫不动摇巩固和发展公有制经济,毫不动摇鼓励、支持、引导非公有制经济发展,充分发挥市场在资源配置中的决定性作用,更好地发挥政府作用。党的十八届三中全会审议通过的《中共中央关于全面深化改革若干重大问题的决定》明确指出,经济体制改革是全面深化改革的重点,核心问题是处理好政府和市场的关系,使市场在资源配置中起决定性作用和更好发挥政府作用。这是对市场与政府关系认识上的一个重大理论突破,正确定位了市场的地位和作用。在推动地区经济投资和绿色低碳高质量发展过程中,政府的作用主要是通过完善法治和政策,构建良好的市场环境,来引导企业朝着保护环境、碳达峰、碳中和、安全生产、防范和控制风险、共同富裕等方向发展，而不是简单或者主要地依靠行政力量去完成这些目标。在推动绿色低碳高质量发展过程中，关键是寻求政府行为和市场功能的最佳结合点，使政府在调节经济、弥补市场功能失灵的同时，避免自身的缺位、越位、错位等问题。

三是处理好长远目标和近期目标的关系。实现"双碳"目标，是国家的重大战略。要在不到十年的时间里完成碳达峰，不到四十年的时间实现碳中和，从中央到地方既制定了远景目标、长期规划，又设置了阶段性任务和短期目标，以长期规划引领阶段性任务，以战术目标实现支撑战略目标达成。对于地方而言，必须切实树立"绿水青山就是金山银山"的理念，处理好当下工作与长期目标的关系，既要防止长期任务短期内不努力，也要防止长期任务短期化，绝不能搞"碳冲锋""运动式减碳"。对于低端产业，不能一关了之，而是要推动工艺、技术、装备升级，真正实现经济发展绿色低碳转型，要切实统筹谋划处理好长期目标和近期目标的关系，推动经济的高质量发展。

推动经济社会绿色低碳发展是实现高质量发展的关键环节。习近平总书记曾明确指出，实现"双碳"目标，不是别人让我们做，而是我们自己必须要做。我国已进入新发展阶段，推进"双碳"工作是破解资源环境约束突出问题、实现可持续发展的迫切需要，是顺应技术进步趋势、推动经济结构转型升级的迫切需要，是满足人民群众日益增长的优美生态环境需求、促进人与自然和谐共生的迫切需要，是主动担当大国责任、推动构建人类命运共同体的迫切需要。[1] 经济高质量发展并非简单地否定传统经济发展模式，而是在继承其合理因素的基础上，对其不合理因素进行批判和超越。

四 结语

2023年是全面贯彻落实党的二十大精神的开局之年，是落实"十四

---

[1] 《习近平主持中共中央政治局第三十六次集体学习》，新华网，2022年1月25日，http://www.news.cn/politics/leaders/2022-01/25/c_1128299494.htm。

序二 建设生态文明实现中华民族健康发展

五"规划关键之年，是全党全国各族人民迈上全面建设社会主义现代化国家新征程、向第二个百年奋斗目标进军的关键时刻。我国生态文明建设方面成果显著，已经建成了全球规模最大的碳市场和清洁发电体系，可再生能源开发利用规模、新能源汽车产销量均居世界第一。蓝天、碧水、净土"三大保卫战"取得了阶段性胜利。碳交易市场持续保持活跃。我国在全球生态环境治理方面持续贡献着大国智慧和展现着责任担当。可以这样讲，经济社会绿色低碳转型为我国经济高质量发展、为全球经济复苏提供了有力保障和强劲动力。

当下及未来一个时期，我们要继续统筹好国内、国际两个大局，办好中国的事情。因此，从国际层面看，我们需要继续坚持高水平开放，加大国际合作，继续发展好绿色经济，坚持"走出去"的战略，发展好"一带一路"等国际合作平台，在应对全球气候变化、构建人类命运共同体等方面，让世界进一步看到中国的责任担当。从国内层面看，要坚持以习近平生态文明思想为指引，建立健全有利于推进人与自然和谐共生的现代化的战略规划、法规制度和评价考核体系等政策制度，不断深化改革，加快绿色科技人才培养，坚持科技创新，推进生态文化培育，增强全社会生态文明意识和责任感。

我们要以对子孙后代前途命运负责的态度去重视生态文明建设，努力建设人与自然和谐共生的现代化，实现中华民族的永续发展。期待本书能够为各领域绿色转型提供借鉴。

序 三
因势利导，推动绿色经济发展

周晋峰[*]

改革开放以来，我国经济飞速增长，于 2010 年跃升为仅次于美国的世界第二大经济体。然而，我国经济的高速增长也付出了沉重的资源环境代价。党的二十大，习近平总书记强调，要推动绿色发展，加快发展方式绿色转型，加快构建废弃物循环利用体系，健全资源环境要素市场化配置体系，倡导绿色消费，推动形成绿色低碳的生产方式和生活方式。[①] 2020 年第 75 届联合国大会上，我国政府郑重宣布"双碳"目标。这一重要论述和郑重承诺为绿色经济的发展指明了方向，有利于转变我国经济粗放发展模式和推动我国可持续发展。新时代十年，全国能耗强度累计降低了 26.4%，单位 GDP 水耗下降了 45%，单位 GDP 二氧化碳排放下降了 34.4%。[②] 截至 2023 年 6 月 30 日，全国碳市场碳排放配额（CEA）累计成交量 2.38 亿吨，累计成交金额 109.12 亿元。另外，根据生态环境部的核算结果，2015—2021 年我国环境退化成本先升后降，2017 年达到顶峰，为 2.2 万亿元。与 2017 年相比，2021 年环境退化成本下降了 27.8%。我国成为全球能耗强度降低最快的国家之一，绿色发展成果显著。但根据 2022 年环境绩效指数（EPI），我国年度得分仅为 28.4，表明资源环境对经济发展的约束仍在强化，可持续发展能力薄弱，绿色经济发展动力不足。

---

[*] 周晋峰，中国生物多样性保护与绿色发展基金会副理事长兼秘书长，世界艺术与科学院院士，北京大学、美国普度大学联合培养博士，第二届全国电子商务质量管理标准化技术委员会委员，第二届全国创新争先奖状获奖者，第九届、第十届、第十一届全国政协委员，罗马俱乐部执行委员，研究方向为生物多样性保护、绿色发展等。

[①] 习近平：《高举中国特色社会主义伟大旗帜 为全面建设社会主义现代化国家而团结奋斗——在中国共产党第二十次全国代表大会上的报告》（2022 年 10 月 16 日），人民出版社 2022 年版。

[②] 吴秋余：《从经济增长之"量"看发展之"质"》，《人民日报》2023 年 11 月 20 日第 1 版。

一 厘清、强化绿色经济本质

随着环境污染、生态退化、资源枯竭等一系列问题严重威胁着人类的生存和发展，绿色经济作为摆脱经济、生态和社会危机的一种有效途径而被广泛提倡。绿色经济的概念最早是英国环境经济学家 Pearce 在 1992 年提出的，强调可持续发展下的再生能力，其基本特征在于系统地将经济产出变化率与该过程中消耗的环境资产脱钩。[①] 随着生态经济学和环境经济学理论的不断创新，以及理论在全球的长期实践，绿色经济被赋予了更深刻、更宽广的内涵。

绿色经济以生态承载力和环境容量为基础，坚持生态保护第一，采取贯穿从资源、生产到消费的各个环节的节约、低碳、高效、循环等措施，包括节能减排、节约资源、能源清洁、绿色技术、环境治理、生态修复和恢复、循环利用和再利用、绿色金融以及全球参与和绿色政策等，以增加人类福祉和促进社会公正，减少人类活动对环境的威胁和自然资源的破坏，实现自然、社会、经济和谐可持续发展的经济形式。

绿色发展是积极应对与减缓全球气候变化和生态环境危机的必然选择，绿色经济是绿色发展的物质基础和重要支柱，是践行国家"双碳"目标的重要举措。我国绿色经济起步较晚，还处在探索、积累经验的阶段。人们对绿色经济的认识还不够，容易以单一环节来衡量是否"绿色"，而忽略了绿色经济其实是贯穿从资源到消费整个过程的，对其经济效益、生态效益和社会效益的衡量依赖整个过程中产生的价值。因此，厘清绿色经济的本质是当前加快绿色经济发展的首要任务。

二 认清、杜绝"伪绿色"

"绿色"要基于自然的法则。为了应对严重的生态危机、经济危机和社会危机，各国都在采取积极措施，从各个领域、各个方面去寻求与自然

[①] David Pearce, "Green Economics", *Environmental Values*, Vol. 1, No. 1, 1992, pp. 3–13.

序三　因势利导，推动绿色经济发展

和谐发展的新机遇，努力向绿色经济转型。作为绿色经济发展的主体，越来越多的企业将"绿色"贯穿于设计开发、技术创新、生产工艺以及市场营销等过程中，努力减少资源消耗以及生产消费过程中产生的废弃物对环境的危害。消费者也逐渐将绿色产品作为首选，注重可持续的消费。

然而，由于消费者对"绿色"的认识不够，有些企业为实现利益最大化，以"伪绿色"误导消费者。有些项目，虽然在外观上"剽窃"可持续的绿色发展理念，但在实际上经不起绿色经济评价指标体系的检验。

绿色设计是可持续发展的重要领域，但有些绿色设计往往不能充分考虑资源的集约化利用和生态环境效益，忽视产品生命周期和产品环境属性，在实践绿色理念中流于形式。许多企业或项目以艺术化、智能化、绿化作为绿色建筑的标准，忽略节约资源、降低能耗是可持续发展的本质，不懂得因地制宜，做好与自然的融合与共生，如沙漠里的迪拜蓝色水晶"冰山"酒店。

还有一类"伪绿色"，是直接以破坏生态环境为代价的。《绿色产业目录》中所列出的绿色产业大多考虑的是使用过程中的"绿色"，而忽略了生产过程中的资源损耗、污染排放以及对生态环境的影响。例如，水电建设中，水坝阻断自然水流，改变河流的物理、生物和化学特性，可能导致河道淤积、水质恶化、地质灾害、区域气候变化等问题；同时，影响水生生物的迁徙和繁衍，减少物种间的基因交流，进而影响整个流域生态系统的稳定性，使河流生态系统功能降低甚至丧失。

在绿色经济转型时期，此类事件时有发生。《绿色产业目录》仅可作为绿色产业的参考书，是否为真正的"绿色"，还须经得起科学的评价。只有掌握绿色经济发展的本质，透过本质去剖析现象，方能杜绝"伪绿色"的滋长，避免"伪绿色"经济的发展。

三　深化、更新绿色经济政策举措

当前，绿色经济正成为经济增长的新驱动，各国政府均在实施"绿色新政"，并积累了丰富的经验。绿色经济的发展存在时空差异性，因此，在政策举措的制定上，应重视因地制宜、因时制宜，要充分考虑当地的自然、经济和文化特点。

我国绿色经济虽然取得了一定的成绩，但发展过程中仍然面临着许多困难和挑战，其中政策举措不匹配或滞后是其主要因素之一。第一，我国已进入绿色转型的攻坚期，但相应的配套政策措施尚有不足，相关法规政策在可操作性、规范性、引导性和地域性上还有所欠缺，绿色标准、绿色认证、绿色检测和评估制度还不完善，这也使"绿色贸易壁垒"成为我国经济发展面临的一个痛点。第二，因监管制度不完善，责任主体不明确，机构职权不清晰等造成的相关政策举措在执行过程中缺乏有效监管的问题还比较突出，对"伪绿色"现象的治理存在诸多漏洞。第三，政策举措的灵活性有待提升。在技术快速迭代、生态环境影响因素不断发生变化的情况下，不能及时调整和优化，造成"好白菜充厨余垃圾"等类似事件时有发生。

作为绿色转型的重要保障和经济发展的强力推手，绿色政策举措应避免"挤牙膏式"和市场倒逼式的政策出台方式，要有及时性、可预见性和前瞻性，且保持与时俱进，以灵活应对瞬息万变的社会经济环境。

四 优化市场机制，推动人民的参与

改革开放以来，我国社会主义市场经济，在政府和市场关系不断变化、调整、优化和优势互补的情况下，取得了举世瞩目的成就。即便是在国际金融危机的持续影响和全球气候变化的大环境下，政府引导和市场机制依然发挥积极作用，共同推动经济持续增长，2023年前三季度实现国内生产总值同比增长5.2%的佳绩。

然而，面对不断变化的国内外发展环境，我国市场仍存在准入门槛限制、激励不足、资源配置效率不高等情况。市场经济瞬息万变，特别是在国际形势复杂多变、气候变化影响加剧等因素的综合影响下，要做好生态文明建设，在坚持政府引导的基础上，还需站在生态文明的时代高度，遵循市场、自然和社会规律，进一步激励全民践行绿色理念，按照党的十九大提出的"构建市场机制有效、微观主体有活力、宏观调控有度的经济体制"的要求，因时因地、动态调整政府和市场关系，形成"有效市场"和"有为政府"合力，加快推动绿色经济高效、公平、可持续发展。

要实现高质量发展，归根结底是要改变"环境不友好"的生产和生活

| 序三　因势利导，推动绿色经济发展 |

方式，向绿色低碳转型。这需要全社会的参与，共同努力、共同推动、共同实践。

以海洋经济发展为例。在经济快速发展的四十年间出现渤海的海草床大规模丧失的过程，而这种丧失与经济发展存在正向关联。这就要求大力发展海洋经济，充分发挥海洋的碳汇作用，包括海草、珊瑚、海藻等的固碳功能，推动可持续、气候友好的发展。现在，很多近海区域在开展海草的种植恢复，尝试海洋珊瑚的人工种植。地球表面海洋覆盖面积超过70%，如能合理利用，对于实现碳中和目标、促进海洋经济发展具有非常重要的意义。

以企业践行ESG为例。我国有关部门引入强化ESG管理体系，以此衡量企业环境、社会和治理状况是否符合绿色发展要求。企业对自然资本核算的整体逻辑要自洽，要创新思路，要以生物多样性保护为核心。例如，在核电基地自然资本核算项目中，缺少对核电站冷却海水循环中产生的热影响的调查与评估，而在应对全球气候变化中，一个非常突出的案例就是海水升温会给海洋生物带来毁灭性的打击。又如，在风电场项目自然资本评估中，应该增加"人类活动情况"条目。所有的自然资产，都可能受到人类活动的影响，因此，建议对人类活动情况予以评估，有效控制或减少人类活动对生态系统的影响。此外，相关企业在做自然资本核算或评估中，都有类似缴纳植物恢复费这样的行为，如核电基地需要缴纳500万元绿化经费。这是工业化时代所形成的惯性绿化，并不等同于生态保护。

再以绿色消费为例。中国绿色消费溢价水平在3%—4%[①]，而财政补贴激励消费者的低碳绿色消费行为的力度较弱且覆盖范围小，现有绿色税种优惠政策的覆盖面小且分散，这种情况不利于促进绿色消费。另外，工业文明发展到今天，"绿水青山"更加弥足珍贵。目前，地球的自然资源日益匮乏，如继续工业文明理念下的生产方式以及生活方式，人类的生存将面临更严峻的挑战。"浪费型消费""无效消费"在当下及今后都难以为继。因此，完善绿色消费激励机制，倡导理性消费，是我国绿色发展的必循之路。

党的十八大以来，在绿色发展理念的指引下，减排降碳生产、生态环境治理、绿色政策激励、绿色低碳技术创新、绿色金融支撑以及绿色消费

---

① 徐根兴：《绿色消费从意识到行动还有多远？》，《中国环境报》2023年8月11日第3版。

等重要工程已有序开展，绿色经济取得了重大成就，2022年，碳排放强度比2005年下降超过51%。党的二十大报告将"形成绿色生产生活方式，碳排放达峰后稳中有降，生态环境根本好转，美丽中国目标基本实现"作为到2035年我国发展总体目标的重要内容。新征程上，我们要立足国情，坚定践行"绿水青山就是金山银山"理念，遵循自然、社会、经济和生态的发展规律，发挥人民的力量，畅通渠道、动员社会各界积极参与，抓住机遇、迎接挑战，推动经济绿色快速转型。

前　　言

　　党的二十大报告提出，"推动绿色发展，促进人与自然和谐共生"。中国生物多样性保护与绿色发展基金会（以下简称中国绿发会）以此作为主题编写"绿色发展系列丛书"，由谢伯阳同志任主编，绿色企业工作委员会（以下简称绿工委）负责编写工作，王斌康同志负责统稿，对绿色经济发展的相关环节——绿色设计、绿色能源、绿色供应链、绿色金融、绿色消费、循环经济的理论研究和社会实践一一进行了分析总结和发展预测。

　　2023年3月，《2023年中国绿色经济发展分析》由中国社会科学出版社正式出版，成为"绿色发展系列丛书"的第一本绿皮书。该书出版发行后，在很多城市都引起了很好的反响。北京、上海、、广州、深圳、佛山、潮州、肇庆，这些地方先后召开了规模不等的绿皮书读书会，大家对"绿色发展系列丛书"给予一致好评，对丛书积极倡导社会经济绿色发展高度认同。有些城市还召开了建设生态文明实现绿色发展的培训班，对推动绿色发展、提高对建设生态文明重要性的认识起到了很大的推动作用。特别是广大企业家对绿皮书表现出巨大的热情，大家认为绿皮书既有相当的理论高度，又有可以实操的典型案例，对广大企业实际工作者理解绿色经济发展、践行降碳减排具有很好的指导价值。

　　鉴于《2023年中国绿色经济发展分析》成功入选中国社会科学出版社"中社智库"年度分析报告，并引起社会各界的积极反响，中国绿发会决定组织编写《2024年中国绿色经济发展分析》，继续保持丛书服务社会绿色发展、服务企业绿色转型的职能。同时，结合2023年度国内外经济发展格局及变化特点，融合国际视角，从全球化视野看待2024年中国绿色经济的发展趋势，对实现中国式现代化、寻求绿色发展的新突破作出新的贡献。

　　为此中国绿发会于2023年10月8日和11月20日由周晋峰副理事长

主持召开由绿发会办公室、绿工委、国际部、项目部负责人参加的绿皮书编辑工作会议。

周晋峰副理事长强调,"绿色发展系列丛书"要呈现出中国绿发会自己的特色,要用优质的创作内容体现丛书的服务功能和年度特色。对绿色经济发展所涵盖的各个领域都要有深入的研究和呈现;要能够做出特色、做成品牌,力求打造出一套年度化、系列化理论与实践相结合的中国绿色经济发展的系列报告,并辅以行业领域有代表性的案例作为参考资料,力争做成对中国绿色经济发展有贡献、对节能减排有促进、对企业实际工作有价值的系列丛书。

周晋峰副理事长还提出,"绿色发展系列丛书"要对社会经济高质量发展、产业转型升级、企业低碳绿色发展具有指导性和实操性,要把来自国有企业、民营企业、县域经济绿色发展的优秀案例融汇其中,同时邀请国际跨国公司和国际嘉宾参与绿皮书的创作,分享国际上的成功经验,重视并拓宽"绿色发展系列丛书"的服务功能,也欢迎社会各界推荐更多的优秀文章、优秀书目加入"绿色发展系列丛书"之中。

本书的编写受到了社会各界专家学者、企业及科研单位的关注和大力支持,在此特别感谢中共中央统战部原副部长胡德平同志对本书的悉心指导,感谢北京市原副市长、中国绿发会创会理事长胡昭广同志的积极支持,感谢中国绿发会谢伯阳理事长、周晋峰副理事长、肖青副秘书长,绿工委副主任兼秘书长王恩忠同志的大力支持与资助,感谢各战略合作单位的大力支持。同时,也感谢本书编写组成员的积极参与和辛勤劳动。我们还要感谢中国社会科学出版社对这套"绿色发展系列丛书"出版的大力支持。

绿色发展系列丛书编委会

目 录

总 报 告

践行绿色发展　建设美丽中国
………………………………中国生物多样性保护与绿色发展基金会
绿色企业工作委员会课题组　（3）

理论探索与战略研究

能耗"双控"向碳排放"双控"转变的实现基础
……………………………………………………唐人虎　陈梦梦　（37）
跨国能源企业的低碳创新战略
——以道达尔能源公司为例 ………………徐忠华　李雨桐　（49）
全面推进生态恢复　夯实绿色发展基础
……………………………………周晋峰　赵玉萍　孔垂澜　（60）
为共谋全球可持续发展贡献中国智慧与中国力量 ………张　良　（77）

绿色规划设计

以自然为本的解决方案
——欧洲城市绿色转型的主导倾向和经验教训 ………叶齐茂　（95）
"双碳"背景下绿色文旅项目建设的可持续发展探索
………………………………………张国威　王　平　肖冰璇　（109）
国家适应气候变化示范城市建设的意义与重点
………………………………………………………陈　楠　高诗颖　（123）

绿色能源

中国清洁能源走廊建设的绿色贡献 …………………… 庄双博 （139）

"双碳"目标下构建新型电力系统的思考与建议

………………………………………………… 封红丽 张 浩 （149）

欧盟统一电力市场和碳市场的建设与完善 …………… 徐 猛 （159）

能碳协同提效的数字化智能实践

……………………………………… 郑喜鹏 石 岩 潘聪超 （173）

绿色供应链金融

中国绿色债券市场的运行与发展 ……………………… 柏文喜 （189）

生产运营领域的绿色供应链体系建设和创新实践

………………………………………………… 徐 岷 段梦渊 （205）

三井物产：日本绿色能源的产业链链长 ……………… 白益民 （217）

推行绿色生产方式

推动我国数智化实现赋能制造业绿色低碳转型 ……… 廖 竞 （233）

"双碳"语境下的中国绿色低碳园区发展路径探析

……………………………………… 马晶晶 刘 璇 刘天舒 （244）

推进产业园（近）零碳化运营，带动区域经济高质量发展

………………………………………………… 雷鹤渊 杨 丽 （255）

生物质能源助力"双碳"目标的路径和潜力

……………………………………… 刘广青 薛春瑜 黄建宇 （267）

绿色经济循环智能创新发展

数据知识产权保护助力绿色经济高质量发展

………………………………………………… 于明革 曹 宇 （281）

工业危险废物的转移方案及处置方式 ………… 张大林 谢雪平 （292）

| 目 录 |

卫星遥感植被病虫害应用服务 …… 权嘉乐 苏晓玉 王梦涵 (304)
数智化赋能塑料机械制造业绿色发展的关键要素与实现路径
………………………………… 于耀伟 秦志红 何考华 (315)

绿色经济的实践活动

"三北"防护林建设在防治荒漠化中的作用 ……… 黄如谋 (333)
共谋全球可持续发展
——海洋生物多样性保护的紧迫性与我们的责任
………………………… 王晓琼 王 静 杨洪兰 (342)
国际贸易碳壁垒对相关产业的影响与对策 …… 王 澜 李泽妤 (356)
CCER市场重启分析与市场趋势预测
………………………… 马晓青 武博文 刘思悦 (366)

绿色消费

"光储充放"一体化推进新能源汽车的绿色消费
——以浙江省安吉智电控股有限公司能链智电
储能产品和解决方案为例 ………………… 孙媛媛 (383)
构建互联网平台 推动餐饮绿色发展
——以"网红生日宴"为例
………………………… 郑 健 刘元堂 王书平 (393)
传统食品企业绿色升级
——以肇庆裹蒸为例 …………… 陈宣群 王茂林 (403)
我国香氛行业的绿色发展之路
——以达伦特香氛科技有限公司为例
………………………………… 丁永健 郭玲玲 (414)

社会经济绿色发展典型案例

大语言模型"中创碳知"打通"双碳"知识的"最后一公里"
——北京中创碳投科技有限公司 ……………………… (429)

农田土壤固碳评价标准促进气候变化应对
　　——湖北丹江口试验示范项目 ……………………………………（432）
内蒙古中核龙腾乌拉特100MW槽式光热发电国家示范项目
　　——常州龙腾光热科技股份有限公司 …………………………（438）
邻里生物多样性保护赋能乡村振兴
　　——以留坝县中华蜜蜂产业为例 ………………………………（443）
农业工业化引领者的碳中和之路
　　——北京水木九天科技有限公司 ………………………………（448）
工业生态学的创新实践
　　——中山市环保共性产业园 ……………………………………（453）
建筑屋顶光伏电站案例
　　——深圳市鑫明光建筑科技有限公司 …………………………（459）
探索环境治理新模式　开拓"绿水青山就是金山银山"转化新路径
　　——广东省肇庆市广宁县"碧水—竹海—文旅"EOD项目 ………（465）
未来科技基金的ESG投资实践 ………………………………………（470）
绿色新经济　成竹新未来
　　——浙江中合碳科技集团有限公司 ……………………………（475）

总报告

践行绿色发展　建设美丽中国

中国生物多样性保护与绿色发展基金会
绿色企业工作委员会课题组[*]

2023年，全球社会、政治、经济环境动荡不安，中国政府展现了大国担当，绿色发展的决心不变，力度更大，理念日益成熟，政策与措施更加有力。工农业生产全球贡献占比日益提升，绿色发展的全要素治理体系日益成熟，绿色发展的"一带一路"国际合作平台不断开花结果。

2023年，中国经济总量持续提升，经济结构不断优化，碳排放量明显减速，同时碳排放市场交易机制日益活跃，生物碳汇持续增长，绿色金融持续助力绿色发展。新能源车、新能源发电、碳捕集科技、电力存储科技和未来产业、美丽乡村、循环经济等绿色产业日益发展壮大。绿色经济总量占比达到20%。

中国绿色发展仍然面临各种困难和挑战，能源需求持续增长，经济结构调整仍然任务艰巨，绿色人才短缺形成的发展阻力与淘汰落后产能导致的就业压力巨大。

2023年7月，在全国生态环境保护大会上，习近平总书记强调，今后五年是美丽中国建设的重要时期，要深入贯彻新时代中国特色社会主义生态文明思想，坚持以人民为中心，牢固树立和践行"绿水青山就是金山银

---

[*] 课题组组长：谢伯阳，中国生物多样性保护与绿色发展基金会理事长，国务院参事，主要研究方向为生态文明、生态系统生产总值（GEP）；课题组副组长：肖青，中国生物多样性保护与绿色发展基金会副秘书长，主要研究方向为经济管理、德国经济等；执笔：张良，中国生物多样性保护与绿色发展基金会绿色企业工作委员会首席经济分析师，主要研究方向为产业经济、产业分析等；王斌康，中国生物多样性保护与绿色发展基金会绿色企业工作委员会副主任，高级经济师，主要研究方向为战略管理、股份合作经济等；王静，中国生物多样性保护与绿色发展基金会政策研究室主任，副研究员，主要研究方向为生态文明绿色发展等；王澜，北京中创碳投科技有限公司战略投融资部总监，主要研究方向为绿色贸易、碳市场、环境保护等。

山"的理念，把建设美丽中国摆在强国建设、民族复兴的突出位置，推动城乡人居环境明显改善、美丽中国建设取得显著成效，以高品质生态环境支撑高质量发展，加快推进人与自然和谐共生的现代化。①

2023年11月16日出版的《求是》杂志，发表习近平总书记的重要文章《推进生态文明建设需要处理好几个重大关系》，进一步对建设生态文明的具体工作做出了处理好五大关系的方针指引。

2023年以来，世界格局动荡不安，但绿色发展始终是时代主旋律，绿色经济、数字经济成为增长新动力。围绕增长模式转换、经济结构调整和增长动力转换，本报告结合国内外绿色经济发展环境的实时变化，针对2024年绿色经济的重大挑战和关键任务，提出了系统方案下的策略建议，并对2024年绿色经济的发展进行了展望。

一 2023年中国绿色经济的各项进展

（一）经济总量增长，绿色经济比重提升

2022年全年，中国GDP总额121万亿元，增长5.31%，达到17.1万亿美元。根据国家统计局2023年10月18日发布的数据，前三季度国内生产总值913027亿元，按不变价格计算，同比增长5.2%。分季度看，第一季度国内生产总值同比增长4.5%，第二季度同比增长6.3%，第三季度同比增长4.9%。中国前三季度实现了5.2%的增长速度，超出了全年经济增长5%的目标。②

我国经济已由高速增长阶段转向高质量发展阶段，正处在转变发展方式、优化经济结构、转换增长动力的攻关期，迫切需要新一代人工智能等重大绿色创新手段提供动力和智慧。

中国式现代化要求我们从主要依赖劳动力、资本、资源要素和外部市场扩张的方式向高质量发展方式转变。绿色发展是高质量发展的重要呈现形式和普遍形态。

---

① 《习近平在全国生态环境保护大会上强调：全面推进美丽中国建设 加快推进人与自然和谐共生的现代化》，新华网，http://www.xinhua.net.com。
② 刘志强：《前三季度国内生产总值（GDP）同比增长5.2%——前三季度国民经济持续恢复向好》，《人民日报》2023年10月19日第11版。

在绿色发展理念指引下，我国绿色经济比重持续提升，经济结构优化取得良好进展。根据中国工程院数据，2022 年我国绿色产业总产值达到 20 万亿元，绿色产业占我国 GDP 的比重达到 16.5%，2023 年政府工作目标中进一步提出绿色生产总值占 GDP 比重提升到 20%。[①]

根据 2023 年 8 月 29 日发布的《中国绿色贸易发展报告（2023）》，近年来我国绿色贸易规模基本保持增长态势，2013—2022 年年均增长 3.18%，在全球占比提升 2.3 个百分点。中国、美国、欧盟占全球绿色贸易比重合计为 40.4%，中国排名第一。中国绿色贸易进出口规模从 8144.3 亿美元增至 10792.8 亿美元。中国在全球绿色贸易总额中的占比由 2013 年的 9.9% 增长到 2022 年的 12.2%，在全球绿色贸易出口中的比重由 12.1% 增长到 16.0%。

（二）制造业稳定增长，加快绿色转型

2019 年，我国制造业的能源消耗量占我国能源消耗总量的 55.1%，制造业的碳排放量占我国总排放量的 34.2%，制造业实现绿色转型，对我国碳中和目标的完成关系重大。

中国拥有 41 个工业大类、207 个工业中类、666 个工业小类，是全世界唯一拥有联合国产业分类中全部工业门类的国家。这为中国制造业在全球市场上提供了完整的供应链配套体系竞争优势。2022 年，中国工业增加值约 40 万亿元，中国制造业规模已经连续 13 年居世界首位。工业增加值占 GDP 比重达到 33.2%。其中，制造业增加值占 GDP 比重为 27.7%，65 家制造业企业入围 2022 年世界 500 强企业榜单，培育的"专精特新"中小企业有 7 万多家。工业和信息化部规划，力争 2023 年年底"专精特新"中小企业总数突破 8 万家、"小巨人"企业超过 1 万家。

2023 年，中国中高端科技制造业占规模以上工业增加值比重为 15.5%（见表 1），装备制造业占规模以上工业增加值比重为 31.8%。新能源汽车、光伏产量连续多年保持世界第一。传统产业改造升级加快，数字化、绿色化转型成效明显，培育了 45 个国家先进制造业集群。

[①] 《平安银行朱育强：绿色金融要扮演好四个重要角色》，网易财经，2023 年 10 月 11 日。

表 1   中、美、德三国制造业相关指标比较

	中国	德国	美国
制造业增加值（万亿美元）	4.97	0.7531	2.79
制造业 GDP 占比（％）	27.7	18	10.9
中高端科技制造业比重（％）	15.5	超过 58	超过 45

资料来源：https：//www.macrotrends.net/countries/ranking/manufacturing-output。

中国制造业在绿色设计、工业园区绿色改造升级、绿色工艺改造、绿色能源转型等方面多措并举，迈入绿色转型快车道。全国各大型重点企业均已纳入碳排放监管体系，各行业、各企业绿色转型工程纷纷发力，掀起中国制造业绿色化、数智化转型的热潮。制造业数智化转型先进企业、绿色转型先进模式不断涌现。

（三）碳排放管理成绩斐然，助力绿色经济发展

2020 年 9 月 22 日，中国政府明确提出力争 2030 年"碳达峰"与 2060 年努力实现"碳中和"目标。2021 年 7 月 16 日，全国碳排放权交易市场正式开市。上海环境能源交易所数据显示，截至 2023 年 9 月 22 日，全国碳排放配额累计成交量为 2.82 亿吨，碳交易规模居世界首位，累计成交额为 137.22 亿元。[①]

在碳排放监管体系发力之下，根据国际能源机构 IEA 的报告，2022 年我国碳排放总量为 114.7 亿吨，比 2021 年减少 2300 多万吨。根据 Carbon Monitor 数据，2023 年第三季度，中国二氧化碳排放量同比增长约 4.7%，低于 GDP 5.2% 的增速，表明我国碳排放强度在持续下降。

我国碳排放量增速放缓，一是国家对各主要工业部门下达了节能减排的硬指标，各主要部门、主要企业纷纷采取技术升级和节能减排的具体措施；二是受疫情影响，工业部门多数企业开工不足，能源消耗随之减少；三是建筑业和房地产业在宏观调控政策下，增速显著下降，来自建筑业的碳排放显著下降。

---

① 《"双碳"目标提出三周年 碳交易规模位居世界首位》，《每日经济新闻》，2023 年 9 月 24 日，https：//baijiahao.baidu.com/s? id = 1777927674821919534&wfr = spider&for = pc。

（四）生物碳汇持续增长

荷兰瓦格宁根大学研究报告披露，2001—2019 年，世界森林每年排放 81 亿吨二氧化碳，同时吸收和储存超过 160 亿吨二氧化碳，每年净削减二氧化碳超过 79 亿吨。[①] 生物碳汇在温室气体控制中的重要价值得到普遍重视。

自 1959 年毛主席倡导植树造林以来，植树造林成为我国长期坚持的环境工程。中国"三北"防护林建设，对世界防治荒漠化做出了重大贡献。

2023 年 3 月 12 日，全国绿化委员会办公室发布的《2022 年中国国土绿化状况公报》显示，2022 年中国完成造林 383 万公顷，种草改良 321.4 万公顷，治理沙化石漠化土地 184.73 万公顷。

中国统筹推进山水林田湖草沙系统治理，科学开展大规模国土绿化行动，取得明显成效。全年发布"互联网＋全民义务植树"各类尽责活动 262 个。目前，中国森林面积 2.31 亿公顷，森林覆盖率达 24.02％，草地面积 2.65 亿公顷，草原综合植被盖度达 50.32％。[②]

中国绿化质量和管理水平逐步提升。2022 年，全面落实天然林管护责任，使 1.72 亿公顷天然林得到有效保护。完成国家储备林建设任务 46.2 万千克。落实 310 家森林可持续经营试点单位，2023 年试点任务面积 17.2 万公顷。全年生产林木种子 1634 万千克，绿化良种使用率达到 65％。[③] 开展林业碳汇试点市（县）和国有林场森林碳汇试点建设。全面建立林长制，各级林长近 120 万名。

生物碳汇的量质齐升，为全社会绿色发展、绿色经济可持续增长提供了宝贵的生态资源条件。

（五）绿色金融助力绿色发展

金融是实体经济的血脉，是经济增长的助推器。2015 年 9 月，国务院发布了《生态文明体制改革总体方案》，第四十五条首次明确地提出我国要建立绿色金融体系。

[①] 参见 https://www.wur.nl/en/newsarticle/Worldwide-forest-carbon-sources-and-sinks-mapped-in-unprecedented-detail.htm。

[②] 全国绿化委员会办公室：《2022 年中国国土绿化状况公报》，2023 年 3 月 12 日。

[③] 全国绿化委员会办公室：《2022 年中国国土绿化状况公报》，2023 年 3 月 12 日。

国家金融监管总局副局长周亮在2023年9月3日中国国际金融年度论坛发表致辞时披露，截至2023年6月末，21家主要银行绿色信贷的余额达25万亿元，同比增长33%，规模居世界首位。21家主要银行绿色信贷支持项目建成后，每年可支持节约标准煤超过4亿吨，减排二氧化碳当量超过10亿吨。① 2023年6月末，绿色保险半年保费收入1159亿元，保险资金投向绿色发展相关产业余额1.67万亿元，同比增长36%。绿色信托资产余额2916亿元，金融租赁公司绿色融资余额8500亿元，环境污染责任保险已覆盖20余个高风险环境行业，有力地促进企业降低环境污染风险。②

在推动产业低碳绿色转型上，截至2023年6月末，21家主要银行节能环保产业的贷款余额3万亿元，同比增长53%，清洁能源产业贷款余额5万亿元，同比增长34%，建筑节能和绿色建筑贷款余额3万亿元，同比增长84%。

国际方面，我国金融机构纷纷借助"一带一路"国际绿色合作发展平台，积极走出去。2023年10月16日，中国银行在阿联酋纳斯达克迪拜交易所举行其全球首批共建"一带一路"绿色债券上市摇铃仪式。上市的共建"一带一路"绿色债券规模合计7.7亿美元，将用于"一带一路"共建国家的合格绿色项目。

共建"一带一路"倡议提出十年来，中国银行参与了"一带一路"共建国家的900多个项目，授信余额2690多亿美元。

《金融科技推动中国绿色金融发展：案例与展望（2023）》报告显示，中国2022年绿色债券存量规模为1.4万亿元，排名全球第二，绿色债券发行数量达610只，发行规模8044.03亿元。2023年12月9日，中国证监会、国务院国资委发布了《关于支持中央企业发行绿色债券的通知》，支持央企发行绿色债券（含绿色资产支持证券）融资，协同推进降碳、减污、扩绿、增长，带动支持民营经济绿色低碳发展，促进经济社会全面绿色转型。2023年内，绿色债券发行超过8200亿元。

---

① 李晖：《国家金融监督管理总局副局长周亮：我国绿色信贷余额规模居世界首位》，21经济网，2023年9月3日，https://www.21jingji.com/article/20230903/herald/589c46a705cf7ee94329a959e401a57f.html。

② 董潇：《金融机构ESG探索本土化新路径》，《中华工商时报》2023年12月29日第4版。

二　不确定性因素下的绿色挑战

2022 年以来，国际政治与经济形势日益严峻。俄乌冲突引发国际能源、粮食及大宗商品的供应失衡和价格上涨；美国引导的供应链脱钩、高科技封锁，对中国的制造业和就业形势，都形成了无形的压力。在动荡的形势下，中国面临着一系列绿色发展挑战。

（一）国际地区冲突

2022 年，武装冲突造成的死亡人数上升至一个世纪以来的最高水平。

2020 年 11 月 3 日，埃塞俄比亚爆发内战，持续到 2022 年 11 月才在多方努力下达成停火协议。

2022 年 2 月 24 日，俄乌冲突爆发。

2023 年，巴以地区紧张局势加剧。2023 年 10 月 7 日，巴勒斯坦伊斯兰抵抗运动（哈马斯）宣布对以色列展开新一轮军事行动，以军则对加沙地带展开多轮空袭，并轰炸医院和难民营，造成巨大人员伤亡。

2022—2023 年，共有 79 个国家的动荡程度全面增强，最引人关注的是埃塞俄比亚、缅甸、乌克兰、以色列和南非。2022 年，乌克兰和埃塞俄比亚因冲突或战争造成的死亡人数最多，分别为大约 8.3 万人和 10 万人。

2023 年成为自 2014 年以来，全球和平与安全持续呈下降趋势的第十个年头。

（二）经济疲软

按照国际货币基金组织的估算，受疫情、地区战争等综合影响，2022 年世界平均消费物价指数增长 8.8%，与 2021 年 4.7% 的增长率相比，2022 年的全球通胀率大幅度提升，达到 21 世纪以来的最高水平，2023 年全球通胀水平仍然高达 7.0%。①

2022—2023 年，通胀在全球具有普遍性。除中国的物价相对稳定外

---

① 周子勋：《IMF：中国经济增长 5.2% 成全球经济增长关键引擎》，《中国经济时报》2023 年 4 月 14 日。

（国家统计局披露，2023年前三季度中国通胀率2%），世界主要经济体和各地区的通胀率均有明显提升。美国全年平均消费物价指数增长率为8.1%，为40年来最高水平。[①] 欧元区全年平均消费物价指数增长率为8.3%，为1992年以来的最高水平。所有发达经济体的平均消费物价指数增长率为7.2%，一向处于通货紧缩边缘的日本，2023年10月的消费物价指数也上升至3.7%。新兴市场和发展中经济体出现了更为严重的通胀问题。其中，欧洲新兴经济体2022年全年平均消费物价指数增长率高达27.8%，非洲、拉美和中东地区的全年平均消费物价指数增长率均在14%左右，亚洲新兴经济体全年平均消费物价指数增长率也达到了4.1%。

总之，全球物价涨跌、大宗商品价格剧烈动荡、运费价格剧烈动荡，制造业普遍萎缩，经济动荡加剧。

我国在经历了三年疫情之后，从服装、水泥等生产制造业到餐饮业、零售百货产业、培训业等社会服务业，收入锐减，加上成本压力巨大，损失惨重，政府财政税收锐减。

（三）气候危机

俄乌冲突爆发后，美国宣布了包含能源禁售在内的对俄全面制裁，全球范围内能源供应紧张、价格大幅上涨，欧洲各国纷纷重启燃煤电厂发电，全球温室气体排放在2022—2023年度进一步上升，大气中二氧化碳浓度持续提高。

2023年成为世界气象组织有记录以来最热的一年。根据联合国世界气象组织的监测，2023年6—7月的气温创下历史新高，全球范围内的气温持续攀升。尤其是7月，比NASA记录的其他7月平均温度高0.24℃，南美洲、北非、北美洲和南极半岛的部分地区高出约4℃。这些数据揭示，全球气温上升的趋势使人类面临的气候挑战越发严峻。

三 绿色发展的大国担当

（一）中国政府领导层的绿色发展理念日益完善

面对日益复杂的世界环境问题，以及政治、经济、文化等层面的挑

---

① 姚枝仲：《从动荡中涌起的全球通胀潮》，《光明日报》2022年12月28日第12版。

战，政府领导层高屋建瓴，提出了绿色发展、建设美丽中国等一系列绿色发展主张。

2005年8月15日，时任浙江省委书记的习近平在安吉余村考察时创造性提出"绿水青山就是金山银山"理念。十八年来，习近平同志站在实现中华民族伟大复兴中国梦的战略高度，推动生态文明建设，使"绿水青山就是金山银山"理念丰富发展成为习近平生态文明思想。

2013年3月23日，国家主席习近平来到俄罗斯莫斯科国际关系学院，发表了一篇重要演讲，人类生活在同一个地球村里，生活在历史和现实交汇的同一个时空里，越来越成为你中有我、我中有你的命运共同体。①

2013年9月、10月，由中国国家主席习近平分别提出建设"新丝绸之路经济带"和"21世纪海上丝绸之路"的合作倡议，简称"一带一路"倡议（The Belt and Road Initiative，BRI）。依靠中国与有关国家既有的双边和多边机制，借助既有的、行之有效的区域合作平台，"一带一路"旨在借用古代丝绸之路的历史符号，高举和平发展的旗帜，积极发展与合作伙伴的经济合作关系，共同打造政治互信、经济融合、文化包容的利益共同体、命运共同体和责任共同体。

2015年9月，国家主席习近平在纽约联合国总部出席第七十届联合国大会一般性辩论时发表重要讲话指出：当今世界，各国相互依存、休戚与共。我们要继承和弘扬联合国宪章的宗旨和原则，构建以合作共赢为核心的新型国际关系，打造人类命运共同体。②

2015年10月26日，党的十八届五中全会提出了"创新、协调、绿色、开放、共享"的新发展理念。其中，绿色发展是可持续发展的必要条件和人民对美好生活追求的重要体现。

2017年10月18日，党的十九大报告呼吁各国人民同心协力，构建人类命运共同体，建设持久和平、普遍安全、共同繁荣、开放包容、清洁美丽的世界。要相互尊重、平等协商，坚决摒弃冷战思维和强权政治，走对话而不对抗、结伴而不结盟的国与国交往新路。要坚持以对话解决争端、

---

① 《国家主席习近平在莫斯科国际关系学院的演讲》，中华人民共和国中央人民政府官网，2013年3月24日，https：//www.gov.cn/ldhd/2013－03/24/content_ 2360829.htm。

② 习近平：《携手构建合作共赢新伙伴 同心打造人类命运共同体——在第七十届联合国大会一般性辩论时的讲话》，人民网，2015年9月29日，http：//politics.people.com.cn/n/2015/0929/c1024－27644408.html。

以协商化解分歧，统筹应对传统和非传统安全威胁，反对一切形式的恐怖主义。要同舟共济，促进贸易和投资自由化、便利化，推动经济全球化朝着更加开放、包容、普惠、平衡、共赢的方向发展。要尊重世界文明多样性，以文明交流超越文明隔阂、文明互鉴超越文明冲突、文明共存超越文明优越。要坚持环境友好，合作应对气候变化，保护好人类赖以生存的地球家园。

2023年11月16日出版的《求是》杂志，发表的习近平总书记的重要文章《推进生态文明建设需要处理好几个重大关系》，进一步对建设生态文明的具体工作做出了处理好五大关系的方针指引：一是正确处理高质量发展和高水平保护的关系；二是正确处理重点攻坚和协同治理的关系；三是正确处理自然恢复和人工修复的关系；四是正确处理外部约束和内生动力的关系；五是正确处理"双碳"承诺和自主行动的关系。这篇文章，代表着中国新时代生态文明建设实践的深入推进，代表着中国政府领导层对生态文明建设的规律性认识不断深化。

（二）中国以30%的碳排放贡献了全球50%以上的工农业产品

我国以不足全球20%的人口，生产了全球37%左右的水稻、禽蛋、水果，全球59%的蔬菜，以及全球30.34%的发电量，钢铁、水泥、手机、冰箱、空调、微波炉、液晶电视、纺织品等大宗工业品产量均占全球50%以上（见表2）。

表2　　　　2022年我国主要工农业产品产量全球占比

序号	产品种类	中国产量全球占比（%）
1	水稻	37.31
2	小麦	18.00
3	肉类	26.00
4	水产品	40.00
5	禽蛋	36.30
6	水果	38.00
7	蔬菜	59.00
8	发电量	30.34

续表

序号	产品种类	中国产量全球占比（%）
9	钢铁	53.90
10	水泥	51.20
11	手机	67.00
12	汽车	33.00
13	冰箱/空调/洗衣机	>50
14	微波炉	70.00
15	液晶电视	90.00
16	纺织品	50.00
17	化纤	70.00
18	造船完工量	47.30
19	5G基站	>60

资料来源：根据联合国粮食及农业组织统计报告、Counterpoint Research 产业研究数据库网站、国家统计局官网等数据综合整理。

中国大陆地区水稻产量占全球的37.31%，小麦产量占全球的18%，肉类产量占全球的26%，水产品产量占全球的40%，禽蛋产量占全球的36.3%，蔬菜产量占全球的59%，水果产量占全球的38%。

工业方面，中国发电量占全球的30.34%，钢铁产量占全球的53.9%，水泥产量占全球的51.2%，手机产量占全球的67%，汽车产量占全球的33%，冰箱/空调/洗衣机产量均超过50%，微波炉产量占全球的70%。我国制造业增加值从2010年的16.51万亿元增长到2022年的40.16万亿元，占全球的近30%，居世界首位。在500种主要工业产品中，我国有四成以上产品的产量位居世界第一，制造业综合实力大幅提升。

2022年，我国碳排放总量为114.7亿吨，全球占比约为30%。可以说，我国承接了美国、德国、日本等发达国家的制造业转移，用全球17.7%的人口[①]，创造的工业增加值在全球的占比接近30%，工业品产量

---

① 根据世界人口时钟网站实时数据，截至2023年7月1日，全球总人口约为80.45亿，中国总人口为14.25亿人，中国人口占全球人口的比重为17.7%，https://www.worldometers.info/world-population/#total。

超过全球50%，成为排名第一的全球制造业中心。这与我国全球碳排放量占30%的现状相比，贡献巨大。同时，中国的制造业帮助了发达国家、欠发达国家实现碳排放强度的显著下降。中国的绿色发展、节能减排，对世界的贡献举足轻重。

（三）绿色治理体系日益成熟

1961年，美国经济学家约翰·肯德里克提出了全要素生产力理论，该理论逐渐被后世思想家和经济学家所完善。1972年，诺德豪斯（William Nordhaus）和托宾（James Tobin）提出净经济福利指标（Net Economic Welfare）。他们主张应该把都市中的污染等经济行为所产生的社会成本从GDP中扣除；同时，加上一直被忽略的家政活动、社会义务等经济活动。2005年，英国环境保护活动家乔纳森·波利特（Jonathon Porritt），进一步将整个人类社会的生产要素发展为包含五类要素的系统：自然资本、人力资本、制造资本、金融资本和社会组织资本。任何组织都必须维持并尽可能强化上述五类资本的存量，而不是大量损耗这五类资本，或者降低它们的品质。

绿色发展代表着人类追求天下大同、共同繁荣与和谐社会的美好未来。美国思想家Raza Hasan与美国参议员保罗·威尔斯通共同指出：世界绿色发展的最大障碍，是全球治理制度体系的不完善，少数利益群体的贪欲、腐败和战争倾向，剥夺了人类绿色发展、共同繁荣的希望。

中国领导人长期倡导绿色发展理念和全要素治理体系。习近平总书记的绿色发展观、共建人类命运共同体的全球治理主张，赢得了世界绝大多数国家和开明思想家的广泛赞誉与支持。"一带一路"国际合作平台成为全球各国共同参与全球治理，共同追求繁荣、发展与和平的"天下大同"美好愿景的最大、最有影响力的平台。

2015年1月18日，在省部级主要领导干部学习贯彻党的十八届五中全会精神专题研讨班上，习近平总书记首次系统阐述了创新、协调、绿色、开放、共享"五大发展理念"。创新发展注重的是解决发展动力问题，协调发展注重的是解决发展不平衡问题，绿色发展注重的是解决人与自然和谐问题，开放发展注重的是解决发展内外联动问题，共享发展注重的是解决社会公平正义问题，强调坚持新发展理念是关系我国发展全局的一场深刻变革。

"十三五"规划纲要指出，必须坚持节约资源和保护环境的基本国策，加快建设资源节约型、环境友好型社会。"两型社会"建设的本质是绿色发展，要求减少能源资源消耗和生态环境破坏，扩大有效供给，减少无效供给，增强创新驱动力，提高全要素生产率。

（四）"一带一路"国际合作平台硕果累累，推动绿色发展全球化

"一带一路"倡议的核心宗旨是借助大规模投资绿色基础设施建设，推动全球绿色发展和绿色贸易。自该倡议提出以来，我国积极打造绿色发展"一带一路"国际合作平台，积极促进互联互通与互惠贸易。

共建国家共同维护多边主义和自由贸易，努力营造彼此间密切经贸关系的良好制度环境，在工作制度对接、技术标准协调、检验结果互认、电子证书联网等方面取得积极进展。

截至 2023 年 6 月底，中国与 150 多个国家、30 多个国际组织签署了 230 多份共建"一带一路"合作文件。2023 年 10 月 17—18 日，第三届"一带一路"国际合作高峰论坛在北京举行，成为纪念"一带一路"倡议十周年最隆重的活动，此次活动主题为"高质量共建'一带一路'，携手实现共同发展繁荣"。

"一带一路"得到了国际广泛认同和赞誉。哈萨克斯坦总统托卡耶夫表示，中国在维护全球安全方面发挥着关键作用，是经济和技术发展引擎。"一带一路"倡议已经成为有巨大吸引力的国际公共产品和重要合作平台，取得了有目共睹的积极成果。"一带一路"倡议借助全球绿色基础设施建设的跨国合作，对绿色贸易、绿色发展、全球环境变化，做出了全球性的积极贡献。

四 发展绿色产业，建设美丽中国

绿色经济包含生产、交换、分配、消费的各个环节，我国绿色经济在具体产业内涵方面，有八大板块全球表现亮眼。

（一）新能源车辆弯道超车

2023 年，我国新能源车辆生产、销售和出口表现亮眼。这对降低汽车

尾气排放贡献巨大。三年前的2020年，我国各类燃油车辆产生了9.08亿吨的碳排放，占比约为9%。伴随着我国家庭汽车拥有量逐年攀升，我国进入汽车社会，各类车辆产生的排放持续增长，对我国节能减排形成阻力。

一辆乘用车年排放量为1—3吨二氧化碳，伴随着新能源电池技术的进步及其在汽车、两轮车、老年代步车中的广泛应用，车辆"油改电"成为我国能源规划的一个重要内容。

中国汽车工业协会的数据显示，2023年中国汽车整车出口491万辆，同比增长57.9%。其中，新能源汽车出口120.3万辆，同比增长77.6%。而同时期国内新能源汽车销量实现了近100%的增长。公安部10月10日发布统计数据，截至2023年9月底，全国机动车保有量达4.3亿辆，其中汽车3.3亿辆，新能源汽车1821万辆，占汽车保有量的5.5%。其中，纯电动汽车保有量1401万辆，占新能源汽车总量的76.9%。①

随着整车技术、新能源电池技术、自动驾驶芯片和控制软件的进步，以及国内外品牌销售体系的不断强化，我国新能源汽车年销量超1万辆的品牌超过15个，包括比亚迪、奇瑞、蔚来等领先品牌。

我国两轮车制造企业也随着新能源电池技术的进步，以及绿色出行的时代潮流，大放异彩。根据中国自行车协会数据，2022年我国两轮电动车保有量约3.5亿辆，2022年中国两轮电动车销量约5010万辆，较2021年增长15.2%，预计2023年销量将达到5400万辆。②

据中国海关总署统计数据，我国两轮电动车出口数量在2021年达到近五年最高值，全年共出口2287.08万辆两轮电动车。2023年1—3月，中国两轮电动车出口数量为279.15万辆。1—6月电动摩托车及踏板车出口总量及出口总额分别为674万辆和23.187亿美元。③ 领先品牌包括雅迪、爱玛、小牛等十多个品牌。同时，电动车辆品牌海外建厂全球布局进程加快。

（二）氢能源产业化世界领先

鉴于自身所具的高效性、经济性以及安全性等多功能特征，氢的使用

---

① 刘春燕、欧阳迪娜：《日媒关注中国成为全球最大汽车出口国》，《人民日报》2024年2月2日第15版。
② 艾媒咨询：《2023年中国两轮电动车行业白皮书》，2023年。
③ 艾媒咨询：《2023年中国两轮电动车行业白皮书》，2023年。

场景特别广泛，氢被称为"21世纪的终极能源"。国际氢能源委员会预测，2050 年全球氢能源需求将增至目前的 10 倍，同时全球氢能源产业链产值将超过 2.5 万亿美元。目前，全球已有 42 个国家和地区发布了氢能源政策，36 个国家和地区的氢能源政策也正在筹备中。

目前，中国在氢能源领域已取得多方面进展：第一，中国年制氢产量约为 3300 万吨，其中，达到工业氢气质量标准的约为 1200 万吨，是世界上最大的制氢国，在氢能源供给上具有巨大潜力。第二，中国氢能源应用领域逐步扩大。中国已在部分区域实现氢燃料电池汽车小规模示范应用，成为国际公认的最有可能率先实现氢燃料电池和氢能源汽车产业化的国家之一。第三，截至 2022 年年底，中国已建成加氢站 310 座，位居世界第一。第四，领先的氢能源产业集群，京津冀、长三角和粤港澳大湾区汇集全产业链规模以上工业企业超过 300 家。

中国电器集团有限公司联手中国工程院院士谢和平团队，成功开发出了一项可直接从未经淡化的海水中电解提取氢气的技术，这个创新成果在 2022 年 11 月的《自然》杂志上公布。该技术在 2022 年被评为中国科学十大进展之一。2023 年 6 月，在福建兴华进行的海上风电无淡化海水电解氢技术中试成功，制氢成本大幅降低，达到 0.4 元/立方米，合每千克不到 4 元，这项技术突破为能源革命掀开了全新篇章。

（三）太阳能光伏产业奠定清洁能源大国自信

我国的太阳能总辐射资源丰富，总体呈"高原大于平原、西部干燥区大于东部湿润区"的分布特点。其中，青藏高原最为丰富，年总辐射量超过 1800 千瓦时/平方米，部分地区甚至超过 2000 千瓦时/平方米。把西北部 130 万平方千米沙漠面积的 1% 铺上太阳能光伏板，年发电量可以达到 19 万亿度，足以支撑 2030—2040 年我国的全社会用电量需求。这是我国的资源优势。

2022 年，全年光伏产业链同比增长均超过 55%。行业总产值突破 1.4 万亿元。2022 年，国内光伏大基地建设及分布式光伏应用稳步提升，国内光伏新增装机达到了 87.408 吉瓦（GW）；全年光伏产品出口超过 512 亿美元，光伏组件出口超过 153GW。

2023 年 1 月，国内首个千万千瓦级别的新能源计划"沙戈荒"项目也在库布齐沙漠落地。该项目的总装机规模达到了 1600 万千瓦，光伏发电就占了其中的 800 万千瓦。项目建成后，一年发电量相当于 20 个三峡大坝。

2023 年 1—6 月，我国光伏产品出口总额超过 290 亿美元。2023 年 1—10 月，中国光伏产品制造端产值超过 1.3 万亿元，出口总额约 429.9 亿美元。受市场需求带动影响，光伏产品出口量增加。硅片、电池片、组件出口量分别为 55.7GW、32.4GW、177.6GW，同比增长 90%、72%、34%。[①]

如今，中国的光伏产业链在全球遥遥领先，全球前十的多硅晶制造商中，7 家是中国的；世界前十的光伏电池片企业，中国也占了大多数；华为是全球最大的逆变器厂商，占据了全球市场 17% 的份额。

（四）碳捕集科技成为碳中和关键突破口

CCUS 是碳捕集与封存技术的英文缩写。国际能源署预测，CCUS、可再生能源电气化、生物能源和氢能源是全球能源绿色转型的四大支柱。在可持续发展目标下，对于全球 2070 年实现净零排放，CCUS 将贡献 15% 以上的累计碳减排量。

IEA 预测，到 2024 年，全球每年在 CCUS 领域的投资可能达 400 亿美元（约合人民币 2879 亿元）。为了与碳中和目标保持一致，到 2030 年，全球碳捕集规模应当达到 16 亿吨，是 2021 年 4000 万吨规模的 40 倍。

我国高度重视 CCUS 科技研发与产业化投资。2007 年，《中国应对气候变化国家方案》中就首次提出了大力开发 CCUS 技术。

2019 年，《中国碳捕集利用与封存技术发展路线图（2019 版）》将 CCUS 技术定位为"可实现化石能源大规模低碳利用的战略储备技术"。

2022 年，我国科学家首次在实验室实现直接利用二氧化碳制造淀粉。

截至 2022 年年底，中国已投运和规划建设中的 CCUS 示范项目已接近百个，其中已投运项目超过半数，二氧化碳捕集能力约 400 万吨/年，注入能力约 200 万吨/年，分别较 2021 年提升了 33% 和 65% 左右，而示范项目的二氧化碳捕集源涵盖电力、油气、化工、水泥、钢铁等多个行业，其中，电力行业示范项目超过了 20 个。2023 年，中国及全球范围内 CCUS 产业化投资以年均 50% 的速度快速增长。全球范围内正在开发的 CCUS 设施数量显著增加，11 个新设施开始运营，15 个新项目正在建设中。截至

---

① 郑晨烨：《中国光伏行业协会王勃华：今年前 10 月，我国光伏制造端产值超过 1.3 万亿元》，《经济观察报》2023 年 12 月 18 日。

2023 年 7 月，有 392 个在建项目，同比增长 102%。[1] 在设施数量和能力方面，项目管道处于历史最高水平。

目前，CCUS 大规模应用的主要障碍在于成本高昂。加装和运行 CCUS 的高成本对电力、钢铁、水泥等行业也造成较大压力。以煤电行业为例，加装 CCUS 设施的燃煤电厂发电效率会降低 20%—30%，发电成本升高约 60%。电力、水泥仍是国内碳捕集成本较高的行业，碳捕集成本分别为 200—600 元/吨二氧化碳和 305—730 元/吨二氧化碳，但整体均低于国外 350—977 元/吨二氧化碳和 686—1280 元/吨二氧化碳的碳捕集成本。[2]

（五）电力存储科技

电力工业，由于发电与用电存在周期差，储电能力对于庞大的国家电网绿色升级来说，就成为清洁能源发电投资之外的另一大挑战。研究机构 IHS Markit 的分析预计，到 2030 年，中国需要约 120 吉瓦的能源存储来满足额外的太阳能和风能需求。根据中关村储能产业技术联盟的数据，2019 年中国的储电容量约为 32.3 吉瓦。

在电池存储方面，全球咨询机构伍德麦肯兹预计，到 2030 年中国将安装 47 吉瓦的储电容量，这相当于是当今全球总存储容量的 4 倍多。[3]

目前，国内外采用的电力存储手段，包括大型水库抽水蓄能、压缩空气储能、飞轮储能、锂离子电池、铅蓄电池、超级电容器和高压储氢等。

2023 年 4 月 7 日，大连化物所陈萍团队在《自然》期刊上发表了研究成果，成功开发了首例温和条件下具有超快氢负离子导电性能的材料，实现了室温全固态氢负离子电池的放电，为氢负离子导体的研发打开了新局面。

（六）未来产业

人类社会正快速迈入智能社会时代，社会经济发展以及人类福祉创造

---

[1] 北京理工大学能源与环境政策研究中心：《实现碳中和目标的 CCUS 产业发展展望》，2024 年 1 月 7 日，https://ceep.bit.edu.cn/docs//2024 - 01/2d8e10c25f334fd09e3f0780b7abc0b5.pdf。

[2] 《中国"碳捕手"报告》，华尔街见闻，https://baijiahao.baidu.com/s?id = 1772292326603857258&wfr = spider&for = pc。

[3] 中信证券：《储能热管理行业专题报告：百家争鸣，高效与低成本者为王》，2022 年 5 月 14 日。

的手段日新月异。结合绿色发展的环境挑战，围绕前沿科技领域的竞争优势培育，可以预测，我国在 2020—2035 年，将会优先发展和投资布局人工智能、量子信息、集成电路、生命健康、新能源科技、脑科学、育种、航天科技、深地大洋探索等产业。

国家发改委、能源部、工业和信息化部等各部门结合"十四五"提出的重点领域完成了顶层设计和政策指引。各地聚焦产业基础及资源禀赋纷纷出台更具体的未来产业政策文件。应用技术创新将进一步推动未来产业发展。我国人工智能研究成果不断突破，机器学习、自然语言处理、计算机视觉等领域不断催生新算法、新模型、新范式，AI 框架正向着全场景支持、超大规模 AI、安全可信等技术特性深入探索。北斗系统实现 45 颗在轨卫星提供服务，定位精度优于 5 米，向全球用户提供定位导航授时、国际搜救、全球短报文通信服务，2023 年计划发射 3—5 颗卫星，应用深度将持续增强。

以元宇宙、卫星互联网、氢能储能等为代表的未来产业变革加速演进。随着元宇宙概念席卷全球，在 AR/VR、区块链、物联网等数字技术推动下，2023 年元宇宙产业预期将呈现高速增长态势。目前，我国元宇宙产业产值已超 400 亿元，未来五年元宇宙市场将突破 2000 亿元，并成为未来产业的重要组成部分。在航天科技等太空产业领域，2021 年我国卫星互联网产业规模约为 292 亿元，预计 2023 年将达到 356 亿元，产业将迎来新的发展高潮。"双碳"目标倒逼能源革命，加速第四代高温气冷堆核电项目实现并网发电，氢能产业 2023 年在产业化关键技术环节获得创新突破。

（七）美丽乡村建设行动计划

广大乡村地区是中国绿色经济，尤其是绿色文旅、绿色农业和绿色食品等产业的重要舞台。根据中国国家统计局的数据，截至 2023 年，全国共有 691510 个行政村。其中，自然村落有 261.7 万个，而村庄聚落的数量则有 59010 个。

改革开放以来，我国乡村发展远远落后于城市地区，出现了农田荒废、劳动力和人口外迁、留守儿童问题突出、乡村基础设施落后、农村居民收入水平和生活品质增长缓慢等一系列问题。

"十二五"时期，受安吉县"中国美丽乡村"建设的成功影响，浙江省制订了《浙江省美丽乡村建设行动计划》，广东省增城、花都、从化等市县从 2011 年开始也启动美丽乡村建设，2012 年海南省也明确提出将以推进"美丽乡村"工程为抓手，加快推进全省农村危房改造建设和新农村建设的步伐。美丽乡村建设已成为中国特色社会主义新农村建设的代名词，全国各地正在掀起美丽乡村建设的新热潮。

2013 年 7 月 22 日，习近平总书记来到进行城乡一体化试点的鄂州市长港镇峒山村考察时指出，实现城乡一体化，建设美丽乡村，是要给乡亲们造福，不要把钱花在不必要的事情上。不能大拆大建，特别是古村落要保护好。城镇化要发展，农业现代化和新农村建设也要发展，同步发展才能相得益彰，要推进城乡一体化发展。①

2013 年中央一号文件《中共中央　国务院关于加快发展现代农业　进一步增强农村发展活力的若干意见（2012 年 12 月 31 日）》提出，"要加强农村生态建设，大力整治农村居住环境，努力建设美丽乡村"。这是国家层面依据"美丽中国"的理念首次提出要建设"美丽乡村"的奋斗目标。

2023 年中央一号文件首提"和美乡村"。"和美乡村"是对乡村建设内涵和目标的进一步丰富和拓展。强调宜居宜业和美乡村建设是要放大原生态乡村魅力，致力留住乡风、乡韵、乡愁，要体现出乡村内在的和谐美，提升村民的幸福感、满意感和获得感。

在农村现代化方向上，还陆续提出了建设产供销综合体、乡村文化旅游综合体、乡村社区综合体等"宜居宜业"产业化升级工程。这对农村居民文化教育水准的提升、就业机会和就业质量的提升、收入水准和福利条件的改善，都将产生深远的影响。

（八）循环经济

发达国家实现绿色发展、可持续发展的一个重要环节，就是倡导资源循环利用，提高资源效率和能源效率，降低资源枯竭的风险。研究机构估算，借助减少、回收及循环利用的"3R"原则，当前 70% 的碳排放有望得到控制。

2019 年，德国资源回收利用效率为 50% 以上，人均资源消耗量控制到 16 吨上下，我国人均资源消耗量为 22.78 吨，超过全球平均水平（见表 3）。

---

① 禹伟良等：《湖北鄂州着力推进城乡发展一体化》，《人民日报》2023 年 8 月 2 日第 1 版。

表 3   2019 年各国人均国内资源消耗量

国家和地区	人均国内资源消耗量（吨/人）
加拿大	56.69
澳大利亚	42.24
中国	22.78
美国	23.29
德国	16.00
日本	9.08
欧洲及北美	19.97
最不发达国家	3.07
世界平均	9.40

注：资源包含生物物质、化石能源、金属及非金属矿物。

资料来源：https://ourworldindata.org/sdgs/economic-growth。

2020 年，欧盟 27 国各类废弃物循环利用比率高达 49% 以上（见图 1），包装材料循环利用率更是高达 64%。

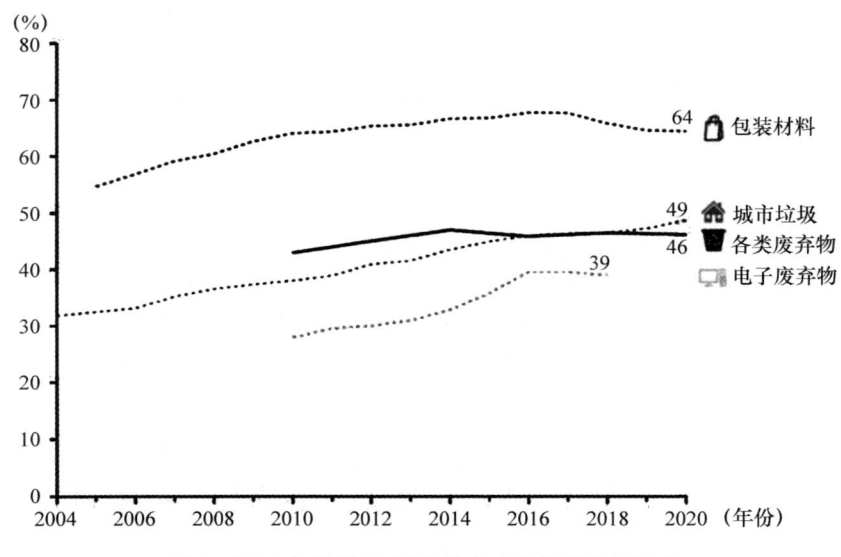

图 1   2020 年欧盟 27 国各类废弃物循环利用比率

资料来源：欧洲环境署。

我国充分重视资源节约型发展，2021年7月8日，国家发改委印发《"十四五"循环经济发展规划》，提出大力发展循环经济，推进资源节约集约循环利用。

围绕循环经济，我国形成了金属回收、农作物秸秆回收、建筑垃圾回收、废纸回收、塑料回收的五大产业。企查查数据显示，我国现存32.2万家金属回收相关企业，现存"农作物秸秆利用"相关企业4.14万家。建筑垃圾回收产业，从2018年逐步起速，2020年新增1.44万家，首次破万，同比增长83.2%，2021年上半年就新增9865家。我国废塑料回收与再生利用产能和产量都位居世界第一，从事废塑料回收和再生利用的企业数量超过了1.5万家，相关从业人员规模约为90万人。2021年，我国废塑料的材料化回收量约为1900万吨，回收率达到31%，是全球废塑料平均材料化回收率的近1.74倍，回收利用产能约占全球的70%，并且实现了100%本国材料化回收利用。而同期，美国、欧盟、日本的本土废塑料的材料化回收率分别只有5.31%、17.18%和12.50%。[①]

智研咨询的可再生资源行业研究报告披露，截至2023年10月10日，中国再生资源回收利用行业从业人员达到1500万人。国家发改委、生态环境部等部门先后出台相关政策，其中《"十四五"循环经济发展规划》和《减污降碳协同增效实施方案》均提出工作目标，到2025年新增大宗固废综合利用率达到60%，比2020年大宗固体废物综合利用率提高4个百分点。

五 存在的问题及政策建议

（一）能源需求持续增长

我国电力消费逐年增长，2019年全社会总用电量是7.225万亿千瓦时，比上年增长5.56%。2020年，全社会总用电量是7.511万亿千瓦时，受新冠疫情影响，用电增速降到了3.95%。2021年，全社会总用电量达到了8.313万亿千瓦时，增速提升到了10.68%。2022年，我国全社会总用

---

① 国家发展和改革委员会宏观经济研究院经济体制与管理创新研究院、中国社会科学院数量与技术经济研究所：《中国塑料污染治理理念与实践》，2022年4月21日。

电量达到了 8.637 万亿千瓦时,由于房地产建筑业增速放缓,全社会用电增速明显减缓,仅增长了 3.6%。2022 年中国位居全球电力消费第一大国(见表 4),电力消费总量相当于排名第二位的美国的两倍。

表 4　　　　　　　2022 年电力消费大国电力消费总量

国家	2022 年人均电力消费（千瓦时）	2022 年年末人口（亿人）	2022 年电力消费总量（万亿千瓦时）
中国	6199	14.117	8.637
美国	12702	3.382	4.296
印度	1297	14.171	1.838
俄罗斯	7704	1.447	1.115
日本	7799	1.239	0.966

注：上述各国 2022 年电力消费总量数据,与国家电力总局披露数据略有出入。

资料来源：statista 2023, https://www.statista.com/statistics/383633/worldwide-consumption-of-electricity-by-country/。

到 2030 年,中国人口预计将达到 15 亿人的峰值,而后逐年下降。中国全社会电力需求总量将在 12 万亿千瓦时上下,2040 年预计达到 15 万亿千瓦时。全社会能源消费量将达到 60 亿吨标准煤。同时,煤炭占全部能源的比重,将从 2023 年上半年时的 58.5% 下降到 2030 年的 51%。

"十四五"时期,预计我国年均新增用电量将达到 4400 亿千瓦时(kWh),年均用电增速达到 5.4%;"十五五"时期,我国也将维持 4.6% 的年均用电量增速,年均新增电量预计达到 4800 亿千瓦时,相当于德国 2022 年的用电量。

电力规划设计总院预计,到 2030 年,我国全社会用电量将增长到 11.8 万亿—12.5 万亿千瓦时。电力规划设计总院副院长刘世宇在 2023 年第十届中国电力规划发展论坛上指出：预计我国用电需求增长将于 2040—2045 年进入饱和阶段。到 2040 年,人均用电量接近美国当前水平,突破 1 万千瓦时。但由于我国用电需求基数庞大,届时用电年增量仍将维持在 1000 亿千瓦时左右,接近澳大利亚当前年用电量的一半。①

---

① 仝晓波：《刘吉臻院士抛出的这个问题,引起了热议!》,《中国能源报》2023 年 9 月 25 日。

未来 7 年内,中国有 3 万亿多度新增用电需求,与国家各类发电设施的供电能力相比,有两万多亿度的供需缺口待填补。

同时,根据中国工程院院士黄维和在 2023 年服贸会能源转型与能源服务论坛上的发言,中国的能源消费总量在 2022 年达到了 54.1 亿吨标准煤(见表5),其中化石能源占 82.6%,非化石能源占 17.4%。

这表明,中国仍然依赖于化石能源,但非化石能源的比重正在逐渐增加。

表 5　2022—2060 年中国能源增长远景预测　　单位:亿吨标准煤

年份	2022	2030	2040	2060
能源消费总量	54.1	56	60	50

资料来源:根据中国工程院院士黄维和在 2023 年服贸会能源转型与能源服务论坛上的发言整理。

这意味着,伴随着人口增长、经济发展和城乡居民生活用能需求等的增长,中国全社会能源需求将持续上涨,无形中加大了碳排放控制的压力。为此,中国政府一方面将持续减少能源消耗强度较高的产业,如建筑业、燃油车辆、大量使用化石燃料的传统制造业等;另一方面加快能源转型,大力发展新能源产业,实现能源消费的稳定和可持续发展。

(二)经济结构调整任重道远

2020 年 10 月 26 日,《关于〈中共中央关于制定国民经济和社会发展第十四个五年规划和二〇三五年远景目标的建议〉的说明》中指出:以推动高质量发展为主题,必须坚定不移贯彻新发展理念,以深化供给侧结构性改革为主线,坚持质量第一、效益优先,切实转变发展方式,推动质量变革、效率变革、动力变革,使发展成果更好惠及全体人民,不断实现人民对美好生活的向往。

中国经济结构改革艰难前进,任重道远。主要阻力在于就业结构不合理、企业管理水平低下、民营经济缺乏基于全要素生产力基础上的全球竞争力。

首先,我国就业结构中,农业、传统制造业、低端服务业占绝对比例,先进制造业仅占 15.5%。

我国高技能人才在全部就业人口中的比例不足10%，而主要发达国家的高技能劳动力比例普遍高于40%（见图2）。

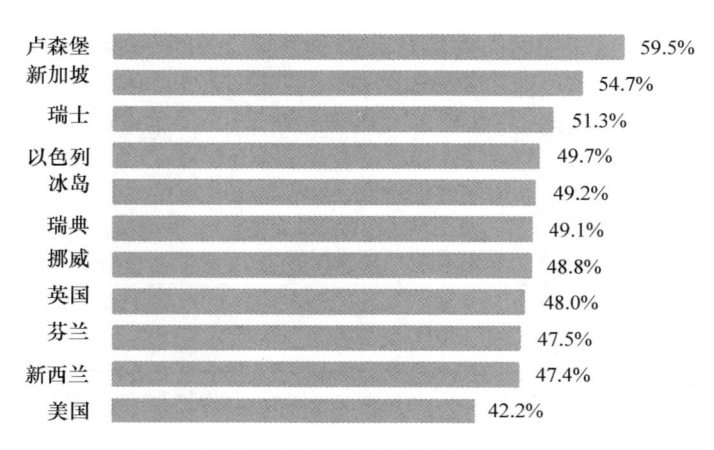

卢森堡	59.5%
新加坡	54.7%
瑞士	51.3%
以色列	49.7%
冰岛	49.2%
瑞典	49.1%
挪威	48.8%
英国	48.0%
芬兰	47.5%
新西兰	47.4%
美国	42.2%

图2　发达国家就业人口中高技能人才占比

资料来源：根据世界经济论坛与国际劳工组织数据整理。

总之，我国企业基于社会资源、环境资源、企业家才能、国际市场渠道资本、国际媒介影响力等要素的全要素生产力整体水平落后、忽视环境成本、劳动力低成本，以及为代价的全球竞争。在国际能源成本上涨、运输成本上升、国际订单下降等一系列不利因素影响下，除采矿业和能源服务业之外，盈利水平普遍下降。

（三）中等职业以下劳动力过剩带来的就业压力

中国是劳动力大国，这为制造业提供了大量纪律良好、勤奋聪敏、有良好教育训练的产业工人，促进了我国制造业的繁荣，吸引了大量外资先进制造业品牌投资中国制造业。

2022年，我国高校毕业大学生超过967万人，研究生学历毕业生86.22万人，博士生6.6176万人。

我国的劳动参与率达到66.90%，比同样是劳动力大国的印度高17.41个百分点（见表6），但比劳动人口为5503万人的越南，劳动参与率要低6.52个百分点。

表6 2021年中国及主要制造业国家劳动人口总量及劳动参与率指标比较

国家	劳动人口总量（亿人）	劳动参与率（%）
中国	7.8037	66.90
美国	1.6618	61.89
德国	0.4338	61.53
日本	0.6885	62.33
越南	0.5503	73.42
马来西亚	0.1691	65.96
印度	5.077	49.49

注：劳动参与率，指的是15岁以上人口在统计时期内参与劳动提供商品和服务的比率。

资料来源：世界经济论坛数据库网站（https：//www.theglobaleconomy.com/rankings/labor_force_participation/），及世界银行各国劳动人口数据库（https：//data.worldbank.org/indicator/SL.TLF.TOTL.IN?end=2021&start=1990&view=chart）。

根据人力资源和社会保障部的数据，2023年中国大学毕业生人数将达到1158万人，创下历史新高。与此同时，失业率也在不断攀升。中国国家统计局发布的数据显示，2023年5月，16—24岁城镇劳动力调查失业率为20.8%，创下自2018年有统计数据以来的新高。

而在农村地区，隐性失业更为普遍。中国农业部门承载着24.1%的就业人口，约1.87亿劳动人口在农业部门。但全国7.8亿劳动人口中，城镇地区就业人口仅有4.4亿人，意味着农村地区3.4亿劳动人口中，约1.5亿人处于隐性失业状态。[①]

我国劳动力富余与高技能劳动力短缺同时存在。高技能劳动力仅占全部就业人口的5.4%上下，发达国家普遍接近10%。2022年中国劳动力平均年生产率约为3.45万美元，相当于美国的26.12%（见表7）。这是我国绿色发展、高质量发展的主要障碍。

劳动力过剩，尤其是中等职业技能以下劳动力过剩，对我国政府在绿色经济转型升级、制造业技术升级、房地产及相关建筑产业发展的宏观调控方面，形成了巨大压力。

[①] 梁建章等：《中国人口和粮食安全报告（2023）》，2023年。

表7　　　　　2022年中国与各国劳动力平均年生产率比较　　　　单位：万美元

国家与地区	劳动力平均年生产率
爱尔兰	22.5920
美国	13.2203
挪威	12.7582
德国	10.4280
澳大利亚	9.7449
韩国	8.2685
日本	7.7637
中国	3.4538

资料来源：World Bank，World Development Indicators database.

（四）绿色人才短缺

伦敦大学的两位教授2019年发布的一项研究披露：美国绿色经济产业部门贡献了1.4万亿美元的GDP，占7%左右，同期创造了950万个全职工作岗位，同时从业人口仅占当年1.66亿劳动人口的约5.7%。[①] 绿色经济的活力显著。鉴于此，美国、日本、德国等发达经济体纷纷把绿色经济作为下一个战略增长引擎，而绿色人才显然是绿色经济发展的首要元素。

伴随着各国对绿色产业的投入加大，全球绿色技能人才需求持续增长，绿色技能人才长期处于短缺状态。

绿色经济呼唤绿色人才。美国波士顿咨询公司呼吁美国企业界把绿色人才和绿色技能开发当作可持续绿色发展的头等大事，并对员工积极开展技能升级，以保持在绿色经济大潮中的竞争优势。

我国将绿色人才和绿色技能开发已经上升为国家人力资源储备战略。在2022年版《中华人民共和国职业分类大典》中，共标识了134个绿色职业，约占职业总数的8%。其中涉及节能环保领域17个，清洁生产领域6个，清洁能源领域12个，生态环境领域29个，基础设施绿色升级领域25个，绿色服务领域45个。每种职业按照3万储备人才保守估算，我国

[①] 《美国"绿色经济"规模达1.4万亿美元 创造950万岗位》，金融界，2019年10月16日，根据美国劳工部就业人口统计数据做了劳动力占比数据的调整。

发展绿色经济中，各领域的绿色人才缺口超过 300 万人。

（五）政策建议

鉴于政府已经对高能耗产业和高排放项目进行了坚决的控制，针对美丽中国建设中仍然存在的问题，我们对政府提出以下五点建议。

1. 推动美丽乡村建设，投资兴建农村地区各类现代化综合体

针对农村地区广泛存在的生产方式落后、就业机会不足、农产品深加工不足，以及农产品品质普遍低下问题，建议在农村快速、全面推动农业种养加工综合体和农村养老及托幼服务综合体，实现农村劳动力在地高质量就业，同时提升农产品的深加工品质，以及促进农业光伏产业、绿色食品加工业的提质增效。

2. 幸福产业创新，城市、乡村普惠制养老产业快速推动

中国正快速进入老龄社会，老年人口规模庞大，缺乏陪伴、缺乏照顾、缺乏高品质看护。这些问题与老年人口，特别是农村地区老年人口的贫困问题，正成为社会问题。

养老产业与养老设施，能够促进美丽乡村项目的实质进展，为年轻人创造数千万就业机会，同时推动百姓生活品质的高质量提升。

3. 未雨绸缪，提高战略稀缺资源循环利用率

随着数字经济与智慧经济蓬勃发展，人工智能和智慧机器人产业呈井喷式发展，新能源电池需求量迅猛增长，各国对锂、镍、铜等不可再生矿业资源的争夺加剧，迫切需要从政府层面建立战略稀缺资源储备基金，强化上述资源的开采、储备和循环利用。

4. 制度有为，强化监管体系

在绿色转型、服务型社会转型和可持续就业环境转型中，我国在执行层面存在众多问题，如监管不力、制度缺位等，迫切需要监管体系的全面完善，以及监管部门的勤政服务和积极作为。

5. 绿色产业创新，驱动绿色人才培养和高质量就业

我国的绿色生态文旅、体育和娱乐运动产业、绿色运动装备制造产业、绿色建筑、乡村种养加工综合体、绿色养老产业等机遇无限，呼唤大量投资。同时，人才就业和人才绿色技能培训，迫切需要协同联动。具体来说，就是借助绿色产业创新，同步进行绿色创新产业的企业家人才、领导力人才、绿色技能人才、绿色运营人才的全面培养，落实对绿色产业创

新企业的政策与资金扶持，适度采用政府绿色采购订单进行初创期的规模化扶持，同时鼓励各类人才围绕绿色生产、绿色制造、绿色服务、绿色流通等各环节，开展全生态链体系的协同合作。

六　2024年绿色发展展望

2023年联合国可持续发展目标峰会后，中国将加速响应2030年人类可持续发展目标体系，做出负责任大国的全球表率。以此为基调，2024年绿色经济各项指标预测如下。

（一）经济总量

2024年，中国GDP总量有望增长到135万亿元，维持5.5%上下的中速增长。绿色经济增长速度超过传统经济，绿色经济有望从2023年的约25.6万亿元增长到2024年的28万亿元，占全部GDP的比重增长到21%。

（二）绿色能源

中国绿色发展系列指标持续提升。电能占全社会能源消费比重将提高到28%上下。

煤电装机占比逐年下滑，从2016年的59%下滑至2022年的46%，2024年将进一步下滑至44%。

风能、太阳能发电装机容量继续高速增长，2024年清洁能源发电占比将提升到28%。可再生能源发电量将增长到2.8万亿—3万亿千瓦时。

在人工智能、新能源车辆、数字经济、福利经济转型升级提速，社会发展增长动力转换等一系列有利因素推动下，房地产及相关钢筋、水泥、建筑玻璃等能源消耗重点产业将会继续减速发展，我国的碳排放强度有望在2030年前实现达峰，而后逐年下降。

（三）资源效率与能源效率

在全社会加快经济转型，数字经济、服务经济加速提升的推动下，加上循环经济体系的日益完善，全社会资源利用效率提高到42%左右；每万美元GDP能源消耗指标将比2021年降低10%以上，达到每万美元GDP能源消耗量 3 吨标准煤，并持续向 2030 年每万美元 GDP 能源消耗量 1.1 吨标准煤的能源效率指标迈进。

（四）绿色文旅产业

中国生态环境修复产业将会成为经济增长新引擎，结合生态旅游综合体、运动产业综合体等的投资增长，"美丽中国"将会呈现绚丽新篇章。

美国的生态旅游综合体数量众多，47% 的私人农场主、60% 的私有物业业主支持集生态观光、生态保护和娱乐休闲于一体的文旅产业发展。大雾山国家公园、约塞米蒂国家公园、黄石公园等成为世界级生态旅游景区，每年分别吸引游客 900 万人、270 万人和 320 万人，贡献大量就业岗位，并带动经济增长和生态保护良性循环。中国存在数量众多的自然景观，但没有成为自然景观资产，并实现生态保护与文旅娱乐产业的产业化运营。在科学规划、高效投资运作的良好机制下，绿色文旅将成为美丽中国的亮丽风景线，并贡献 3 万亿元以上的生态文旅休闲产业 GDP，同时为经济增长注入强大的推动力。

（五）绿色福利产业

中国正进入老龄社会，养老设施和养老服务产业属于低排放的绿色福利产业。截至 2022 年年底，全国 60 周岁及以上老年人口为 28004 万人，占总人口的 19.8%，其中 65 周岁及以上老年人口为 20978 万人，占人口的 14.9%。

两亿多的老年人口，如果人均每月都将 3000 元左右的养老金纳入消费，每年将创造约 72000 亿元的消费总量，可为 6000 多万年轻人创造就业机会。创造高质量就业、高品质 GDP 增长的同时，大幅度降低碳排放。

（六）绿色服务产业

绿色服务产业是所有促进经济可持续发展的产品及解决方案的统称，包括绿色规划、绿色设计、绿色技术改造与流程改造、绿色人才与绿色技能培训、绿色认证、绿色金融、绿色 IT、绿色物流、智能绿色维护、环境生态修复等。

上述产业将会催生众多服务型创新企业，培育大量绿色专业人才，提供数百万甚至千万级就业岗位，并促进我国绿色经济占 GDP 比重快速提升到 20% 以上。

（七）碳排放总量

由于国际地区冲突、全球疫情、能源危机和经济动荡的影响，2023 年上半年全球碳排放增长 4.7%，远远落后于联合国设定的人类 2030 年可持续发展总目标体系的时间表。联合国号召全球加快落实可持续发展目标体系。中国积极响应，行动力度最大，得益于新能源产业的大力投资、经济结构转型的持续优化、政府及社会各界的全面动员，以及高排放项目的全面限制，2024 年我国碳排放增速将大大降低，全年碳排放预计比 2023 年持平或略有浮动，总排放量约 125 亿吨。

七 结语

2023 年，即使面临疫情、地区冲突、经济动荡和气候变化的众多挑战，以及国内庞大的就业压力、持续增长的能源消费需求、艰巨的经济结构和能源结构调整压力，中国作为联合国安全理事会常任理事国，作为负责任的重要大国，仍然交出了经济总量提升、新能源产业和未来产业蓬勃发展、美丽乡村日新月异的亮丽成绩。

中国践行绿色发展，建设美丽中国。更倡导创新、和谐、开放、绿色、共享的新发展理念，倡导人类命运共同体和谐发展，和平共荣。中国主张成为时代最强音，中国路线成为全世界争相学习的可持续发展路线和绿色发展路线。中国为绿色发展、为可持续发展和碳排放控制，贡献了最大的推动力量，为全球共建、共享、共荣，实现人类可持续发展，贡献了非凡的中国智慧。

主要参考文献

IEA：*CO₂ Emissions in 2022*，2022.

北京理工大学能源与环境政策研究中心：《实现碳中和目标的 CCUS 产业发展展望》，2024 年 1 月 7 日，https：//ceep. bit. edu. cn/docs//2024 - 01/2d8e10c25f334fd09e3f0780b7abc0b5. pdf。

梁建章等：《中国人口和粮食安全报告（2023）》，2023年。

中国石油经济技术研究院：《2050年世界与中国能源展望》，2016年。

［美］威廉·诺德豪斯：《绿色经济学》，李志青等译，中信出版集团2022年版。

理论探索与战略研究

能耗"双控"向碳排放"双控"转变的实现基础

唐人虎　陈梦梦[*]

"十三五"时期,为倒逼发展方式转变、提高能源利用效率,根据党的十八届五中全会部署,我国在以往节能工作基础上建立了能源消费强度和总量"双控"制度。2023年7月11日,召开的中央全面深化改革委员会第二次会议上,审议通过了《关于推动能耗双控逐步转向碳排放双控的意见》,为碳排放"双控"制度逐步建立、助力如期实现碳达峰碳中和目标提供了政策依据和制度保障。

一　能耗"双控"政策落实以来取得明显成效

为解决消费需求不断增长下的资源约束问题,"十一五"时期,我国开始实行单位国内生产总值能源消费量(以下简称能耗强度)控制。《能源发展"十一五"规划》中首次提出:到2010年全国一次能源消费量控制在27亿吨标准煤左右,能耗强度较2005年下降20%。通过强化目标、调整产业结构、推动技术进步和强化政策激励等一系列政策措施,截至"十一五"期末,我国基本完成目标,以年均6.7%的能耗总量增速支撑了年均11.3%的GDP增长,能耗强度累计下降19.1%。进入"十二五"时

---

[*] 唐人虎,碳排放权省部共建协同创新中心特聘教授,北京中创碳投科技有限公司董事长,名古屋大学—中创碳投碳中和创新联合实验室中方主任,国家发展改革委自愿减排(CCER)项目及清洁发展机制(CDM)项目审核理事会专家,主要研究方向为能源科技、气候变化等;陈梦梦,北京中创碳投科技有限公司研究员,研究方向为碳达峰碳中和核算与路径规划、应对气候变化规划等。

期后，新增了"合理控制能源消费总量"的要求与碳强度下降17%的目标，但并未制定具体能耗总量控制目标。2015年年末，我国超额完成节能减排目标，以年均3.6%的能耗增速支撑了年均7.9%的经济增长。[1]

"十三五"时期，我国正式建立能源消费总量和强度"双控"制度，目标是到2020年全国能耗强度较2015年下降15%，能源消费总量控制在50亿吨标准煤以内；并通过"中央统筹、省负总责、市县抓落实"的工作机制，设定各级行政区能源消费总量和强度控制目标，对各地政府进行考核。"十三五"时期，我国经济发展取得新的历史性成就，2020年GDP突破100万亿元；节能减排工作有序推进，2020年全国能源消费总量控制在49.8亿吨，能源消费相关碳排放量达98.1亿吨（见图1）[2]，能耗强度和碳强度分别为0.55吨标准煤/万元和1.08吨二氧化碳/万元，较2015年分别累计下降了13.1%和18.4%。

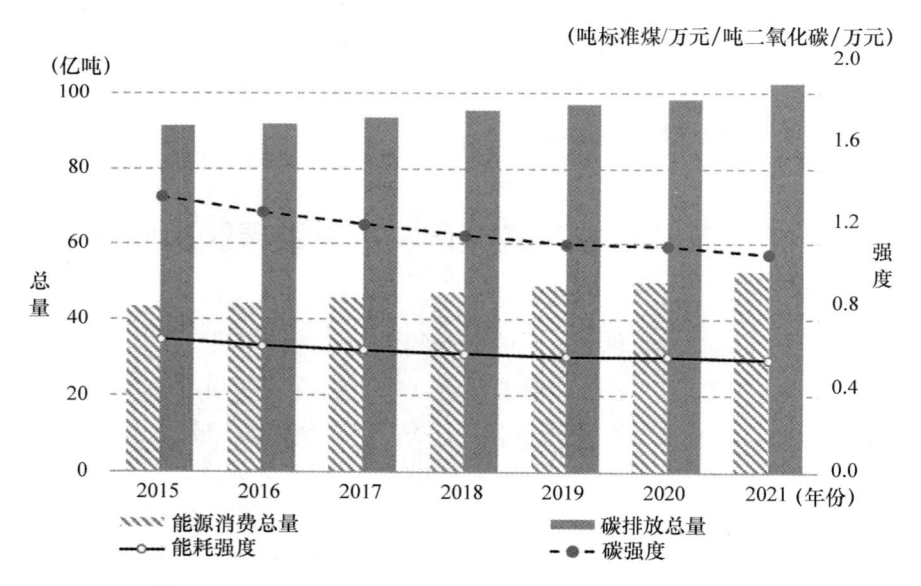

图1 2015—2021年我国能源消费、碳排放总量及强度变化

资料来源：国家统计局能源统计司：《中国能源统计年鉴》（2016—2022年）。

---

[1]《发展改革委就能耗总量和强度"双控"目标完成情况有关问题答问》，2017年12月18日，https://www.gov.cn/zhengce/2017-12/18/content_5248190.htm。

[2] 系笔者根据公开数据、参考《省级二氧化碳排放达峰行动方案编制指南》估算，包括化石燃料燃烧排放以及净调入电力蕴含碳排放。

二 "双碳"目标赋予能耗"双控"新内涵

（一）经济高质量发展下的能耗管理、控制需具备弹性

我国正处于现代化建设的重要战略机遇期，伴随着经济增长潜力进一步释放、质量效益明显提升，在今后较长一段时间内，能源消费需求仍会保持高速增长。然而进入"十四五"时期以来，各地区能耗"双控"进度不容乐观。根据国家发展和改革委员会（以下简称国家发改委）发布的《2021年上半年各地区能耗双控目标完成情况晴雨表》，全国半数左右省份未能完成能耗"双控"进度目标。部分地区由于对减碳难度、经济社会发展和减碳的客观规律认知不足，将能源结构调整、产业结构调整等长期问题短期化，出现了"运动式"减碳、"一刀切"、限产停产等错误行为，对经济社会的正常运行造成了冲击。新的发展阶段下，以提高能源利用效率为发力点的能耗"双控"政策在推进构建清洁低碳的能源消费体系、实现碳达峰碳中和方面有所局限，且在能源消费刚性增长的需求下，能耗"双控"制度需要在管理、控制方面进行弹性调整。

（二）可再生能源发展需进一步释放新动能

能耗"双控"制度下，我国加快推进能源消费方式变革，可再生能源发展也取得显著成就。2021年全国可再生能源消费量达7.5亿吨标准煤，较2015年的5.0亿吨标准煤累计增长50%，远高于化石能源消费2.38%的年均增速。[①] 可再生能源在一次能源消费总量中的占比也由11.6%提升至14.2%。此外，可再生能源在保障能源供应方面作用逐渐凸显，为能源绿色低碳转型提供了强大支撑。2010—2022年，我国发电装机容量从9.62亿千瓦增加至25.6亿千瓦，其中可再生能源发电装机容量增长至12.13亿千瓦，增幅接近4倍（见图2）；可再生能源发电装机占比也由2010年的25.4%增长至2022年的47.3%。2022年，全国可再生能源发电量达2.7

---

① 国家发展和改革委员会：《可再生能源发展"十三五"规划》，2016年12月，https://www.nea.gov.cn/135916140_14821175123931n.pdf；国家能源局：《可再生能源发展取得历史性成就》，2022年10月12日，https://mp.weixin.qq.com/s/s0Pmi9vptI14BFcOdOJ07g。

万亿千瓦时,占发电总量的 30.8%,较 2015 年的 1.4 万亿千瓦时(24.1%)明显提高。

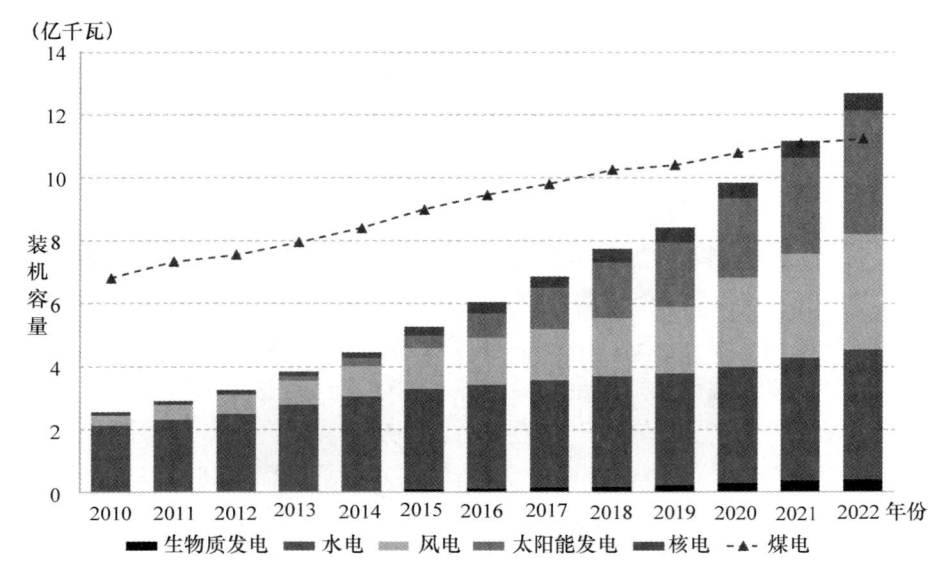

图 2　2010—2022 年我国主要发电类型装机容量

资料来源:中国电力企业联合会:《全国电力工业统计快报》(2010—2022 年)。

我国幅员辽阔,具有良好的可再生能源资源优势和技术优势。2021 年,我国风光资源评估结果显示,全国陆地 70 米以上的风能资源技术可开发量为 50 亿千瓦,陆地太阳能资源理论储量为 1.86 万亿千瓦,风电、光伏发电能力仍有较大的提升空间。此外,可再生能源装机规模快速扩大的同时,部分地区也出现了弃风率和弃光率上升的现象。2021 年,全国弃风弃光量分别达到 206.1 亿千瓦时、67.8 亿千瓦时,弃风率、弃光率分别为 3.1% 和 2.0%;部分西北地区由于本地消纳能力有限,加之外送通道建设滞后,弃风率超过 10%。[①] "十四五"时期,我国可再生能源将进入高质量跃升发展新阶段,原有能耗"双控"制度不区分化石能源与非化石能源,无突出控制化石能源消费、促进可再生能源消费的政策导向;在限制

---

① 全国新能源消纳监测预警中心:《2021 年四季度全国新能源电力消纳评估分析》,2022 年 3 月 15 日,http://mm.chinapower.com.cn/zx/hyfx/20220315/138719.html。

化石能源消费的同时也阻碍了可再生能源发展，会对部分地区可再生能源开发利用的积极性和发展质量造成一定的影响。若叠加对电力系统建设以及消纳的适应性建设重视程度不足，可能会造成可再生能源的规模化发展和高效消纳利用之间的矛盾，制约可再生能源发展。

三 落实碳"双控"制度面临的挑战

（一）能源利用效率仍有提升空间

仅依赖清洁能源转型远不足以支撑我国"双碳"目标的落地。当前，我国能源利用效率仍有较大提升空间，能耗强度远高于全球平均水平，且与发达国家相比能耗强度仍有较大差距（见图3）。2023年10月，国家发改委就"十四五"时期节能工作进展落后的问题与地方进行约谈，浙江、安徽、广东、重庆、湖北、陕西、甘肃、青海等多个地区在能耗"双控"政策调整后，节能工作进展仍滞后于"十四五"时期目标进度要求。因此，持续推进能耗"双控"制度，推动节能增效、提升能源效率仍是我国未来能源工作的重点之一。

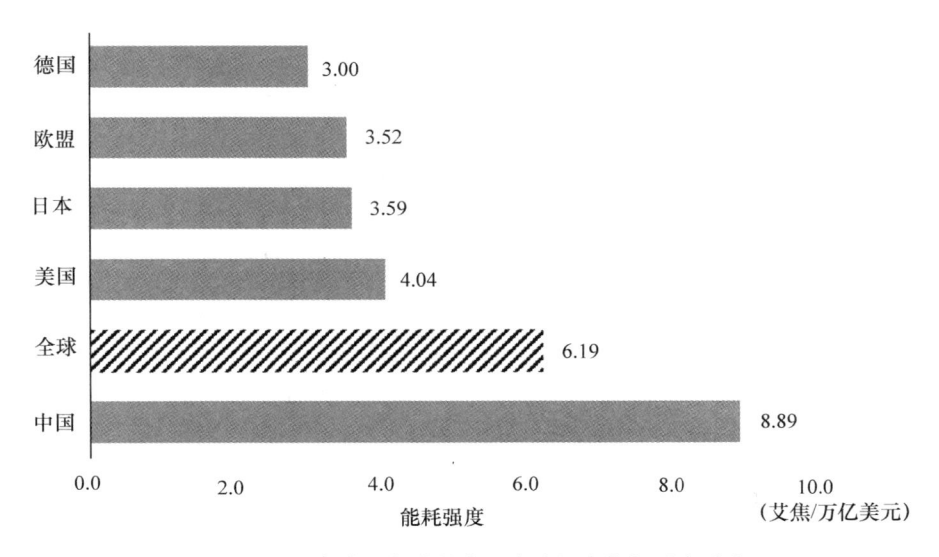

国家/地区	能耗强度（艾焦/万亿美元）
德国	3.00
欧盟	3.52
日本	3.59
美国	4.04
全球	6.19
中国	8.89

图3 2021年中国与世界主要发达国家能耗强度对比

资料来源：英国石油公司：《BP世界能源统计年鉴（2022）》，2022年。

（二）产业结构仍需持续优化，绿色制造水平需持续提升

2021年我国国内生产总值达到114.37万亿元，其中工业行业贡献32.6%，服务业贡献53.3%。但我国服务业比重与欧美等发达经济体相比仍有较大差距，也明显低于巴西、俄罗斯、印度和南非等新兴市场经济体。从第二产业内部结构来看，制造业总体处于价值链中低端，产品能耗物耗较高，增加值率较低，与国际先进水平还有较大差距。

2021年我国能源消费总量达到52.59亿吨标准煤，能源消费相关碳排放累计约94.83亿吨，其中工业，服务业，交通运输、仓储和邮政业能耗总量分别为34.86亿吨、4.67亿吨和4.39亿吨，碳排放占比分别达66.4%、9.0%和7.8%（见图4）。工业和交通运输业的碳生产率仅为服务业的1/10。从细分工业行业来看，钢铁、化工、石化、建材和有色五大行业能源消费和碳排放占比较高，碳效排名倒数。其中钢铁和石化行业碳效水平低于工业行业平均水平。

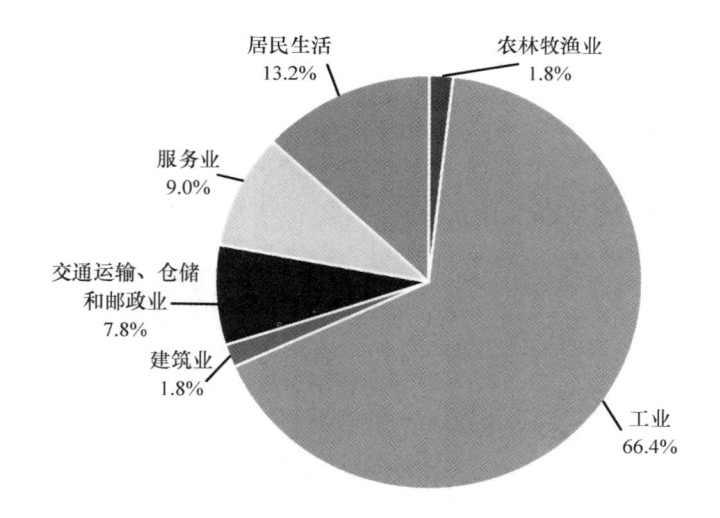

图4 2021年我国用能终端碳排放占比

资料来源：国家统计局能源统计司：《中国能源统计年鉴2022》，2022年。

（三）区域资源禀赋与经济基础差异

我国可再生能源的供需关系存在区域"错配"：西部地区可再生能源资源较为丰富，在推动能源结构绿色低碳转型的过程中具有资源优势；而

能耗"双控"向碳排放"双控"转变的实现基础

东部地区产业布局相对集中,经济发展水平相对较高,可再生能源需求较大。各地区资源禀赋、经济发展基础以及战略定位的差异,不仅决定了地区降碳减排的压力与潜力,也将使构建科学合理、公平有序的碳"双控"机制面临挑战。

以可再生能源资源禀赋丰富的青海为例,青海 2021 年 GDP 为 3346.63 亿元,仅占全国 GDP 的 0.3%,排名较为靠后。而 2021 年其可再生能源电力消费量为 662 亿千瓦时,占全社会用电量的 77.2%(排名全国第三);可再生能源消费量在能源消费总量中的比重达到 43.17%(见图 5)。此外,青海终端电气化率达到 33.50%,仅次于广东和浙江;全社会用电量中的可再生能源占比远高于广东和浙江两省的 29.0% 和 18.9%。从能耗强度来看,2021 年青海能耗强度达到 1.30 吨标准煤/万元,远高于广东的 0.28 吨标准煤/万元和浙江的 0.33 吨标准煤/万元。如何将资源优势打造为经济发展新动力是青海统筹发展与减排、缓解碳"双控"考核压力的关键问题。

然而就水电资源丰富的四川和云南来看,2021 年两省全社会用电量中的可再生能源占比分别达到 80.4% 和 77.5%,排名全国前两位。但两省能源利用效率仍相对较低,能耗强度分别为 0.40 吨标准煤/万元和 0.47 吨标准煤/万元。能耗"双控"逐步向碳"双控"转变的过程中,可再生能源电力的环境价值将越发凸显,在满足省内用电需求的同时,平衡好省外电力需求也给地方可再生能源发展与电网建设带来较大压力。

而以广东、江苏为代表的制造业大省,其推动终端电气化工作已取得明显成效,终端电气化率分别达到 39.50% 和 32.31%;能耗强度与碳强度也处于全国领先水平。2021 年广东、江苏可再生能源电力消费量占全国的 9.3% 和 5.4%,全社会用电量中的可再生能源占比也达到了 29.0% 和 18.9%。未来,随着经济持续规模化发展、碳"双控"考核压力加大,地区可再生能源消费需求将被进一步激发。如何推动可再生能源逐步成为增量主体并实现存量替代,将是其有效化解碳"双控"压力、实现经济高质量发展面临的一大重要议题。

以拥有丰富煤炭资源的宁夏为例,作为西电东输的国家战略基地和全国重要的煤化工基地,宁夏产业结构以重工业为主。2021 年宁夏全区能源消费总量达到 8048 万吨标准煤,能耗强度约 1.44 吨标准煤/万元,超全国平均水平的 1 倍。从电气化水平和可再生能源消费情况来看,2021 年宁夏全区终端电气化率及可再生能源实际消纳权重分别达到 25.55% 和 25.83%，可再生能源消费约占能耗总量的 10.57%。如何立足自身资源禀赋和战略定位，平衡发展与减排、长期与短期目标，将是碳"双控"制度建设中应关注的重点问题。

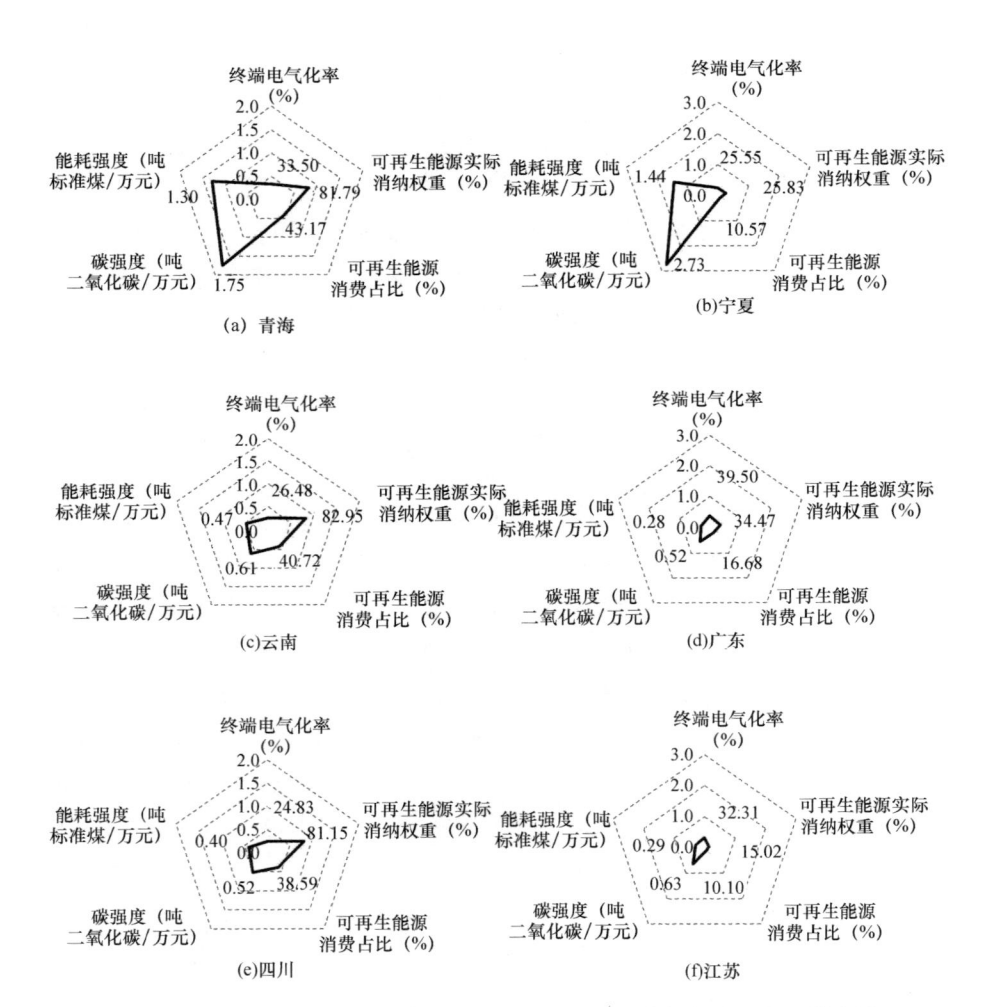

图5　2021年部分省份能源消费、可再生能源利用及电气化发展水平基本情况

资料来源：《青海统计年鉴（2022）》《宁夏统计年鉴（2022）》《云南统计年鉴（2022）》《广东统计年鉴（2022）》《四川统计年鉴（2022）》《江苏统计年鉴（2022）》《2021年全国可再生能源电力发展监测评价报告》。

四 夯实基础，积极、稳妥、有序建立碳"双控"制度

当前我国生态文明建设已经进入以降碳为重点战略方向的关键时期，完善能源消费总量和强度调控，逐步转向碳排放总量和强度"双控"，是科学有序推进"双碳"目标落地的内在要求。碳"双控"制度下，降碳的结果导向进一步聚焦，不同能源品种的碳排放因子特征差异和非能源活动碳排放控制的重要性和迫切性更加凸显。然而我国"双碳"工作起步时间不长，碳排放统计核算等方法、标准、体制机制建设尚不成熟，无法完全及时、准确地响应碳排放总量与强度控制需求，建立碳排放"双控"制度仍有大量基础工作亟待落实。

（一）持续调整完善能耗"双控"制度

能耗"双控"与碳"双控"在宏观调控方向上具有一致性，但二者各有侧重。能耗"双控"以提质增效、提高能源利用效率为主，碳"双控"则对化石能源消费控制更加严苛，更突出能源结构清洁化、低碳化发展。基于当前我国能源工作取得的成绩与存在问题，应统筹政策转变的连续性、一致性，分阶段推进碳"双控"制度建设。短期内，立足"双碳"目标，对能耗"双控"工作提出的新要求，调整原有能耗"双控"制度中不适配的内容，实施能耗"双控"与碳"双控"并行考核，统筹能源安全与节能减排，为碳"双控"制度转变创造条件。

"十四五"时期以来，国家发改委先后印发《完善能源消费强度和总量双控制度方案》《关于进一步做好新增可再生能源消费量不纳入能源消费总量控制有关工作的通知》《关于进一步做好原料用能不纳入能源消费总量控制有关工作的通知》，不断调整完善能耗"双控"制度。"十四五"时期，原料用能和新增可再生能源将不纳入各地区能源消费总量考核，并进一步将原料用能从能耗强度考核范围中剔除。但从过往可再生能源消费年增长量以及比重来看，能耗空间释放有限，并且，可再生能源消费并不产生二氧化碳。随着"双碳"工作深入推进，逐步将所有可再生能源消费从能耗"双控"边界中扣除，将能耗"双控"与碳"双控"协同管理、

协同考核，是构建更加科学合理、衔接有序的能耗"双控"的必然方向。

（二）统筹谋划，发挥比较优势

构建碳"双控"制度的过程中，不仅要强化降碳导向，做好政策衔接协调，也应充分考虑区域资源分布和产业分工的客观差异，增强全国一盘棋意识。坚持辩证观念，综合考虑各地区峰值目标、时间，各地区梯次有序达峰，实施差异化的碳排放控制行动。统筹优化可再生能源开发布局，结合各地区新能源资源条件，充分利用中东部地区新能源消纳空间，积极推动新能源就地开发利用；在西北部等新能源资源富集地区，科学规划、布局一批以新能源为主的电源基地和电力输送通道，实现新能源电力全局优化配置。同时，发挥资源优势，做好长远谋划，加快推动传统工业产业转型升级，积极推动特色优势产业集群建设，实现在发展中减排。

（三）建立健全科学、合理、公平、有效的碳"双控"考核机制

吸收借鉴能耗"双控"工作经验、做好政策有机衔接，将成为碳"双控"机制建立、运行并发挥良好效益的"加速器"。

原有能耗"双控"考核制度中，能耗指标以行政指令的方式、由中央政府主导、层层分解下达，计划性指标与生产经营活动的市场规律之间存在不匹配的环节，极端情况下的限产、停产、拉闸限电等行为对社会经济的平稳运行和人民群众的正常生活造成严重影响。未来，确定碳"双控"考核指标时，除综合考虑区域资源禀赋、发展水平、产业结构以及能源结构等客观因素，还应考虑地区战略定位、能源安全、协调平衡市场在资源配置中的作用和政府的监管作用，构建科学、合理、公平的评价考核方案。

能耗"双控"以年度、五年规划期末作为考核节点的事后考核方式，对于目标完成的保障力度不足，并且，部分项目建设周期较长，给未来考核期目标的完成增添了不确定性。应做好碳预算、碳排放影响评价等配套制度建设，统筹用能权市场、碳市场、电力市场建设发展，加强碳排放指标事前、事中、事后管理，提升监管效能；加强区域、行业碳达峰行动、清洁能源替代、煤炭消费总量控制、环境信息披露等政策有机衔接，保障碳"双控"责任落实与目标实现的同时，为开展应对气候变化与环境治理协同增效提供重要抓手。

（四）拓展完善市场化工具，建立健全配套制度

实现"双碳"目标最终还是要落在微观主体生产及消费行为方式的转变。因此，发挥市场在资源配置中的决定性作用，以新增长点吸引更广泛的社会资本参与、激发市场活力，同时以价格机制倒逼企业变革，改善经营方式，或是碳"双控"制度发挥"1＋1＞2"作用的关键。

当前，全国碳市场共纳入2162家发电行业重点排放单位，覆盖约45亿吨排放量，在利用市场机制控制、减少碳排放，降低全社会减排成本，以及提升企业绿色低碳发展意识和减碳能力方面发挥显著作用。未来，应积极、有序扩大覆盖范围，逐步纳入石化、化工、建材、钢铁、有色等行业，完善碳价形成机制，促进行业绿色低碳转型，并为落实减碳责任提供重要抓手。

此外，加快研究碳期货、期权等产品，丰富交易品种和交易方式，探索建立碳税、碳普惠等其他市场化机制，形成包括配额碳市场、减排量碳市场和普惠碳市场等在内的多层次复合型碳市场，在全社会范围内激发减碳积极性，增强管理弹性，推动生态文明建设。

（五）建立健全统一规范的碳排放统计核算制度和方法

真实准确的碳排放数据是推动各级政府、行业、企业开展碳"双控"工作、制定减排策略的首要前提。目前，二氧化碳排放在线监测无论从技术、成本还是覆盖范围都难以作为碳排放统计的主要手段，仍需要通过核算来统计碳排放。为支撑碳"双控"实施与"双碳"目标落地，需要我国各级统计部门在现有能源统计基础上，进一步建立和提升碳排放统计能力，提高基础数据质量，并逐步纳入不容忽视的工业过程排放，做到碳排放数据的可信与可比。

为此，应夯实能源统计基础，加强对各品种能源消费量以及碳排放因子等数据统计，明确各部门管理职责；强化基础研究，合理划定地区、企业等不同核算对象的碳排放核算范围，科学测算碳排放因子，制定统一、规范、合理的碳排放核算方法，及时更新排放因子；加快研究建立工业生产过程排放核算方法与统计体系，健全重点行业、重点工业产品数据统计体系建设，为碳"双控"制度建立创造条件。

主要参考文献

冯相昭、杨儒浦、李媛媛：《关于碳排放"双控"制度建设的若干思考》，《可持续发展经济导刊》2022 年第 11 期。

王一鸣：《抢抓碳达峰碳中和重大战略机遇　推动我国产业结构升级》，《经济日报》2021 年 10 月 29 日第 3 版。

魏一鸣、刘新刚：《辩证把握推动"双碳"工作的"四对关系"》，《光明日报》2022 年 7 月 11 日第 6 版。

宣晓伟：《"能耗双控"到"碳双控"：挑战与对策》，《城市与环境研究》2022 年第 3 期。

中国气象局：《2021 年中国风能太阳能资源年景公报》，2022 年 4 月 28 日。

跨国能源企业的低碳创新战略
——以道达尔能源公司为例

徐忠华　李雨桐[*]

一　能源行业发展面临的挑战

能源行业面临着两大挑战：能源安全和低碳转型。从能源安全方面来说，能源供应的稳定性是能源安全的核心，全球资源分布的不均等和能源市场的动荡都可能导致能源供应的不稳定。比如能源价格的不稳定会对全球经济产生比较大的冲击，尤其是对能源进口依赖度较高的国家。低碳转型首先需要考虑的是转型成本。低碳转型涉及较大的资金投入，包括新的基础设施的建设、技术的研发创新、可再生能源项目的建立等。资金的筹集和投资回报率的不确定性，都给低碳转型带来了不小的挑战。

（一）人类可持续发展的挑战

2022年11月15日，世界人口已经达到80亿，联合国在发布的《世界人口展望2022》报告中预测，2050年世界人口将达到97亿。全球人口不断增加，导致能源需求的急剧上升，能源行业需要扩大生产和供应力，以满足更多人基本的能源需求，同时确保能源的可持续利用。随着经济持续发展（GDP每年增长3%）和人民生活水平的提高，人们对能源的需求也持续增长（能源消耗每年增长2%）。如何让更多的人口拥有更好的生活需要全球性的合作。

---

[*] 徐忠华，道达尔能源研发副总裁，中国欧盟商会能源组组长；李雨桐，道达尔能源研发副经理。

2016年4月，171个国家在联合国总部签署《巴黎气候协定》，意味着全球各国将合作应对气候变化挑战。《巴黎气候协定》鼓励各国通过市场和非市场机制进行合作，以提高减排效益。与此同时，各个国家和地区也出台了一系列碳排放法规，旨在减少温室气体排放，促进向低碳经济的转型。例如，欧盟出台了排放交易体系（EU ETS），允许排放单位在设定的排放上限内买卖排放权，旨在通过市场机制减少温室气体的排放。加拿大通过了《温室气体污染物定价法案》，规定加拿大联邦政府设定基本目标，各省级地区根据各自发展特征，自主选择碳定价机制。2021年7月中国全国碳排放权交易体系开始正式交易，目前覆盖超过40亿吨年排放量，是世界上最大的碳排放权交易系统。

绿色投资和绿色金融可以帮助国家和地区实现低碳转型，如支持环境可持续性发展项目，以促进对清洁能源发展，减少环境污染、保护自然资源和应对气候变化的努力。绿色金融工具通常包括绿色债券、绿色基金和可持续发展目标债券。绿色金融对于实现全球可持续发展目标至关重要。投资者、金融机构和政策制定者都需要在经济增长和环境保护之间寻求平衡。

消费者对气候变化认知的提升以及技术创新对低碳排放的驱动，都可以帮助全球实现减少碳排放。在产业低碳化方面，通过更有效的设备和工艺，企业可以降低能源消耗并减少排放；可以使用更清洁的能源，比如风能、太阳能、生物质能和其他可再生能源取代化石燃料；通过循环利用资源，可以减少废物和排放，同时降低对原材料的依赖，从而实现循环经济；开发新技术以捕捉工业排放的二氧化碳，并将其安全地储存及利用，减少二氧化碳进入大气层，从而有利于减缓气候变化。

（二）能源转型进行时

每一次能源革命都意味着能源的生产、运输、存储和消费方式对人们生产和生活产生翻天覆地的改变，每一次能源革命都推动了时代的进步。第一次能源革命是蒸汽与煤炭的时代。随着工业革命的兴起，人类从依赖人力和畜力转向了对蒸汽机的广泛应用。这一时期，煤炭成为主要的能源。第一次能源革命带动了大规模工业生产的可能，促进了城市化进程并加速了全球贸易的建设。第二次能源革命是石油与电力的时代。这一时期的标志是电力的广泛应用和石油的崛起。内燃机的发明和使用，使汽车、飞机和其他交通工具的发展成为可能，而电力的普及则改变了工业的生产和人们的生活模式。尤其在交通和化工行业中，石油和天然气开始取代煤炭成为世界上主要的能源来源。21世纪初至今正在进行能源新革命，核心是向更清洁、可再生的能源过渡，从而实现能源的数字化、电气化和低碳化，以应对全球气候变化和可持续发展的挑战。

能源安全和低碳转型是相互影响的。增加可再生能源的比例可降低对进口化石燃料的依赖，提高能源安全；而能源安全又为低碳转型提供了必要的稳定环境。因此，能源行业需要考虑这两方面的挑战，制定相应的政策，以实现可持续的能源未来。

（三）碳中和挑战

碳中和是指通过减少或者抵消碳排放，将一个实体（个人、公司、国家或产品）碳排放量降至零的过程。通常涉及减少碳足迹，如提高能源效率、使用可再生能源、采取CCUS技术和实施节能措施，以及通过植树造林、恢复湿地、可持续农业和海洋管理等手段来增加碳汇。在追求碳中和的过程中，存在一些常见的误区，如不制定具体的碳减排目标和时间线；过度依赖植树造林等碳抵消方式；忽视生命周期排放，产品和服务在整个生命周期中的碳排放没有得到充分的考虑。碳中和是目标的终点，人们应该持续地创新和改进，以应对未来的挑战和减少对环境的影响。推动碳中和是企业的重要责任，企业在减少排放中扮演着重要角色，但政府、非政府组织、消费者和其他利益相关方也应该承担起相应的责任，共同努力实现全球的碳中和目标。

中国的能源结构在过去几十年中经历了显著的变化，但仍然以煤炭作为主导，占整个能源结构的近60%。中国对原油的进口依存度较高（70%）。中国近年也在增加天然气的进口量，以满足国内日益增长的能源需求，这也可以减少空气污染和温室气体排放。实现碳中和是一个复杂的过程，需要跨部门、跨行业的协作和创新。中国已经明确提出了碳达峰和碳中和的时间表，即力争在2030年前实现碳达峰，2060年前实现碳中和。意味着中国将面临巨大的转型挑战，需要进一步调整能源结构。

二 传统能源产业碳中和面临的挑战

在全球范围内，传统能源产业正面临着前所未有的挑战：实现碳中和。随着全球气候变化的影响日益严峻，国际社会对于减少温室气体排放的呼声愈加强烈。传统能源产业，尤其是石油、天然气和煤炭行业需要重新调整其生产方式、商业模式和能源结构。

（一）商业模式变动

商业模式的转型是能源行业巨头面临的一大重要挑战。这个行业的核心挑战是如何从传统的碳密集型能源生产，转变为更加清洁、可持续的能源供应方式。随着全球对可持续能源需求的增加，企业应该投资于风能、太阳能等可再生能源项目，这不仅需要较大的资本支出，还需要调整核心业务的收入来源。同时，随着新兴的清洁能源技术与市场参与者的出现，能源行业的格局正在重塑，传统能源公司需要保持创新性以及调整商业模式，以维持市场地位。道达尔能源在全球范围内投资了多个太阳能和风能项目。比如在中东地区，参与投资了世界上最大的太阳能电站之一，标志着公司在清洁能源领域的重大进展。道达尔能源还积极开发海上风电项目，以增强其能源组合的多样性。这些行动不仅减少了公司的碳足迹，也为其在全球能源市场中的长期竞争打下了基础。

（二）人才队伍的管理

碳中和进程对传统能源企业的人才结构提出了新的要求，为了实现碳中和目标，传统能源企业正在重塑其人力资源战略。比如，企业需要为员工提供可再生能源、智能电网和碳捕集与封存等新兴领域的培训，以提升他们的技能和知识。浮动结构专家和海洋数据专家加入了海上风电项目；化学和工艺工程师加入了生物燃料项目；低温液化技术专家加入了氢气项目；地质学家和钻探人员加入了碳捕集与封存项目。同时，吸引和留住具有这些专业技能的人才，并与其他行业竞争这些高技能人才。道达尔能源投资于员工培训和人才发展计划，确保人才队伍能够支持公司的转型战略。与此同时，道达尔能源致力于创建一个多元化和包容性的工作环境，鼓励来自不同背景的人才加入公司，并为他们提供不同的发展机会。

（三）有序转型

传统能源产业在向低碳转型的过渡时期，面临着平衡多方面利益的挑战。保障能源供应的连续性和稳定性是确保社会经济正常运行的关键。道达尔能源在维护其传统石油业务的同时，逐步增加对可再生能源的投资，并在全球范围内寻求合作伙伴，以共同开发和推广新技术。道达尔能源作为全球能源行业的重要参与者，近年来一直积极调整其能源结构，以应对气候变化挑战和全球能源转型的需求。2021年，道达尔能源的能源结构包括石油、天然气、可再生能源及电力和新型脱碳能源，分别占44%、47%、7%和2%。确立了明确的气候目标的道达尔能源，通过一系列具体的行动计划，致力于到2050年达到净零排放。公司已经从传统的石油和天然气，扩展到风能、太阳能等可再生能源领域，同时推广天然气作为过渡能源，并投资于生物能源和氢能技术。2050年，道达尔能源的能源结构将调整为可再生能源和电力占50%，石油和天然气占25%（见图1），新型脱碳能源占25%。品牌形象的重塑和对市场定位的调整也是道达尔能源转型战略的一部分，标志着道达尔能源在平衡商业与环境责任方面迈出了坚实的步伐。

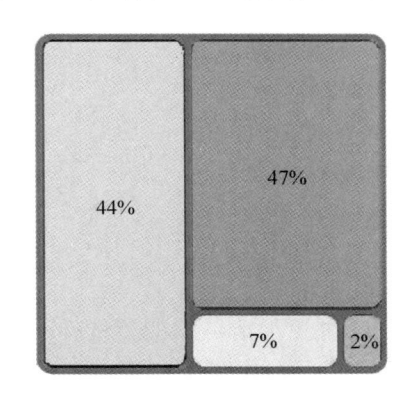

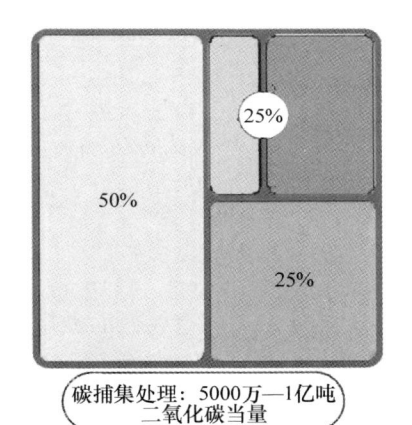

图1 道达尔能源公司能源结构的转型

资料来源：道达尔能源官网。

三 传统能源产业碳中和创新路线图

在全球加速迈向碳中和的当下，传统能源产业正处于一个关键的转型时期。为构建一个低碳未来，传统能源产业需要采取一系列创新措施，以实现环境可持续性与经济效益的双重目标。首先，企业需要更加聚焦于低成本石油的开发，通过技术的进步降低开采和提炼成本，同时提高效率，减少碳排放。天然气作为一种更清洁的化石燃料，在能源结构转型中扮演了重要角色，聚焦天然气的发展不仅能够满足即时的能源需求，还能够缓解全面可再生能源转变的压力。其次，发展规模化且可盈利的电力体系是实现碳中和的另一个关键环节。传统能源产业需要推动风能、太阳能等可再生能源项目的规模化建设，以实现成本的优势和效率最大化。与此同时，储能技术的投资也变得至关重要，通过先进的储能解决方案，能源产业可以更加灵活地应对供需变化，从而提高整个电网的效率和可再生能源的利用率。

随着技术的飞速进步和全球对于清洁能源的不断追求，交通领域正经历着前所未有的变革。比如优驰燃油凭借其高效能量输出和优化的燃烧过程，提升了燃油经济性，减少了对环境的影响，同时也为传统内燃机车辆提供了一种更加高效、节能的选择。同时，轻量化设计理念的应用通过减少车辆自身重量，进一步提升了燃油效率，降低了碳排放。生物燃料作为一种可再生能源，正在逐渐成为燃油的重要替代品。从植物到废弃物，多种原料的转化为人们提供了一种无须依赖化石燃料的可能性。交通工具使用生物燃料，不仅减少了碳排放，也推动了农业废弃物的有效利用，实现了能源的循环再生。

天然气由于拥有较低的碳排放量而成为一种更加清洁的能源选择。天然气动力车辆已经开始在公共交通和货运领域得到广泛的应用。与此同时，电动车辆的崛起，预示着一个无须燃烧燃料的新时代。随着电池技术的不断进步和充电基础设施的日益完善，电动车辆正在快速成为主流。氢作为一种高清洁的能源，可以通过燃料电池在车辆中转化为电力，只排放水蒸气，续航能力与传统的燃油车相当，且加注时间也相似，这使氢能汽车成为一个极具吸引力的能源解决方案。

四 新能源的商业本质与挑战

新能源的商业本质在于它代表了一种能源的创新和转型，旨在替代传统的化石燃料。这种转型是由对环境保护、减少温室气体排放、提高能源效率和安全性的需求所驱动的。商业上，新能源包括太阳能、风能、地热能、生物质能以及其他可再生能源。这些新能源的发展带来了巨大的经济潜力和投资机会，并且与全球可持续发展目标紧密相连。

然而，新能源的推广和应用也面临着多方面的挑战。第一，成本问题。新能源的技术成本在近几年有所下降，但在大多数情况下，初期投资仍然较高，其中包括研发成本、生产设备的投资以及建设相关基础设施的费用。第二，新能源也面临着技术成熟度的挑战。一些新能源技术尚处于发展阶段，尚未达到商业化或大规模生产水平。因此，需要持续的研发投入来提升技术的可靠性和效率。第三，市场接受度也是新能源行业需要考虑的影响因素。消费者和企业对新能源产品的接受程度受到价格、性能、便利性及文化因素等多方面的影响，改变人们的能源消费习惯，可能需要一定的时间。第四，政策和法规也影响着新能源的发展。新能源行业的发展高度依赖于政府的支持和激励政策，政策的不确定性将会影响投资者的信心和行业的长期发展。

五　氢能的发展机遇、挑战与创新

氢能作为一种清洁的能源载体，正站在能源转型的前沿并面临巨大的发展机遇。随着全球对可持续能源体系的追求，氢能能够为储能、交通、工业和电力系统等多个领域提供解决方案。特别是在推动减少温室气体排放的背景下，氢能技术得到了政策和市场的双重支持，吸引了政府、企业和投资者的广泛关注。此外，随着技术的进步和规模化的生产，氢燃料的成本正在逐渐降低，提高了氢能在未来能源市场的竞争力；氢能的多样化应用前景，预示着氢能将在全球能源结构中占据重要位置。

氢能的供应链是实现绿色能源转型的关键基础设施，其涵盖了生产、运输、储存和利用。首先，在生产方面，绿氢是通过可再生能源对水进行电解所产生的氢气。这种方法不产生碳排放，具有可持续性，减少对化石燃料的依赖，有助于应对全球气候变化问题。蓝氢是指利用化石燃料进行蒸汽甲烷重整或部分氧化等传统方法产生氢气，同时采用碳捕集与封存技术来捕获并储存生产过程中产生的二氧化碳。其次，氢能运输是氢能应用的关键环节之一，因为氢气的低能量密度和高反应性带来了一些挑战。目前，氢气的运输方式包括管道运输、液化氢气运输和绿氨运输。管道是运输气态的有效方式之一，尤其适用于工业区内或城市之间的短距离运输。管道运输具有连续性和成本效益，适合大规模氢气的稳定供应。液化氢气可以通过特制的隔热容器在陆地上用卡车运输，或在海上通过液化氢船运输。氢气液化过程耗能需要特殊的储存和运输设备来维持低温，因此成本相对较高。绿氨是指使用绿氢和氮气合成的氨。绿氨作为一种运输和存储氢气的载体，具有能量密度高、稳定性好的特点。与氢气相比，氨可以在较高的温度和压力下液化，因此储存和运输更为容易和经济。

氢能的储存是实现氢经济的重要环节，有效的储存解决方案可以确保氢气供应的稳定性和灵活性。盐穴储氢和枯竭油气藏是比较常见的储氢方法。盐穴的密封性非常好，可以减少氢气的泄漏，并且盐穴能够承受较高的压力，因此可以在其中以高压气态形成储存大量氢气。然而，盐穴储氢受到地理位置的局限，仅适用于地质条件合适的地区。枯竭油气藏在开采油气资源后留下的空间，可以被重新利用来储存氢气。使用枯竭油气藏储氢可能需要对原有的基础设施进行改造，并对地质条件进行详细的评估，以确保长期的安全和稳定性。

氢能在交通领域的应用主要体现在氢燃料电池车上。这种车辆具有零尾气排放、较长的续航时间和较短的加氢时间等优势。目前，氢燃料电池车主要用于公交车、卡车和其他商用车，也应用到轨道交通和船舶。氢气也被用于燃气轮机发电，燃气轮机可以使用高纯度的氢气或将氢气与天然气混烧来发电。使用氢气的优点在于其燃烧产生的二氧化碳排放量极低，有助于减少温室气体排放。

氢能作为一种清洁能源未来前景备受关注，但氢能的普及和发展仍面临一系列的挑战。首先，低成本化是实现氢能广泛应用的主要障碍之一。目前，绿氢的生产成本仍然相对较高，主要是由于电解水制氢的能源成本较高，以及相关技术和设备的初始投资较大。此外，尽管氢气的应用场景正在逐步拓宽，但氢能的市场渗透和终端用户接受度仍需要进一步提高。其次，在储运基础设施方面，建设成本高昂且技术的复杂性是储能的重要挑战。氢气的储存和运输需要特殊的技术来保证安全和效率，如液化氢或压缩氢的储存技术，以及对管道和运输工具的特殊要求。这些技术的开发和部署需要大量的资金投入和创新研发，而且在推广过程中还需要确保现有能源基础设施的兼容性。

六 CCUS 对于能源安全与碳中和的意义

(一) CCUS 的重要性

CCUS 技术是指包括捕获二氧化碳、将其转化为有用产品或储存起来，以防止二氧化碳进入大气层的一系列过程。CCUS 可以直接从工业过程和电力生产中捕获二氧化碳，帮助减少大气中温室气体的浓度，对抗气候变化。CCUS 技术允许继续使用现有的化石燃料基础设施，同时减少与之相关的碳排放，意味着可以在向低碳能源体系过渡的同时保障能源供应的稳定性。CCUS 是实现碳中和目标的关键技术之一，可以被应用到难以减排的行业，比如水泥、钢铁和化工等领域，帮助这些行业实现减排目标。CCUS 技术的发展和应用可以带动新的工业部门和市场，促进经济增长和就业。此外，CCUS 技术可以提高现有产业的竞争力，帮助企业符合越来越严格的环境法规和减排要求。

(二) CCS 价值链

在努力对抗气候变化的全球行动中，碳捕集和封存（CCS）价值链显得至关重要。这一过程始于天然气生产，其中化石燃料被开采出来，在能源生产中释放出的二氧化碳，通过新进的捕捉技术，使这些温室气体在排放到大气层之前被有效地隔离。捕获后的二氧化碳被压缩并通过管道或者其他运输方式安全转移，直至到达预定的注入地点。二氧化碳被注入地下岩层，通常是已经开采完的油田、气田或深层盐水层。在这些地质结构中，二氧化碳被安全地封存在地壳深处，以防止其进一步加剧全球气候变化。CCS 价值链作为一整套系统，对于实现减排目标至关重要，但也面临着技术的复杂性、经济成本和监管问题等挑战。

碳捕集技术创新和低成本化是实现大规模碳捕集与封存的关键。目前，碳捕集技术包括吸收法、吸附法、膜分离法和直接空气捕获法。为了降低成本，研究人员和企业正在探索新的材料、改进能源效率和集成系统设计。例如，开发更高效的吸收剂和吸附剂，使用可再生能源或废热提供捕获过程中所需要的能量，以及将捕获技术与发电或工业过程集成，以降低整体成本。二氧化碳在商业上有多种应用场景，如增强油气回收

（EOR），将二氧化碳注入油田，增加油井的压力，提高原油提取量。在化学制品方面，二氧化碳可以用于原料制造聚碳酸酯、甲醇等化学品。二氧化碳还可以被用于碳酸饮料的制造，以及运用到农业方面，以促进植物的生长。

碳封存的商业模式通常需要政府政策和财政支持。首先，建立碳交易市场，在碳交易体系中，封存碳的项目可以获得碳信用，这些碳信用可以在市场上出售给需要减排的公司。其次，政府可以提供直接的补贴、税收减免。政府也可以支持自主研发，为新技术提供研发资金，降低商业化前的风险和成本。碳封存的安全性评估是确保二氧化碳被长期稳定地存储，防止其逃逸到大气中的关键环节。例如地质评估，分析潜在的封存地点的地质特性，确保地层稳定，不会发生二氧化碳泄漏。制订应对计划和紧急响应政策，以防止泄漏和减轻可能的环境影响。遵守有关二氧化碳封存的国际和国内法规，进行必要的环境评估和许可程序。也可以开发和部署先进的检测技术，如地震监测、井下传感器和卫星监视，以便实时追踪储存的二氧化碳。

七 结语

能源转型是当今世界面临的一项宏伟任务，不仅关乎环境的未来，也紧密联系着全球经济的发展。这一转型进程是漫长且复杂的，其核心支柱是能源安全与碳中和。能源安全确保了国家的稳定和经济的连续性，而碳中和则是对抗全球气候变化的关键战略。在迈向碳中和的过程中，我们必须认识到，这不是一个无成本的过渡。实现这一目标需要投资于高质量的商业项目，这些项目不仅要在环境上可持续，还要在经济上可行。因此，那些能够平衡初期投资与长期效益的项目将更容易获得资金和市场的支持。

新能源产业虽然引领着制造业的未来，但它成功的关键也在于以下几个方面。首先，创新是推动新能源产业发展的引擎，包括技术创新、商业模式创新及企业文化创新。技术的突破可以降低成本、提高效率，而商业模式和企业文化的创新则能够帮助企业适应快速变化的市场，促进可持续发展。成本控制和效率提升是新能源产业发展的关键因素。随着技术的进步和规模的扩大，新能源解决方案的成本正在逐渐降低，但仍需持续努力以实现与传统能源相比的成本竞争力。此外，提高能源的转换和使用效率将是提升经济性的另一个重要途径。

最后，我们不能忽视传统能源与新能源之间的连接。在完全实现能源转型之前，传统能源仍将在全球能源供应中占据重要位置。因此，确保两者之间的顺畅过渡是维护能源安全和促进经济平稳过渡的关键。这包括投资于清洁化石能源技术、加强能源基础设施的互联互通，以及开发能够整合多种能源形式的智能电网。总言之，能源转型是一场涉及多方利益、技术挑战和政策导向的全球性协作。在这一旅程中，能源安全和低碳转型将继续作为我们行动的指南，引导我们走向一个更清洁、更可持续的未来。

主要参考文献

《道达尔能源公司能源结构的转型》，道达尔能源公司官网，https：//totalenergies.com/company。

UN Department of Economic and Social Affairs Population Division，*World Population Prospects 2022*，https：//population.un.org/wpp/.

International Maritime Organization，*2023 IMO Strategy on Reduction of GHG Emissions from Ships*，https：//www.imo.org/en/MediaCentre/Meeting-Summaries/Pages/MEPC-80.aspx.

全面推进生态恢复　夯实绿色发展基础

周晋峰　赵玉萍　孔垂澜[*]

森林、草原、湿地、海洋等生态系统及其服务功能是人类赖以生存和发展的基础。生态系统健康与否对地球及生活在地球上的每个人都至关重要。工业革命以来，不合理的人类活动导致的生态系统受损、生物多样性丧失等生态危机，成为各国社会经济绿色转型并实现可持续发展中需要解决的首要难题。恢复受损的生态系统并重建人与自然之间的联系，夯实绿色发展基础，是全人类需要承担的共同责任。2019年3月，联合国大会第73届会议通过联合国生态系统恢复十年（2021—2030年）计划，呼吁保护和恢复世界各地的生态系统，遏制生态系统衰退，恢复受损的生态系统，并保护那些仍然完好无损的生态系统。

2022年年底，中国"山水林田湖草沙一体化保护和修复工程"入选联合国首批十大"世界生态恢复旗舰项目"，标志着生态恢复的中国方案得到国际认可。本文重点阐述近年来我国在生态恢复领域的理论创新和实践探索，总结我国生态恢复领域发展现状及存在的问题，进而对我国生态恢复领域未来发展进行展望。

---

[*] 周晋峰，中国生物多样性保护与绿色发展基金会副理事长兼秘书长，世界艺术与科学院院士，北京大学、美国普度大学联合培养博士，第二届全国电子商务质量管理标准化技术委员会委员，第二届全国创新争先奖状获奖者，第九届、第十届、第十一届全国政协委员，罗马俱乐部执委，研究方向为生物多样性保护、绿色发展等；赵玉萍，中国生物多样性保护与绿色发展基金会综合技术部代理负责人，生态学博士，研究方向为生态系统评估与管理、生物多样性保护、绿色发展等；孔垂澜，中国生物多样性保护与绿色发展基金会项目专员，《生物多样性保护与绿色发展》期刊助理编辑，帝国理工学院生态进化与保护专业硕士，研究方向为生物多样性保护、绿色发展。

一 生态恢复理论创新

生态恢复（ecological restoration）是恢复生态学（restoration ecology）中的核心概念。根据国际恢复生态学学会（SER）2002年给出的定义，生态恢复是指协助受损和退化生态系统恢复、重建和改善的过程。关于"ecological restoration"一词的中文翻译，目前不同学者之间还存在分歧。[①] 近年来，特别是自2020年国土空间生态修复规划启动编制以来，国内"生态恢复""生态保护和修复""生态保护修复""生态修复"等概念并存。生态恢复属于专业性较强的领域，生态恢复实践需要科学理论作为支撑。自恢复生态学引入我国以来，为了更好地适应我国基本国情，满足在地生态恢复实践需要，我国不断推进相关理论发展和创新。

（一）生态恢复原则

SER制定的《生态恢复实践的国际原则与标准》提出了生态恢复八项原则。[②] 联合国生态恢复十年的指导原则[③]包括十项，其中②、③、④、⑥、⑨等与SER生态恢复八项原则内容类似，鉴于联合国生态恢复十年项目的使命和适用对象，其提出的原则更凸显生态恢复的社会经济属性及全球责任（见表1）。

《山水林田湖草生态保护修复工程指南（试行）》[④] 和《全国重要生态系统保护和修复重大工程总体规划（2021—2035年）》[⑤] 是当前指导我国

[①] 孟伟庆、李洪远：《再议Ecological Restoration一词的中文翻译与内涵》，《生态学杂志》2016年第10期。

[②] ［美］乔治·甘恩等：《生态恢复实践的国际原则与标准》，刘俊国等译，科学出版社2020年版。

[③] 联合国粮农组织、国际自然保护联盟生态系统管理委员会、国际恢复生态学学会：《联合国生态系统恢复十年（2021—2030年）的指导原则》，2022年，https://www.fao.org/3/cb6591zh/cb6591zh.pdf。

[④] 《自然资源部办公厅 财政部办公厅 生态环境部办公厅关于印发〈山水林田湖草生态保护修复工程指南（试行）〉的通知》（自然资办发〔2020〕38号），2020年9月18日，https://m.mnr.gov.cn/gk/tzgg/202009/t20200918_2558754.html。

[⑤] 《国家发展改革委 自然资源部关于印发〈全国重要生态系统保护和修复重大工程总体规划（2021—2035年）〉的通知》（发改农经〔2020〕837号）。

生态恢复实践的重要文件。二者关于生态恢复原则的规定也存在相似之处：二者皆提到"以自然恢复为主"；都强调"统筹"和生态恢复的科学性和综合性。

表1　　　　国际和国内主要文件中生态恢复原则的内容比较

《生态恢复实践的国际原则与标准》（第2版）生态恢复八项原则	联合国生态恢复十年的指导原则	中国生态恢复原则
①利益相关方参与生态恢复； ②生态恢复需利用多种知识； ③生态恢复实践基于本地参考生态系统，并考虑环境变化； ④生态恢复支持和优化生态系统恢复过程； ⑤生态系统恢复是根据明确的目标和可测量的指标进行评估的； ⑥生态恢复寻求可实现的最高恢复水平； ⑦大规模的生态恢复会产生累积； ⑧生态恢复是恢复性活动的一部分	①为全球政策框架做出贡献； ②促进公平和包容性的参与； ③包括连续性的恢复活动； ④在最大限度上实现生态恢复，使自然和人类受益； ⑤解决退化的根源； ⑥纳入所有类型的知识； ⑦设定生态、文化和社会经济目标； ⑧根据当地条件和景观/海景因地制宜地开展恢复活动； ⑨衡量结果并调整行动； ⑩整合政策和措施以产生持久影响	1.《山水林田湖草生态保护修复工程指南（试行）》基本原则 ①生态优先，绿色发展； ②自然恢复为主，人工修复为辅； ③统筹规划，综合治理； ④问题导向，科学修复； ⑤经济合理，效益综合 2.《全国重要生态系统保护和修复重大工程总体规划（2021—2035年）》基本原则 ①坚持保护优先，自然恢复为主； ②坚持统筹兼顾，突出重点难点； ③坚持科学治理，推进综合施策； ④坚持改革创新，完善建管机制

资料来源：中国生物多样性保护与绿色发展基金会综合技术部整理。

关于自然恢复与人工修复，习近平总书记提出：自然生态系统是一个有机生命躯体，有其自身发展演化的客观规律，具有自我调节、自我净化、自我恢复的能力。治愈人类对大自然的伤害，首先要充分尊重和顺应自然，给大自然休养生息足够的时间和空间，依靠自然的力量恢复生态系统平衡。这就是我们反复强调坚持以自然恢复为主方针的道理所在。同时，自然恢复的局限和极限，对人工修复提出了更高的要求，也留下了积极作为的广阔天地。我们要把自然恢复和人工修复有机统一起来，因地因时制宜、分区分类施策，努力找到生态保护修复的最佳解决方案。①

---

① 习近平：《推进生态文明建设需要处理好几个重大关系》，《求是》2023年第22期。

| 全面推进生态恢复　夯实绿色发展基础 |

中国生物多样性保护与绿色发展基金会结合多年实际工作经验，针对国内生态恢复实践中存在的形式主义、科学性、系统性不足等问题，于2022年提出了生态恢复四原则，即节约原则、自然原则、有限原则和系统原则。[①] 具体如下：

①节约原则：要求生态恢复工程应从全生命周期角度坚持节约原则，做到节水、节电、节省人力、节省材料，每一次节省都是对工程之外的生态保护。

②自然原则：强调生态恢复要尊重和顺应自然规律，坚持以自然恢复为主，再辅以人为干预，科学留白，为自然留出喘息空间。

③有限原则：凡事"过犹不及"，治理需遵循"有限"原则，要根据其自然特征和客观需要进行有限治理。该原则强调生态恢复目标的科学性，切忌盲目追求高标准。

④系统原则：系统治理与整体把握紧密结合，生态系统是一个有机整体，生态恢复设计和实施要从整体角度采取系统性的恢复措施。

（二）生态恢复目标

正确认识和科学设定目标是生态恢复实践的关键。自然资源部于2020年9月印发的《山水林田湖草生态保护修复工程指南（试行）》中指出，区域生态恢复目标的确定要以本地适宜的生态系统为优先参照标准，结合国家、行业及地方相关标准，充分考虑需要恢复的生态系统本底状况、参照生态系统的属性特征以及未来环境变化因素等，全面诊断生态问题，制定适宜本区域自然环境的保护修复目标。

高吉喜和杨兆平[②]针对我国过去的生态工程基本以生态问题为导向、对生态功能重视不够等问题，提出我国的生态恢复应从以生态问题为导向转向以生态功能为导向，将生态功能作为生态恢复的主要目标。潘庆民等[③]基于中度干扰、放牧优化等生态学理论，结合我国草原特点及多年草

---

① 周晋峰、王静：《鳄雀鳝的"入侵"与生态恢复四原则》，《生物多样性保护与绿色发展》2022年第10期。
② 高吉喜、杨兆平：《生态功能恢复：中国生态恢复的目标与方向》，《生态与农村环境学报》2015年第1期。
③ 潘庆民、孙佳美、杨元合等：《我国草原恢复与保护的问题与对策》，《中国科学院院刊》2021年第6期。

原恢复实践，提出我国草原生态恢复的目标是"生物多样性高、生产力水平高、生态系统结构完好"的适度利用的近顶级群落状态；同时，考虑到我国草原分布区域广，类型多，不同区域、不同类型的草原需要因地制宜确定其近顶级群落的结构与功能指标。

（三）生态恢复力理论

生态恢复力（ecological resilience），也有国内学者把其翻译为生态弹性、生态韧性等，是指生态系统在受到外界因素扰动之后进行自我调节、自我修复以及抵抗外界干扰，并保持其组织结构和生产力的能力。根据大英百科全书的定义，生态恢复力是指生态系统在受到生态干扰破坏后，维持其正常的养分循环和生物量生产模式的能力；恢复力（resilience）有时与鲁棒性（robustness）交替使用，用来描述系统在受到干扰时继续运行并从干扰中恢复的能力。[1]

生态恢复实践需要科学选择参照系，评估生态系统受损程度，为分区域分类别选择科学的生态恢复措施提供科学支撑。生态恢复力理论为国土空间生态修复规划目标设定和生态分区等关键环节提供了理论支持，近年来区域尺度生态恢复力评价等成为国内学者研究热点。[2]

（四）渐进式生态修复理论

刘俊国等[3]在借鉴SER相关概念和标准的基础上，针对我国当前生态恢复实践中面临的问题，充分考虑我国生态恢复实践的社会经济背景，创新性地提出了渐进式生态修复理论。该理论充分考虑生态系统退化状况，强调分阶段、分步骤地采取"环境治理、生态修复、自然恢复"的修复治理模式。同时，该理论强调在生态监测的基础上，科学选择参考生态系统，准确设定生态恢复目标。

渐进式生态修复要求充分考虑气候变化影响，面向"未来"进行生态

---

[1] Levin, S., "Ecological Resilience", *Encyclopedia Britannica*, February 1, 2023, https://www.britannica.com/science/ecological-resilience.

[2] 孟凡迪、周智、张贵军等：《基于生态系统服务供需与生态恢复力的国土空间生态修复分区——以京津冀为例》，《中国生态农业学报》2023年第9期；毛龙、汪胜兰、邱晓峰等：《生态系统恢复力理论在甘肃省国土空间生态修复规划编制中的应用》，《地学前缘》2023年第4期。

[3] 刘俊国、崔文惠、田展等：《渐进式生态修复理论》，《科学通报》2021年第9期。

恢复。这种恢复模式需要厘清待恢复区域与其所在流域/区域之间的关联与互馈关系，坚持系统治理的思路；也需要充分利用生态大数据，发挥遥感、无人机等新技术优势。同时，渐进式生态修复关注生态恢复与居民生计、人类福祉之间的关系。

二　生态恢复实践动态

（一）我国生态恢复实践发展历程

生态恢复，既是我国实现可持续发展的客观需求，也是生态文明建设的重要方面。随着绿色发展理念的不断深入，源于20世纪70年代末的生态恢复实践，在我国社会经济发展的不同时期扮演了不同的角色。融合相关学者观点[①]，可以把我国的生态恢复实践分成以下四个阶段：

1978—2000年是我国生态恢复的起步阶段。改革开放之后，我国社会经济快速发展，但经济发展常以环境破坏为代价，生态环境问题日益突出。为了防治沙漠化和沙尘暴，自1979年开始，我国开启了为期70年的"三北防护林"工程。自此开始了大规模植树造林、退化草地治理等国土绿化行动。

2000—2012年是我国生态恢复快速发展阶段。日益凸显的生态破坏和环境污染问题使政府对环境治理和生态恢复越来越重视。2000年，中国开始实行"退耕还林""退耕还草""禁牧"等政策，以应对水土流失、草地退化、天然植被破坏等生态问题，促进了生态恢复科学研究和实践的快速发展。

2012—2020年是我国生态恢复跨越式发展阶段。2012年11月，党的十八大提出大力推进生态文明建设。2016年中国山水林田湖草沙一体化保护和修复工程（以下简称山水工程）试点启动。2018年国家进行新一轮机构改革，成立自然资源部，下设国土空间生态修复司，提出编制实施国土空间生态修复规划，加大力度推进山水林田湖草生命共同体的

[①] 于贵瑞、郝天象、杨萌：《中国区域生态恢复和环境治理的生态系统原理及若干学术问题》，《应用生态学报》2023年第2期。

系统综合治理①，生态恢复进入跨越式发展阶段。

2020 年以后是我国生态恢复全面推进阶段。2020 年 6 月，国家发改委、自然资源部联合印发了"双重规划"。同时，我国构建并不断完善国土空间生态修复规划体系，生态恢复成为美丽中国建设、气候变化减缓和适应、生物多样性保护等的重要举措。

（二）新时期我国生态恢复实践的顶层设计

1. 《全国重要生态系统保护和修复重大工程总体规划（2021—2035年）》

2020 年 6 月，国家发改委、自然资源部印发《全国重要生态系统保护和修复重大工程总体规划（2021—2035 年）》（以下简称《规划》）。《规划》在总结我国生态保护和修复面临的形势和当前工作存在的主要问题基础上，提出了我国开展自然生态系统恢复的指导思想和基本原则，明确了到 2035 年全国生态保护和修复的主要目标，并细化了 2020 年年底前、2021—2025 年、2026—2035 年等时间节点的重点任务。同时，《规划》将重大工程布局在了"三区四带"等重点区域，是当前和今后一段时期推进全国重要生态系统保护和修复重大工程的指导性规划。

2. 《山水林田湖草生态保护修复工程指南（试行)》（以下简称《指南》）

《指南》由财政部、自然资源部和生态环境部于 2020 年 9 月联合印发实施，是当前我国开展山水工程的重要技术指引。《指南》是在充分吸收借鉴国内外生态保护修复先进理念和相关标准，总结山水工程试点经验教训的基础上编制而成的。《指南》正文包括适用范围、定义、总则、实施范围和期限、工程建设内容及保护修复要求、技术要求、监测评估和适应性管理、工程管理要求 8 章内容。《指南》附录包括术语和定义、山水工程目标分解表和山水工程生态监测推荐指标。

虽然《指南》编制的初衷是指导和规范山水工程实施，提高生态保护修复的整体性、系统性、科学性和可操作性，但其适用范围不局限于山水工程。鉴于《指南》理念的先进性、方法的科学性、技术的可行性和全生

---

① 王夏晖、张箫：《科学编制国土空间生态修复规划》，《中国环境报》2019 年 4 月 1 日，https：//m. mnr. gov. cn/dt/mtsy/201904/t20190401_ 2403546. html。

命周期管理的系统性等特点，笔者认为《指南》对我国当前多种生态恢复实践都具有参考借鉴意义。

3. 国土空间生态修复规划

根据《省级国土空间生态修复规划编制技术规程（试行）》（2021年5月）给出的国土空间生态修复的定义[①]：国土空间生态修复的实质是对国土空间统筹和科学开展山水林田湖草一体化保护修复的活动；其实施的空间范围是生态功能退化、生态系统受损、空间格局失衡、自然资源开发利用不合理的生态、农业和城镇国土空间；国土空间生态修复要遵循生态系统演替规律和内在机理，以自然地理格局为基础，充分考虑气候变化趋势。

国土空间生态修复规划是一段时期内开展国土空间生态修复工作的总纲和基本遵循，属于国土空间规划体系中的重要专项规划。科学编制国土空间生态修复规划，是系统实施国土空间生态修复重大工程的优先任务。自2020年9月自然资源部印发《关于开展省级国土空间生态修复规划编制工作的通知》（自然资办发〔2020〕45号）以来，截至2023年9月，已有26个省（区、市）印发省级国土空间生态修复规划，各地已全面开展市、县级规划编制工作，国土空间生态修复规划体系初步建成。[②]

4.《国务院办公厅关于鼓励和支持社会资本参与生态保护修复的意见》[③]

《国务院办公厅关于鼓励和支持社会资本参与生态保护修复的意见》是全面推进生态恢复实践，鼓励和支持社会资本参与的核心政策文件。该政策提出了社会资本参与生态保护修复的内容、方式和程序，提供了社会资本参与生态保护修复的重点领域。其中参与方式包括自主投资模式、与政府合作模式、公益参与模式，构建了社会资本参与生态保护修复的政策机制。自该文件发布以来，全国多省份发布实施方案，鼓励和支持社会资

---

① 《自然资源部国土空间生态修复司关于印发〈省级国土空间生态修复规划编制技术规程（试行）〉的函》（自然资生态修复函〔2021〕11号），2021年5月19日。
② 赵宁：《构建从山顶到海洋的保护治理大格局》，《中国自然资源报》2023年11月3日，https://www.iziran.net/news.html?aid=5278592。
③ 《国务院办公厅关于鼓励和支持社会资本参与生态保护修复的意见》（国办发〔2021〕40号），2021年10月10日，https://www.gov.cn/gongbao/content/2021/content_5654771.htm。

本参与生态保护修复，生态恢复市场化和公众参与机制初步建立。根据自然资源部相关统计数据，"十三五"时期以来，我国鼓励和支持社会资本参与生态保护修复，引导政策性金融投入资金3500亿元。

（三）新时期我国生态恢复实践进展

新时期我国全面推进生态恢复实践，助力自然生态系统质量改善，提升生态系统稳定性，为我国绿色发展打下坚实基础。具体从加快推进山水工程、历史遗留废弃矿山生态修复示范工程、海洋生态恢复项目和国土空间生态修复四个方面进行阐述。

1. 山水工程

山水工程是贯彻落实习近平生态文明思想、践行山水林田湖草生命共同体理念的标志性工程，是新时期最具中国特色的创新性生态恢复实践。2022年年底，我国山水工程成功入选联合国首批十大"世界生态恢复旗舰项目"，评价该工程是"全世界最有希望、最具雄心、最鼓舞人心的大尺度生态恢复范例之一"[①]。自2016年开始，截至2023年年底，我国已部署实施52个山水工程项目，实施系统治理、综合治理、源头治理，累计完成治理面积8000万亩。2023年10月，相关部门公布了山水工程首批15个优秀典型案例，其中涉及矿山恢复5个、湿地类6个、综合治理类3个和生物多样性保护类1个。

2. 矿山生态恢复

持续推进历史遗留废弃矿山生态恢复。2022年《"十四五"历史遗留矿山生态修复行动计划》（自然资办发〔2022〕31号）印发实施，提出2022—2024年在矿产资源集中开发区和生态区位重要、生态问题突出的地区，进行历史遗留废弃矿山生态修复示范，预期完成生态恢复面积1.49万公顷。2023年位于重要生态功能区的18个项目成功入选第二批示范工程；自"十三五"时期以来，全国历史遗留废弃矿山累计恢复治理面积超30万公顷。[②]

同时，我国积极开展矿山生态恢复相关调查和技术研究。完成全国历

[①] 王广华：《珍爱地球 人与自然和谐共生——写在2023年"世界地球日"之际》，《人民日报》2023年4月21日第10版。

[②] 薛亮：《2023自然资源工作答卷之五：坚持绿色发展，促进人与自然和谐共生》，《中国自然资源报》2024年1月9日，https://www.iziran.net/news.html?aid=5293727。

史遗留矿山核查，建立了全国统一的历史遗留矿山数据库和任务台账；联合生态环境部、国家林草局指导沿黄河9省（区）实施黄河流域历史遗留矿山生态破坏与污染状况调查评价；组织开展矿山生态恢复成效评估相关指标体系和技术方法研究等，不断提升矿山生态恢复科技水平。[1]

3. 海洋生态恢复

海洋生态恢复对我国沿海区域绿色发展至关重要，同时也是我国应对气候变化和保护生物多样性的重点领域。根据生态环境部统计数据[2]，我国监测的24个海洋生态系统中，17个呈亚健康状态（占70.8%），7个呈健康状态；上海崇明东滩、广西山口红树林、江苏大丰麋鹿、福建漳江口、山东黄河三角洲和江苏盐城6处国际重要湿地存在互花米草入侵问题，入侵面积依次为219公顷、460公顷、60公顷、371公顷、5424公顷和20000公顷。

近年来，我国扎实推进蓝色海湾整治行动、海岸带保护修复工程、红树林保护修复专项行动。截至2023年年底，我国恢复滨海湿地60万亩，整治修复海岸线2000千米，红树林面积已达43.8万亩，我国已成为世界上为数不多做到红树林面积净增加的国家之一。[3] 另外，2023年，我国启动实施了互花米草防治专项行动计划，完成互花米草清除60万亩。[4] 2023年9月25日，自然资源部和世界自然保护联盟联合发布《海岸带生态减灾协同增效国际案例集》，其中共收录了8个在海岸带保护和利用过程中总结出的生态减灾协同增效实践案例，其中5个来自中国，我国为全球基于自然生态系统的减灾风险提供了中国方案。[5] 该案例集侧重于通过对海岸带进行生态恢复以提升其消浪护岸等生态系统服务功能，以自然力量达到减灾协同效果。

4. 国土空间生态修复

为深入推进国土空间生态修复工作，加强国土空间生态修复项目规范

---

[1] 中华人民共和国自然资源部编：《中国矿产资源报告（2023）》，地质出版社2023年版。
[2] 生态环境部：《2022中国生态环境状况公报》，2023年5月29日。
[3] 常钦：《美丽中国的生态根基不断厚植——2023年我国自然资源工作取得新突破新成效》，人民网，2024年1月17日，http://jx.people.com.cn/GB/n2/2024/0117/c186330-40716498.html。
[4] 郭香玉：《2023年我国国土绿化任务超额完成》，新华网，2024年1月23日，http://www.xinhuanet.com/travel/20240123/468dbe6b6b5fc47928430d6e1fd0a5c0c/c.html。
[5] 焦思颖、李倩：《〈海岸带生态减灾协同增效国际案例集〉（中英文版）发布》，2023年9月26日，https://www.iziran.net/news.html?aid=5272223。

实施和监督管理，2023年3月，印发《自然资源部办公厅关于加强国土空间生态修复项目规范实施和监督管理的通知》（以下简称《通知》）①。《通知》就某些地方生态恢复项目实施中存在的前期工作不扎实、监督管理不到位、进度滞后、实施不规范等问题，从扎实做好项目前期工作、强化项目实施管理、严格遵守法律法规、加强项目实施保障四个方面提出了具体要求。

2023年12月，自然资源部在首届自然资源与生态文明论坛上发布了我国首批国土空间生态修复创新适用技术名录和37个典型案例，对国土空间生态修复创新适用技术、科学措施和各地经典做法进行了总结。其中，37个案例涉及17个省份，涵盖了湿地、沙漠、矿山、退化土地等多种生态系统类型，以及自然保护区、流域、海岛、江心岛、海岸带等多种地域类型。

（四）生态恢复相关技术标准体系建设

我国生态恢复行业标准化工作起步较晚，当前标准化技术体系基本形成。与污染治理相关的水生态修复、土壤修复、污染场地修复技术路线相对成熟，标准化工作发展较快。同时，随着生态文明理念的不断深入，我国在森林、草原、湿地等陆地自然生态系统恢复相关技术标准体系建设方面成效显著，技术标准体系日趋完善。海洋生态恢复技术标准化工作方面起步稍晚，近两年发展迅速。

在全国标准信息公共服务平台分别用"生态恢复"和"生态修复"检索出27条和105条结果，其中包括国家标准计划、国家标准、行业标准和地方标准。2022—2023年，国家发布实施涉及海洋生态修复和采矿沉陷区生态修复的5项国家标准，涉及污染场地/土壤修复、矿山生态恢复、矿区植被恢复、草原生态恢复和国土空间生态修复等15项行业标准，以及涉及矿山生态恢复、湿地生态恢复、河岸带植被带恢复等更具针对性的地方标准百余项（见表2）。

---

① 《自然资源部办公厅关于加强国土空间生态修复项目规范实施和监督管理的通知》（自然资办发〔2023〕10号），2023年3月2日，https：//scs.mnr.gov.cn/scsb/shyw/202303/5d1fb79790184829a35b32428c4283fb.shtml。

表 2　　2022—2023 年生态恢复领域相关标准编制实施情况统计

国家标准（2022—2023 年）	行业标准（2022—2023 年）	地方标准（2023 年部分）
GB/T 41339.4－2023《海洋生态修复技术指南第 4 部分：海草床生态修复》 GB/T 42642－2023《海洋底栖动物种群生态修复监测和效果评估技术指南》 GB/T 42251－2022《采矿沉陷区生态修复技术规程》 GB/T 41339.2－2022《海洋生态修复技术指南第 2 部分：珊瑚礁生态修复》 GB/T 41339.1－2022《海洋生态修复技术指南第 1 部分：总则》	HJ 1283－2023《污染土壤修复工程技术规范生物堆》 HJ 1282－2023《污染土壤修复工程技术规范固化/稳定化》 SY/T 7680－2023《石油类污染场地岩土工程勘察与修复技术规范》 NY/T 4130－2022《草原矿区排土场植被恢复生物笆技术要求》 HJ 1272－2022《生态保护修复成效评估技术指南（试行）》 LY/T 3316－2022《黄土高原小流域植被修复技术规程》 LY/T 3323－2022《草原生态修复技术规程》 JC/T 2722－2022《绿化护坡及生态修复用植被水泥土》 TD/T 1070.1－2，4－7－2022《矿山生态修复技术规范第一部分：通则》等 6 项标准 TD/T1068－2022《国土空间生态保护修复工程实施方案编制规程》	DB22/T 3614－2023《河岸植被缓冲带修复技术规程》 DB11/T 2180－2023《水生态修复技术导则》 DB4211/T 29－2023《露天非金属矿山生态修复治理技术规程》 DB43/T 2889－2023《矿山生态保护修复验收规范》 DB15/T 3240－2023《内蒙古黄土丘陵区坡面植被修复技术规程》 DB53/T 1210－2023《退化草原生态修复技术规程》 DB4/T 2410－2023《红树林生态修复工程评价技术规程》 DB3711/T 149－2023《湿地植被恢复技术规程》 DB44/T 2411－2023《退塘还林区红树林生境恢复技术规程》

资料来源：中国生物多样性保护与绿色发展基金会综合技术部整理。

三　我国生态恢复领域发展中存在的问题

（一）科学性不足

生态恢复实践需要在做本底调查的基础上科学编制生态恢复工作方案，其中本底调查、恢复目标制定和适用的恢复/修复措施选择等环节都是专业性较强的工作，需要科学理论和技术作为支撑。2023 年 12 月，中央环保督察组发现，青海省果洛州久治县 2021 年编制的退化草原恢复项目中，草原改良地块中包含 2.6 万亩石质山峰；祁连县 2022 年编制的草原改良项目扎沙村地块中包含 237 亩饲草基地。项目选址不科学，方案不合理。

（二）过程监管和成效评估有待加强

目前，我国在生态恢复实施过程中缺乏有效的全生命周期监督管理机制，对生态恢复成效评估环节重视不够。生态恢复项目过程复杂、周期长，做好过程中的监督管理和项目实施后的恢复成效评估是生态恢复实践顺利实施的有效保障。例如：青海省海南州草原恢复项目未按相关标准进行验收，相关部门擅自降低验收标准，导致项目效果大打折扣；同时，一些草原恢复项目后期因为未严格落实后期管护措施，草原恢复成果不可持续。①

（三）规范化和标准化有待进一步推进

生态恢复涉及森林、草原、湿地、海洋等自然生态系统，也包括农田、城镇等半人工、人工复合生态系统，生态恢复工作规范化和标准化任务艰巨。目前，我国初步构建了生态恢复技术标准体系，但生态恢复成效评估等关键环节和特定生态系统类型的生态恢复标准化等工作无法满足实际工作需求，领域标准化体系有待进一步完善。

（四）社会资本和公众力量参与机制有待进一步完善

当前，社会资本参与生态保护修复尚处于起步和发展阶段，在实践层面还存在许多不足，如限制性因素较多、法治保障不足、政府配套措施不完善等；② 同时，当前我国生态恢复实践过程中存在信息公开效果不佳，公众监督作用不能充分发挥，以及参与生态恢复实践的公益力量不足等问题。社会资本和公众力量参与生态恢复的机制有待进一步完善。

四 我国生态恢复领域2024年发展展望

根据近年来生态恢复领域国内外发展趋势，结合我国签署的有关生态恢复领域的国际公约和国内生态恢复领域的主要政策要求，基于国内绿色发展需求，笔者认为以下四个方面将是我国生态恢复领域2024年发展的主

---

① 中央生态环境保护督察协调局：《青海省一些地方退化草原生态修复不严不实 草原生态保护存在突出问题》，生态环境部官网，2023年12月22日，https://www.mee.gov.cn/ywgz/zys-thjbhdc/dcjl/202312/t20231222_1059709.shtml。

② 王华：《社会资本参与生态保护修复的动力机制、实践困境与完善路径》，《环境保护》2023年第3期。

要方向。

（一）大尺度生态恢复实践需要理论创新和跨领域新技术的支持

大尺度生态恢复实践，通常情况下研究对象趋向非单一类型的复合生态系统，从本底调查、方案设计、项目施工、运营维护、过程中监测、项目恢复成效评估等全过程，往往需要多学科的理论创新和新技术支持。从微观的基因、微生物到宏观的生态系统和景观单元，跨尺度的生态恢复需要理论创新和跨领域的新技术支持。

（二）生态恢复成效评估将成为生态恢复领域重点工作之一

生态恢复成效评估是生态恢复实践管理的关键环节。《中共中央 国务院关于全面推进美丽中国建设的意见》（2023年12月27日）明确提出要加强生态状况监测，开展生态保护修复成效评估。针对目前我国生态恢复领域常见问题，结合当前我国绿色发展需求，引入第三方开展生态恢复成效评估将成为新方向。

（三）海洋生态系统恢复将成为我国生态恢复领域新的增长点

《中国生物多样性保护战略与行动计划（2023—2030）》（以下简称《计划》）把生态系统恢复列为优先行动之一。其中，海洋生态系统恢复被列为两个生态系统恢复优先项目之一。《计划》强调，以自然恢复为主，恢复修复典型海洋生态系统；重点开展入海河口、海湾、滨海湿地与红树林、珊瑚礁、海草床等的生态恢复，以及海岸线、砂质岸滩等的整治修复。因此，海洋生态系统将是我国未来几年推进生态恢复的重点领域。

（四）生态恢复与气候变化减缓和适应、生物多样性保护之间的协同合作将更加紧密

生态恢复是缓解和适应气候变化、保护生物多样性的有效手段。生态恢复可以在不同程度上促进生物多样性保护，增加碳固存和提供其他重要的生态系统服务，改善人类健康、福祉和生计，并加强人类与自然的积极联系，夯实绿色发展基底。

五　结语

我国生态恢复非一朝一夕之功。当前已进入"世界生态恢复十年"的第四个年头，我国从山顶到海洋的国土空间生态保护和修复规划体系已现雏形；生态恢复相关顶层设计和技术标准体系不断完善；以山水林田湖草沙生命共同体理念为基本遵循的生态恢复在我国全面铺开。本文强调在生态恢复过程中，要尊重自然，顺应自然，重视生态系统自我恢复能力，从生物多样性保护角度，着眼"全局"与"长远"，科学制定恢复策略并坚持"生态恢复四原则"，秉持节约优先、保护优先、自然恢复为主的基本方针，全面促进我国生态系统健康稳定，夯实绿色发展基础，并以此作为实现人与自然和谐共生的内源驱动力。

主要参考文献

习近平：《推进生态文明建设需要处理好几个重大关系》，《求是》2023 年第 22 期。

孟伟庆、李洪远：《再议 Ecological Restoration 一词的中文翻译与内涵》，《生态学杂志》2016 年第 10 期。

［美］乔治·甘恩等：《生态恢复实践的国际原则与标准》，刘俊国等译，科学出版社 2020 年版。

联合国粮农组织、国际自然保护联盟生态系统管理委员会、国际恢复生态学学会：《联合国生态系统恢复十年（2021—2030 年）的指导原则》，2022 年，https://www.fao.org/3/cb6591zh/cb6591zh.pdf。

高吉喜、杨兆平：《生态功能恢复：中国生态恢复的目标与方向》，《生态与农村环境学报》2015 年第 1 期。

周晋峰、王静：《鳄雀鳝的"入侵"与生态恢复四原则》，《生物多样性保护与绿色发展》2022 年第 10 期。

潘庆民、孙佳美、杨元合等：《我国草原恢复与保护的问题与对策》，《中国科学院院刊》2021 年第 6 期。

Levin, S., "Ecological Resilience", *Encyclopedia Britannica*, February 1, 2023, https://www.britannica.com/science/ecological-resilience.

孟凡迪、周智、张贵军等：《基于生态系统服务供需与生态恢复力的国土空间生态修复分区——以京津冀为例》，《中国生态农业学报》2023年第9期。

毛龙、汪胜兰、邱晓峰等：《生态系统恢复力理论在甘肃省国土空间生态修复规划编制中的应用》，《地学前缘》2023年第4期。

刘俊国、崔文惠、田展等：《渐进式生态修复理论》，《科学通报》2021年第9期。

于贵瑞、郝天象、杨萌：《中国区域生态恢复和环境治理的生态系统原理及若干学术问题》，《应用生态学报》2023年第2期。

王夏晖、张箫：《科学编制国土空间生态修复规划》，《中国环境报》2019年4月1日，https：//m. mnr. gov. cn/dt/mtsy/201904/t20190401_2403546. html。

赵宁：《构建从山顶到海洋的保护治理大格局》，《中国自然资源报》2023年11月3日，https：//www. iziran. net/news. html? aid = 5278592。

薛亮：《2023自然资源工作答卷之五：坚持绿色发展，促进人与自然和谐共生》，《中国自然资源报》2024年1月9日，https：//www. iziran. net/news. html? aid = 5293727。

中华人民共和国自然资源部编：《中国矿产资源报告（2023）》，地质出版社2023年版。

常钦：《美丽中国的生态根基不断厚植——2023年我国自然资源工作取得新突破新成效》，人民网，2024年1月17日，http：//jx. people. com. cn/GB/n2/2024/0117/c186330 - 40716498. html。

郭香玉：《2023年我国国土绿化任务超额完成》，新华网，2024年1月23日，http：//www. xinhuanet. com/travel/20240123/468dbe6b65fc47928430d6e1fd0a5c0c/c. html。

焦思颖、李倩：《〈海岸带生态减灾协同增效国际案例集〉（中英文版）发布》，2023年9月26日，https：//www. iziran. net/news. html? aid = 5272223。

中央生态环境保护督察协调局：《青海省一些地方退化草原生态修复不严不实 草原生态保护存在突出问题》，生态环境部官网，2023年12月22日，

https：//www.mee.gov.cn/ywgz/zysthjbhdc/dcjl/202312/t20231222_1059709.shtml。

王华：《社会资本参与生态保护修复的动力机制、实践困境与完善路径》，《环境保护》2023年第3期。

为共谋全球可持续发展贡献中国智慧与中国力量

张 良[*]

2015年以来,全球最大的趋势是各国普遍推动和落实可持续发展体系,环境、经济、社会各项指标持续优化,经济增长与环境改善同步提升,社会进步同步进行,全球政府层面的群体治理与合作也日益紧密。绿色经济、绿色增长,被联合国、经济合作组织等机构视为可持续发展的主流路线和政策框架,在世界范围内大力倡导。中国是世界上响应联合国可持续发展目标行动力度最大、范围最广、全社会动员程度最高、成绩最大,同时也是推动全球可持续发展目标落实贡献最大的国家之一。习近平总书记提出的"一带一路"倡议、人类命运共同体理念,以及"创新、协调、绿色、开放、共享"的发展理念,不断开花结果,产生了积极而深远的影响,为共谋全球可持续发展贡献了中国智慧和中国力量。

一 全球可持续发展目标的提出

可持续发展目标(Sustainable Development Goals,SDGs)诞生于2012年在里约热内卢举行的联合国可持续发展大会。目的是制定一套全球性普遍目标,以应对世界面临的紧迫的环境、政治和经济挑战,并接替之前的千年目标(MDGs)。2015年9月25日,联合国可持续发展峰会在纽约总

---

[*] 张良,中国生物多样性保护与绿色发展基金会绿色企业工作委员会首席经济分析师,主要研究方向为产业经济、产业分析。

部召开，193个成员方在峰会上正式通过17个可持续发展目标，宗旨是消除贫困、保护地球并确保到2030年所有人都享有和平与繁荣。26日，习近平主席代表中国政府出席了会议，并发表了"谋共同永续发展，做合作共赢伙伴"的讲话。

2018年，联合国对可持续发展目标的执行进展进行了跟踪评估并出版报告。2019年9月，世界各国领袖在联合国秘书处组织下召开了"十年行动"的可持续发展目标高峰论坛，号召从全球行动层面、各国政府层面和个人层面三个层次全面加快可持续发展目标的执行落地。

2023年，是2015年提出的2030年全面实现可持续发展目标的时间中间点，面对气候危机、经济动荡、战争冲突和疫情困扰，17个可持续发展目标进展全面受挫，联合国大会召集各国领袖和非政府组织代表齐集纽约联合国总部大厦参加可持续发展目标高峰论坛。论坛号召全面加大推动人类可持续发展目标的行动力度，并把2023年9月16日、17日分别定为"联合国可持续发展目标动员日""联合国可持续发展目标提速日"，呼吁制定实现可持续发展目标加速行动的新的路线图和时间表，同时强化联合国的领导力，并加强跨部门协作的联合行动。

二 绿色经济与可持续发展的关系

根据联合国环境规划署的相关定义，绿色经济，指的是在追求改善人类福祉和社会发展的同时，保护环境资产，降低环境危机和资源稀缺性的经济模式。

绿色增长，指的是在追求经济增长和社会发展的同时，确保自然资源资产的保值和增值，以使自然资产能够持续为子孙后代提供生存和发展所需的资源和环境福祉。

可持续发展，指的是满足当代人的福祉和发展需要的同时，不伤害下一代人生存和发展的能力的一种发展模式。

可持续发展遵循三大基本原则：公平性原则（满足当代人之间的公平和下一代的代际公平）、持续性原则（人类经济和社会的发展不能超越自然资源与环境的承载能力，从而真正将人类的当前利益与长远利益有机结合）、共同性原则（地球的整体性和相互依存性决定各国必须联合起来保护我们的家园。各国要实现可持续发展都需要适当调整其国内和国际政策。只有全人类共同努力，才能实现可持续发展的总目标，从而将人类的局部利益与整体利益结合起来）。

三 全球可持续发展的四大挑战

自1992年联合国环境与发展会议以来，可持续发展一直是国际社会的首要目标。联合国环境与发展会议呼吁各国政府制定国家可持续发展战略，采纳《里约宣言》和《21世纪议程》中概述的政策措施。尽管世界上许多国家的政府都在努力实施这些战略，并开展国际合作来支持可持续发展工作，但当前发生的全球性经济问题和环境问题，如全球能源、粮食和金融危机等对全球可持续发展构成了重重阻碍。各国科学家不断警告，人类社会正处于地球承载极限或生态极限的危险之中。全球可持续发展面临各种挑战，其中最主要的四大挑战，分别是人才短缺、绿色电力短缺、资金短缺和执行层面的全球性群体协作缺乏。

（一）人才短缺制约绿色发展

绿色发展与可持续发展，是资源效率更高、能源效率更强、环境更友善，同时治理和财富分配更公平的发展模式，意味着对更高素养的管理人才、研究开发人才、设计人才、绿色生产和绿色服务人才，以及掌握绿色检测和维修维护技能人才的大量需求。

麦肯锡全球研究院（McKinsey Global Institute）发布的报告显示，到2030年，全世界对劳动力的需求将超过供应，这一趋势会导致全球超过8520万人的高技能人才短缺。

高技能人才短缺可能会抑制中国发挥其潜力。到2030年，中国的高技能人才缺口将达到2150万人，日本为644万人，韩国为380万人（见表1）。而撒哈拉以南的广大发展中国家，则普遍存在教育资源不足的问题，16岁以上人口中没有接受教育的文盲率居高不下。世界范围内的绿色高技能人才短缺成为制约全球可持续发展的首要因素。

2024年中国绿色经济发展分析

表1　　　　　　　2030年主要经济体高技能人才短缺预测

国家与地区	2030年高技能人才短缺数量（万人）
中国	2150
美国	650
欧盟	1650
日本	644
巴西	1580
墨西哥	700
韩国	380

资料来源：光辉国际（Korn Ferry），《全球人才危机的警钟已敲响》白皮书，https://kornferry.contentour.com/index.php/video/whitebook/whitepaper?videoid=2212。

（二）绿色电力短缺

能源是社会和经济发展的动力手段，绿色能源是绿色经济的基础。而电力是能源的主要利用形态。除中国之外的大多数国家，都面临绿色能源，尤其是绿色电力的短缺。

当前，中国是世界上电力供应量最大的国家，占全球发电量的30%。但在新能源车辆和城市化、炎热天气以及农业设施化等因素的影响之下，仍然存在巨大电力缺口。

世界各国普遍存在电力短缺，美国、欧盟普遍在电力短缺的同时面临能源价格暴涨带来的电力成本暴涨，挪威、英国、德国、瑞典、韩国等国电力成本普遍上涨到每度电0.4美元左右，对制造业和服务业产生了致命冲击。我国周边发展中国家越南、印度、孟加拉国、朝鲜、蒙古国、尼泊尔、缅甸等国，工业用电普遍短缺，成为制约工业化进程的"拦路虎"。

国际能源署IEA的统计资料表明，2021年，撒哈拉以南及亚洲发展中国家中，共有7亿以上人口不能使用电力，23亿以上人口缺乏清洁烹饪能源。到2030年，亚洲及非洲仍然将有6亿以上人口不能使用电力，18亿以上人口不能使用清洁烹饪能源。

电网是电力系统的支柱，需要扩展和实现现代化以支持能源转型。从2021年到2050年，全球电网的总网格长度需要增加90%以上。年度投资，从近年来的约3000亿美元需要增加到2030年的5500亿美元，到2050年为5800亿美元。复杂的项目可能需要十年或更长时间才能交付，在大多数情况下，这是开发太阳能光伏、风能或电动汽车充电基础设施的两倍。这需要各国政府的长期规划，更需要巨额的资金投入。但 2011—2022 年以来，全球除中国以外的国家对电网的投资总额徘徊在仅仅 3000 亿美元左右（见图 1），电网将成为全球清洁能源转型的瓶颈，并导致 2050 年全球净零排放整体目标无法实现。

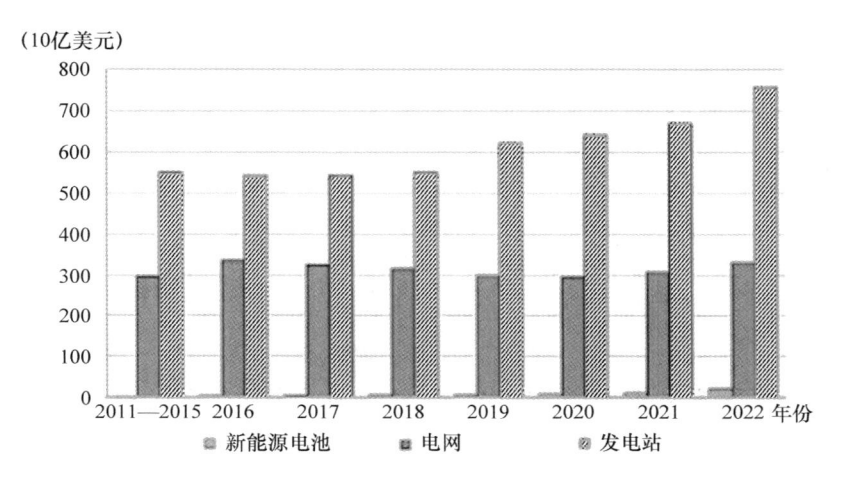

图 1　2011—2022 年度中国以外全球电力和电网投资总额变化

资料来源：IEA：《电网与安全能源转型》，2023 年。

（三）资金短缺困扰广大发展中国家

2023 年 11 月 2 日，联合国环境规划署发布的一份报告显示，气候变化影响日益严重，各国增强气候适应能力的进展却在全面放缓。发展中国家的适应资金需求是目前国际公共资金流的 10—18 倍，比之前估计的范围高出 50% 以上，当前的适应资金缺口估计为每年 1940 亿—3660 亿美元。与此同时，适应规划和实施似乎处于停滞状态。流向发展中国家的多边及双边公共适应资金在 2021 年减少了 15%，降至 210 亿美元。尽管在格拉斯哥举行的第 26 届联合国气候变化大会（COP 26）上各国承诺每年落实约 400 亿美元的适应资金支持，但目前的情况令人担忧。

联合国秘书长古特雷斯表示，在保护人们免受极端气候影响方面，需求与行动之间的距离正在不断扩大。① 保护人类和自然环境的全球行动面

---

① 《联合国环境规划署：发展中国家适应气候变化所需资金缺口巨大》，《每日经济新闻》2023 年 11 月 2 日。

临前所未有的紧迫程度。

（四）世界各国缺乏系统性全球协同

2018年诺贝尔经济学奖得主威廉·诺德豪斯在《绿色经济学》一书中指出：有时候环境问题并非源于外部性问题，也不是市场失灵，而是决策错误。受到主观偏见等因素的影响，人们在做决策的过程中会出现短视行为，对环境造成更大压力。

当前，G7等既得利益组织群体，不断推动单边主义和贸易保护主义，严重阻碍国际贸易与投资的发展，导致世界经济面临不可持续发展的阻力，遭遇不可持续增长的挑战。以美国为首的西方国家为维护其剥削和掠夺发展中国家的全球霸权，以及国际贸易中的不平等定价权，将中国经济和全球影响力的增长当作"核心挑战"，发起了对中国的高科技封锁、供应链脱钩和贸易保护主义行动。同时，基于军工联合体的利益诉求，以"文明冲突"为借口不断挑起和制造地缘政治纠纷，挑起俄乌冲突等各种军事冲突，同时操控全球运费和大宗能源、大宗矿物原材料、粮食和食品价格的大幅上涨。这对国际经济增长和人类可持续发展目标，形成了致命阻碍。

2023年8月24日13时，日本福岛第一核电站启动核污染水排海，流入大海的核污水累计将超过2.3万吨。日本核污染水排海是对全球海洋生态和环境安全的重大危害。俄乌冲突以来，美国操控封锁俄罗斯的天然气和原油出口，借机哄抬国际能源价格谋取私利，受此影响，欧洲工业国家纷纷重启化石能源发电，2022年、2023年来自化石能源的碳排放持续增长。

全球可持续发展，迫切需要全球各国的系统性、全球性协同合作。当前世界各国缺乏系统性全球性协同，以美国为首的G7国家，负有主要责任。

四 全球可持续发展的中国智慧

作为世界上最大的发展中国家，面对复杂多变的世界发展局面，中国在和平共处五项基本原则的基础上，秉持人类命运共同体理念，坚定践行多边主义，提出全球发展倡议、全球安全倡议，深化务实合作，积极参与全球环境与气候治理，为落实联合国2030年可持续发展议程，推动全球可持续发展，共同构建人与自然生命共同体，共建繁荣清洁美丽的世界贡献了中国智慧和中国力量。

（一）全球可持续发展的中国主张

1. "一带一路"倡议

2013年，面对世界保护主义和霸权主义抬头，海权工业强国垄断海洋供应链不断威胁发展中国家和平发展与公平发展利益的局面，习近平主席着眼人类前途命运及中国和世界发展大势，提出"一带一路"倡议。

共建"一带一路"顺应世界多极化、经济全球化、文化多样化、社会信息化的潮流，秉持开放的区域合作精神，致力于维护全球自由贸易体系和开放型世界经济。共建"一带一路"旨在促进经济要素有序自由流动、资源高效配置和市场深度融合，推动沿线各国实现经济政策协调，开展更大范围、更高水平、更深层次的区域合作，共同打造开放、包容、均衡、普惠的区域经济合作架构。

2. 人类命运共同体的全球治理理念

2013年3月23日，习近平主席首次面向世界提出人类命运共同体理念，回答"世界向何处去、人类怎么办"的世界之问。[①]

中国共产党人高度重视把马克思主义基本原理同中国具体实际相结合、同中华优秀传统文化相结合，不断加强能力建设和战略投入，实行高水平对外开放，有力地推动全球经济治理理念创新发展。坚持多边主义，谋求共商共建共享，建立紧密伙伴关系，构建人类命运共同体，是新形势下全球经济治理的必然趋势。[②]

3. "创新、协调、绿色、开放、共享"的发展理念

2015年9月26日，在联合国可持续发展大会上，习近平主席做了主题发言，并提出了包括设立"南南合作援助基金"、继续增加对最不发达国家投资、免除对有关最不发达国家政府间无息贷款债务等具体承诺和倡议主张。

2015年10月，党的十八届五中全会召开，鲜明提出了"创新、协调、绿色、开放、共享"的发展理念。2016年1月，在省部级主要领导干部学习贯彻党的十八届五中全会精神专题研讨班开班式上，习近平总书记对贯彻落

---

① 《习近平论人类命运共同体（2017年）》，国家国际发展合作署官网，http://www.cidca.gov.cn/2021-07/13/c_1211238623.htm。

② 李亚敏：《为全球经济治理持续贡献中国智慧和力量》，《第一财经》2023年11月3日，https://www.yicai.com/news/101894799.html。

实新发展理念做出系统阐释。创新发展注重的是解决发展动力问题，协调发展注重的是解决发展不平衡问题，绿色发展注重的是解决人与自然和谐问题，开放发展注重的是解决发展内外联动问题，共享发展注重的是解决社会公平正义问题，强调坚持新发展理念是关系我国发展全局的一场深刻变革。

（二）全球可持续发展的中国智慧

早在 2003 年，时任中共中央总书记胡锦涛在讲话中提出"坚持以人为本，树立全面、协调、可持续的发展观，促进经济社会和人的全面发展"，按照"统筹城乡发展、统筹区域发展、统筹经济社会发展、统筹人与自然和谐发展、统筹国内发展和对外开放"的要求推进各项事业的改革和发展。① 这是中国领导层首度提出科学发展观，它包含了可持续发展的理念，比 2012 年联合国提出可持续发展目标体系早了 9 年。

2023 年 1 月 19 日，国务院新闻办公室发布了《新时代的中国绿色发展》白皮书，对可持续发展的中国智慧，作了系统总结。

1. 坚持以人民为中心的发展思想

中国共产党坚持以人民为中心的执政理念，把良好生态环境当作最公平的公共产品和最普惠的民生福祉。党的二十大报告指出，维护人民根本利益，增进民生福祉，不断实现发展为了人民、发展依靠人民、发展成果由人民共享，让现代化建设成果更多更公平惠及全体人民。这个思想，涵盖了联合国可持续发展的全部 17 个目标体系。

2. 坚持系统观念统筹推进

中国在经济社会发展和生态环境保护中坚持全过程、全系统、全要素统筹的观念，对当前和长远、全局和局部、发展和保护等一系列关系进行系统规划。

2020 年 6 月 15 日，国家发改委、自然资源部印发《全国重要生态系统保护和修复重大工程总体规划（2021—2035 年）》，明确提出到 2035 年，通过大力实施重要生态系统保护和修复重大工程，全面加强生态保护和修复工作，全国森林、草原、荒漠、河湖、湿地、海洋等自然生态系统状况实现根本好转，生态系统质量明显改善，生态服务功能显著提高，生态稳

---

① 中共中央文献研究室编：《深入学习实践科学发展观活动领导干部学习文件选编》，中央文献出版社、党建读物出版社 2008 年版。

定性明显增强，自然生态系统基本实现良性循环，国家生态安全屏障体系基本建成，优质生态产品供给能力基本满足人民群众需求，人与自然和谐共生的美丽画卷基本绘就。

3. 共谋全球可持续发展

人类只有一个地球，人类共享一个地球。环境和社会、经济问题的全球联系日益紧密，全球可持续发展离不开全球各国、各地区的系统行动和密切合作。

推动全球可持续发展，需要有人类命运休戚与共的命运共同体思维认知，更要有国际性合作平台和合作机制，以及共同治理的分工合作体系。

中国站在全人类文明可持续发展的高度，以人类命运共同体共同繁荣和可持续发展的理念，积极参与全球环境治理和经济社会全球合作。

中国于2021年、2022年、2023年相继提出全球发展倡议、全球安全倡议、全球文明倡议三大全球性重要倡议。"三大倡议"有力彰显中华文明鲜明的自主性、包容性、和平性精神底色，反映了新时代中国鲜明的全球治理观，已经引起世界各国有识之士与广大民众的深思与回应。

五　全球可持续发展的中国力量

（一）"一带一路"倡议带动沿线国家可持续发展

中国坚持以绿色发展为基调推动"一带一路"全球合作。通过共建"一带一路"的"五通工程"，启动了一大批务实的绿色项目，正构建起全方位、复合型的绿色合作伙伴关系。十年来，绿色"一带一路"已经在绿色公共产品供给等多方面开花结果，深受"一带一路"沿线国家欢迎。

2013—2022年，中国与共建国家进出口总额累计达19.1万亿美元，年均增长6.4%，高于同期全球贸易增速；与共建国家双向投资累计超过3800亿美元，其中中国对外直接投资超过2400亿美元。[1]

根据世界银行报告，共建"一带一路"使参与方贸易增加4.1%，吸引外资增加5%，使低收入国家国内生产总值（GDP）增加3.4%。受益于

---

[1] 中华人民共和国国务院新闻办公室：《共建"一带一路"：构建人类命运共同体的重大实践》，2023年。

"一带一路"建设,2012—2022年新兴与发展中经济体GDP占全球份额提高了3.9个百分点。在绿色能源领域,2014—2020年,中国在"一带一路"项目中的可再生能源投资占比提升了近40%,帮助沿线国家建设了一批清洁能源重点工程。在绿色"一带一路"框架下,中国通过实施"绿色丝路使者计划"分享绿色发展经验。截至2023年2月,中国已为120多个共建"一带一路"国家培训约3000人次的绿色人才(见表2)。[①]

表2　　　　　　"一带一路"倡议全球贡献一览

贡献因素	数量表现	对全球可持续发展的贡献
参与合作国家	152个	以绿色金融助力绿色基础设施建设,推动经济、社会、环境可持续发展;培养绿色人才,全球范围内削减贫困
参与合作国际组织	32个	
签署协议文件	200个	
启动合作建设项目	3000个	
双边贸易增长	年均增长6.4%	
促进共建国家GDP增长	3.4%	
绿色人才培训	3000人次	
贫困人口减贫	3200万人摆脱贫困	

资料来源:根据中国国务院新闻办公室《共建"一带一路":构建人类命运共同体的重大实践》白皮书整理。

(二)进博会促进全球贸易与供应链可持续发展

2018年11月4日,第一届中国国际进口博览会(以下简称进博会)新闻中心正式运营,5—10日第一届进博会在国家会展中心(上海)举行。到2023年,进博会已经成功开展六年。

自2018年以来,习近平总书记连续五年在进博会开幕式上发表主旨演讲或致辞。2022年,习近平总书记明确提出进博会"三大定位":构建新发展格局的窗口、推动高水平开放的平台、全球共享的国际公共产品。[②]

---

① 《共建"一带一路"十周年:成就与展望》,中国一带一路网,www.yidaiyilu.gov.cn/p/325456.html。
② 《围绕进博会"三大定位",习近平主席提出新要求》,新华网,http://www.xinhuanet.com/politics/leaders/2023-11/05/c_1129959232.htm。

联合国贸易和发展会议全球化与发展战略司司长柯睿哲表示，进博会是全球共享的国际公共产品，这一平台对于促进开放以及推动建立公平的贸易体系起到了非常重要的作用。进博会对全球化做出了重要的贡献。它促进了开放，推动了公平的贸易体系的建立，引领了全球化的进程，增强了国际合作。对全球贸易和供应链体系的可持续发展，尤其是SDG9（工业、创新与基础设施）和SDG12（负责任的生产与消费）、SDG17（可持续发展全球合作）做出了积极贡献。[①]

（三）实现世界上最大规模的减贫脱贫

党的二十大报告指出，中国打赢了人类历史上规模最大的脱贫攻坚战，历史性地解决了绝对贫困问题。

改革开放后，中国先后实施"三西"农业建设计划和《国家八七扶贫攻坚计划（1994—2000年）》《中国农村扶贫开发纲要（2001—2010年）》《中国农村扶贫开发纲要（2011—2020年）》。党的十八大以来，8年精准扶贫路、5年脱贫攻坚战，接续奋斗，驰而不息，组织实施了人类历史上规模空前、力度最大、惠及人口最多的脱贫攻坚战。

贫困县数量逐年减少，至2020年全部脱贫摘帽。现行标准下9899万农村贫困人口全部脱贫。平均每年脱贫人数相当于一个中等国家人口规模。中国成为世界上减贫人口数最多的国家，对世界减贫贡献率超过70%。

（四）以中国力量推动改善可持续发展全球治理

中国是现行全球经济治理体系的参与者、建设者、贡献者，坚持维护以联合国为核心、以联合国宪章为基础的国际秩序和国际体系。中国坚持大国小国一律平等，维护全球和平发展、推动共同发展，积极参与全球经济社会治理体系的可持续性建设。[②]

中国反对一切形式的单边主义，积极推动世界贸易组织、亚太经合组织等多边机制更好地发挥作用，中国推动国际货币基金组织和世界银行等国际金融组织内进行改革，扩大金砖国家、上海合作组织的国际影响力，

---

① 周孙榆、李姝微：《〈进博故事〉柯睿智：进博会为全球化做出重要贡献》，中国新闻网，2023年11月8日，http://www.chinanews.com/cj/2023/11-08/10108196.shtml。

② 李亚敏：《为全球经济治理持续贡献中国智慧和力量｜把脉中国经济》，第1财经，2023年11月3日，https://www.yicai.com/news/101894799.html。

增强新兴市场国家和发展中国家在全球经济治理中的影响力和发言权。

中国是世界和平发展的中流砥柱，对朝核问题、伊核问题、中东巴以冲突和两伊冲突的和平解决，发挥了积极贡献。对俄乌冲突进行了积极的和平协商斡旋努力。对世界冲突中的难民问题和战后重建，中国进行了积极的人道主义援助和资金支持。

（五）人才开发与人力资源合作

可持续发展，人才开发是关键。

新中国成立初期，我国5.5亿人口中80%是文盲，15岁及以上人口平均受教育程度只有1年，到2023年，劳动年龄人口平均受教育年限达到10.96年，每年新增1500万劳动力，新增劳动力平均受教育年限达到14年，接受高等教育人口超过2.4亿人。

我国全社会R&D投入从2012年的1万亿元到2022年的3万亿元，增加了2倍。研发投入强度（研发投入占GDP比重）从2012年的1.9%增长到2022年的2.6%。科研人员总量从2012年的325万人增加到2022年的超过600万人，规模多年保持世界第一。

在国际人力资源合作领域，中国贡献巨大。70年来，我们为全球180多个国家和组织开展了约1.5万期培训项目，累计培养各类人才40多万名，有效提升了各国相关领域的发展能力。学员覆盖各个层级领域，遍布五湖四海，在各自国家的建设和国际事务协调中发挥着重要作用。[①]

六　中国政府支持全球可持续发展的策略建议

展望未来，中国绿色经济还需要更多自主掌控的全球性和区域性制造业制成品的零售分销平台。与中华民族复兴休戚相关的全球可持续发展大趋势，还需要中国精英人才，积极引导和掌控以和平、平等、创新、发展为主流的健康秩序。结合当下挑战和未来需要，我们提出以下两点建议。

---

① 《罗照辉署长在"中国国际人力资源开发合作70周年暨2024年在华培训学员新春招待会"上的致辞》，国家国际发展合作署官网，2024年1月5日；http://www.cidca.gov.cn/2024-01/05/c_1212324696.htm。

（一）扩大舆论掌控力

国际范围内，从联合国机构到麦肯锡等智囊机构，从美国全国广播公司 NBC 到英国广播公司 BBC、日本日经新闻网，从新媒体霸主谷歌、脸书到领英，无一例外，对中国在持续发展领域的全球主张、全球贡献、全球投入，视而不见，甚至刻意歪曲事实，造谣抹黑，这对中国的经济增长，以及世界范围内可持续发展目标的持续推动，形成了巨大的阻碍和挑战。

我国已经意识到舆论体系的重要影响力，积极展开了正面宣传的各种努力，但我国在全球舆论体系缺乏影响力和掌控力，缺乏话语权，是不争的事实。积极开展与正义媒体力量和正义组织的舆论合作，开展年轻人喜闻乐见的社交媒体宣传行动，扩大新闻发布和电影电视媒介的宣传效果，和人员往来的口碑宣传效应，责任重大，同时商业和政治文化效应影响深远。

（二）推动中国制造业服务业高质量全球化

中国在制造业和服务业环节所累积的绿色技术优势、产业成本优势、人才储备优势，以及资金储备资源，正经历"商品化—产业化—国际化—生态永续化"四大周期阶段中的国际化阶段，当前已经有众多中国企业走出国门，到欧洲、美洲、非洲和中东，到"一带一路"沿线国家开办企业，展开营运活动和客户服务工作。但力量分散，没有形成群体协同力量，随着中国的产能转移和资金投资共同走向国际市场，并把中国的创新、开放、协调、绿色、共享理念带到世界的每一个角落，解决国内就业压力的同时，创造国际市场增长新动能，推动全球可持续目标不断实现。

（三）发展立体绿色农业，实现粮食食品的可持续发展

我国拥有 960 多万平方千米的领土，但是人均耕地面积不足的问题却一直都在困扰着中国人。据统计，截至 2022 年年底我国共有 19.14 亿亩耕地，人均耕地面积约为 1.36 亩。而中国农业部门承载着 24.1% 的就业人口，约 1.87 亿劳动者在农业部门。但全国 7.8 亿劳动人口中，城镇地区就业人口仅仅 4.4 亿人，意味着农村地区 3.4 亿劳动人口中，接近 1.5 亿人处于老龄或隐性失业状态。[①]

---

① 梁建章等：《中国人口和粮食安全报告（2023）》，2023 年。

按照农业直接劳动力1.87亿人计算，人均耕地面积也仅仅10亩出头。2019年，日本北海道地区商业化小型农场户均26公顷约390亩、其他地区约户均1.8公顷约27亩。[①] 2021年，荷兰农场户均41.4公顷约621亩[②]。

中国农业部门土地规模偏小，生产工艺和绿色工艺应用较低，产品产量和市场价格低，导致农业从业人员收入低下，进而导致土地抛荒等现象增长，威胁到14.2亿人口的粮食与食品供应安全。

针对我国农业人口规模庞大、农业户均土地资源不足、产品市场价格偏低、深加工水平低，以及农业隐性失业人口众多、优质农产品市场缺口大等多种因素，建议政府支持以绿色有机种养为技术手段、立体高架农业和设施自动化农业来提高农业领域的高质量就业和创业，以及集农村种植—养殖—深加工—销售于一体的产供销联合体。中国粮食与食品的高质量可持续发展，将为全球粮食与食品安全提供智慧参考。

（四）发展普惠福利产业，实现人类自身的可持续

中国正快速进入老年社会，2023年，全国60岁以上老年人口将增加2500多万人，超过3亿人，占总人口比重约21%，65岁以上人口将增加1600多万人，总数约2.25亿人，占总人口比重在15.8%上下。老年人口规模庞大，缺乏陪伴、缺乏照顾、缺乏高品质看护的老年人口，与老年人口的贫困问题，正成为社会问题。

而青年人由于就业难、工资收入增长缓慢，加上购房、结婚后子女看护和老年人看护等一系列高昂成本，购房结婚的意愿与生育子女的意愿普遍下降，中国人口提早进入下降轨道。中国的人口可持续发展面临挑战。

1930年，当数百万美国人认为1929年经济突然下行只是经济沉入谷底的"开篇"时，英国经济学家梅纳德·凯恩斯写了一篇题为"我们孙辈经济发展的可能性"的短文。他在文章中宣告，新科技正以前所未有的速度提高生产率并降低商品和服务的价格。同时，生产商品和提供服务的人力消耗也大幅降低。"技术性失业"——由于探索节省人力劳动方法的速度超过了新岗位的生成速度而造成的失业会频繁爆发。"我们很快将达到

---

① 日本农林水产省2020年线上统计，Ministry of Agriculture, Forestry and Fisheries（online statistics 2020）。

② 本报告课题组根据《中国人口和粮食安全报告2023版》及国际数据库机构Statista中荷兰农业统计数据一览（Statistics about Agriculture in Netherlands）相关数据整理。

一个点（甚至比想象得更快），在这个点上，所有的经济需求都将得到满足，人们愿意把更多的精力投入非经济活动。"一个新时代必将到来，在这个时代中，近乎免费的商品或服务达到富余水平，人类得以从苦难和拜金主义中解脱出来，转而关注生活中的艺术，实现人性的升华。

中国有能力凭借财政资金的实力、护理机器人等的科技进展，结合银发产业、房地产政府储备等资源条件，开展普惠住房、普惠养老、普惠教育与普惠托幼服务等一系列普惠服务产业，把生产力发展的成果转化为人民群众的普惠福利。同时借助普惠福利产业的发展，为青年人提供广泛的就业机会。这将成为中国推动全球可持续发展的又一个中国智慧贡献。

主要参考文献

CO₂ Emissions in 2022，国际能源署官网，2023 年 3 月，https：//www.IEA.org/。

光辉国际（Korn Ferry）：《全球人才危机的警钟已敲响》，2018 年 5 月，https：//kornferry.contentour.com/index.php/video/whitebook/whitepaper？videoid=2212。

梁建章等：《中国人口和粮食安全报告（2023）》，2023 年。

世界经济论坛与普华永道中国分部：*Advancing the Green Development of the Belt and Road Initiative：Harnessing Finance and Technology to Scale Up Low-Carbon Infrastructure*，2022。

［美］威廉·诺德豪斯：《绿色经济学》，李志青等译，中信出版集团 2022 年版。

［英］约翰·梅纳德·凯恩斯：《劝说集》，李井奎译，中国人民大学出版社 2016 年版。

绿色规划设计

以自然为本的解决方案

——欧洲城市绿色转型的主导倾向和经验教训

叶齐茂[*]

我们生活在一个城市时代，未来 30 年，全球 3/4 的人口将在城市生活。如果城市不能实施绿色转型，则人类不能修复与自然的关系，第六次物种灭绝就会加速，全球气候会加速变暖和自然灾害会更加频发。研究表明，世界上超过 70% 的大型城市中心和超过 1 亿居民处于环境危害的高风险或极端风险中，近 4% 的城市高度暴露在飓风、洪水、干旱、地震、山体滑坡和火山爆发等主要自然灾害中。尽管城市化为人类带来了许多积极成果，但其发展在很大程度上仍然取决于对自然的异化和开发，这引起了威胁地球稳定的连锁反应。事实上，城市是可以增强自然环境和建筑环境之间积极关系的生命系统。自然生态系统、绿色和蓝色基础设施可以帮助减轻污染，降低洪水、热浪的风险，并提供健康的空气和水。城市开展自然保护、可持续管理和恢复的行动，以及增加大众的参与，采用实现城市绿色转型以自然为本的解决方案，都会把在经济、社会和生态功能和谐地结合在一起。

一 以自然为本的解决方案

在城市更新、基础设施建设、城市规划与设计等领域，应用"以自然为本的解决方案"（NBS），亦即"基于自然的解决方案"，已经成为当前

---

[*] 叶齐茂，澳大利亚执业城市规划师，曾任中国农业大学发展学院教授，主要教学和研究方向为城镇规划。

欧洲城市绿色转型的主导倾向。

"以自然为本的解决方案"是一个总括概念。① 欧盟委员会把以自然为本的解决方案定义为，在自然的推动和支持下，有利于自然本身的，同时又为人类社会提供环境、社会和经济效益并帮助建立复原力的解决方案。② 这些解决方案通过因地制宜的、资源节约的和系统性的干预措施，把更多样化的自然生态和更多的自然特征和过程带入城市、大地景观和海洋景观。换句话说，以自然为本的解决方案是受自然启发的干预措施，旨在解决社会和环境问题。这些解决方案的基本想法是，利用植物、土壤和其他自然元素的特性来重塑城市（例如，通过湿地净化污水，通过树木蓄碳、降低局地气温），并改变我们的生活方式，让我们的发展具有可持续性。通过以自然为本的解决方案去应对的挑战包括气候变化、空气和水污染、洪水和气温上升。因此，基于自然的解决方案有利于生物多样性。任何不能改善生物多样性、不以一系列生态系统服务为基础或提供一系列生态系统服务的方法都不是以自然为本的解决方案。

因此，"以自然为本的解决方案"是一个横跨多种城市生态设计和调动自然元素的概念，利用市政工程领域的"蓝色—绿色基础设施"，经济领域的"自然资本"和"生态系统服务"，环境规划领域的"景观功能"，以应对各种环境挑战，包括但不限于气候变化和生物多样性丧失。这个概念也是最近关于如何调动自然元素进一步帮助城市地区应对气候变化威胁的最新成果。欧盟委员会于2021年把"以自然为本的解决方案"确定为一种工具性概念，包括与自然共建、恢复和再生自然及生态系统的各种解决方案，同时产生多种生态系统服务并应对众多城市挑战。

以自然为本的解决方案是复杂的、综合的、系统的、长期的，采纳和实施该方案需要实现跨行业和学科、跨行政部门和辖区、不同社会利益集团的协调，以自然为本的解决方案对城市规划和治理既是挑战也是机遇。

以自然为本的解决方案是综合性景观解决方案的代表，不仅需要系统的评估方法，更需要用系统认识来展开设计和规划，以保障景观的多功能

---

① Editorial, "Nature-based Solutions is the Latest Green Jargon that Means More than You Might Think", *Nature*, Vol. 541, 2017, pp. 133 – 134.

② European Commission, *Towards an EU Research and Innovation Agenda for Nature-Based Solutions and Re-Naturing Cities*, CEC: Brussels, Belgium, 2015; European Commission, *Policy Topics: Nature-Based Solutions*, 2016.

| 以自然为本的解决方案 |

性和有效性。

　　行道树、公园和城市绿地无疑具有一系列效益，如拦截灰尘、毒素和噪声，遮蔽和减少热岛效应，吸收碳和缓冲洪水。它们还为娱乐、促进人的福祉和许多其他社会福利提供空间。当然，人们正在发现以自然为本的解决方案的更多好处，例如，增加生物多样性，促进物种保护、能源生产和污水与废物管理；同时因为利益攸关者的参与和合作而增强了社会凝聚力。这意味着理想的以自然为本的解决方案采用全面的共同设计和共同创造创意过程，具有强大的创新可能性，从而带来多种生态、环境和社会收益。这是一项艰巨的任务，但是，这种方法最终会改变我们创造和管理城市的方式，并带来更具弹性和可持续的城市生活。

　　"以自然为本的解决方案"何时不是"以自然为本的解决方案"？或者说，何时"以自然为本的解决方案"是以"以自然为本的解决方案"？有人认为，回答上述问题需要研究开发或改变空间所涉及的过程，并询问那个过程是否遵循以自然为本的解决方案的五条原则：

（1）开发或改变空间过程使用了自然元素和自然过程；
（2）开发或改变空间过程产生了社会效益；
（3）开发或改变空间过程产生了经济效益；
（4）开发或改变空间过程改善了生态环境效益；
（5）开发或改变空间过程对生物多样性产生了净效益。

　　当答案全部是肯定时，那个开发或改变空间的过程有可能是"以自然为本的解决方案"。当然，我们还应该考虑与这些原则相关的地方背景。一旦我们把这个过程确立为以自然为本的解决方案时，我们就可以通过在五个原则前面添加"如何"来评估这个以自然为本的解决方案的好处。

　　通过这五个原则，我们可以看到，以自然为本的解决方案的基本目标是，在城市更新、基础设施建设、城市规划与设计实践活动中，打破传统生态环境保护和保存方法的界限，加强、恢复、创建和设计具有多功能性和连通性的城市绿色基础设施网络，利用绿色基础设施以及由此而产生的生态多样性和生态系统服务功能，经济有效地替代传统的灰色基础设施。

　　欧洲诸多以自然为本的具体解决方案显示，它们是一种反映了我们对城市空间和那些将人类与自然分开的城市神话的思考方式的范式转变，一种集绿色城市、生态敏感城市、弹性城市、海绵城市、宜居城市、可持续发展城市于一体的规划设计工具，一种把自然生态系统变成"可持续发展不可或缺组成部分"的方法，另一种可以把当代环境、社会和经济挑战转化为创新机遇的战略。

在操作上，以自然为本的解决方案被定义为满足三个核心标准的行动，即"挑战导向""利用生态系统及其过程""实际可行性"。

欧洲人执行以自然为本的解决方案所取得的具体成果林林总总，概括起来讲，如果执行了这种方案，城市抵御、适应和减缓气候变化造成威胁的能力就会提高，城市风险管理能力、抵御自然灾害的能力、从自然灾害中恢复过来的能力就会提高，地方吸引力、健康和生活质量、创造绿色就业机会的能力和社会公平程度就会提高。

二 欧洲城市绿色转型的三个实例

欧盟委员会正在通过名为"21世纪20年代展望"的研究和创新计划，向整个欧洲大陆的城市规划设计和更新建设提供资金，由以自然为本的解决方案示范项目的承担机构负责执行，如"城市绿化"（Urban Green UP）、"培育绿色"（Grow Green）和"连接自然"（Connecting Nature）。这些项目有望提供可在全球复制的最佳实践范例，欧盟委员会希望因此把自己定位为全球以自然为本解决方案的领跑者。这里，我们分别简要介绍这三个机构所展开的以自然为本的解决方案的示范项目。

（一）城市绿化

"城市绿化"是一个组织，承担欧盟委员会"21世纪20年代展望"创新行动计划，由包括西班牙的巴利亚多利德在内的8个伙伴城市组成，我国的成都在列。这个组织旨在开发、应用和验证一种重新调整城市规划的方法，以降低气候变化对城市的影响，改善城市的空气质量和水资源管理，并通过以自然为本的解决方案提高城市的可持续性。以自然为本的解决方案是"城市绿化"这个组织修订城市规划的核心，包括四个相互关联的规划干预措施：重新返回自然的再城市化、独特的绿色基础设施、水干预和非技术性干预。[1]

---

[1] Urban Green UP, *Urban GreenUp Legacy Handbook*, 2022.

| 以自然为本的解决方案 |

巴利亚多利德是一座地处西班牙西北部的城市，位于皮苏尔加河和埃斯盖瓦河交汇处，约有300万居民，属地中海大陆性气候，水资源丰富。

在以自然为本的解决方案的基础上，巴利亚多利德展开了绿色基础设施建设，具体解决城市绿地不衔接、城市热岛、空气质量差和埃斯盖瓦河的洪水等问题。巴利亚多利德市的相关行动的最终目标是减轻气候和环境变化对城市的影响。具体而言，修订的巴利亚多利德城市规划实施如下四类干预措施，并期待获得如下收益。

1. 重新返回自然的再城市化

第一，新建绿色自行车道和重新铺设现有的自行车道。预计建设8千米绿色走廊可以鼓励可持续交通，减少212吨二氧化碳排放量，并允许建设7800平方米的新绿色地表。据估计，超过200万公民将从中受益。

第二，树栖干。通过让停车场树木覆盖率从0%提高到80%，预计会降低局部气温2—4°C，车辆排放的气体和氮氧化物气体排放量分别减少约2%和1%，以及每年封存29.18吨二氧化碳。

第三，建设3个绿色休息区。足球场的绿色走廊和吸纳洪水的公园可以供休闲和运动使用。

第四，碳捕获。预计夏季环境温度将降低2°C，而碳排放水平应降低到每年16.50吨二氧化碳当量。

2. 独特的绿色基础设施

第一，传粉媒介的设计和建设。

第二，采用具有固定大气污染物能力的自施肥智能土壤以改善城市地表状况，利用植物捕获空气污染物的措施，如污染物过滤器：希望通过降低道路运输产生的污染水平来改善空气质量。此外，挥发性有机化合物的污染物水平和地下停车场的氮氧化物气体水平预计分别降低90%和75%。

第三，水平绿色基础设施。在湿地上使用微生物燃料电池技术，有望提供灌溉附近花园所需的电力。西班牙广场和佐里拉广场新开发的绿地预计将收集径流（300吨/年），提高建筑物的能源效率，每年改善1万人的生活。垂直绿色基础设施：隔音屏障、绿色外墙和屋顶，等等。

第四，都市农业活动，如城市花园、社区堆肥和小型农场，预计将促进市民的生态意识，改善他们的心理健康。

第五，建设三轮车/行人绿道。

3. 水干预

第一，以绿化路面取代沥青路面。

第二，重新建设停车场和雨水花园，完善排水系统，以处理和管理影响绿色自行车道的雨水径流，同时，通过把可持续排水系统（SUD）安装在选定的绿色自行车道上，通过在停车场建设雨水花园，都可以避免灌溉用水。

第三，建设一个可以吸纳埃斯盖瓦河洪水的防洪公园，预计可以让8000居民避免遭受严重洪水破坏。

第四，建设天然水处理设施和植物水过滤设施，处理后的中水用于灌溉。新的绿色过滤区预计每年可以产生45000吨水。此外，新建设的水处理厂预计可以比现在的水处理厂每年少排放20.35吨二氧化碳。由于最近引入该地区的树木，这两个地区的排放量每年预计会分别减少14.24吨二氧化碳当量和7.75吨二氧化碳当量。

4. 非技术性干预

第一，针对公民的教育、参与和宣传活动，有望提高年轻人的环保意识，预计会有50000人参加所有200项赞助商的活动，预计将有250000名接受者参与活动。

第二，支持重新铺设过程的管理和公民开发的绿色项目，将在城市内实施一个平台、免费项目/行动和城市指导，宣传以自然为本的解决方案。

（二）培育绿色

"培育绿色"也是一个承担欧盟委员会"21世纪20年代展望"创新行动计划的组织。它旨在把以自然为本的解决方案纳入长期的城市规划、发展和管理，创建一个气候和水适应型、健康和宜居的城市。让自然成为城市生活环境的一部分，提高全体市民的生活质量，并有助于企业的繁荣发展。高质量且无障碍的绿色空间和蓝色空间，可以为行洪排涝、水土保持、降低热岛效应、改善空气质量等重大城市问题提供新的解决方案，并将有助于恢复生物多样性，造福所有人。①

1. 重要国标

"培育绿色"这个组织的主要目标包括以下三个方面：

---

① Grow Green, *Green Cities Framework Handbook*, 2022.

以自然为本的解决方案

第一,为城市以自然为本的解决方案提供基础,以有效、可复制的方式提高城市小气候与水体改善和管理的水平,使之同时产生社会、环境和经济效益,促进欧盟以自然为本的解决方案和全球以自然为本的解决方案的发展。

第二,制定一种易于使用、可复制的方法,以支持城市中以自然为本的解决方案战略的制定和实施,并与现有的城市优先事项保持一致。

第三,通过提高世界各城市的认识和能力建设,支持制定必要的政策框架、开发以自然为本的投资商业模式,形成全球以自然为本的解决方案市场,并为此创造必要的条件,以支持、推动和促进城市以自然为本的解决方案战略的实施。

这个为期五年项目的核心是,通过促进以自然为本的解决方案,在社区和城市的公民、企业和利益攸关者的参与下设计项目,并监测他们对一系列问题的影响。"培育绿色"努力促进学习、分享和复制其伙伴城市制定的以自然为本的解决方案和战略,从所遵循的不同过程中学习,确定应对共同挑战的解决方案,并与其他相关网络、项目和倡议联手,为可持续的城市未来发起一场全球运动。

"培育绿色"的城市合作伙伴有曼彻斯特等6座城市,包括我国的武汉。

作为英国第二大城市的曼彻斯特降雨量颇丰,通常被称为"雨城"。所以,它也是一个遭受严重洪水影响的城市,流经它的五条河流是主要的洪水源。曼彻斯特的培育绿色项目旨在建设第一个"喝水的公园",在一定程度上缓解洪水的影响。

老化的下水道系统、河流涵洞化,以及城市开发产生了大面积不透水地表,大大地降低了曼彻斯特地表径流排水和吸纳雨水的能力。1945年至今,地表径流量增加了10倍,预计随着全球气候变化,地表径流量还会进一步增加。

曼彻斯特以自然为本的解决方案示范项目计划在西戈顿附近建设一个包括草地、林地、居住地在内的"喝水的公园"。当地居民参与了设计。公园的以自然为本的设计特色包括生物滞留树坑、洼地、雨水花园、透水铺路和灌溉沟。对现有树木进行修剪,以提供更具吸引力的树木覆盖,构建公园除有助于公园的水土保持功能和防洪效益外,还产生了其他效益,包括改善空气和水质、增加生物多样性、增强社区凝聚力和采纳积极的生活方式。

与此同时，曼彻斯特市更新了它的绿色基础设施战略，增加"河谷行动计划"，治理曼彻斯特的三条主要河流（伊尔克河、默西河和梅德洛克河），突出城市河流在降低洪水风险方面的关键作用，以及其他多重收益。

2. "培育绿色"自身的目标和所要实现的成果

（1）目标

第一，展示基于自然的解决方案在降低洪水风险和提供其他协同效益方面的潜力；

第二，测试与社区成员和利益攸关者共同设计基于自然的解决方案的过程；

第三，审查和完善该市的绿色和蓝色基础设施行动计划。

（2）成果

第一，降低示范项目附近的洪水风险；

第二，改善会展和娱乐空间，改善当地居民的健康和福祉，改善空气质量；

第三，完善绿色基础设施行动计划，以城市河谷为重点，纳入地方发展计划，并与气候变化战略保持一致。

（三）连接自然

"连接自然"同样是由欧盟委员会"21世纪20年代展望"创新行动计划资助的一个组织，为期五年，投入资金1100万欧元。这个组织在30个国家拥有来自业内、地方政府、地方社区、非政府组织和研究机构的16个项目合作伙伴，并在巴西、韩国、高加索地区（格鲁吉亚和亚美尼亚）和我国设有中心。这个组织期待在该项目结束时，大约在2025年，项目合作伙伴制定出必要的政策，利用以自然为本的解决方案扩大城市弹性、创新性和治理经验，让欧洲成为创新和实施以自然为本的解决方案的全球领导者，为全球城市提供以自然为本的解决方案的经验教训，提供以自然为本的解决方案的工具包和指南。①

1. 目标和愿景

这个组织已经在格拉斯哥等11座城市取得了一些经验。例如，格拉斯

---

① Connecting Nature, *Connecting Nature Framework Handbook*, 2022.

以自然为本的解决方案

哥市以自然为本的解决方案侧重于实施"新型开放空间战略"及其相关局部环境分析，提出了一种协调各种开放空间任务的方法，产生一个管理妥善、位置合理和连接良好的相互关联的开放空间网络，让其中的各种开放空间成为更大绿色网络的一部分，从而实现以下目标：

第一，提高对城市整体开放空间和个别开放空间价值的认识，为保护和管理开放空间提供信息。

第二，给开放空间的未来使用和管理留下机会。

第三，对城市开放空间的开发建设和维护提供以下方面的指导：

- 休憩空间投资优先。
- 减少变更其他开放空间土地使用性质的机会。
- 对人们认为价值不大的那些开放空间而言，变更其功能要以科学论证为基础：①与其他与开放空间利益攸关的组织建立伙伴关系，如与卫生健康组织合作，考虑开放空间的健康收益；②跨部门参与和协调城市规划，确保价值最优；③通过促进开放空间的价值及其效益，帮助实现开放空间效益最大化。

这个开放空间战略的愿景是，到2050年，利用高质量、分布良好、多功能的开放空间网络和连接基础设施，在以下方面做出积极贡献：①城市宜居性，增加其作为生活、工作、学习和投资场所的吸引力；②城市人口及其动植物的健康和福祉；③城市对气候变化和其他外部因素（如预算减少）带来的威胁和潜在机遇的长期恢复力。

同时，社区将能够获得高质量的多功能开放空间，这些空间可供社会各界使用，与家庭住宅的距离以分钟计算，并拥有更广泛、更综合的绿色、蓝色（水）和灰色（市政工程）空间网络，为人类和环境带来多重好处。

这个开放空间战略模式的结构旨在保证这些愿景能够贯穿所有开放空间的决策，最终为城市开放空间的未来使用提供信息。公众和社区的意见对于确定当前和未来的需求同样重要。根据广泛的调查和数据分析，研究团队考虑以下因素为格拉斯哥制定了一套开放空间标准：①无障碍标准：在居住地400米步行距离内，提供大于0.3公顷的优质开放空间；②质量标准：用于符合无障碍标准的休憩用地在可用性和多功能性方面具有良好的质量；③数量标准：城市每个部分的人均有足够的开放空间。内城区（居住人口密度较高）和外城区适用不同的定量标准。

2. 效益

第一，减缓和适应气候变化。这个开放空间战略模式要求，城市的每个地区确定可以从以自然为本的解决方案中受益的开放空间。所确定的机会将根据城市和当地社区的需求优先排序。这个开放空间战略模式，要求采取战术干预措施，帮助实现该市的气候变化适应目标。目前，基于这些目标的项目有提供绿色基础设施和采用地表水管理计划，其中雨水花园等基于自然的解决方案十分有特色。这些项目正在帮助实现多功能开放空间，为人、生物多样性和城市场所营造带来好处。例如，一个旧的开采场被改造成社区花园、过滤系统和湿地，由政府和公民合作管理。该项目包括一个社区中心，该中心举办技能再培训和康复计划，一个社区厨房，以及一个提供园艺和绿化计划的艺术工作室。这个项目为该市在整个城市扩大和扩展以自然为本的项目提供了良好的经验。

第二，健康、福祉和场所营造。这个开放空间战略模式利用数据、实地调查和当地知识，整合整个城市的多功能开放空间。通过新标准，格拉斯哥的开放空间，无论蓝色、灰色还是绿色空间，相应地重新连接起来，重新得到配置、修复、完善、巩固或激活，不仅提供人的休闲空间，还提供适应气候变化的空间。例如，格拉斯哥的市中心，由于交通繁忙，空气质量很差。经过改进的多功能休憩空间，包括以自然为本的解决方案，生成了城市中心的"绿肺"，改善了市民的健康和福祉。这个模式有助于实现城市发展规划的场所营造目标，即创造更具吸引力、适合步行的社区，促进社交互动、改善视觉舒适性、促进福祉和增加"地方感"。

第三，社会凝聚力和社区参与。这个开放空间战略模式认为，由绿色、蓝色和灰色空间组成的更一体化的网络会带给人类和环境多重好处。参与式创造过程会促进社会凝聚力，对当地居民的福祉至关重要，并鼓励与开放空间建立积极的关系。这些关系还可以促进对城市任何开放空间的更好的长期护理和管理。除提供有吸引力的社交、移动和经商场所外，这个城市还力求确保每个人都能获得开放空间。开放空间在增强人们健康和福祉方面的潜力是不可否认的。注重场所营造原则的优质场所，能够满足人们的需求，反映当地的独特性，将对人们的生活质量和幸福感做出积极贡献。这为改善心理健康和促进社会凝聚力提供了机会。

第四，项目的价值。结合格拉斯哥市的战略规划、经济战略和城市发展规划，格拉斯哥的模式寻求在可能的情况下提供和鼓励可以促进企业发展的空间，如格拉斯哥市的空置和废弃土地登记制度，以及基金优先考虑土地修复和环境改善所需要的政策。"连接自然"项目重点关注这些机会如何不仅促进以自然为本的解决方案的实现，而且进入良性循环，实现自筹资金和自我维持。"连接自然"项目专注于开放空间战略模式的第二阶段过程，以帮助确定提供"以自然为本的解决方案"的机会，这些解决方案可以帮助应对城市的一系列挑战，例如，气候变化的挑战，同时带来增加生物多样性、能源生产、促进社会凝聚力和减少健康不平等方面的收益。第二阶段的工作将看到"连接自然"通过以自然为本的技术专业知识以及关于制度和组织创新的指导来增加价值，市政府不是孤立地展开项目，而是与利益攸关者建立伙伴关系。社区参与再次成为该过程的关键部分。在格拉斯哥项目开始时，"连接自然"城市负责人召集了不同部门的同事以及区域和国家层面的外部合作伙伴，就城市如何嵌入以自然为本的解决方案集思广益。

三 欧洲城市绿色转型的经验启示

（一）经验

以上简要介绍的案例显示，欧洲城市正处在绿色转型的过程中，欧洲人正在获得一些新鲜经验：①在城市适应气候变化的过程中，优先考虑以自然为本的解决方案；②在以自然为本的城市规划中，优先考虑和保证生物多样性；③利用和设计以自然为本的解决方案，以改善人的健康；④评估城市自然的整体价值，为建设城市自然基础设施提供依据；⑤通过包容性的城市规划和创新性的治理方法来建设城市自然基础设施，以应对局部环境变化；⑥在以自然为本的解决方案展开城市设计、规划、管理和治理时，以公平和正义为中心。

（二）启示

1. 城市的绿色转型是扬弃而不是抛弃

设计和规划以自然为本的解决方案与传统灰色基础设施共存需要系统思维，因此，在生态知识和对系统思维的认识有限的条件下，在更新和升级城市基础设施的解决方案组合中，在城市地区的实施和选址中，以自然为本的解决方案都面临挑战。

2. 没有完全相同的城市绿色转型

不了解以自然为本的解决方案的系统本质，就不知道了解自然生态系统的固有特征是更好地设计和把以自然为本的解决方案用于城市绿色转型的基础。鉴于生态、社会、政治和制度动态的多样性和特定性，还需要认识到以自然为本的解决方案需要不同的规划方法，以适应城市环境的动态性质。此外，以自然为本的解决方案需要了解其生态适应性和在当地的表现，以确保它们能带来多重效益。因此，在规划中需要特别注意"城市中的自然"和"有自然的城市"所提供的预期性能之间的匹配，以尊重人类和自然的需求。

3. 城市绿色转型是动态的而不是静态的

作为一种系统性解决方案，在设计、规划或管理以自然为本的解决方案时，既不能不考虑其所处的环境，也不能不了解所需的变化以及由此产生的变化。以自然为本的解决方案是有生命的系统，不断演变并需要持续的维护和照顾，因此，需要新的城市规划和设计方法，以增强以自然为本的解决方案的动态性质及其与城市环境静态、灰色特征的相互作用。这使它们充满活力，需要了解社会—技术—生态方面的综合知识和相互依存关系，以保证它们的功能、可持续性、健康以及随后带来多重效益的能力。建设认识和预见以自然为本的解决方案的动态和多时影响的能力，是有意识地进行规划的关键，其中包括情景构建、反向预测和预测情景以及影响评估。在此背景下，对于正在进行以及未来应用的以自然为本的解决方案而言，重要的是将其作为有生命力的解决方案来处理，因此，它们会相互关联并改变其运行的环境，会启动与之相连的社会生态系统的反馈回路。

4. 鼓动性的日常话语替代不了科学研究

负责城市绿色转型项目的组织，如这里涉及的"城市绿化""培育绿色""连接自然"等组织，以一种让非专业人士和市政府官员更容易理解城市绿色转型原则的方式，重新界定了绿色和蓝色基础设施、生态系统服务等已有的术语，所以，许多项目合作伙伴认为，"以自然为本"是一个新颖的概念。但是，许多项目合作伙伴警告说，以自然为本的模式导致了对自然的狭隘的理解和理想化的表述；这种表述同时低估了生物多样性的价值，夸大了自然过程为城市气候脆弱性和更广泛的不可持续的城市化模式提供解决方案的能力。

5. 旧瓶装不下新酒

分割式思维方式、政策分散和抵制新方法，无疑对采用以自然为本的解决方案的综合性思维方式构成了挑战。研究显示，率先大规模实施以自然为本的解决方案的城市找到了组织其内部团队的新方法，以及在绿色增长和气候适应的政策议程下逐步找到了实施以自然为本的解决方案项目的方法。

6. 知识更新和认识自然生态系统的能力是采用以自然为本的解决方案的基础

组织决策中的所谓习惯对采用以自然为本的解决方案也是一个障碍。"培训"受工程教育的人去接受以自然为本的解决方案的工作还很不充分，他们的生态知识又不完善。城市规划师和工程师习惯于使用灰色（有时是蓝色，很少是绿色）基础设施来应对建成区的各种环境挑战。改变利益攸关者的思维方式，使其转向以自然为本的解决方案可能是一个艰难的过程，要打破习惯就必须改变个人和社会行为。当然，有一些城市通过由城市规划师、生态学家和工程师组成的跨学科团队来推进以自然为本的解决方案项目，这些团队共同设计并与社区合作，以实现更多混合形式的以自然为本的解决方案。要克服这一挑战，首先要考虑工作团队的知识欠缺，其次为城市量身定制培训和能力建设组合，以满足这些知识需求。不过，在开展培训的同时，还需要在各部门间开展团队合作和跨学科工作，以确保城市官员的经验在城市建设中得到充分利用。对于未来的城市规划师和城市工程师而言，大学土木、环境和生态工程师以及城市规划师和建筑师的课程需要包括以自然为本的解决方案及其规划的核心课程，以及系统思维和城市生态学课程。

7. 城市规划制度需要更新

城市可以基于以自然为本的解决方案实施所具有的内在复杂性特征（如多行为体伙伴关系、多规模干预、多部门能力），采用更具活力的机构治理环境，克服部门分割，并提出灵活的解决方案，让公民和私营部门有效参与设计和资助干预措施。

主要参考文献

Timon McPhearson ed., *Nature-Based Solutions for Cities*, Edward Elgar Publishing Limited, 2023.

Israa H. Mahmoud ed. , *Nature-based Solutions for Sustainable Urban Planning Greening Cities*, Shaping Cities, Springer, 2022.

European Commission and Union, *Nature-based Solutions & Re-naturing Cities*, final report of the horizon 2020 expert group on "Nature-based solutions and re-naturing cities", Brussels, 2015.

Frantzeskaki, N. , "Seven Lessons for Planning Nature-based Solutions in Cities", *Environmental Science and Policy*, Vol. 93, 2019, pp. 101 – 111.

Kabisch, N. et al. , "Nature-based Solutions to Climate Change Mitigation and Adaptation in Urban Areas: Perspectives on Indicators, Knowledge Gaps, Barriers, and Opportunities for Action", *Ecology and Society*, Vol. 21, No. 2, 2016, p. 39.

Lafortezza, R. and Sanesi, G. , "Nature-based Solutions: Settling the Issue of Sustainable Urbanization", *Environmental Research*, Vol. 172, 2019, pp. 394 – 398.

Sachs, J. D. et al. , "Six Transformations to Achieve the Sustainable Development Goals", *Nature Sustainability*, Vol. 2, No. 9, 2019, pp. 805 – 814.

Ambrose-Oji, B. , Buijs, A. , Geroházi, E. , et al. , *Innovative Governance for Urban Green Infrastructure: A Guide for Practitioners*, University of Copenhagen, 2017.

Fors, H. , Ambrose-Oji, B. , Konijnendijk van den Bosch, C. , et al. , "Participation in Urban Open Space Governance and Management," in Jansson, M. et al. eds. , *Urban Open Space Governance and Management*, Routledge, 2020, pp. 112 – 128, doi: 10. 4324/9780429056109 – 9.

"双碳"背景下绿色文旅项目建设的可持续发展探索

张国威 王 平 肖冰璇[*]

伴随全球气候变暖趋势急剧加速，文旅产业发展面临重大的挑战与变革，绿色文旅逐渐成为未来的发展方向。统筹文旅产业与自然生态的关系，寻求生产要素组织新形式，推动以文旅产业为纽带的产品大融合，是探索"绿色文旅"空间发展形态与功能需求的必然路径。

"绿色文旅"是未来城乡空间建设的重要板块，绿色空间有效利用与开发的重要性逐渐凸显。如何在保护原有自然资源基础上，避免土地资源的无序利用与浪费，为周边居民创造美好休憩空间，实现乡村振兴与产业的绿色转型，引导城市可持续发展，传递"绿色+"理念是未来绿色文旅项目建设的重要命题。而尊重自然、顺应自然、保护自然，是全民深度体验健康美好生活的基础，也是推动绿色文旅发展的价值基础和根本导向。因此，以绿色生态为导向是"双碳"背景下未来文旅发展的指导原则。

一 绿色文旅的理论发展和绿色文旅项目建设

（一）绿色文旅的理论发展

随着工业革命的发展，城市与自然的矛盾日益加剧。城市空间的现代化发展建设导致绿色生态空间的不断缩减，人类的跨区域活动范围与生活行为方式更是给自然环境带来了巨大的伤害与压力。绿色空间是人类与万

---

[*] 张国威，GWP合伙人、总建筑师、总裁，哈佛大学华南校友会董事、会长，广州源尚建筑设计有限公司董事长，主要研究方向为建筑设计；王平，GWP合作人、副总裁，哈佛大学硕士杰出毕业生，主要研究方向为建筑设计；肖冰璇，GWP规划设计总监，主要研究方向为规划设计。

物生存的基础，而文旅产业能有效地发挥绿色空间与城市闲置资源的再生能力，实现乡村振兴与绿色转型升级，赋予城市高质量的生活体验。创造高质量的城市空间是现代化城市高质量建设的关键，也是城市空间中不可或缺的重要板块。因此，在"双碳"背景下，文旅产业被赋予更高的使命与要求，我们希望通过深度探索"绿色文旅"理论内涵，发掘引领未来绿色文旅的发展路径，实践绿色理论，创造价值。

基于国内外广泛提出的"生态旅游""绿色旅游""农业旅游""乡村旅游""可持续发展"等概念，我们可以将绿色旅游的内涵归结为，以生态原理和可持续发展原则为指导，在尊重目的地自然和人文原生性基础上满足游客的多样性需求，注重设施生态化，追求社会、经济、生态效益之间的平衡。[1] 它具有明显的文化可持续性[2]，促进旅游目的地自然和文化资源发展，形成高品质文化旅游环境。其范围不再拘泥于农业空间、田园空间，而是包括城市广泛闲置的空间。其涵盖的内容为"绿色文旅"的发展提供了核心的价值理论基础。

（二）绿色文旅项目建设的定义

在我国，"生态文明建设"一直是作为中国城市建设与发展的重大理论与实践战略。2005年，习近平同志考察湖州市安吉县时首次提出"绿水青山就是金山银山"理念；2016年，《全国生态旅游发展规划（2016—2025年）》提出"打造生态旅游精品，探索人与自然和谐共生的可持续发展模式"；2021年，《"十四五"旅游业发展规划》提出"坚持生态保护第一，适度发展生态旅游，实现生态保护、绿色发展、民生改善相统一"；2021年，《关于加快建立健全绿色低碳循环发展经济体系的指导意见》提出"为构建绿色低碳循环发展的经济体系提供顶层设计"；2023年，《国内旅游提升计划（2023—2025年）》提出"发展绿色旅游"。历年的政策强调了"生态文明建设"的关键性，传递出要基于生态保护，实现高品质的绿色文旅项目建设，为经济发展提供低碳可循环的绿色基础。

基于"生态文明建设"的重大理论，我们将"绿色文旅项目建设"初

---

[1] 王汉祥：《中国北疆民族地区旅游产业生态化发展研究》，博士学位论文，内蒙古大学，2017年。

[2] 杨絮飞：《生态旅游的理论与实证研究》，博士学位论文，东北师范大学，2004年。

步定义为以生态文明、绿色家园建设为基础，构建社会、产业、文化、自然的复合互联发展模式，有效整合人、城市、自然多方资源，推动城市循环经济的开发、产业的多重联动可持续发展、绿色空间的高品质利用，全面形成生态环境、产业空间与人文空间的绿色循环交融圈。如何将"绿色理念"渗透到实际项目建设中是我们需要持续探索的任务。

（三）国外绿色文旅项目建设

在绿色理念指引下，各个国家积极探索绿色生态旅游的实践路径。我们希望通过瑞士循环经济的开发、美国乡村三产融合、新加坡生态城市的建设等国外绿色探索，为未来绿色文旅发展提供参考。

1. 瑞士圣莫里茨小镇

作为阿尔卑斯群山中的顶级度假胜地，瑞士圣莫里茨小镇将绿色低碳理念融入发展，成为新兴的"能源城市"。在文旅产品开发方面，圣莫里茨依托医疗泉水、冬季雪山等自然资源，打造高端疗养中心、顶级滑雪场、雪上赛马等高端文旅产品，打造疗养胜地、冬季旅游胜地。在绿色能源方面，圣莫里茨将绿色理念、绿色行动作为小镇特色，广泛使用水力发电、太阳能、生物质能。小镇利用冰川融雪作为发电资源，将发电站及冰川作为旅游产品；同时产生的水电资源提供给酒店、阿尔卑斯山观光铁路，推动乡村绿色发展，完成产业融合。小镇开发节能型建筑，将可持续发展融入日常生活中，真正将绿色低碳理念通过节能环保方式植入整个小镇中，提高度假区的高品质感。

2. 美国纳帕谷小镇

美国纳帕谷小镇是以"葡萄酒"为核心打造的三产融合的乡村休闲体验小镇。纳帕谷地区以葡萄种植业、酿酒业为发展基础，追求产品质量，形成高品质品牌，打造特色产业引擎。小镇充分发挥葡萄酒衍生价值，增设葡萄酒高尔夫、纳帕谷葡萄酒拍卖会等高端文旅项目，将景观资源转化为文旅吸引核，形成"葡萄酒+"产业体系。纳帕谷小镇第一产业与第二产业的精益求精为融合发展第三产业提供良好铺垫，通过三产融合让产区变成世界著名的游览景区。

3. 新加坡宜居城市

新加坡以政府主导的生态城市建设为城市文旅发展赋能。新加坡作为亚洲著名的花园城市，连续多年被评为全球宜居城市。在生态城市建设方面，以政府为主导实施长期生态保育战略计划，将绿色植被与优质城市环境作为发展不可或缺的构成元素，建设连接各公园的廊道系统及绿色基础设施。在文旅方面，通过将多元文化、文化创意与旅游结合，创造属于自己的城市特色文化，开展多样文化节庆活动；结合河岸众多的小贩船码头，强化休闲属性，将滨水生态、销售、旅游等产业链融合，促使新加坡河成为文旅磁极；动员全社会参与优质城市环境维护，共同推进"花园里的城市"品牌的建设。新加坡以生态城市建设为基础，为城市文旅发展提供可持续的健康绿色基调，赋予人们休闲生活的健康环境。

从案例可以看出，绿色文旅的建设并不是单一的生态环境保护，而是应该从政府角度出发，支持城市绿色环境建设，将绿色节能技术植入高端旅游小镇、绿色文旅产业、绿色旅游城市建设中。在文旅项目实践中，应拓展全产业链的产品价值，将绿色理念植入三次产业各环节中，促进"生态、生产、生活"三大空间的文旅项目可持续发展。

（四）绿色文旅融合的互动机制

从绿色文旅理念探索与国外的实践案例我们可以发现，"绿色文旅"存在一种融合的互动机制，可持续发展的延续拓展与高质量发展将成为保持区域竞争力的关键。[①] 我们需要将绿色可持续发展理念融入产业升级，以绿色实践的方式探索"生态、生产、生活"三大空间相融共生的互动机制，推动未来文旅产业发展的新模式。

1. 生态融合

不同城市自然环境特征不同，应因地制宜，从山地城市、水网城市、滨湖城市、林区城市提取当地独有的生态肌理[②]，从城市生态物质空间出发，以自然土地为载体，综合考量动植物的生活习性及行为路径、栖息空间、山水地貌等多种特征，在保护原有自然基底的同时，打造融合人文精神、民俗文化、休闲旅游等多重功能体验的空间，实现人与生态环境的和谐，保障生态的连续性、再生性和特色性。

2. 产业融合

随着体验经济、休闲经济、创意经济、低碳经济的逐渐兴起，文旅产

---

① 肖黎明、于翠凤：《中国绿色文旅融合发展的时空特征及影响因素分析》，《生态经济》2021年第8期。
② 叶林：《城市规划区绿色空间规划研究》，博士学位论文，重庆大学，2016年。

业能够充分发挥第一产业中农产品的衍生价值，通过文创产品的设计及品牌建设推动农产品的销售，激发第二产业中的文创产品加工与制造，带动体验工坊、展销中心等物质空间的产生，从而充分链接当地上下游相关产业，有机串联当地生态、农业、加工业、文化、旅游、康养、运动等产业，实现三次产业相互促进，形成良性的生态产业体系。

3. 生活融合

空间的美化有利于引导当地居民生活习惯的改善，从而增强当地居民对维护美好空间的意识行为，促进生活空间的持续美好。人作为生态体系中的核心影响因素，其生活理念、生活需求与追求是影响城市高质量发展的重要因素。只有切实为当地居民考虑实际的空间需求，营造自然生态、地域人文、休闲旅游融合发展，主客共享的美好生活新空间，才能实现当地居民自发地参与到生态保护、产业发展过程中，共同推动未来绿色文旅环境的建设。

因此，我们应以统筹"生态、生产、生活"三大空间的互动机理为基础原则，充分发挥绿色文旅项目在生态、经济、社会多维的价值属性，实现三大空间的相互补充、相互促进、相互连接，才能实现绿色文旅最大的价值流动，引领未来绿色文旅市场的发展。

二 "绿色+"新理念推动多元化高品质文旅产品的诞生

后疫情时代及"双碳"主旋律背景下，文旅行业面临产业的变革与市场转型。大众不再追求单一的观光体验需求，而是追求更深层次的旅游体验，看重旅游目的地的生活方式，亲近、感受自然正成为一种消费时尚。以新浪微博"旅游超话"为数据源，爬取2021年7月19日—8月20日微博旅游词条共计1381条，通过数据解译编码和统计分析发现，旅游消费者更关注高质量的自然风光旅游目的地和休闲度假（见表1）。此外，新型运动康养类活动热度暴增，据携程《2022年国庆预测报告》，飞盘、皮划艇、骑行一日游产品的搜索热度分别增长50%、74%和80%，自然探索、自然野奢、徒步等主题类线路产品深受年轻人好评；同时，乡村游、露营、城市游、研学游等产品成为热门选择，游客个性化需求增加，文旅产品趋向多元化。自2016年人均GDP超过8000美元以来，文旅产业进入了品质化创新时代。根据《世界旅游创新发展报告（2021—2022）》，超80%的中国居民具有高品质旅游产品购买意愿（见图1），追求品质化文旅产品逐步走向生活化和全民化。

表1　　　　　　　　　　微博旅游数据统计

旅游产品类型偏好			目的地类型偏好		
分类	数量（个）	比例（%）	分类	数量（个）	比例（%）
新奇体验	32	8.31	主题景点	40	19.61
文化艺术	60	15.58	小镇	2	0.98
自然风光	119	30.91	山水	85	41.67
休闲度假	89	23.12	古镇	14	6.86
沉浸生活	63	16.36	村落	22	10.78
都市娱乐	20	5.19	城市	41	20.10
科普研学	2	0.52	总计	204	100.00
总计	385	100.00			

注：因四舍五入导致的误差，本书不做调整。下同。

资料来源：2021年7月19日—8月20日微博旅游词条。

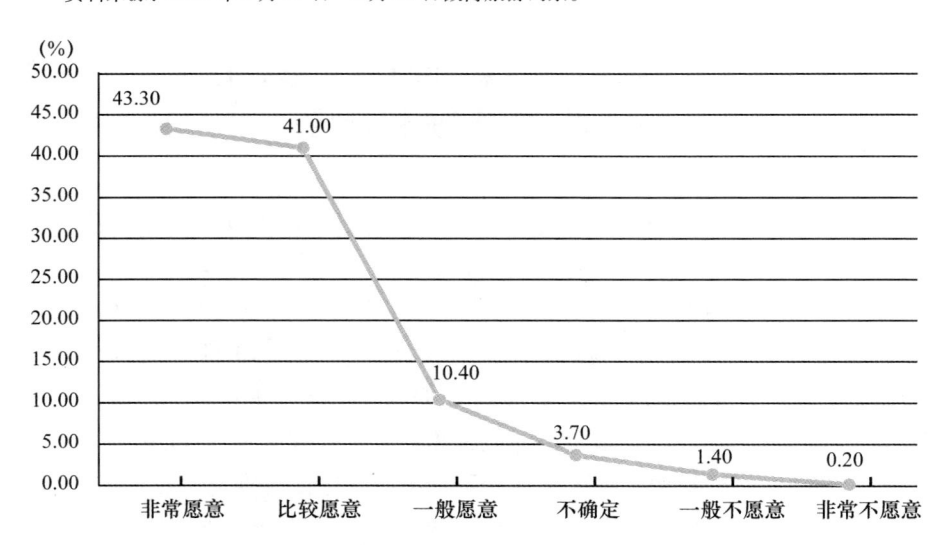

图1　中国用户对高品质旅游产品的购买意愿

资料来源：《世界旅游创新发展报告（2021—2022）》。

未来文旅产品更加追求与自然的和谐相处及更深层次的互动，森林浴、草原游、温泉浴等都需要生态的底色，多元化、高品质化、沉浸式体验的文旅产品也将逐渐适应未来游客高品质文旅消费需求。而"绿色+"理念的融入将促进自然景观与文化、体育、康养等业态融合，创造出更加多元、富有生态特色的文旅体验场景。

（一）相关案例研究——遂川桃源梯田景区

桃源梯田景区位于江西省吉安市遂川县左安镇西南山峰轿子顶深处，景区范围10平方千米，梯田面积为5000余亩。2022年，接待游客量达40万人次，总收入2亿余元。项目以梯田资源、客家文化、农耕文化为基础，打造集旅游、度假、农耕、隐居、徒步探险相结合的高品质"农旅仙居"度假胜地。

桃源梯田景区抓住市场需求变化，从单一的传统自然观光主动转型为绿色高品质休闲度假景区。桃源梯田高低错落，民居点缀其中，乡村图景宛如"桃花源"。在生态环境打造上，项目深度挖掘梯田资源、农耕文化资源，整备形成小丘如螺、大丘如布的梯田景观，布设创意灯光点亮景区夜游，开通盘龙汇—轿子顶山峰"寻仙访隐"徒步探险路线，从不同角度欣赏最美梯田风光，满足游客运动健身、亲近自然的需求。

在高品质休闲度假打造上，项目结合山野地形、丛林溪流打造追求"心灵之野"的度假乐园。以7栋客家古法技艺建造的纯夯土墙院落民居，让游客深度体验山居隐士生活。结合桃源仙谷山地阶梯，设置野奢帐篷营地。同时，挖掘客家文化，打造客家风情的"桃源花街"。

项目以提升原有高山梯田风光为自然载体，打造深度体验自然的观光路径。同时，将原有休闲度假品质提升为高品质度假产品，结合森林康养、徒步探险、山地露营、文化体验，打造多样化绿色健康体验产品，丰富文旅项目的沉浸式体验。

（二）GWP实践案例——虔心疗养度假荟项目建设

虔心疗养度假荟项目位于赣州市龙南市，藏于九连山国家自然保护区东麓，距离龙南市16千米。项目依托稀缺的高品质温泉资源、千年的唐宋文化与青山茂林环绕的客家围屋，打造极富自然之野趣。以"清明上河图"为蓝图，结合东方深厚的文化底蕴与龙南地域文化，塑造具有东方意境，兼具古典审美、文化体验和高端品质的旅游度假区。

场地山水共生，其温泉是国内少有的高水温偏硅酸优质医疗矿泉水。项目以尊重山水风貌为原则，以国家医疗级温泉为核心亮点，打造心疗、身疗、理疗等不同主题品质温泉康养产品。根据高端、中高端及大众客群，结合自然山水打造温泉合院私汤温泉、合院户外露天温泉、公共浴场温泉三大类型温泉空间体验，设置露天泡泉、溪流赏泉、合院私泉、宋街游泉等主题场景让游客能够沉浸其中，深度感知自然之趣，实现高品质的康养度假体验。利用山水资源，打造登山步道、观景塔、水上游船、水上花灯、半山温泉、山地体验馆等丰富多元的生态休闲娱乐体验。

在文化场景打造层面上，项目以"清明上河图"为核心场景，结合龙南围屋的营建特色，打造宋街与温泉合院，植入宋人十雅体验、汉服体验、宋韵游船、工坊体验等宋代文化体验，让游客感受宋代风情雅致，沉浸式体验宋人生活，塑造具有隐世谧景的汤湖慢街。结合宋街打造多元温泉体验，形成可游、可观、可体验的泉街之旅，以文化赋能场地的高品质体验。

设计以差异化的温泉度假与文化体验为基础，结合山水环境、文化体验、功能业态等要素，以"绿色＋温泉""绿色＋山水""绿色＋文化"创造出原生态、高品质、有趣的温泉度假区，激发场地活力，实现了高质量、可持续的文旅产品创新，打造出兼具文化内涵和沉浸康养度假的康养秘境和度假胜地。

面对后疫情时代需求的变化，文旅产业以"绿"为底色，升级转向高质量、生态化发展，推进各类自然资源的集约高效利用，提高要素投入的经济转化率，创新康养旅游、非遗旅游、冰雪旅游、体育旅游等更加多样的绿色文旅产品，并深耕打磨产品品质，以最低限度的资源消耗来提供更高质量的文旅产品。同时，深挖生态文化的消费内涵，向游客不断传达"绿色＋"价值理论，吸引游客主动选择绿色游览方式，获得更有品质的绿色文旅体验。

三 "三产融合"带动绿色文旅与乡村振兴

单一功能生态休闲文旅产品不能支撑未来长期的发展，只有实现"三产融合"的绿色文旅项目，才能持续实现发展潜力。根据《2023—2024年中国乡村旅游发展现状及旅游用户分析报告》，2023年72.4%的中国乡村旅游消费者花费金额集中在300—900元，主要用于吃和住，而其他发达国家如日本乡村旅游主要消费用于文化产品和生态产品。相较之下，目前我国文旅产品价值创造力仍不足，产业融合尚处于初级阶段。

"三产融合"需要以农业产业为基础，休闲旅游为形态，本土文化为灵魂。以"绿色+"理念为基础，挖掘乡村的深层价值，在乡村原有产业基础上植入绿色文旅要素，推动农业产业转型升级，将森林、草原、山地、温泉等绿色资产增值变现，盘活现有农产品等存量资源，释放文旅价值，结合绿色生态的溢出效应赋予场地高附加值属性，并将其整合为较高空间层次的文旅产业集群，赋能场地高价值，从而反哺当地生态资源的再生，实现乡村振兴。

（一）相关案例研究——日本 Mokumoku 农场

Mokumoku 农场位于日本三重县伊贺市的郊区，核心区用地面积约200亩，年客流量达到50万人次，年收入约4.5亿元。农场以亲子教育为出发点，以家庭为核心客群，以"自然、农业、猪"为主题的工作室农庄，是集生产、加工、销售、教育体验、休闲观光、网络购物于一体的六次产业化亲子农场。

农场六次产业环环相扣，提高农业附加值。项目核心操盘模式为第一、第二、第三产融合发展，打造大农业产业链。以第一产业伊贺猪养殖、农作物种植为核心，围绕第一产业进行第二产业的加工，如各种猪肉制品和各色餐饮美食、精酿啤酒、各种手工艺品等，形成第三产业的观光旅游、活动体验项目。每条产业链间既独立完整，又相互融合，环环相扣。

农场农业各个环节和空间与旅游产品无缝融合，形成密切关联的农旅产业链。从农场入口处开始，设置免费的购物区，包括蔬菜交易市场、牛奶工坊、美食广场等；休闲体验、教育科普项目贯穿农场中的农牧生产、产品加工、产品销售各个环节和空间，包括学习牧场、啤酒工厂、手工体验教室、猪主题馆、叉烧主题馆等；进行场景体验式销售，将加工店铺包装成小朋友喜欢的风格，摆放形象衍生品，增加收入；同时在东京等其他城市建立直营商店和餐厅，反向为农场导入客流。

农场依托自身农业资源完成三大产业融合并进行旅游产业延伸，构筑

"种植＋加工＋销售＋乡村旅游服务"的农旅融合型产业链，通过观光体验、购物娱乐、休闲度假的融入降低传统农业风险，打造深度体验的高品质文旅产品，成为乡村振兴的典范。

（二）GWP 实践案例——东江源康养研学旅游综合体项目建设

东江源康养研学旅游综合体项目位于江西省赣州市安远县，坐落于三百山脚下。项目规划面积约 2800 亩，规划以山水文化为核心，以山水疗愈、温泉康养、自然研学、运动休闲为核心功能，从资产到旅游打造安远旅游新地标。

项目建设将山水、温泉、农产品、客家民俗资源转化为休闲度假产品，"三产融合"打造乡村振兴示范标杆。安远东江源旅游度假区拥有山、水、泉、田、农产、美食等高质量的旅游元素，是赣南脐橙的主产区。项目规划提升第一产业，建设高标准农田，生产水稻、脐橙等高标准农产品，打造特色农产品生产基地的典范。将第一产业与旅游产品对接，打造一方农田研学、宋耕田野、青少年自然学校、徒步步道等产品，提高游客体验感和认同感。以脐橙为拳头产品开发衍生产品，形成标志性品牌，开发茶果粒、养生橙膏、香水、富硒米、客家娘酒等高附加值产品，构建农产品产销中心、种子研发实验室等生产和研发场所，植入研学、销售功能，打造农产品研学基地、户外研学实验室及客家酒品展示区。将生产、加工、销售与观光体验结合，进行点状式多元业态的布局，形成生产—研发—销售—反馈产业链。围绕山水文化、农耕文化、客家文化开发围屋酒店、山林露营、温泉夜游、文化展厅、手工作坊等文旅产品，刺激体验消费，推出在地文化形象店铺，打造高品质旅游目的地。按照研学、度假、夜游、运动主题将文旅项目串联成线，清晰地引导游客深度体验场地内活动，将目的性消费与随机性消费结合，创造更大的收入空间。

本项目建设以种植水稻、脐橙为基础，促进农产品生产、加工与产品销售、场景体验相结合，将三次产业进行深度融合，实现三次产业与旅游业的产业链延伸，打造具有山水文化意涵的特色文旅项目。

推动绿色文旅发展需要提升生态环境，实现"三产融合"，积极开发农业的生态休闲、旅游观光、文化教育等价值，全链整合农业产业项目，打造可观摩、可参与、可体验的特色项目，融合线上线下渠道，形成新业态、新场景，以获得更多价值。

四 技术赋能生态可持续发展与文旅场景创新

随着数字化技术应用深化，文旅产业走向数字化、智能化和虚拟化，场景多元丰富。2021 年，我国数字文旅市场规模达 8157.8 亿元，数字文旅新业态已初步形成。目前大数据、VR、AR 等新兴技术在文旅行业得到广泛应用，新兴技术直接或间接增强了对文化遗产与旅游资源、生态资源的保护、开发与利用，通过无人机光影秀、虚拟体验、智慧导览、数字化保护、数据研究、智慧平台等，实现更丰富的游览体验。

以数字技术赋能文旅产业是实现生态及文化可持续发展、产品创新的主要手段之一。一方面，新兴技术的应用将推动文旅产品内容集成化、文旅项目空间集约化，大大地提升对历史文物、生态环境的监管，促进线上线下相结合，实现创新场景的变化和多元性，减少场地开发建设，保护脆弱的自然、人文资源，实现长期的成本节约和环境保护；另一方面，真实、沉浸的文旅体验为游客提供更为多样化的文旅产品选择，满足游客个性化需求和对更高品质文旅项目的追求。

（一）相关案例研究——敦煌莫高窟三维扫描与数字化保护

敦煌莫高窟因其载体特殊，极易受到风化、侵蚀、人为等破坏，敦煌研究院启动三维数字化工程保护珍贵的文化遗产，借助数字化技术将石窟文化与现代科技相融合[1]，活化遗产价值，在创新体验洞窟文化艺术场景的同时，使其得到永续传承。敦煌研究院主要采用以覆盖式拍摄和计算机为主的壁画数字化技术、以三维激光扫描和结构光为主的雕塑和空间结构考古测绘及三维重建技术、以遥感测绘和倾斜摄影为主的大遗址重建等成套技术，最终形成以学术为基础、技术为手段、艺术为目的的数字敦煌文化。[2] 这些技术将图像信息转化为数字信息拼接形成数字档案，为石窟的保护、研究、弘扬提供有力支撑。

---

[1] 王佳文：《"数字敦煌"视域下石窟文献数字化保护研究》，《甘肃科技》2023 年第 9 期。
[2] 《吴健：文化遗产数字化保护与成果利用——以数字敦煌为例》，甘肃文旅，2023 年 7 月 7 日，http://www.cttv.co/News/41030.html。

敦煌研究院在莫高窟中利用数字无线传感器网络技术对洞窟内环境变化、游客数量进行实时监测，洞窟外利用数字技术建成莫高窟数字展示中心，盘活遗产资源。设置球幕电影、虚拟全景洞窟、莫高窟窟区厘米级3D地图等文旅项目，通过超大数据的管理、图像和模型的精准映射，让游客身临其境地观看洞窟建筑、彩塑和壁画。[①]

项目运用多种技术保护敦煌石窟资源，通过虚实结合实现文旅融合，满足游览与研究需求的同时，延续了石窟文献资源的生命力。

（二）相关案例研究——张家界元宇宙平台

2021年，湖南张家界景区挂牌"元宇宙研究中心"，探索旅游与元宇宙的融合发展。在文旅深度融合的背景下，以"技术创新"驱动"应用创新"和"产业创新"，培育创新文旅产品，促进全域旅游的高质量发展。项目以XR、MR、Web3.0、区块链等技术为基础，结合AR打卡、全景互动等内容打造次世代数字化沉浸式景区。张家界元宇宙平台运用"5G+XR"融合互动技术、数字孪生技术构建1平方千米10座壮丽山峰的数字景观，打造出沉浸式体验三千奇峰的"张家界星球"线上平台，实现1:1超写实景区云游览，数字化再现自然奇观。在线下打造国内首个景区超高清元宇宙孪生体验馆，"真实体验"穿越张家界、翼装飞行、VR滑雪等文旅项目，突破空间与时间限制，让游客更加"真实""近距离"地体验大自然的神奇。

新一轮的技术革新给文旅产业带来巨大的变革与机遇，在文旅产品中深度引入三维可视化、虚拟现实技术、地理信息技术等，能够加大对文旅项目的生态的监测、历史文化的保护，推动文旅产品的可持续发展，降低对绿色文化旅游资源的负面影响。同时，让产品空间场景的信息更加丰富，引领新的潮流业态与场景展示，增加游客临场体验感和参与感。

五 绿色文旅的可持续发展之路

（一）绿色文旅项目建设需要多方支撑

在全球经济变局、气候环境变化、技术快速革新下，"绿色文旅"逐

---

① 樊锦诗：《敦煌石窟保护与展示工作中的数字技术应用》，《敦煌研究》2009年第6期。

渐成为未来的发展趋势。文旅空间作为城市空间的重要版图，其代表的是人们追求美好生活、环境友好的城市文旅休闲的重要场所，文旅项目的高品质打造更是反映城市高质量发展与居民高生活水平的重要标准。因此，我们希望以"绿色文旅"建设为契机，以生态文明建设为基础，加大政府、投资方、设计建设单位等各个环节"绿色+"理念的应用与实践，重构生态与产业的关系，实现高品质"绿色文旅"，引领未来创新文旅产业空间的升级与转型，提升未来城市高生活水平的幸福度与满意度。

（二）倡导绿色理念生活方式

"绿色+"理念与生活方式的倡导应以保护当地生态为前提，促进当地文化的传承为原则。将"绿色+"作为未来旅游的新风尚，优先选择户外运动、康养文旅、城市漫游等体验活动，通过绿色交通、无痕之旅，充分体验当地文化，共创绿色文旅的行为环境。同时，树立"绿色+消费"循环理念。优先选择手工制品、可重复使用包装的环保材料礼品，以"可循环"为日常消费理念，保证文旅产品的价值最大化。

与大自然的和谐相处是人类永恒的追求，更是人们追求美好生活家园的象征。随着城市的发展，我们希望将"绿色+"理念融入文旅规划场景中，以可持续发展、生态保护为目标，将城市中自然生态、乡村田园、城市闲置空间以文旅的方式，创造融合生态康养、绿色产业、科技创新的更高品质的城市体验场景空间，带动乡村振兴，激活城市闲置用地，实现"三产融合"，更好地引导未来绿色的生活方式。文旅项目正处于快速发展、跨越发展的关键期、机遇期和黄金期，在绿色发展理念下，有效强化文旅产业链、价值链、资金链、信息链与利益链，迎接宜居、宜业、宜游、宜养的全域旅游及美丽绿色中国的重要机遇。

主要参考文献

王汉祥：《中国北疆民族地区旅游产业生态化发展研究》，博士学位论文，内蒙古大学，2017年。

杨絮飞：《生态旅游的理论与实证研究》，博士学位论文，东北师范大学，2004年。

肖黎明、于翠凤：《中国绿色文旅融合发展的时空特征及影响因素分析》，《生态经济》2021年第8期。

叶林：《城市规划区绿色空间规划研究》，博士学位论文，重庆大学，2016年。

王佳文：《"数字敦煌"视域下石窟文献数字化保护研究》，《甘肃科技》2023年第9期。

《吴健：文化遗产数字化保护与成果利用——以数字敦煌为例》，甘肃文旅，2023年7月7日，http://www.cttv.co/News/41030.html。

樊锦诗：《敦煌石窟保护与展示工作中的数字技术应用》，《敦煌研究》2009年第6期。

国家适应气候变化示范城市建设的意义与重点

陈 楠 高诗颖[*]

气候变化是全球面临的重大挑战。随着全球平均气温的逐渐升高,由此引发的极端气候现象频发,制定及实行兼具气候减缓与气候适应的政策和策略一直是国际社会近年来的重要议题。相对于减缓气候变化关注全球层面的温室气体减排,适应气候变化强调的是在气候变化已经发生的情况下,通过采取措施减轻气候变化对社会、经济和生态系统的负面影响。适应气候变化的工作流程见图1。

监测与评估气候变化影响、脆弱性及风险 → 出台适应气候变化政策 → 开展适应气候变化行动 → 适应行动进展评估、监测与反馈

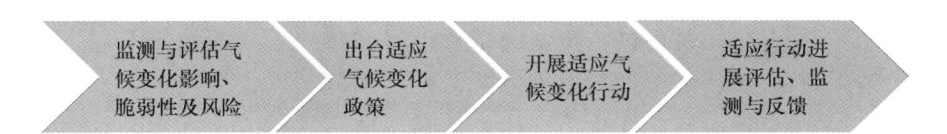

图1 适应气候变化工作流程

一 国家适应气候变化示范城市建设的基本情况

"十三五"时期以来,我国逐步搭建起适应气候变化的政策体系,提高了气候监测预警水平,并有效增强了重点领域的适应能力。2015年、

---

[*] 陈楠,博士,高级工程师,北京中创碳投科技有限公司研究院副院长、名古屋大学—中创碳投碳中和创新联合实验室研究员,主要研究领域为应对气候变化、碳排放核算与规划、碳足迹等;高诗颖,北京中创碳投科技有限公司环境保护工程师,从事低碳、环保及能源相关咨询业务。

2016年和2017年，国家发展和改革委员会（以下简称国家发改委）与住房和城乡建设部（以下简称住建部）连续发布《城市适应气候变化行动方案》《气候适应型城市试点工作方案》《气候适应型城市建设试点工作的通知》，在全国28个市（县、区）开展气候适应型城市建设试点。这些试点城市在基础设施、生态系统、气候灾害风险管理等领域积极采取适应行动，并在管理体制机制、融资方式、气象观测网、科技支撑等方面进行了有效探索。

2020年，我国提出碳达峰碳中和目标以来，适应气候变化工作也显著加速。为统筹规划未来的气候适应工作，2022年6月，生态环境部、国家发改委等多个部委联合印发了《国家适应气候变化战略2035》。同年9月，生态环境部发布了《省级适应气候变化行动方案编制指南》。按照指南要求，各省、自治区、直辖市积极成立了行动方案编制工作组，并陆续启动了编制工作。这些方案的编制将有助于各地针对本地面临的气候风险和脆弱性，制定具体、科学的适应性措施，提高城市社会、经济和生态系统的适应能力。

2023年，生态环境部等多部门发布《关于深化气候适应型城市建设试点的通知》，鼓励2017年公布的28个气候适应型城市建设试点继续申报深化试点，同时也进一步明确试点申报城市一般应为地级及以上城市，鼓励国家级新区申报。根据部署，此次深化试点要聚焦的重点任务包括完善城市适应气候变化治理体系，强化城市气候变化影响和风险评估，加强城市适应气候变化能力建设，加强极端天气气候事件风险监测预警和应急管理，优化城市适应气候变化空间布局，提升城市基础设施气候韧性，提升城市水安全保障水平，保障城市交通安全运行等。深化建设试点的目标是：到2025年，优先遴选一批工作基础好、组织保障有力、预期示范带动作用强的试点城市先行先试，气候适应型城市建设纳入试点城市重点工作任务和经济社会发展规划，适应气候变化工作机制基本完善，重点领域适应行动有效开展，气候适应型城市建设经验得到有益探索；到2030年，试点城市扩展到100个左右，气候适应型城市建设试点经验得到有效推广并进一步巩固深化；到2035年，气候适应型城市建设试点经验得到全面推广，地级及以上城市全面开展气候适应型城市建设。

二 国家适应气候变化示范城市建设的典型成功案例及成就

目前，我国已在城市层面的适应气候变化试点示范建设方面开展了大量研究和实践工作，通过采取各项措施手段，不断推进适应气候变化工作，某些地区已经取得了较为显著的成果，积累了一系列好的经验做法。

（一）浙江省丽水市

2017年，浙江省丽水市经国家发改委、住建部联合批复，被列入全国首批28个气候适应型城市建设国家级试点，也是浙江省唯一试点城市。近年来，丽水市围绕"提升适应气候变化能力"，开展了一系列创新探索。

自2017年以来，丽水市开展"丽水市地质灾害易发区适应气候变化规划研究""气候变化条件下生物多样性保护行动合作研究""丽水市保障大花园生态用水体系研究"等多项前瞻性调查研究，对域内气候变化的历史趋势、面临挑战和主要影响进行了综合分析，并针对气象灾害易发频发区域进行脆弱性评估，为推进城市适应气候变化打好理论基础。在顶层设计方面，丽水市将适应气候变化理念纳入城市规划、建设、管理、发展全过程，将气候适应型城市试点建设工作和浙江美丽大花园最美核心园、浙江（丽水）绿色发展综合改革创新区、生态产品价值实现机制试点建设深度融合。出台《浙江省大花园核心区（丽水市）建设规划》《丽水市中心城区地下综合管廊专项规划》《关于推进丽水市海绵城市建设的实施意见》《气候养生基地建设指南》等相关规划。围绕"提升适应气候变化能力"这一中心任务，开展新时代防灾减灾救灾工作，初步形成了多领域覆盖、多部门协同的气候应急体系；实施"大搬快聚"工程，调整气候敏感区内人口、经济结构；打造全国生物多样性保产区，实施瓯江源"山水林田湖草"一体化保护修复重大工程，寻求基于自然（Nbs）的气候适应解决方案；加快城市风廊建设，缓解热岛效应，落实海绵城市建设理念，提升基础设施气候调节、防灾减灾工作；增强绿色产业气候适应能力，推动产业与气候适应协同发展。同时，积极推动形成"天眼+地眼+人眼"的生态监测监管体系，加快国家城市碳监测评估试点工作开展，以数字化赋能气候治理。作为浙江省首个申报国家气候投融资试点的城市，除加大公共资金投入以外，丽水市还大力探索多元气候投融资模式。先后承办中瑞丽水市地质灾害易发区适应气候变化行动规划研讨会、第十六届国际低碳城市联盟年会等国际会议，与瑞士发展合作署、德国GIZ机构等国外机构开展全球化"气候风险预防及管理"的合作研究。

（二）湖北省武汉市

2017年年底，"第二届C40城市可持续发展论坛"在武汉举行，武汉市与C40组织正式签订气候适应性城市建设合作协议，C40将在气候变化脆弱性评估、加强气候变化和气象灾害监测预警平台建设等方面提供支持。武汉发布了首部低碳白皮书，并成为国内首个建设气候适应型城市。

近年来，武汉市气候变化适应水平稳步提升。武汉市作为多河湖城市，发展脉络因水而生，正是由于沿江发展的各个历史阶段的不断需求，防洪系统成为武汉市气候适应的鲜明特点，全市气候预警预测能力较强，变电站、信号基站等也有相应的防灾要求。因此，武汉重点以海绵城市建设为抓手，实施青山和汉阳四新海绵城市示范区建设，完成建筑与小区、城市道路、公园绿地、城市港渠水系等试点项目288个，初步形成了特大丰水平原城市的海绵城市建设模式和一批可推广、可复制的示范项目。截至2020年年底，武汉市海绵城市的建成区面积占比达到20%，并通过加入C40城市气候领导联盟，与其他城市共同研究、交流气候适应工作和治理经验。供水安全保障能力得到有效提升，二次供水设施建设有序推进，中心城区、新城区供水水质综合合格率分别在95%和90%以上，基本消除黑臭水体，城市排涝能力大幅提升。气象灾害监测预报预警能力不断提升，建成178个自动气象站、1个"风云三号"卫星接收站和1部移动风廓线雷达，建成曙光高性能计算机系统，改进高分辨率快速更新循环预报系统和短时临近预警技术，形成空间分辨率1千米、时间分辨率1小时的精细智能网络预报业务。未来，在继续深化建设气候适应型城市工作中，一方面，需要持续深入地开展科学探索，模拟可能出现的问题及情况，认清问题本身；另一方面，政府、市民需强化"气候意识"，加强气候变化和极端天气现象的适应性策略研究，这也是城市中长期可持续发展的战略意识。

三 国家适应气候变化示范城市建设存在的问题及原因分析

面对未来气候变化带来的挑战和世界百年未有之大变局,我国亟须在积极稳妥推进碳达峰、碳中和的同时,坚定实施应对气候变化国家战略,持续有效深入开展适应气候变化行动,进一步加强自然生态和经济社会系统的风险识别与管理,防范和避免气候变化长期缓发的不利影响,减少突发极端天气气候事件带来的风险和损害,实现气候适应型发展。目前,城市在适应气候变化示范工作中仍存在诸多问题。

(一)适应气候变化统筹力度不足,工作机制亟须完善

气候适应型城市建设在地方属于创新性、综合性工作,需要生态环境、住建、发改、财政、气象、交通、应急、水务等部门协调配合、共同发力,是跨领域、跨部门的综合性问题。相关部门、地方工作重点中尚未建立起完善的适应气候变化工作机制,也未全面纳入适应气候变化的内容。部分城市虽成立了领导小组,但大多没有建立部门间协调配合机制及监督追责制度,相关工作存在职权交叉、分工不明、责任边界模糊等问题。各部门从自身领域出发制定的适应政策之间缺乏统一领导和统筹安排,部门之间在政策制定和执行过程中没有建立完善的组织协调体系,造成适应工作难以有序、高效地展开。

(二)适应气候变化基础数据缺乏,科学支撑体系薄弱

气候变化是典型的综合性大数据工作,气候变化适应能力评估需要长时间尺度的气象、水文、环境、基础设施、经济社会等方面的统计或观测数据。目前,我国城市在相关领域的基础数据较为缺乏、分辨率较低、数据质量较差,难以满足适应的评估要求。基础数据分布较为分散,各部门间数据信息不透明、各自使用的指标标准互不匹配,难以获取全面、有效的数据以支撑相关研究。数据基础不足成为地方政府实施适应行动的主要障碍。随着气候变化加剧,极端天气发生的频率和强度明显加强,气象预警的精度和监测预警体系在实际的适应气候变化和气候风险应对中没有被

充分应用。我国气象观测的智能化水平不够先进，现代信息技术与人工智能的气象应用不充分，高精度监测以及数据传输、处理分析的硬件能力也不足，在气候承载力脆弱地区，生态气象观测网络、气候变化数据库和大数据应用、高精细化的区域气象数值预报等气象监测与应用技术有待在实际应用中进一步迭代和优化。

（三）城市尺度适应能力有待提升，适应理念尚未建立

城市尺度适应气候变化相关的理论研究与技术研发相对薄弱，对当前气候变化影响的监测以及未来风险研判仍不充分，对于气候变化对自然生态系统和经济社会系统可能造成直接或间接威胁的广域性、复杂性以及深远性认识亟须提升，敏感领域的气候变化适应性措施效益评估技术有待进一步研发。试点城市目前开展的适应气候变化工作中，与常规工作紧密结合的工作开展得较多，如大气污染防治、节能建筑改造、交通基础设施改善、城市绿化、水土流失治理、水污染治理等城市规划、环保、节能领域的常规工作，而针对适应气候变化而推进的工作，或具有较强部门间交叉性的工作开展得较少，特别是对极端天气、极端天气影响下城市的内涝等气候灾害及其对城市区域产业的影响方面关注不足。气候灾害造成的经济损失巨大（见图2）。总体原因是城市层面当前在适应气候变化的能力和意识方面缺乏，在适应气候变化工作及其重要性方面的认知水平欠缺，制定相关气候变化适应政策的水平和能力存在明显局限。从政策内容上来看，省、市层级的"应对气候变化规划"中通常还包含一部分适应气候变化的内容，随着政策的下移，区县在政策执行时往往只保留了环境保护或节能减排相关的内容。地方普遍存在认识不足、适应理念和基础薄弱、体制机制不健全等问题，相关部门就试点工作还在规划设计阶段，缺乏长效工作机制和工作抓手。相关研究机构的技术支撑力量和专家团队薄弱，这也在一定程度上制约了试点建设工作的推进。

（四）政策指导和约束保障尚不充分，制约适应行动的开展

首先，我国在适应气候变化方面的政策体系建设相对滞后，支撑城市适应行动的技术、标准等相关体系不足。2013年印发《国家适应气候变化战略》后，直到2022年才将更新后《国家适应气候变化战略2035》作为顶层设计来指导全国的适应工作。各省份的适应气候变化行动方案目前仍

国家适应气候变化示范城市建设的意义与重点

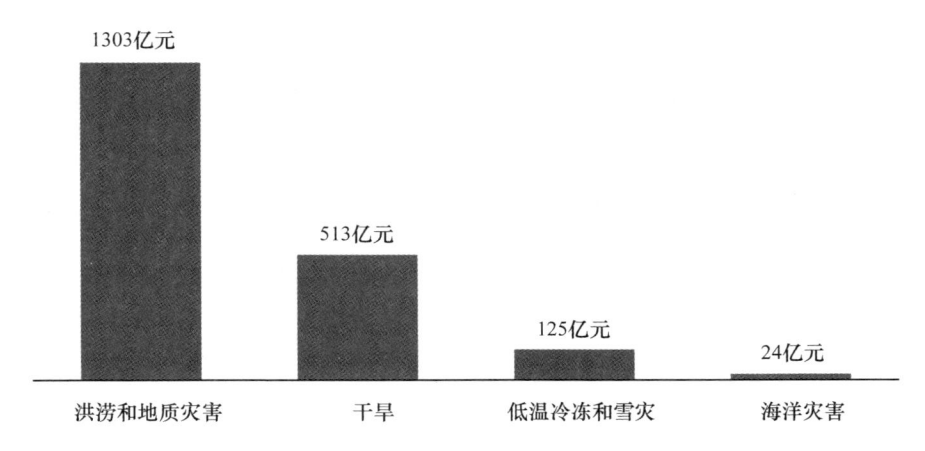

图2 2022年我国不同类型气候灾害造成的经济损失

资料来源：根据应急管理部统计资料整理。

在制订之中，在城市和具体领域的适应气候变化方面的政策体系仍有待完善。针对城市适应气候变化问题的技术标准体系尚未形成，缺乏实际应对气候变化的应用性研究，特别是有独创性和普适性的解决方案。

其次，对城市适应气候变化能力的评估体系尚未健全，缺少定期开展的气候变化影响监测与风险评估机制。从适应政策的实施机制来看，发达国家通常会针对适应政策配套建立相应的监控和评估机制及方法，定期评价政策的实施进展和效果。我国目前开展的气候适应型城市试点对于气候变化影响的评估相对薄弱，城市适应能力评估都较为简单，以历史经验作为基本判断方法科学性不足。从短期极端气候应对、中长期变化趋势以及降低气候风险损害等多方面来说，气候变化预测、影响评估、脆弱性和风险评价技术的研发支撑不足。

（五）资源投入和行动力度亟待加强，支撑"双碳"目标落实

现有适应气候变化行动力度还不足以支撑高质量发展和"双碳"目标实现。气候变化监测预警和灾害风险管理能力还需要进一步提高，重点领域适应气候变化措施行动仍有待优化，利用气候资源发挥生态效益的成效还有待加强。当前适应气候变化政策主要依靠政府部门顶层设计并强力推行和实施，不利于调动社会资源和公众参与。全社会对于气候变化风险的认知水平和适应气候变化意识仍有较大提升空间，试点城市关于适应气候变化的社会宣传、培训工作的开展力度仍需提高。公众对于适应气候变化的了解和认识程度普遍较低，很难形成社会不同层面（社会组织、企业以及个体）共同参与适应气候变化工作的合力，试点城市需针对公众意识的培养着力开展相关工作。

另外，适应试点行动在国家和地方层面的资金投入和保障机制不充分。资金是适应措施和行动能够真正落到实处的重要保障，但大部分试点城市在开展工作时缺乏持续性的资金保障，导致适应行动无法充分开展。即使有些城市已经开始评估未来气候变化可能带来的风险，以此应对受灾脆弱性，但由于缺乏资金方面的支持，几乎没有将风险应对措施纳入城市规划、土地使用管理、基础设施投资、服务供应、建设和规划设计规范中的适应策略实践行动，从而限制了适应行动的有效开展。

四　关于国家适应气候变化示范城市建设的政策建议

试点城市应结合生态环境部《关于深化气候适应型城市建设试点的通知》，积极落实试点目标要求，继续深化试点建设，加快提高对适应工作重要性的认识，重视公众意识培养、能力培训和能力建设。为进一步推动和深化气候适应型城市建设试点工作，提出如下政策建议。

（一）加快政策研究和建设，完善适应试点城市体制机制建设

针对城市适应气候变化面临的认识不足、基础薄弱、体制机制不健全等突出问题，从国家和省级层面开展分类指导，积极探索并统筹推进各地城市适应气候变化政策制定和体制机制建设。开展气候适应型城市指标评价体系、公共管理体系、防灾减灾体系等相关研究，进一步夯实研究基础，扩大专家队伍，加大技术支撑力度。完善城市适应工作制度，按照气候适应型城市建设技术指南，要求各试点结合城市的发展阶段、发展目标和近远期重点工作，围绕城市适应气候变化的需求与挑战，推动试点落实各项行动，定期报送工作进展。及时评估试点城市建设进展，对指标体系评价结果进行及时更新，并结合评价结果，分类总结试点过程中较好的经验做法，形成城市适应工作的特色亮点和经验。

（二）加强数据整合与分析，提升城市预警响应和防灾减灾能力

加强城市各部门适应相关数据，特别是气象数据的收集和分析，充分利用大数据和信息化，获取更多、更准确的气象数据用于分析气候变化趋势，识别适应气候风险重点城市或区域，预测其发生极端天气事件的概率，为适应气候变化决策提供科学依据。逐步构建城市气象预警系统，通过整合多种气象数据和预测模型，及时、准确地发布气象预警信息。针对趋势性强的、发生概率较大的重点地区和重点领域气候风险，通过提前预警和应急调度，采取相应的防范和救援措施，及时疏散人员、转移财产，减少人员伤亡和财产损失。注重气候变化可能引发的多种级联效应的影响，科学分析气候变化的影响，针对我国各区域气候变化风险格局（见图3），因地制宜制定综合性的城市防灾减灾策略。

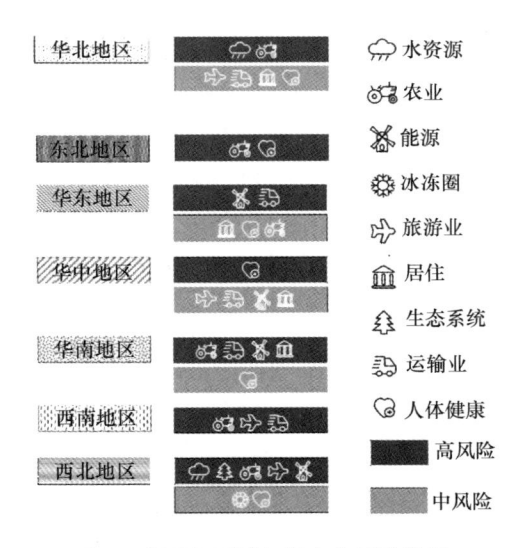

图3 我国各区域气候变化风险格局

资料来源：中国国家气候中心、英国皇家国际事务研究所等：《气候变化风险评估及治理（2021）——来自中英合作研究的洞见》，2021年11月。

（三）注重协同合作增效，促进适应信息共享和经验交流

加强城市各部门在适应领域的沟通，完善适应气候变化工作协调机制，形成工作合力。充分利用环境、住建、气象等系统已有的工作基础，

推动试点城市适应工作与生态保护修复、"三线一单"、绿色建筑、海绵城市、气象监测预警等工作有机结合，协同增效。以深化气候适应型试点工作为契机，共同推动相关领域出台配套政策，探索制修订技术标准。搭建多尺度气候变化监测预测预警与气候风险防范格局，建立城市间协作合作和能力提升平台。提供统一的气候适应研究信息共享平台，开展气候韧性交流协作，加强城市韧性合作和适应计划间的协同效应。发挥区域间协调互补价值与协同效应和中心城市辐射带动效应，加速中小城市适应气候变化行动，促进气候行动公平转型。

（四）加大资金保障力度，完善适应金融支撑和风险管理

建议通过申请财政预算、开展国际合作项目等方式，为条件成熟、目标任务明确、工作力度大的试点城市提供资金支持。逐步探索完善多元投融资机制，探索气候风险下与我国政策环境、市场环境适配的融资工具与融资机制，整合拓展城市适应气候变化项目的资金来源和渠道。探索建立创新型适应气候变化项目投融资机制，加大气候适应性投资资金的引入，鼓励引导社会资本参与城市适应气候变化工程项目，增强社会的气候变化抵御能力，减轻灾害风险影响。将气候风险纳入基础设施建设等前期考虑，避免气候不良投资和沉没成本。发挥巨灾保险、巨灾债券等在风险管理和风险投资方面的独特优势，推动城市巨灾应对能力的提升。鼓励保险公司通过风险评估和风险管理，构建和完善多层次的巨灾风险分散机制，帮助城市更好地适应气候变化。

五 2024年国家适应气候变化示范城市建设的前景预测

（一）结合"双碳"目标背景，城市适应行动会进一步加强

2024年，碳达峰碳中和、京津冀协同发展、长三角一体化发展以及粤港澳大湾区建设等国家重大战略将持续深入推进，城市群和都市圈发展不断壮大，城市居民对于公共服务、环境质量、健康安全以及绿色低碳等的需求也将日益增强。但同时，气候变化导致的突发性极端天气也有可能更加频繁，由此对城市物流运输和能源供给产生直接影响，城市经济产业的

国家适应气候变化示范城市建设的意义与重点

聚集效应将进一步放大气候变化对社会经济正常运行产生的影响。

在社会各领域积极落实"双碳"战略的背景下,适应气候变化行动与"双碳"工作落实结合的进程将加快,逐步建设更具气候韧性的城市和人居环境以及能源、交通体系。结合新型城镇化重点工作与城市适应气候变化能力现状,继续在加强城市的气候监测、环境治理和公共卫生体系建设,推广健康的生活方式和合理规划城市建设等方面付诸行动和努力。同时,适应气候变化的理念逐步被纳入新能源建设、应用和新能源交通运输工具的建设推广的考虑中。通过加强气候变化和气候风险监测预警和综合评估太阳能、风能、生物质等多种新能源资源的开发建设,提升城市能源设施的抗灾能力和建设多元化的能源供应渠道,确保城市供能供电的弹性、稳定性、多样性和安全性。持续推广新能源交通运输工具,提升道路和交通基础设施性能,以健全的物流应急机制等来应对突发情况和保障交通运输的连续性。

(二)发挥协同增效作用,城市适应试点建设将持续深化

更加注重机制协同。城市通过积极开展适应气候变化基础研究,不断提高各方的气候变化认知,研究量化气候风险发生概率以及城市暴露度、脆弱性,推动跨学科、跨知识系统研究与协作。城市适应气候变化行动与"双碳"目标协同增效得到进一步强化,结合城市发展诉求和未来规划,从空间布局、生态环境、绿色交通、绿色建筑、低碳产业、能源清洁、支撑保障等方面提出新时期气候适应型城市弹性发展策略与实施路径。结合当前气候投融资试点建设,通过创新机制、科学量化气候风险和效益,引导更多资金投向适应气候变化领域。

更加注重技术协同。关注农业领域技术在气候减缓和气候适应中的作用,推进如土壤改良、气候智能农业、精准施肥、水资源管理等适应技术在农业中的推广和应用,提升农业固碳能力和生产韧性。缺水型或生态脆弱型城市适应气候变化技术研究将倾向于水资源再生、生态系统修复等领域,并探索构建城市(群)内涝防控、生态环境污染与气候风险一体化监测预警技术及平台。

更加注重自然协同。城市 NbS 路径将更加清晰,逐步规划与建设城市 NbS 示范项目。在生态修复、生态保护以及碳汇项目等建设过程中,综合考虑短期、中长期气候风险对于自然生态系统的影响,权衡生态系统暴露度、脆弱性等因素，对陆地、海洋生态系统开展科学可持续管理，推动生态系统气候适应性发展。发挥 NbS 在城市层面适应气候变化方面的作用（见图4），使自然生态系统在气候变化、生物多样性以及社会经济等方面的多重效益得到充分发挥，形成具有韧性的自然—经济—社会复合系统。

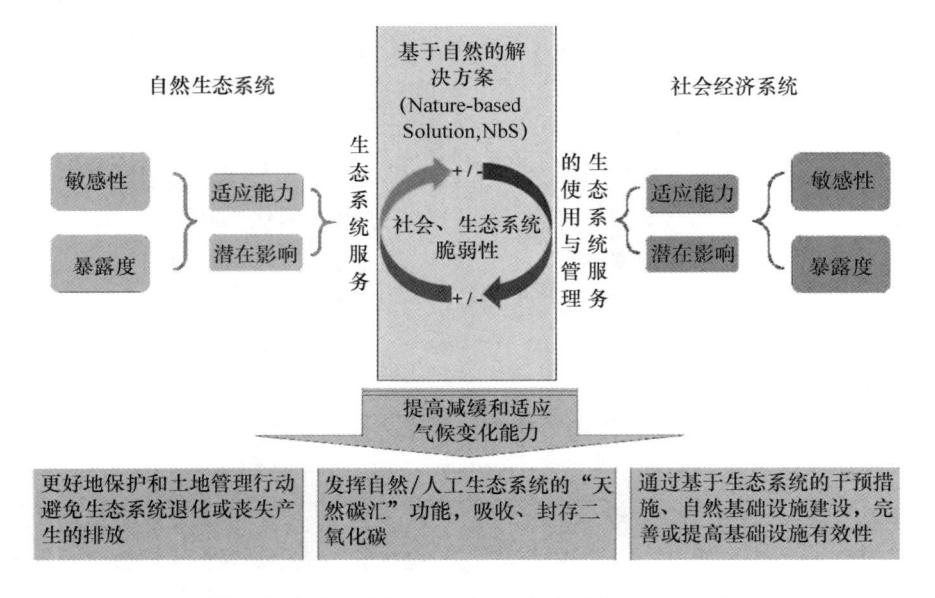

图4 基于自然的解决方案（NbS）在应对气候变化上的作用

资料来源：Seddon Nathalie, Chausson Alexandre, Berry Pam et al., "Understanding the Value and Limits of Nature-based Solutions to Climate Change and other Global Challenges", *Phil. Trans. R. Soc. B*, Vol. 375, 2020.

主要参考文献

丽水市生态环境局：《"丽水经验"亮相城市适应气候变化国际研讨会》，http://hb.lishui.gov.cn/art/2021/12/6/art_1229248233_58925350.html, 2021年12月6日。

《武汉成国内首个建设气候适应性城市》，2017年12月4日，http://sh.cma.gov.cn/sh/qxkp/qhbh/qhbhyhy/201904/t20190426_407311.html。

巢清尘等：《气候变化风险评估及治理（2021）——来自中英合作研究的洞见》，2021年11月。

丁宏宇、余甜、奚文怡等：《加速气候韧性基础设施建设》，世界资源研究所，2021年11月23日。

肖琪：《特大暴雨、高温天气之下，气候适应型城市建设刻不容缓》，中国环境，2023年9月20日，http://www.cenews.com.cn。

北京师范大学应急管理部—教育部减灾与应急管理研究院、应急管理部国家减灾中心、红十字会与红新月会国际联合会：《2020年全球自然灾害评估报告》，2021年10月。

Seddon Nathalie, Chausson Alexandre, Berry Pam et al., "Understanding the Value and Limits of Nature-based Solutions to Climate Change and other Global Challenges", *Phil. Trans. R. Soc. B*, Vol. 375, 2020.

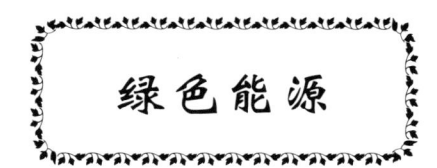

绿色能源

中国清洁能源走廊建设的绿色贡献

庄双博[*]

人类发展历程中经历三次能源变革，从人工火源的掌握，到矿石能源的使用，再到目前清洁能源的开发，三次能源变革伴随着三次生产力的巨大提升。随着植物能源过度使用造成的生态破坏、矿石能源过度使用产生大量有毒物质（气体、液体及残渣）带给自然环境的污染加剧，清洁能源成为人类社会改变这一现状的重要替代能源。2023年，我国建设成世界上最大的清洁能源走廊，为实现"双碳"目标、共建和谐社会做出了重大贡献，但是我国已开发的水力资源尚不及可开发水力资源的一半，水力资源开发仍大有可为。

2023年1月19日，国务院新闻办公室发布的《新时代的中国绿色发展》白皮书明确指出：绿色是生命的象征、大自然的底色，良好生态环境是美好生活的基础、人民共同的期盼。绿色发展是顺应自然、促进人与自然和谐共生的发展，是用最少资源环境代价取得最大经济社会效益的发展，是高质量、可持续的发展，已经成为各国共识。能源作为社会发展的基础，绿色能源转型一直是社会绿色发展的重要指标之一。自党的十八大以来，在习近平新时代中国特色社会主义思想指导下，"绿水青山就是金山银山"的理念得到了充分实践，绿色、低碳、清洁、和谐成为社会发展的高频词。

一 中国建成世界最大清洁能源走廊

2022年2月，政府间气候变化专门委员会（IPCC）发布第六次评估报

---

[*] 庄双博，《中国民商》杂志执行副总编，主要研究方向为新经济新业态发展。

告，指出全球气候变化速度超出之前预期，多个生态领域日益迫近其临界点，全球平均表面温度升幅将在未来20年内达到或超过1.5℃，气候危机将使数百万人处于粮食和水资源极度不安全境地。截至2022年年底，全球已有139个国家、116个地区、241个城市、804家企业提出了碳中和目标，这些国家占全球GDP的90%和温室气体总排放的88%。我国早在2020年9月就宣布将力争2030年前碳排放达到峰值，努力争取2060年前实现碳中和。中国是世界最大的能源消费国和碳排放国，碳排放量占全球排放总量的1/3，中国近90%的碳排放源自能源体系，因此，实现碳达峰碳中和要求能源体系进行快速而深度转型。

其实，多年以来我国围绕着降低碳排放做了大量工作，也获得了不错的成绩。2005—2020年，我国GDP增长4倍，碳排放强度下降48.4%。中国是全球能耗强度降低最快的国家之一，2011—2020年能耗强度下降28.7%，节能占同期全球节能量的一半。能源消费结构加速向清洁低碳转化，2005—2020年煤炭占能耗总量的比重由72.4%降至56.8%，工业碳排放强度下降22%。我国节能环保等新兴产业发展快速，尤其在水力发电、光伏发电、风电设备、储能设备等领域已经处于全球第一梯队。

2023年4月，世界在建规模最大水电工程——白鹤滩水电站最后一台机组正式投产发电，金沙江下游乌东德、白鹤滩、溪洛渡、向家坝4座"巨无霸"水电站与三峡、葛洲坝水电站实现联合调度，这标志着世界最大"清洁能源走廊"已形成。

这条"清洁能源走廊"跨越了1800多千米，如同一条绿色能源长龙源源不断地为社会提供清洁的电力能源。从1971年葛洲坝电站开工，到1994年12月三峡工程开工，再到2022年白鹤滩电站投产，经过长达半个世纪的不懈努力，这条绿色长龙实现了一滴水发六次电的壮举。长江干流6座梯级水电站总装机容量7169.5万千瓦，占全国水电装机容量的近1/5，年均发电量突破3万亿千瓦时，每年节约标准煤约9000千万吨，减排二氧化碳约2.4亿吨，有效缓解了我国华中、华东以及川滇粤等省份的用电压力。这主要得益于规模巨大的装机总量以及三峡水电人"滴水不漏、滴水必争"的精益求精的极致追求。中国水电技术从最初的落后追赶，到如今的超越领跑，不仅实现了发电效益的最大化，同时也实现了防洪、航运、水资源综合利用等方面的综合效益最佳化。

如果按一棵树年吸收18.3千克二氧化碳来计算，清洁能源走廊平均每年减排的 2.4 亿吨二氧化碳相当于种植了 1311 万棵树。

二 使用和发展清洁能源，推动三次能源变革

清洁能源又称为绿色能源，是相对于传统黑色能源而言的新型能源。清洁能源是指对自然生态环境破坏度低、可持续开发且不会枯竭的能源资源，主要包括水能、太阳能、风能、生物质能、海洋能、地热能、氢能、核能等能量。

能源作为人类发展的重要物质基础已经经历过两次重要变革，第一次发生在人类开始有意识地主动使用和掌握人工火源阶段。从偶然使用自然火源，到收集、保存和制造人工火源，标志着人类第一次能源变革的开始，这一阶段人类利用木材、秸秆等植物能源摆脱了茹毛饮血的原始生活。通过人工火源，人类得到了加强自我保护和加速自我繁衍的新工具，人类找到了进入文明社会的钥匙，自此人类的数量开始第一次呈爆发性增长，与此同时人类的生产力也得到了前所未有的增加。

第二次能源变革是从植物性能源向化石能源的转变，其背景是随着生产力的不断发展，原有的植物能源逐渐无法满足生产力发展的需求，同时伴随着科技的发展，在第一次工业革命和第二次工业革命时期产生了两次化石能源的变革。

第一次工业革命时期，煤炭成为主要能源。虽然在 13 世纪就已经开始使用煤炭，但因为其燃烧时释放大量的烟尘和刺鼻气味，而被王室贵族诟病，随着钢铁冶炼等工业的需求增大，树木已经无法满足当时的生产需要，煤炭逐渐成为重要能量来源，但是在煤矿的开采中需要为矿井抽水，第一代纽科门蒸汽机就是专门为煤矿开采而生的。瓦特设计出体积更小、使用更便捷的新式蒸汽机，它逐渐被应用到其他行业，被称为"万能蒸汽机"。万能蒸汽机的出现加速了煤矿的开采，同时在其他行业的应用也增加了对于煤炭的需求，在这一背景下煤炭逐渐替代木炭成为最主要的能量来源。

第二次工业革命期间，电力工业、石油工业和汽车工业等新兴工业得到快速发展。也正是因为内燃机技术的创新，石油成为继煤炭之后的第二大重要能量来源。跟煤炭相比，石油具有转化效率更高、产生的能量更充沛、开采相对更安全方便、运输更便捷的优点，诸多优势以及内燃机对于

液体燃料的要求让石油成为这一时期能量的主要来源。在第一次、第二次世界大战中，石油甚至影响了战争的走向。即使时至今日，石油仍然是重要的国家发展的中坚能源和国家安全的战备资源。

不难发现，以上两次能源革命一方面是伴随着科技的进步而发展的，另一方面是当原有能源无法满足生产力的发展时，倒逼社会寻找能够补充生产力发展的新型能源。随着第二次工业革命的完成，可支配能源总量的提升改变了人类社会经济发展的模式，社会生产逐渐从劳动密集型转变为能源密集型。

植物能源和矿物能源的使用虽然带来生产力的提升，但是同时也给社会环境带来了负面影响，尤其随着社会迈进能源密集型生产时代，人类的生存环境正在遭受严峻考验。

2020年9月22日，国家主席习近平在第七十五届联合国大会上宣布，中国力争2030年前二氧化碳排放达到峰值，努力争取2060年前实现碳中和的"双碳"目标。而实现这一目标离不开能源的第三次变革，也就是从黑色能源向绿色能源的转型。第三次能源变革是以新材料和新技术为基础的，用太阳能、风能、水能、生物质能、地热能、氢能、核能等清洁能源取代对环境有污染的化石能源。

三 采取有力措施解决存在的问题

虽然长江流域的水电工程项目为社会发展带来了诸多便利，但是不可否认，人为的介入必然会对自然界的"原住民"产生不同程度的影响。对于这一方面，我国的工程师也做出了很多努力，争取在不影响或者轻微影响原来生物生存的情况下实现人与自然的和谐发展。以水为家的鱼类在水电建设中最被人所关注，水电站的使用是否会造成鱼类的生存环境恶化？如何减轻这种不良影响是水电人始终放在心上的重中之重。2019年，乌东德水电站进行了一场现场实验，科研团队利用水下机器人、多普勒扫描、回声检测仪等设备对水坝下鱼类分布以及上溯集群进行了实验研究，其目的就是为给居住在这片流域的鱼类寻找最佳集运系统。乌东德水电站集运鱼系统为鱼儿设计一套"专用通道"，通过沿江两岸的尾水集鱼箱累计集鱼6.3万余尾，圆口铜鱼、长鳍吻鮈、长薄鳅、细鳞裂腹鱼等主要过鱼对象均成功收集。监测结果表明,水中精灵尽情享受着这套集运鱼系统带来的便利。水温是鱼类产卵的重要参考数值之一,监测表明,高坝大库电站水库蓄水后,坝前水库会出现水温分层现象,与天然河段同期相比,低温水下泄会一定程度地降低下游水温,影响鱼类产卵的信号。上游水库受太阳辐射较多等因素,使水库表层温度高于底层,只要尽可能多地让表层水通过引水发电系统输送至下游,就能提高下游的温度。溪洛渡水电站因此开展了分层取水的研究和初步实施,取得了一定的效果。

除水中的鱼类外,水电站的建设也侵占了鸟类和植被的生存地点。以被誉为"中国最美候鸟"的栗喉蜂虎为例,金沙江畔干热河谷气候的砂土质崖壁是这类鸟儿繁衍后代的最佳居所,而白鹤滩水电站蓄水会将部分栗喉蜂虎的巢穴淹没,为此三峡集团联合中国科学院生态环境研究中心和云南大学等机构组成工作团队,联合开展研究如何为栗喉蜂虎找到更好的栖居地。经过多方实地勘察和研究,工作团队在原址上游约4千米的地方找到了一处绝佳之地,并通过半个月的时间动用了数台挖掘机人工打造出大面积的栗喉蜂虎栖居地,这里有栗蜂喉虎最喜欢的砂土质崖壁,气候也完全一致。经过来年的观察,发现栗喉蜂虎顺利找到了新的人工巢穴,完成繁殖和育雏,并在候鸟期如期而至。

除鸟儿外,一起移居过来的还有一批更加年长的树木,40棵树龄在110岁到200岁的古树因在水库淹没线以下,而被移栽保护。两年后,这批古树也已经重新绽放枝芽,继续焕发生机。截至2023年6月,白鹤滩水电站枢纽区生态恢复面积已达到394.62平方米。除此之外,乌东德库区、白鹤滩库区因为水位的变动会导致"消落带"的产生,在这片区域只有适应耐旱耐淹的植物才能得以生长,包括池杉、桑树、苍耳、狗牙根在内的多种"两栖"植物被移植到"消落带"进行修复实验。这些植物目前长势良好,此项目也获得了一定成功。

可以看出,世界最大清洁走廊的建设还面临很多的挑战,但是只要能够给予大自然足够的尊重,大自然反馈给人类的必然是温和的一面。

四 水力发电在我国清洁能源发展中仍有巨大潜力

水力发电是全球主要电力来源之一,也是占比最大的清洁能源,在能源系统中占据重要地位。根据国家能源局公开数据，2022年我国火电、水电、核电、风电以及太阳能发电量占比分别为69.8%、14.3%、5.0%、8.2%和2.7%（见图1）。

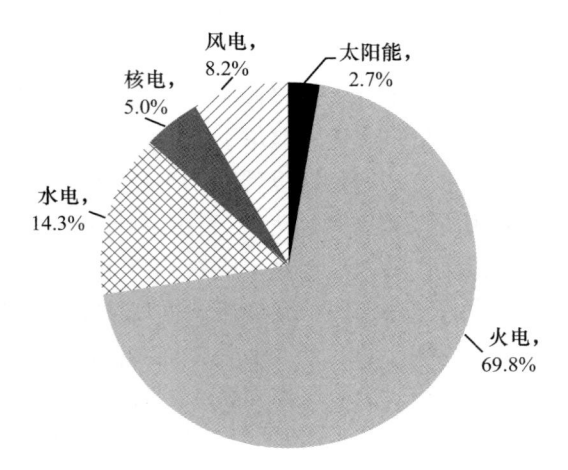

图1　2022年我国火电、水电、核电、风电及太阳能发电量占比情况

2022年，我国火电、水电、核电、风电及太阳能装机占比分别为52.8%、16.3%、2.2%、13.9%和14.8%（见图2）。

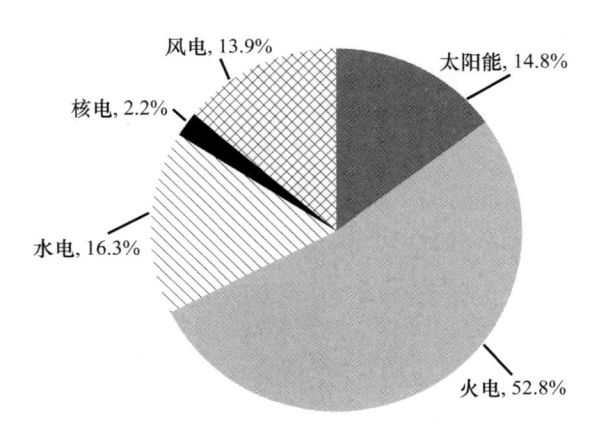

图2　2022年我国火电、水电、核电、风电及太阳能装机占比情况

水力发电之所以能够有如此亮眼的表现，主要是其产出率高、技术成熟等特点。水力发电在清洁能源中是最早被人们所关注的领域，第一个水

| 中国清洁能源走廊建设的绿色贡献 |

力发电项目要追溯到 1878 年的英格兰，随后美国、德国、澳大利亚相继建立起水力发电系统。我国的第一座水力发电站是石龙坝水电站，建设于 1910 年，一百多年后的今天，我国已经在水电站的装机容量、发电量、混凝土浇筑量、防洪能力、泄洪能力、升船机规模、单机容量、抗震参数等多个方面成为世界第一。我国拥有巨大的水力发电潜力，据《南华早报》2023 年 1 月 17 日报道，由英国、中国、新加坡、西班牙、瑞典、泰国和美国的科学人员组成的小组对全球近 300 万条河流的数据测算表明，如果能够进一步开发，中国的水电可以满足本国 30% 的电力需求。如此看来，14.3% 的水力发电量占比尚不足可开发水力发电的一半。

除引人关注的大型水电站外，小型水电站也是清洁能源的重要形式之一。小水电技术在我国可开发量大约为 1.28 亿千瓦，已开发量为 7500 多万千瓦，但是在西部贫困地区，小水电开发率远低于 48%，开发潜力还很大。由于小水电的技术相对成熟以及适用地理环境较为宽松，在地方建设上发挥重要作用，但由于曾经的无序开发，近年来我国相关部门一直在推动小水电的整治工作。目前，我国建成小型水电站 42400 余座，总装机达 8100 多万千瓦，占全国水电总装机容量的 22.1%，相当于 6 个三峡工程，而已开发的小水电占可开发资源总量的不足 2/3。2018 年以来，水利部会同有关部门组织指导长江经济带省市完成 2.5 万座小型水电站清理整改。2021 年，水利部、国家发改委、自然资源部、生态环境部、农业农村部、能源局、林草局印发《关于进一步做好小水电分类整改工作的意见》（以下简称《意见》），指出坚持生态优先、绿色发展，深入细致做好评估分类，并在这一基础之上积极稳妥推进问题整改。《意见》还指出，严格落实国土空间规划、流域综合规划要求，除巩固脱贫攻坚成果、保障海岛边防等偏远地区和电网未覆盖地区供电安全、建设引调水等综合水利工程兼顾发电外，原则上不再新建小型水电站项目。在这一政策下，小水电发展出现明显回落，各地小型水电站都面临整顿关停的情况，河流生态得到了充分保护。随着小水电管理制度的逐渐完善，以及小水电新技术、新材料、新设备的采用，小水电的合理开发仍然是清洁能源的重要工作。根据世界能源理事会、美国国家可再生能源实验室发布的数据，小水电的能源回报率是风电的 9 倍、光伏发电的 56 倍、火电的 68 倍，发电效率分别是风电、光伏发电的 2.2 倍和 3.5 倍，而且兼具防洪、灌溉、供水、旅游、保护森林植被、水源涵养等社会和生态效益。

除传统水力发电外,"水+太阳"发电也已经逐渐成为清洁能源的新形式之一。近年来,一种在水库、湖泊、池塘等水面修建的漂浮式光伏电站悄然兴起。这种电站可以节约大量土地资源,通过水分蒸发的降温效应增加光伏板发电效率,因靠近人口中心降低输电成本。

研究发现,若在全球 11 万座水库上铺设 30% 面积的漂浮式光伏(FPV)系统,每年潜在发电量为 9.43 万亿度,超过目前水力发电的两倍;同时还能减少水分蒸发 1000 万亿立方米,相当于 3 亿人的年用水量。[1] 作者同时指出,需要进行额外的研究来评估其潜在长期后果。

自 2005 年《可再生能源法》颁布以来,中国仅用了 10 年时间,就从清洁能源后发型国家超越德国、美国,成为世界清洁能源装机容量和绿色投资均居首位的发展中国家,在全球清洁能源转型中做出了积极贡献。相信随着国家和人民对于环境保护意识的不断提升,科技研发和行业规模的不断发展,我国将成为引领全球清洁能源建设发展的龙头,这也是我国在人类发展进程中大国责任担当的重要体现。

五 结论和建议

我国水电的开发建设获得了很大成功,但相比巨大的水电可利用存量来说,目前还有较大的发展空间。回顾我国的水电发展历程,有些水电工程——尤其是中小水电工程中仍然有不少亟待解决的难题。只有针对水电发展中遇到的各种问题和困难,进而积极探寻出合适的办法和途径,才可以实现真正的绿色能源大发展。

(一)政策支持有待加强

近年来,我国对于生态保护极其重视,尤其对于中小型水电工程的管理已经提升到前所未有的程度,大量小型水电站被关停。加强保护生态环境,固然有积极意义,但也不应该"一刀切",对于那些能够继续产生价值且并未对生态环境造成破坏的水电站应加强管理,而非一关了之。尤其

---

[1] 陈欢欢:《假如"占领"全球 11 万座水库 30% 面积——漂浮式光伏发电潜力有多大》,《中国科学报》2023 年 3 月 22 日第 1 版。

是在 2023 年 12 月中央经济工作会议中提出"以进促稳""先立后破"等方针后，小水电的管理也应该有所调整，可以考虑采用新技术、新方法、新理念，对于已有的小水电站进行改造升级，实现小水电高质量发展。

水电站是长周期收益的建设项目，因为投资较大，大多会向投融机构进行贷款融资。虽然目前国家开发银行的水电项目贷款期限已经延长至 30—35 年，国家重大水利工程可长达 45 年，但是地方银行对于中小水电项目还维持在贷款期限不超过 15 年的水平，这对于超过 100 年的水电项目来说是不合理的。相关机构应适当放宽水电项目的还款年限。

水电建设项目的不合理税费仍然存在。在地方水电项目建设中，如耕地占用税、耕地开垦费、土地管理费、矿产资源税、矿产资源补偿费，以及其他摊派的费用都在不同程度上加重了水电建设的负担。

（二） 自动化系统普及率不足

水电维护是高度自动化的系统。随着数字信息技术的发展，水电的自动化系统通过使用新技术可以实现对水力发电过程进行实时监测和控制，这种技术可以减少人为误差。目前有些中小水电厂仍需要人力监测方式才能运行，这种方式对于水电运行来说极容易出现人为差错，从而造成运行事故的发生。为了保障水电项目的工作效率，应积极更新自动监测系统、增加监测点以扩大监测覆盖范围、加强网络保护、设置报警级应急机制等。

（三） 消极监管亟须转变

水电监管是涉及规划、立项、建设、维护、搬迁安置、生态修复等多维度的系统工程，也正是由于其复杂性，有些地方和部门在接到上级单位的管理要求后倍感压力，进而倾向于停止立项和对原有项目直接关停的简单做法。停止立项和直接关停虽然避免了问题的产生，但是也无法形成合理的水力资源利用，因噎废食必然不利于绿色能源的发展。以整改促发展才是推动能源绿色转型的必由之路。

综上所述，我国目前的水电发展实现了历史性突破，但对于中小水电的管理和发展仍有不足。水电建设的未来发展，应该在保障重大项目发展的同时，积极开拓中小水电项目的管理和整改。首先，要加强对相关省、市、自治区的监管和指导，防止地方"一刀切"，减少对水电项目的安全、经济、社会资源的不利影响；其次，坚持以"绿水青山就是金山银山"理念为导向，对长江流域、黄河流域水资源进行合理规划，制定中小水电建设和改造的准入标准；再次，完善相关法律法规，建立中小水电的评估机制，对于可以整改的水电建设以整改促发展，对于无法整改的项目要有效规范中小水电退出程序；最后，联合相关单位出台相关政策，明确补偿原则、补偿主题、补偿标准等。

主要参考文献

［荷兰］约翰·古德斯布洛姆：《火与文明》，乔修峰译，花城出版社2006年版。

［美］阿尔弗雷德·克劳士比：《人类能源史：危机与希望》，王正林、王权译，中国青年出版社2009年版。

《2013年全国遭史上最严重雾霾天气创52年以来之最》，央广网，https://travel.cnr.cn/2011lvpd/gny/201312/t20131230_514523867.shtml。

《30微克/立方米！2022年北京市PM2.5年均浓度降至十年最低水平》，光明网，2023年1月4日，https://m.gmw.cn/baijia/2023-01/04/1303243715.html。

国务院新闻办公室：《新时代的中国能源发展》，2020年12月21日，http://www.gov.cn/zhengce/2020-12/21/content_5571916.htm。

国务院新闻办公室：《中国应对气候变化的政策与行动》，2021年10月27日，http://www.scio.gov.cn/zfbps/32832/Document/1715491/1715491.htm。

《生态之美，为世界最大清洁能源走廊"点翠"》，中国三峡集团，2023年6月6日，https://baijiahao.baidu.com/s?id=17679415533900179178&wfr=spider&for=pc。

赵英林：《世界水电看中国——中国水电的世界之最》，《水电与新能源》2023年第4期。

IPCC, *Climate Change 2022*: *Impacts, Adaptation and Vulnerability*, February 2020, https://report.ipcc.ch/ar6/wg2/IPCC_AR6_WGII_Full-Report.pdf.

Climate Watch, *Net-Zero Tracker*, December 2022, https://www.climatewatchdata.org/net-zero-tracker.

"双碳"目标下构建新型电力系统的思考与建议

封红丽 张 浩[*]

当前,气候变化给全人类生存和发展带来了严峻挑战。为实现"双碳"目标,我国提出构建以新能源为主体的新型电力系统。我国既是能源消费大国,也是碳排放大国,电力行业占能源行业二氧化碳排放总量的42%左右。推动实现"双碳"目标,能源是主战场,电力是主力军。要加快推进电力行业低碳转型,破解日益增长的电力需求和环境约束之间的矛盾,关键之举在于构建新型电力系统,在不断增加绿色电力供给的同时,保障电网安全和电力价格稳定。

一 新型电力系统与传统电力系统的区别

新型电力系统与传统电力系统最大的区别在于,电力供给结构从以化石能源发电为主向以新能源发电为主转变,随着新能源发电量的不断增加,电力系统高比例新能源发电、高比例电力电子设备接入的"双高"特征将日益凸显,会危及电网安全。具体影响到源网荷储及调控等多方面(见表1)。

---

[*] 封红丽,国网综能规划设计研究院,高级经济师,主要研究方向为综合能源服务、新型储能、虚拟电厂等新兴领域;张浩,国网江苏省电力有限公司射阳县供电分公司党委委员,副总经理,高级工程师,重点研究新型电力系统、新能源、储能、碳资产管理等方向。

2024 年中国绿色经济发展分析

表1　　　　　　传统电力和新型电力系统的区别

系统类型	源	网	荷	储	电力调控系统
传统电力系统	火电为主；稳定性、规律性、大功率、数量少、高电压等级接入	交流网为主；转动惯量大、动态响应慢、功率自然分配	冲击性负荷少，稳定性好、易预测	传统储能；集中式、抽水蓄能为主	传统控制以源为主；源随荷动
新型电力系统	风电、光伏等新能源为主；间歇性、波动性、小功率、数量多、多电压等级接入	输电设备多样化；转动惯量小、动态响应快、稳定水平低	电动汽车、分布式新能源；随机性、难预测	多类型储能；大规模、分布式、原理各异大量新型储能	控制规模呈指数级增长；源网荷储多元智能互动

构建新型电力系统，将主要有以下两大转变：

一是能源供应体系向以新能源为主转变。能源供应体系将从以化石能源为主，逐步转变为以新能源为主。国家能源局发布的数据显示，截至2023年9月底，全国可再生能源累计装机已超过火电装机，约13.84亿千瓦，同比增长20%，占我国总装机的49.61%。其中，光伏、风电发电装机容量增长迅猛，增速均超15%，而其他可再生能源品类增速仅处于5%以下，具体见表2。2023年前三季度，全国可再生能源新增装机1.72亿千瓦，同比增长93%，占新增装机的76%。

表2　　截至2023年9月底全国累计发电装机容量占比及增长情况

指标名称		装机容量（亿千瓦）	占总量百分比（%）	同比增长（%）
全国发电装机容量		27.9124	100.00	12.3
火电		13.507	48.39	2.6
可再生能源	太阳能发电	5.2108	18.70	45.3
	水电	4.1949	15.03	3.4
	风电	4.0021	14.34	15.1
	生物质发电	0.4300	1.54	4.1
	合计	13.8378	49.61	20.0
核电		0.5676	2.04	2.2

二是电力系统由源随荷动向源荷智能互动转变。新型电力系统具有广泛互联、智能互动、灵活柔性、安全可控等技术特征。大规模新能源并网给电力系统带来了巨大挑战，尤其是源荷双侧随时波动影响电力电量平衡。电力系统中发电和用电瞬间完成，发电功率和用电负荷实时平衡，随机性的电源波动、负荷冲击形成的问题将对电力电量平衡产生极大影响。另外，新能源接入电压支撑较弱，电力电子装置的快速响应特性，带来宽频振荡等与其相关的新稳定形态，需要更加灵活可控。

二 新型电力系统建设政策导向

随着我国能源转型深入推进，2023年以来，多个新型电力系统相关的重磅文件出台，在顶层设计、规划框架体系，以及发展路径等政策支撑下，新型电力系统以新能源为主体、电网灵活可靠配置、用电负荷多元互动、储能技术广泛应用的特征和优势越发清晰。

（一）顶层设计"先立后破"，逐步转向能源电力安全保供

新型电力系统的概念在2021年3月中央财经委员会第九次会议上首次提出，核心目的即加速新能源建设，此后在《2030年前碳达峰行动方案》《"十四五"现代能源体系规划》等政策文件中，进一步将"构建新型电力系统"作为重点工作任务。2021年下半年，全国大范围的缺电现象使国家层面开始调整对于能源电力的顶层设计。2021年10月24日发布的《中共中央 国务院关于完整准确全面贯彻新发展理念做好碳达峰碳中和工作的意见》中延续了此前的表述，同样明确指出要"构建以新能源为主体的新型电力系统"，而且同时强调要"统筹煤电发展和保供调峰，严控煤电装机规模"。可见，初期从顶层设计方面，我国对于新型电力系统的观念仍以新能源为核心，对于传统火电的态度依然处于偏压制的状态。

（二）开展基础理论研究及规划，新型电力系统建设进入全面推动阶段

2022年10月22日，党的二十大报告再次强调，要积极稳妥推进碳达峰碳中和，深入推进能源革命，加快规划建设新型能源体系，这为新时代我国能源电力高质量飞跃式发展指明了前进方向，提出了更高的要求。紧接着，2023年1月6日，国家能源局发布《新型电力系统发展蓝皮书（征求意见稿）》，制定"三步走"发展路径，并提出构建新型电力系统的总体架构和重点任务，标志着新型电力系统建设进入全面推动阶段。

（三）各项专项政策更加细化，路径行动逐渐明晰

2023年4月，国家能源局发布了《关于加强新型电力系统稳定工作的指导意见（征求意见稿）》，分别从源网荷储的能源链条，以及规划、设计、设备、建设、运维、市场管理、应急管理、安防的产业链条角度，提出了27条针对性指导意见和建议。2023年7月，中央全面深化改革委员会审议通过的《关于深化电力体制改革加快构建新型电力系统的指导意见》，是中央首份关于构建新型电力系统的专项文件，并首次在中央层面明确新型电力系统五大特征，标志着新型电力系统的顶层设计又向前迈出重要一步。2023年9月，国家发改委、国家能源局正式发布《关于加强新形势下电力系统稳定工作的指导意见》，从源网荷储，以及管理体系、标准制定、完善投资回收机制等角度分别提出了指导建议。至此，新型电力系统建设发展路径更加清晰。

（四）从实施层面，国资委督导央企推动新型电力系统建设落地

2023年11月16日，国务院国资委召开中央企业今冬明春保暖保供工作专题会时，再次强调"要完善长效机制，因地制宜推动调峰电源建设，加大技术创新投入，加快构建以新能源为主体的新型电力系统"。从实施层面，国资委加大了督导各央企加快构建新型电力系统的力度，将有效地推动新型电力系统建设主体加快实践落地。

三 新型电力系统构建存在的问题

然而，新型电力系统建设任重道远，还存在诸多问题和挑战。

（一）电源侧：灵活性发电资源不足

近年来，我国可再生能源发展迅猛，其中风电、光伏增速最快。2010—

2022 年，风电装机量年复合增长率为 23.31%，光伏装机量年复合增速为 84.27%，发电量增速与装机量增速基本保持同步。未来伴随风电、光电装机增长，新能源消纳问题将逐渐突出。风电、光电属于波动性很大的不稳定电源，因此构建新型电力系统面临的首要任务就是解决灵活性电源不足的问题。可再生能源亟须灵活电源作为辅助，而水电（包括抽水蓄能）和天然气虽然是最佳的灵活性调节资源，但是气电受成本与气源供应不足制约，抽水蓄能受限选址要求高且建设周期长，均无法大规模发展，目前只能依靠煤电灵活改造。尽管煤电灵活性改造技术成熟，但存在机组灵活性改造后长期低负荷运行，从而导致安全性和经济性问题。由于改造成本高、经济性差，全国灵活性改造实际进展十分缓慢，甚至严重滞后于国家规划，"十三五"时期，我国煤电灵活性改造规划目标仅完成了 1/4。

（二）电网侧：跨区域输电通道不足及互济能力偏弱

可再生能源装机占比高，受气候影响大。伴随着新能源大基地陆续开工建设，西北地区新能源装机规模已超过煤电，新能源反调峰特性突出，"夏丰冬枯、日盈夜亏"的情况不断加剧，负荷高峰时期电力供需紧张；西南地区虽是世界上规模最大的水电基地，但具有年调节及以上能力的水电站比重少，跨季调节能力差，电力供需丰枯、峰谷矛盾长期存在。然而，当前的跨区域输电通道主要以单向外送功能为主，双向互济能力偏弱。西部地区作为"西电东送"大基地，除重庆、西藏之外，外送电量占发电量的比重均在 20% 以上。长期以来，西部电网规划主要为大规模电力外送，特高压直流输电线路以跨省输出为主，返送能力偏弱。其次，可再生能源送出通道重载，下网电力承接能力不足。由于新能源时间上出力的不确定性和空间上装机分布的不均匀性，电网重要断面日内潮流变化剧烈、反转频繁，有可能导致一些通道重载或过载。

（三）用户侧：负荷侧资源参与系统调节的相关机制及基础设施不完善

一是市场化需求响应机制尚处于探索阶段，除广东、浙江等实施市场化需求响应外，其他省份仍为政府固定价格补偿，具有不可持续性、不稳定性，导致负荷侧资源主动参与的积极性不高。二是辅助服务补偿机制有待完善。储能、虚拟电厂、负荷聚合商等新型市场主体参与辅助的补偿标准尚待完善。三是提升系统调节能力的电价机制尚不完善。电网侧替代性储能电价机制仍未出台，新型储能容量电价机制尚未建立，成本疏导机制尚不完善。四是负荷侧调度优化运行的数字化技术水平有待提升。分布式能源、储能、电动汽车等灵活用能设备大量接入对配电网运行控制、终端电能质量等将造成重大影响，亟待提高分布式能源与用户侧储能的优化配置运行，以及配电网智能化水平。

（四）储能侧：储能经济性与利用率不足

新能源电力具有间歇性、随机性和波动性，而储能是构建新型电力系统的关键支撑技术。但储能技术受制于经济性、安全性，商业化应用还有待进一步开发。第一，当前储能成本高、经济性差，限制其大规模应用推广。第二，当前储能容量小，难以满足大规模能源储存需求。第三，储能技术还存在一定的能量损失，影响储能系统的综合效率。第四，部分储能技术存在一定的安全隐患，如可能引发火灾和爆炸等问题。

四 新型电力系统发展建议

为加快推动新型电力系统构建，提出如下建议。

（一）充分挖掘灵活性资源潜力

首先，持续推进煤电灵活性改造，制定合理的成本疏导机制，提高煤电灵活性改造的经济性。其次，未来抽水蓄能、天然气发电、储能、电网应协调互济。加快抽水蓄能电站建设及改造，因地制宜发展天然气调峰电站，引导新能源积极主动参与系统调节。抓紧完善储能产业政策体系、健全投资回报机制、研发关键核心技术等。最后，丰富电力需求侧产品种类，如鼓励负荷集成商将需求侧资源作为产品辅助服务市场、容量市场、电力现货市场交易。挖掘需求侧响应能力，引导电动汽车有序充放电，发展多元灵活性负荷。

（二）积极规划建设跨省跨区输电通道及提升互济能力

结合"十四五"电力发展规划，加强跨省跨区输电通道规划建设，促进跨区绿电输送。依托存量输电通道，配套建设新能源大基地和支撑性基础性电源项目，进一步提升输电通道输送效率，促进可再生能源消纳。根据送受端省份资源禀赋和能源需求情况，规划建设新的跨省跨区通道。加快提高配电网数字化、智能化水平，满足负荷侧多种灵活资源顺利接入，促进分布式能源就近消纳。优化调度运行机制，实现多区域、多层次智能调度，资源共享。

（三）完善各种市场机制并丰富参与主体

一是健全电力辅助服务市场机制，适当增加辅助服务交易品种，满足系统不同时段的灵活调节需求；逐步扩大调峰容量市场，增加新的收益途径。二是合理扩大现货市场限价区间、建立容量补偿机制等市场化手段，有效疏导成本。三是逐步完善市场化需求响应电价机制，激发负荷侧资源主动参与电力系统调节的积极性；完善跨省跨区电能交易机制，促进跨省区电力通道能源互济；出台并完善面向新型储能的市场化机制及电价政策。此外，丰富各类参与主体，如储能、配售电公司、微电网、虚拟电厂甚至独立电力用户。从电源侧、电网侧、用户侧多措并举，充分调动挖掘各类灵活性资源潜力，以系统最优的电力规划理念引导源网荷储灵活性资源协调发展。

（四）进一步攻关突破支撑新型电力系统构建的重大技术

考虑新能源功率预测与控制、可控负荷与新能源互动等需要，亟待深入研究先进的新能源发电预测、送电功率灵活调节技术、多能协调控制技术、新能源实时调度技术等新能源消纳平衡技术，提高新能源接入系统运行水平。创新核心技术研发，如积极开展 CCUS 技术研发、大功率柔性输变电装备、长时储能、大型燃气轮机等国产化技术，提高构建新型电力系统的技术支撑能力。

五 未来新型电力系统发展趋势预测

未来新型电力系统发展有以下几点关注趋势：一是短期内新能源消费占比有望提前实现；二是火电灵活性改造和需求侧管理平台需求激增；三

是新能源基地外送通道建设将迎来高峰；四是储能技术、能源数字化等技术发展提速。

（一）到 2025 年非化石能源消费占比有望提前实现

根据《"十四五"现代能源体系规划》，到 2025 年，非化石能源消费比重提高到 20% 左右。自"双碳"目标提出后，我国可再生能源装机增长明显提速。自 2023 年 6 月突破 13 亿千瓦装机后，全国可再生能源再创新高，截至 10 月已经突破 14 亿千瓦，达到 14.04 亿千瓦，同比增长 20.8%，约占全国发电总装机的 49.9%。随着风电、光伏持续快速发展，当前可再生能源装机规模已经超过煤电。2020 年，我国非化石能源消费占比为 15% 左右。根据国家能源局发布的《2023 年能源工作指导意见》，预计 2023 年非化石能源消费占比为 18% 左右，那么非化石能源占比距 2025 年的目标仅差 2%。按照当前增速，预计 20% 的目标有望提前实现。

（二）火电灵活性改造和需求侧管理平台需求激增

综合考虑灵活性电源的技术经济性，以煤电灵活性改造为优选。煤电灵活性改造方面，《全国煤电机组改造升级实施方案》中提及"十四五"完成灵活性改造 2 亿千瓦。电力规划设计总院发布的数据显示，截至 2022 年，我国煤电"三改联动"改造规模已超 4.85 亿千瓦，灵活性改造已完成 1.88 亿千瓦。迫于当前新能源快速发展及"双碳"目标的倒逼，到 2025 年灵活性改造将提速。2023 年 9 月 15 日《电力需求侧管理办法（2023 年版）》正式印发，自 2023 年 10 月 1 日起施行，2024 年将迎来电力需求侧管理平台的建设高峰。短期看，灵活性调节电源仍旧以煤电灵活性改造、抽水蓄能调节为主。长期看，储能和需求响应将成为主力，且随着电动汽车参与灵活性调节比重及分布式能源逐步提升，电力需求侧响应成为长期发展的主要潜在力量。

（三）新能源基地外送通道建设将迎来高峰

我国西部、北部地区拥有 80% 以上的陆地风能、60% 以上的太阳能和 70% 以上的水能资源，而全国 70% 负荷集中在中部、东部地区，形成我国原生资源与用电负荷逆向分布，亟须跨区域输电。国家能源局 2022 年 1 月在《关于委托开展"十四五"规划输电通道配套水风光及调节电源研究论证的函》中，首次提出建设"三交九直"12 条特高压通道配套水、风、光等能源基地，其中 10 条特高压明确匹配风、光发电基地。第二批风光大基地总计建设 455 吉瓦（GW），其中外送 315GW；预计"十四五"完成建设 200GW、外送 150GW，因此特高压建设刻不容缓。特高压工程从核准至投运全程周期约 2 年。截至 2023 年 8 月底，已核准开工 4 条特高压直流，目前"十四五"时期剩余待核准开工 10 条，行业需求持续高增。根据新能源大基地建设进度，预计"十五五"期间还需开工 25 条特高压。大型风电光伏基地建设将提速，预计 2024—2025 年有望迎来核准和确收双高峰。

（四）储能技术、能源数字化等技术发展提速

多技术路线规模化发展，以满足日内平衡调节需求。我国已建成投运新型储能项目装机位居全球前列，新能源发电的稳定性调节能力进一步增强。根据《关于加快推动新型储能发展的指导意见》，到 2025 年，实现新型储能从商业化初期向规模化发展转变，装机规模达 30GW 以上；到 2030 年，实现新型储能全面市场化发展。中关村储能产业技术联盟的数据显示，截至 2023 年 9 月底，中国已投运电力储能项目累计装机规模 75.2GW，同比增长 50%，新型储能项目累计装机规模 25.3GW/53.4GWh，容量规模同比增长 267%；2023 年前三季度，国内新增投运新型储能项目达 25.5GWh，同比增长 920%。按照此增速，到 2025 年，新增储能有望提前实现。此外，未来随着能源数字化技术的不断发展，新型电力系统将实现更加智能化的管理。通过智能化技术，可以更好地监测和管理电网的运行状态，提高电网的可靠性和稳定性。

主要参考文献

《新型电力系统发展蓝皮书》编写组编：《新型电力系统发展蓝皮书》，中国电力出版社 2023 年版。

杨昆、张琳、董博等：《新型电力系统调节能力提升及政策研究》，《中国电力企业管理》2022 年第 34 期。

张楠：《我国新型电力系统建设全面启动——〈新型电力系统发展蓝皮书〉发布》，《中国工业报》2023 年 6 月 6 日第 6 版。

王轶辰、纪文慧：《前三季度可再生能源新增装机比增 93%》，《经济日报》2023年10月31日第3版。

岳昊、郑雅楠：《从国际经验教训看我国构建新型电力系统的问题和风险》，《中国能源》2022年第2期。

乔琦：《"零碳"供电所之问》，《中国电力企业管理》2023年第5期。

邱燕超：《从"三个增长"看我国能源发展底气》，《中国电力报》2023年10月31日第3版。

岳昊：《外供与内用矛盾加剧　西电东送面临冲击》，《中国电力企业管理》2023年第19期。

电力规划设计总院：《中国电力发展报告2023》，2023年9月。

杨润思：《特高压建设正当时，2024有望持续攀峰》，国盛证券，2023年9月27日，https：//baijiahao.baidu.com/s？id＝1778148843321338169&wfr＝spider&for＝pc。

欧盟统一电力市场和碳市场的建设与完善

徐 猛[*]

20世纪90年代起,欧盟前后历经了五轮能源改革,成功建立起自由竞争、跨境融合、运行高效的泛欧一体化电力市场,实现了电力资源在短期尺度的有效配置;同时,欧盟于2005年建立了世界上第一个,也是当前最成熟的温室气体排放交易系统(也称欧盟碳市场)。欧盟统一电力市场和碳市场的建设和完善,有效地促进了欧洲清洁能源的快速发展。然而,2022年年初乌克兰危机后,欧洲各国天然气和电力价格飞涨,爆发了严重的能源危机,给居民生活和经济发展带来了巨大影响,引发了欧盟对现行能源结构和市场设计机制的反思,加速了欧盟新一轮能源改革的进程。回顾、总结和反思欧盟能源改革的完整进程及能源转型的具体措施,对于中国建设新型电力系统、全国统一电力市场和全国碳市场,实现"3060"双碳目标具有重要的参考价值。

一 能源危机下的欧盟绿色转型

(一)欧盟能源转型的历史进程

作为全球清洁能源转型的引领者,欧盟早在2009年第三次能源改革期间就明确提出了第一个应对气候变化的"20—20—20"目标:到2020年,将温室气体排放量较1990年下降20%,将可再生能源在终端能源消费中

---

[*] 徐猛,法国电力公司中国研发中心研究员、能源市场业务负责人,长期从事与电力市场和碳市场相关的研究、分析与咨询工作,以及与市场交易相关的技术工具开发。

的比例提高到20%，将能源效率较欧盟2007年参考情景提高20%（实际的能源消费较2007年的预测值降低20%）。2016年，为了进一步促进清洁能源转型，欧盟启动了以"为所有欧洲人提供清洁能源"为目标的第四轮能源改革，并于2019年正式立法通过了《清洁能源一揽子立法提案》，设定了应对气候变化的2030年目标：将温室气体排放量较1990年下降至少40%，将可再生能源在终端能源消费中的比例提高到32%，将能源效率较欧盟2007年参考情景提高32.5%。三大指标相较于之前的2020年目标均有大幅提升。

十多年过去后，欧盟基本上实现了2009年设定的最初目标：根据国际能源署的统计数据，2020年欧盟27国的碳排放量为2397.7兆吨（Mt），较1990年的3482.9Mt下降了约31%；包含水电、新能源、生物质等在内的可再生能源约占总体能源供给的18.5%，在电力领域，可再生能源的发电比例为36.7%；在能效方面，2020年终端能源消费总量低于2009年设定的目标值5.4%。

2020年开始，欧洲先后经历了新冠疫情暴发、极端寒流、乌克兰危机、干旱等一系列严重突发事件，给能源安全和能源转型带来了极大的挑战。然而，这些不利的内外因素并没有影响欧盟应对气候变化的决心。2021年，欧盟发布了《"Fit for 55"减排一揽子立法提案》，明确提出：到2030年，将欧盟的碳排放量较1990年降低至少55%，大幅提高之前40%的目标，并正式提出在2050年前实现气候中性。为了进一步落实2030年55%减排目标，同时保障能源安全，欧盟又在2022年发布了《重新赋能欧洲计划》（REpowerEU Plan），将2030年可再生能源在终端能源消费的比例提升到42.5%（且力争达到45%），并将能源效率较欧盟2020年参考情景进一步提高11.7%（见图1）。

（二）支撑欧盟能源转型的绿色新政

欧盟绿色新政又称欧洲绿色协议（European Green Deal），作为指导欧洲绿色发展与应对气候变化的纲领性文件，最早由欧盟委员会在2019年12月推出。经过近4年的发展，在欧洲绿色协议的框架下，欧盟先后通过了《欧洲气候法》《欧洲绿色协议投资计划》《欧洲工业战略》《循环经济行动方案》《能源系统融合战略》《"Fit for 55"减排一揽子立法提案》《重新赋能欧洲计划》等一系列囊括各个经济活动领域的法案、战略、计划和

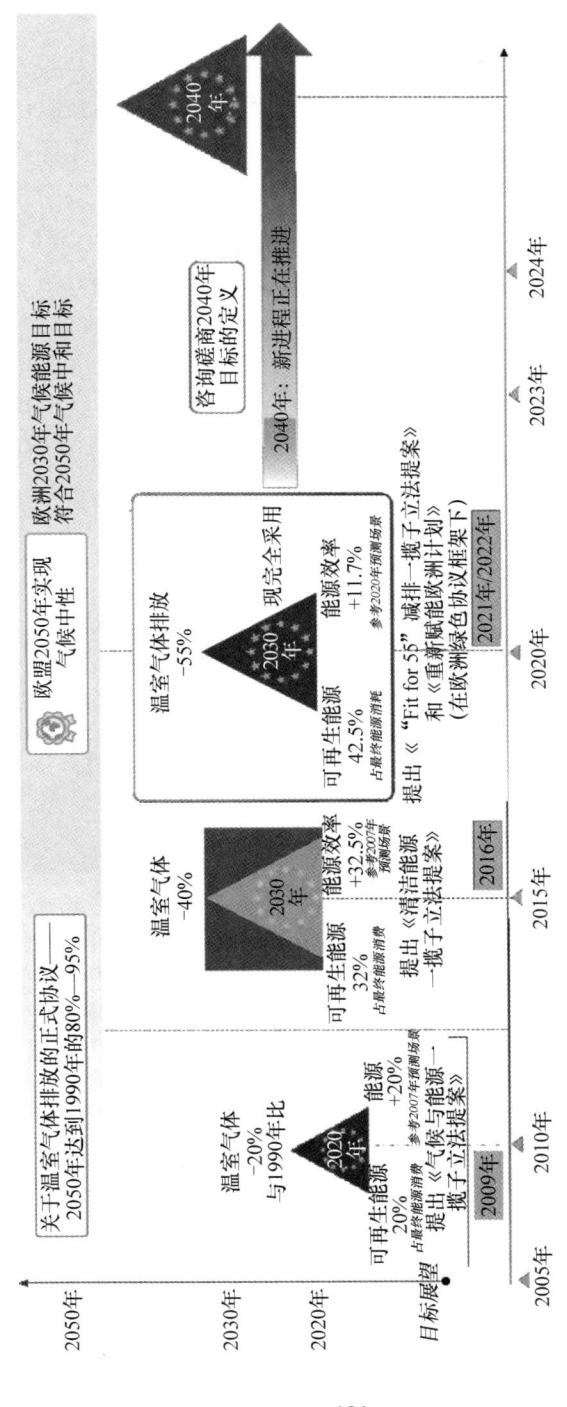

图 1 欧盟应对气候变化和能源转型目标的演变

具体的行动方案。

其中,"Fit for 55"致力于提供一个连续、平衡的立法体系帮助欧盟实现气候中性目标,确保公正、公平的能源转型,维持并加强欧洲工业的创新力和竞争力,支撑欧盟在全球应对气候变化领域的领导作用。它以立法手段约束欧盟在2030年减排至少55%、2050年前实现气候中性,是整个欧盟绿色新政的核心。在实施层面,"Fit for 55"具体包括:改革现有的欧洲温室气体排放交易系统(EU ETS),并建立针对建筑和公路交通及其燃料领域的独立温室气体排放交易系统;设立社会气候基金(SCF);修订《减排努力分担条例》(ESR);更新《土地利用、土地利用变化和林业条例》(LULUCF);引入碳边境调节机制(CBAM);推行新的《可再生能源指令》(RED);推行新的《能效指令》(EED);修订《可替代燃料基础设施条例》(AFIR);修订《航空燃料条例》(ReFuelEU Aviation);修订《海运燃料条例》(FuelEU Maritime)等。

值得注意的是,作为欧盟实现减排的支柱型政策工具,EU ETS的改革是"Fit for 55"的重中之重。在最新的改革议案中,欧盟将快速减少碳配额核发总量并逐渐停止一些领域的免费配额发放,在EU ETS中实施国际航空碳抵消和减排机制(CORSIA),将海运领域的排放纳入EU ETS中,重新修订碳市场稳定储备机制(MSR),引入更多创新基金和现代化基金。通过推行这些具体的改革措施,欧盟希望在2030年将纳入EU ETS体系的温室气体排放总量较2005年下降62%。

(三)能源危机催生的欧盟新一轮电力市场改革

2021年年底,极端寒流席卷欧洲,取暖需求带来了电力负荷的大幅增加,叠加天然气储备量不足等因素的影响,欧盟大部分成员国都爆发了能源危机,天然气和电价快速上升,尤其是2022年年初乌克兰危机爆发,能源价格进一步飞涨,给居民生活和经济发展带来了严重影响。欧盟能源危机的主要原因之一是电价与天然气价的紧密传导。作为一个高透明度的开放市场,欧盟的电力市场一直采用边际定价,即由满足需求的成本最高的发电机组报价决定市场电价,而燃气机组是大部分欧盟国家主要的边际机组。因此,乌克兰危机带来的天然气价格飙升,叠加干旱天气和核电检修带来的供电能力短缺,导致欧洲批发电价迅速攀升,工商业生产和居民生活成本大幅增加,各国面临严峻的能源安全和社会稳定挑战。

欧盟统一电力市场和碳市场的建设与完善

能源危机引发了整个欧盟对现有电力市场设计的审视。在现行机制下,除对终端用户抵御高电价缺乏有效保护外,也缺少清洁能源长期投资回报的可预测性和确定性。欧盟需要重新设计更有效的电力市场规则来衔接绿色新政中的相关政策,保障能源转型的可持续推进,确保2030年55%减排目标的最终实现。

二 欧盟电力市场改革的经验与教训

(一)欧盟电力市场开放及统一电力市场的建设过程

电力市场改革一直是欧盟能源改革的重点部分。与能源改革同步,自1996年起,欧盟先后历经了五轮电力市场改革立法过程(见图2)。

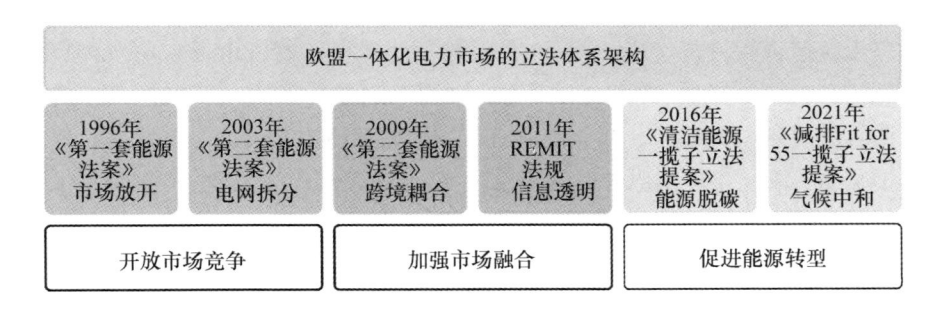

图2 欧盟一体化电力市场的五轮改革进程

1. 第一轮电力市场改革

欧盟《第一套能源法案》始于1996—1998年,包括电力和天然气两个指令,提出了欧盟内部电力和天然气市场的共同规则,正式拉开了能源市场化开放的序幕。1998—2000年,各成员国陆续将《第一套能源法案》转换到本国法律体系内,成立独立能源监管机构〔(如法国的能源监管委员会(CRE)〕。此外,欧盟还成立了欧洲能源监管机构理事会(CEER)以协调各国能源监管机构之间的合作、信息交流和援助。

2. 第二轮电力市场改革

随着市场主体加大电力和天然气市场竞争的要求日益强烈,欧盟于2003年6月通过了《第二套能源法案》。该法案要求具有自然垄断性质的输配电业务必须从垂直一体化电力企业中实行法律分离，并对第三方发电商和用户实行无歧视的接入（TPA）。随后，各成员国陆续开始了输、配电网公司的拆分工作，成立了独立的输电系统运营商（TSO）和配电系统运营商（DSO）。以法国为例，法国输电网公司（RTE）和法国配电网公司（ERDF，现称 ENEDIS）先后于 2005 年和 2008 年作为独立的子公司从法国电力公司（EDF）中剥离。

3. 第三轮电力市场改革

前两轮改革使欧盟建立了开放电力市场的基本框架，但仍有一些问题需要解决，如市场过于集中、信息透明度低以及跨境交易困难。因此，欧盟于 2009 年 7 月通过了《第三套能源法案》，以促进欧盟电力市场的进一步放开。其中，为了加强各成员国能源监管机构的独立性，明确输电系统运营商的拆分机制，促进跨境交易和泛欧一体化电力市场的运行，欧盟建立了新的能源监管机构合作署（ACER）和欧洲输电系统运营商联盟（ENTSO-E）和欧洲输气系统运营商联盟（ENTSO-G），强调了消费者在零售市场自由选择售电商和信息获取的权利。2011 年 10 月，欧盟又通过了一项《市场诚信与透明度监管法规》（REMIT），以明确所有市场主体和能源批发产品的定义，保证公平交易，阻止市场操纵并改善信息发布。《第三套能源法案》和 REMIT 法规为欧盟统一电力市场的形成奠定了基石。

至此，欧盟基本形成了自由竞争、跨境融合、运行高效的统一电力市场，建立了覆盖 27 个国家、统一出清的现货交易体系（见图 3）。欧盟一体化电力市场的成功经验证明：在一个政治、经济、技术发展条件都不尽相同的大地理区域内，建立统一的电力市场机制来实现电力系统的可靠、高效运行是可行的。这对中国建设全国统一电力市场提供了很好的参考案例。

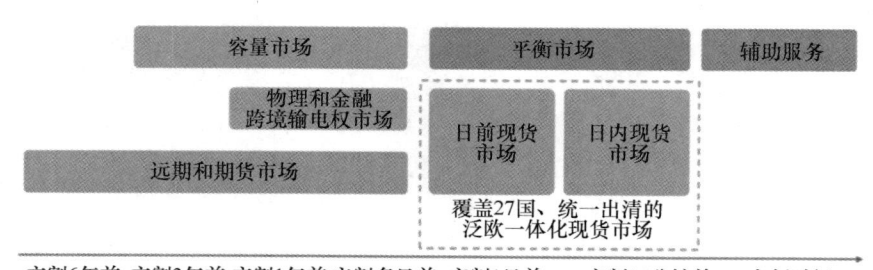

图 3 欧盟电力批发市场的构成

4. 第四轮电力市场改革

2016年,欧盟开始了第四轮能源改革,即《清洁能源一揽子立法提案》。该法案中引入了新的电力市场规则来促进可再生能源的投资和消纳,例如为消费者使用清洁能源提供激励措施,为促进发电商投资的补贴性政策(如容量机制)设定新的适用条件等。

5. 第五轮电力市场改革

2021年至今,随着绿色新政中"Fit for 55"的各项立法提案被陆续采纳,欧盟也在同期推动第五轮电力市场改革,保障能源转型的持续推进,顺利度过当前的能源危机。

(二)欧盟第五轮电改的核心:解决能源"不可能三角"难题

早在能源危机发生前,欧盟电力市场和电力系统的结构性问题就已出现。风电、光伏等间歇性新能源的快速发展,一方面,导致欧盟各主要国家的批发电价长期处于较低的水平,负电价现象频发,对新电源的投资激励严重不足,影响长期电力供应安全(研究发现,欧盟各国过去十年间批发市场总体收入并不能覆盖发电的总体成本);另一方面,由于电力系统缺乏足够的灵活性资源调节可再生能源的间歇性,极端高电价现象(价格钉)与负电价同期发生,给市场主体带来极高的价格波动风险。乌克兰危机发生后,欧盟各国批发现货电价迅速上涨(见图4),以法国为例,2022年电力现货年度均价达到创纪录的275.8欧元/兆瓦时,较2021年上涨了166.7欧元/兆瓦时,严重危害了电力的可支付性,社会稳定性受到严峻的挑战。

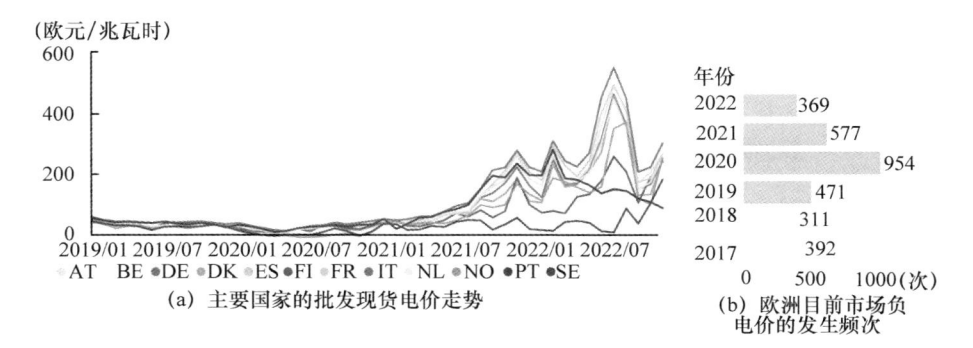

图4 2019年以来欧洲电价情况

资料来源:ACER与ENTSO-E。

为了应对当前的能源危机和持续的能源转型，欧盟委员会于2023年3月正式提交了新的电力市场改革提案，致力于解决能源"不可能三角"难题，即同时实现能源系统脱碳、价格稳定和供应安全这三方面的需求。

此轮电力市场改革的第一个重点是促进清洁电源的投资，保障欧盟长期的电力供应安全和成本可预测性，确保能源转型的顺利实现。在维持现行基于边际定价原理的短期市场基础上，新电力市场改革提案强化了以双向差价合约（CfD）和长期直购电合约（PPA）为主的长期合约在清洁能源技术中的应用：①对于所有需要公共财政支持的高投资新增清洁电源，发电商须与政府授权机构签订具有固定执行价格区间的长期双向差价合约，其既能帮助投资者有效平抑价格波动风险，又能在发电商产生超额收入时通过恰当渠道返还消费者；②提案鼓励发电商和大型用户或售电商之间直接签署覆盖未来10—20年的长期PPA合约，促进更多廉价清洁能源的消纳。

电力市场改革的另一个重点是保护电力消费者未来免受像2022年能源危机那样的严重影响，为此，欧盟提出三种可能的措施来强化消费者赋权：①售电商在面向居民和中小企业的售电套餐中必须设定较高的风险对冲比例；②消费者购电时可自由选择固定电价套餐来规避电价风险或动态电价套餐来优化峰谷用电；③发生能源危机时，欧盟允许成员国对零售电价采取临时限价措施。

此外，提案也要求各成员国评估、确定促进非化石灵活性资源发展的目标，并引入新的灵活性交易机制支持需求响应和储能等的发展。欧盟还计划通过开发虚拟电厂（VPP）和能源共享社区等新型商业模式，优化用户用电行为。

三　欧盟碳市场的建设与碳边境调节机制的影响

（一）欧盟温室气体排放交易体系的建设过程

2005年，欧盟根据《京都议定书》原则实施了世界上第一个温室气体排放交易系统（EU ETS，欧盟碳市场）。该系统一直是欧盟气候变化政策的核心支柱，涵盖了电力和热力生产、高耗能工业、商业航空等重点排放领域的约12000家企业。各欧盟成员国根据本国的实际情况制定每个控排企业的温室气体排放上限,通过免费或拍卖的形式向企业发放排放配额(EUA),企业可以通过各大交易所(如欧洲能源交易所EEX、洲际交易所ICE等)在独立的欧盟交易记录系统(EUTL)中交易配额,完成履约(见图5)。

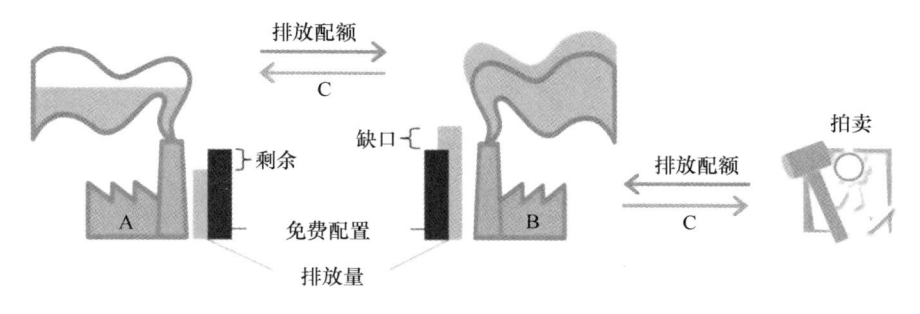

图5 欧盟碳市场的运行原理

资料来源:European Commission。

欧盟碳市场经历了三个阶段的发展,并从2020年进入第四阶段:

(1)在第一阶段(2005—2007年)中,所有配额都是免费发放的,控排企业可以使用清洁发展机制(CDM)下获得的核证碳减排量证书(CER)履约。

(2)在第二阶段(2008—2012年)中,由于欧盟在2008年承诺到2020年将排放量在1990年的水平上降低20%,因此一些成员国自愿引入了拍卖机制来向控排企业有偿发放部分排放配额(约5%)。

(3)进入第三阶段(2013—2020年)后,欧盟取消了发电企业的免费配额,所有的配额都需要在场内通过拍卖获得。从此,欧盟碳市场中超过60%的配额都经由拍卖机制有偿发放。此外,为了解决碳市场因超量配额发放而导致的低效运行状况(欧洲碳价长期低迷在5—10欧元/吨),欧盟于2018年引入了市场稳定储备(MSR)机制来调节配额的供需平衡状况。这些措施促使欧洲碳价显著上涨(2020年年初跃升至近30欧元/吨),碳排放成本成为火电机组不可忽视的生产成本,并通过价格优序(Merit Order)原理高度关联电力市场,碳价与电价形成联动。

(4)进入第四阶段(2021—2030年)后,为了实现欧盟全社会2030年减排55%的目标,更加激进的碳市场改革也成为欧盟绿色新政的重点工作。除将纳入到控排体系的减排目标从43%提高到62%之外，欧盟还将在2024年后进一步提高控排企业的排放总量上限降低的速度，由当前的每年降低2.2%提速到2024—2027年的年降低4.3%和2028—2030年的年降低4.4%。为此，欧盟将在2024—2026年逐步将海运交通全部纳入控排体系中，增加创新基金和现代化基金来帮助控排企业减排；为建筑和公路交通及其燃料领域建立新的独立交易系统，其部分配额拍卖的收入（大约650亿欧元）将纳入社会气候基金中用来保护一些弱势群体和企业免受排放价格的影响；此外，欧盟还将逐步取消一些领域的免费配额发放以衔接碳边境调节机制（CBAM）的引入。

（二）欧盟碳边境调节机制及其影响

碳边境调节机制（CBAM）是欧盟为了解决高能耗工业领域的碳泄漏问题而引入的新环境政策工具。作为针对欧盟境内控排企业的EU ETS的镜像工具，CBAM可以防止企业通过将生产活动转移到碳定价较低或未实行碳定价的国家，或者增加对这些国家的碳密集商品进口来削弱欧盟的减排努力。CBAM与碳市场的衔接机制如图6所示。

欧盟将CBAM的实施分为两个阶段：

（1）在2023年10月到2025年年底的第一个阶段，CBAM聚焦于监测、报告被选定领域企业的进口商品排放量，包括电力、氢气、水泥、钢铁、铝和化肥六大行业的控排企业和部分上下游企业，覆盖了超过45%的欧盟碳市场排放量；

（2）从2026年起，CBAM将进入正式阶段，纳入CBAM领域的控排企业将开始缴纳碳边境税，与此同时，欧盟将逐步扩大CBAM的覆盖行业，并同期取消EU ETS中的免费配额发放。

碳边境调节机制的引入有助于提高欧盟境内工业企业的竞争力：随着CBAM的实施，企业生产过程中的碳成本差异就会在国际贸易中得到反映，那些与欧盟相比碳价格较低或者未开设碳市场的国家的企业，在向欧盟出口商品时的成本竞争力将大幅下降。此外，CBAM在客观上也会促使更多与欧盟有密切贸易关系的国家采取更加激进的减排措施，有利于推动全球为应对气候变化而开始采取更加积极的行动。

欧盟碳边境调节机制的实施对于中国有着重要的影响。作为欧盟最大的进口来源地，中国需要谨慎应对CBAM的挑战：一方面，中国的出

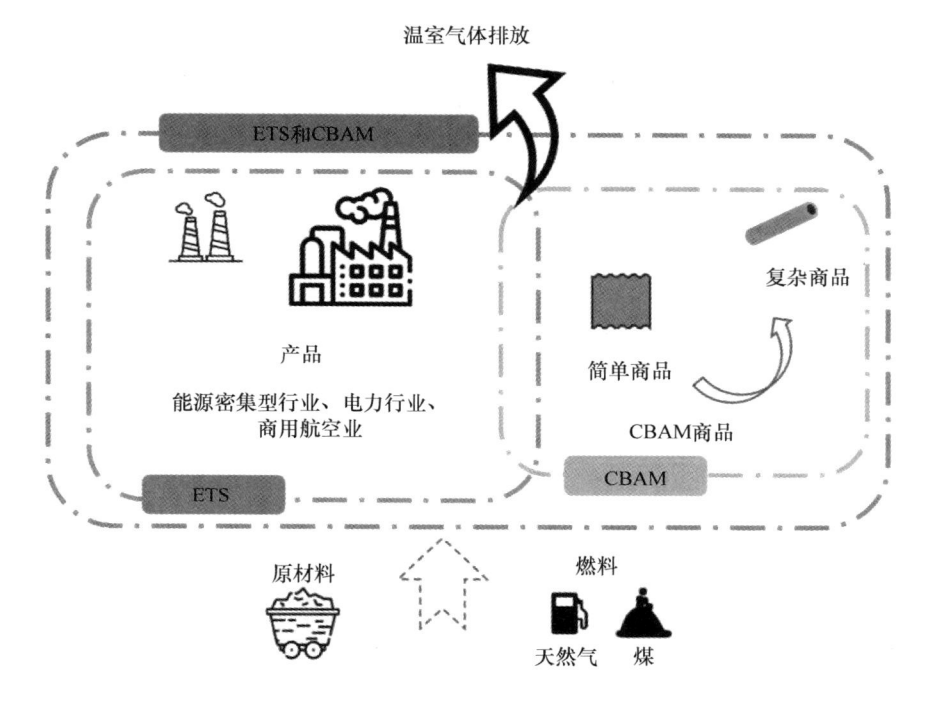

图 6　欧盟碳边境调节机制与碳市场的衔接

资料来源：European Commission。

口企业要更加了解欧盟碳市场和碳边境调节机制的运作机制，关注碳市场的变化，依据自身情况采取更加积极的减排措施，增强企业的碳成本、碳资产管理能力；另一方面，中国在碳市场建设、碳配额发放与定价、电碳市场耦合、产业结构升级等方面也可以更多地借鉴欧洲经验，同时根据本国实际情况进行创新和调整，在全球气候治理的大背景下，加强与欧盟相关机构和企业的国际合作，以保持中国企业在国际贸易中的竞争力。

四　欧盟能源转型与中国构建新型电力系统的相似性

与欧盟的能源转型类似，中国为了实现"2030 年碳达峰、2060 年碳中和"的战略目标，在能源领域提出了构建以新能源为主体，以安全高效、清洁低碳、柔性灵活、智慧融合为基本特征的新型电力系统。考虑到中国资源禀赋的客观条件和社会经济发展的现实情况，新型电力系统的建设面临着诸多难题：第一，中国电力需求仍维持长期增长趋势，部分地区电力供应紧张问题仍亟待解决；第二，随着风电、光伏等间歇性可再生能源的迅速发展，电力系统的灵活性和可靠性提升面临诸多掣肘，新能源消纳形势依然严峻；第三，随着分布式电源、新型储能、电动汽车等需求侧资源的接入，商业模式日趋复杂，对电力系统调控技术的要求也大幅提高。

五 对中国清洁能源发展的四点建议

（一）加强长期能源情景和脱碳路径的研究分析和国际合作

为实现2050年碳中和，欧盟在能源转型路径方面进行了不断的探索，对不同的长期能源情景和脱碳路径规划进行了广泛的讨论和研究。以法国为例，法国在脱碳路径规划中选择了核能加可再生能源的平衡组合（50%—50%），研究表明，这样既能确保能源系统的清洁、安全和可靠，又能进一步降低发电成本，增加全社会福利。中国在提出构建新型电力系统的战略后，也在同步研究能源转型的路径规划。建议中国的政府主管部门、研究机构和相关企业可以在长期能源情景和脱碳路径规划方面，持续加强研究分析和国际合作。

（二）深化电力市场改革，加快全国统一市场建设

统一开放、竞争有序、安全高效、治理完善的全国统一电力市场体系是中国构建新型电力系统的制度保障。欧盟能源改革和转型的经验表明，基于经济调度的一体化短期市场可以提供有效的价格信号，但缺乏有效的长期机制会导致新电源投资的激励不足。因此，中国在进行电力市场改革和设计时，需要有序衔接现货市场、中长期市场、辅助服务市场、绿电交易、绿证交易等各类细分市场的运行；制定合理的定价机制有效反映电力供需时空状况，激发各类资源的多功能价值（绿色价值、安全价值和能量价值），促进新能源、核电、水电、储能、氢能等各项清洁能源技术的多

元化快速发展；确保国家市场、区域市场、省级市场等不同层次市场的高效融合。

（三）完善全国碳市场的设计和建设，推进电碳耦合

借鉴欧盟碳市场建设和运行的经验教训，全国碳市场需要尽快纳入更多的行业和控排企业，适时引入配额拍卖机制来逐步替代免费发放，增加碳市场的交易主体和交易产品，尽快推动碳市场与电力市场、绿证市场的有效连接，逐步实现耦合。同时，碳市场的设计需要加强国际对接，更好地应对欧盟碳边境调节机制的实施，降低其对中国出口企业的影响。

（四）鼓励需求侧灵活资源的开发及创新技术和商业模式的应用

能源转型过程中，用户侧的节能减排和灵活响应至关重要。在市场机制设计中，需要充分考虑用户侧的能源管理和优化，支持新业务模式的发展，为用户提供多元化的零碳解决方案，充分调动分布式能源、储能、可调节负荷、电动汽车等灵活性资源参与电力市场，鼓励零碳园区的规划和建设，促进虚拟电厂（VPP）、车网互联（V2G）、绿氢等电化工（P2X）技术的多场景应用。

主要参考文献

European Commission, *Clean Energy for all Europeans*, Luxembourg: Publications Office of the European Union, 2019.

European Commission, *Delivering the European Green Deal：On the Path to a Climate-neutral Europe by 2050*, 2021, https：//commission. europa. eu/strategy-and-policy/priorities-2019-2024/european-green-deal/delivering-european-green-deal_ en.

European Council, *Fit for 55-The EU's Plan for a Green Transition*, November, 2023.

All NEMO Committee, *CACM Cost Annual Report 2022*, July 3, 2023.

AER, *Wholesale Electricity Market Performance Monitoring—Focus Paper 2022*, March 20, 2023.

Eurelectric, *A Market Fit for Net-Zero Power System*, March 29, 2023.

ITRE Committee, *The Design of the European Electricity Market：Current*

Proposals and Ways ahead, September 28, 2023.

European Commission, *Carbon Border Adjustment Mechanism: A New, Green Way of Pricing Carbon in Imports to the EU*, October 17, 2023.

RTE, *Energy Pathways to 2050*, 2021.

《新型电力系统发展蓝皮书》编写组编:《新型电力系统发展蓝皮书》,中国电力出版社 2023 年版。

能碳协同提效的数字化智能实践

郑喜鹏　石　岩　潘聪超[*]

　　温室气体排放导致的全球气候变暖、海平面上升和极端天气事件已经成为21世纪人类生存和发展的严重威胁。为应对全球环境危机，2020年9月，习近平主席在联合国大会上首次提出了我国的碳达峰碳中和目标。随着"双碳"行动的不断深化，采用数字化智能手段开展能源和碳排放协同提效已成为政府和企业绿色低碳发展的首选。本文从绿色发展的角度出发，介绍了国内相关领域最新进展和典型案例。

一　引言

　　能源既是经济社会发展的重要支撑，也是影响环境和气候变化的关键因素。2022年，全球因能源使用等产生的二氧化碳排放量继续攀至新高，相比2021年增长0.8%，达到了393亿吨二氧化碳（见图1）[①]，占全球温室气体排放总量的约70%，其中燃料燃烧和工业过程排放是最主要的排放来源。[②] 在加速清洁能源转型、协同控制化石能源消耗和工业领域碳排放等环节采取更加强有力的行动，是全球走上可持续和绿色发展道路的关键。

＊ 郑喜鹏，北京中创碳投科技有限公司总经理，执行董事，研究方向为热能工程、环境保护等；石岩，北京中创碳投科技有限公司高级研究员，研究方向为热能工程、能源系统优化等；潘聪超，北京中创碳投科技有限公司高级研究员，研究方向为能碳数字化解决方案等。
① IPCC, *Climate Change 2023: Synthesis Report*, Geneva, Switzerland, 2023, pp. 35 – 115.
② KPMG, *Statistical Review of World Energy*, London, https://kpmg.com/xx/en/home/insights/2023/06/statistical-review-of-world-energy-2023.html，2023.

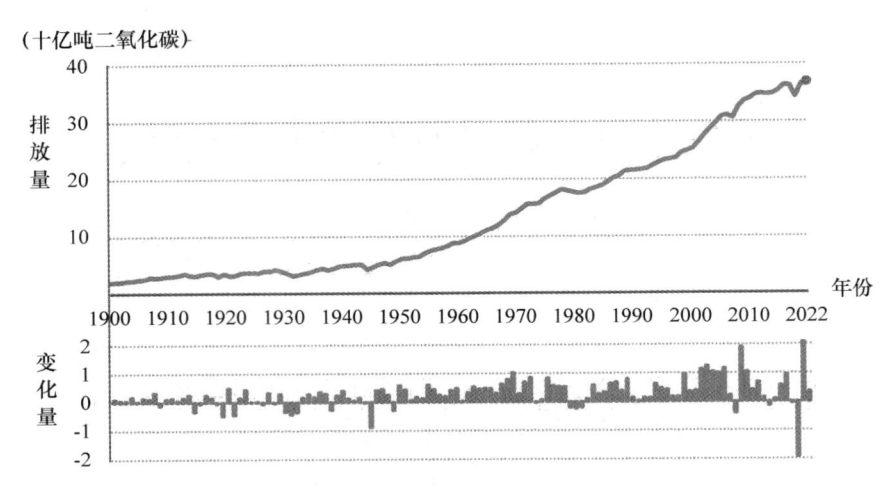

图 1　1900—2022 年全球能源燃烧和工业过程导致的二氧化碳排放变化趋势

资料来源：IEA, *CO₂ Emissions in 2022*, March 2023。

我国一贯高度重视应对气候变化工作，坚定不移走生态优先、绿色发展之路。为落实碳达峰碳中和目标，我国将应对气候变化作为国家战略，纳入生态文明建设整体布局和经济社会发展全局，把系统观念贯穿碳达峰碳中和工作全过程，加强顶层设计，目前已建立了碳达峰碳中和"1+N"政策体系（见图2）。各地区、各行业企业围绕"双碳"目标，积极落实政策措施，强化务实行动，有力、有序、有效地推进了各项重点工作的开展。

能源消耗是我国碳排放的主要来源，也是控制碳排放的重要抓手。随着"双碳"行动的不断推进，如何更好地处理能源利用和碳排放之间的关系成为全社会高效、绿色、低碳发展的关键。从单独控制能耗或碳排放转变为能碳协同控制，可以全盘统筹能源消耗与碳排放之间的关系，制定出更具有针对性和协同性的政策措施，推动全行业低碳发展转型。能碳协同也有利于促进跨行业的能源资源整合和共享，解决能源系统中存在的问题和挑战，带来更全面、高效的能源管理和碳减排效果。

数字化、智能化技术的快速发展和大规模应用为能碳协同提供了全新的技术手段，有利于充分发挥能碳协同效益，实现高质量绿色低碳转型与发展。本文从我国绿色低碳发展的角度出发，介绍了能碳协同提效实践中

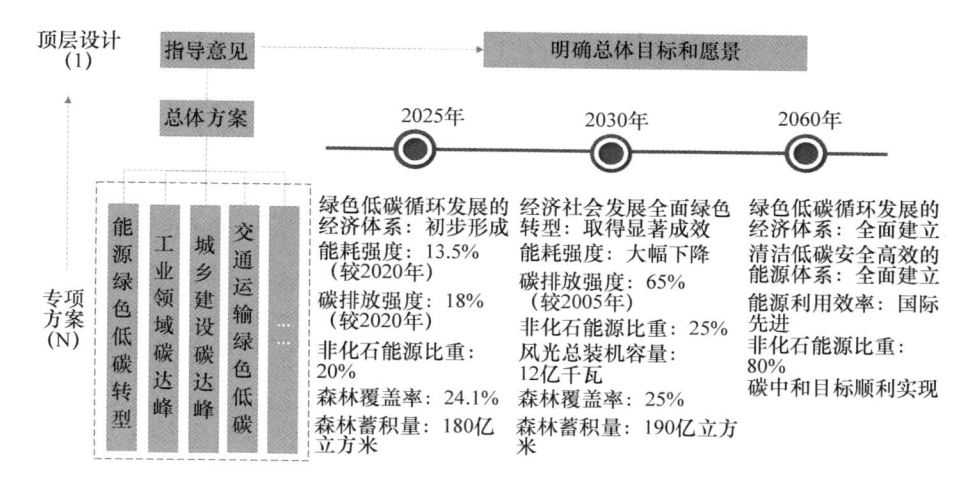

图 2　我国双碳"1＋N"政策体系的结构

资料来源：《中共中央 国务院关于完整准确全面贯彻新发展理念做好碳达峰碳中和工作的意见》，2021年。

应用的典型数字化、智能化技术及其特点，并对基于数字化、智能化技术搭建的能碳综合管理平台功能架构进行了分析。文章的最后列举了近年来国内典型的能碳协同提效实践案例，相关内容对政府、企业和第三方服务机构开展能碳协同提效实践提供了重要参考。

二　能碳协同提效的概念和内涵

能碳协同提效是指通过数字化和智能化技术，实现能源系统内部各要素之间以及能源系统与其他系统之间的信息共享、资源整合、优化配置和协调运行，从而提高能源利用效率，降低能源强度和碳排放强度，实现经济社会发展与生态环境保护的协同进步。

（一）能碳协同提效是对"双碳"政策不断深化的积极响应

在能耗"双控"政策出台早期，由于缺乏对碳排放的有效约束，单一的能耗"双控"制度无法实现精准管控、科学降碳，在一定程度上阻碍了能源结构清洁化转型。而将减碳量作为地区"双碳"行动考核的唯一标准，则会使能源结构调整、产业结构调整等长期问题短期化，出现以"运动式"减碳、"一刀切"、停产限产等错误方式强行推动减碳工作的现象，对经济社会正常运行造成冲击。只有科学对待能源和碳排放之间的关系，积极稳妥推进能耗"双控"向碳"双控"转变，促进能碳协同提效，才能进一步控制工业生产过程排放、废弃物处理排放等非能源过程排放，推动构建更加科学、合理、有效的考核机制，释放可再生能源发展潜力，助力碳达峰碳中和目标的落地。

（二）能碳协同提效的数字化智能化实践也是促进社会绿色低碳发展的内在要求

能源消耗是碳排放的主要来源，也是控制重点领域碳排放的重要抓手。采用数字化、智能化技术实现能源和碳排放的全面感知、精准分析、智慧决策和高效执行，一方面可以帮助政府更好地了解区域内各企业的能源使用情况、发展趋势和环境影响，推动政策落地落实；另一方面也可以帮助企业更加精细化地监测、控制和管理能源的流动和使用，使能源系统的规划和运营更加智能化且兼具灵活性。结合数据分析和模拟优化，能碳协同提效还可以实现能源资源的合理配置和调度，最大限度地提高能源系统的整体效益。通过提高能源利用效率、优化资源配置、推动清洁能源发展和强化能源管理与监管，能碳协同提效可以为绿色低碳目标的实现注入强大动能，对推动能源系统转型和升级，建设更加环保和可持续的社会做出持续贡献。

三 典型数字化智能化技术在能碳协同提效中的应用

（一）能碳协同中应用的典型数字化智能化技术

数字化、智能化技术是能碳协同提效的核心驱动力（见图3），在区域能碳监管平台建设、综合能源系统运营和企业用能管理及优化应用等领域的各个环节都发挥了巨大价值。能碳协同中典型的数字化、智能化技术包括以下五个方面。

（1）大数据技术：大数据技术可以支撑对能源系统产生的海量数据进

行收集、存储、处理和分析，为能源系统的优化配置和协调管理提供数据支撑。例如，大数据技术可以实现对风、光、水等可再生能源、资源的精准评估，结合对电力需求、供给、负荷、价格等数据的实时监测和预测，为可再生能源的并网、消纳和电力市场的运行调度提供决策依据。

（2）云计算技术：云计算技术可以为能源系统提供具有弹性、可扩展、低成本的计算资源和服务，实现能源系统的虚拟化、集成化和智慧化。例如，电网企业可以构建基于云平台的智慧电网，实现电力系统的远程监控、自动控制、故障诊断和恢复等功能；云计算技术还可以支撑构建基于云平台的智慧城市，实现城市能源系统与交通系统、建筑系统、公共服务系统等其他系统碳排放之间的信息共享和资源整合。

（3）物联网技术：物联网技术可以通过各种传感器、通信设备和网络协议，将能源系统中的物理设备和对象连接起来，形成一个覆盖范围极广的信息网络。通过物联网技术，可以实现对电力设备的远程监测和控制，进而实现对分布式能源的接入和管理；物联网技术还可以支持对智能电器的远程控制和调节，实现用户侧的需求响应和能源管理。

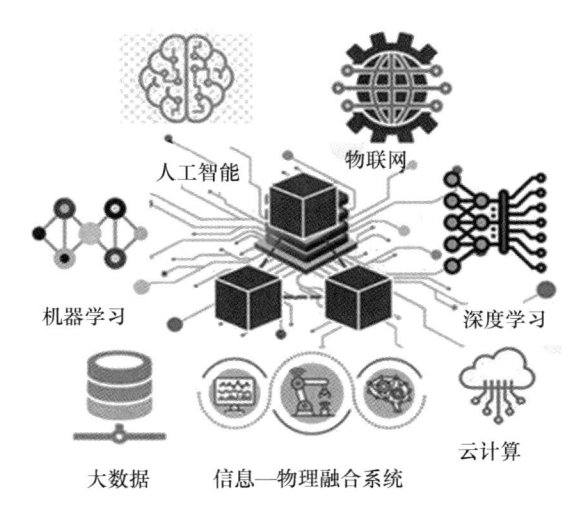

图3 能碳协同提效中常用的数字化和智能化技术

资料来源：Ahmed, I., Zhang, Y., Jeon, G., et al., "A Blockchain-and Artificial Intelligence-Enabled Smart LoT Framework for Sustainable City", *International Journal of Intelligent Systems*, Vol. 37, No. 9, 2022, pp. 6493–6507.

（4）区块链技术：区块链技术是一种分布式账本技术，通过去中心化的数据存储和加密算法确保交易的安全性和透明性，实现信息的可信共享和不可篡改。区块链技术可以用于追踪可再生能源的产生、传输和消费过程，确保来源的真实性和绿色性。将区块链技术用于碳排放权交易市场，还可以减少欺诈和造假行为，提高数据的公正性和有效性。

（5）人工智能技术：人工智能技术可以通过机器学习等方法，对能源系统的数据进行智能分析和处理，实现能源系统的自适应学习和优化决策。例如，通过人工智能技术，可以实现对电力负荷的智能预测和调度，提高电力系统的稳定性和可靠性；结合人工智能技术还可以实现对智慧能源微网中各子系统的智能调度和优化，提高可再生能源的利用率和经济性。

（二）数字化、智能化技术应用的产业优势

上述数字化、智能化技术在全社会范围内的推广应用，有利于实现能源管理和碳减排的全面协同提效，提高相关部门的执政能力和执政水平，推动产业升级和技术革命。其优势体现在以下几个方面：一是可以提高数据质量和透明度。相关技术可以实现对能耗和碳排放数据的实时采集和上传，保证数据的准确性和实时性。通过数据处理技术，消除数据噪声、误差、冗余等问题，提高完整性和一致性。再结合可视化、报表生成等工具，实现对能耗和碳排放数据多维度、多层次的呈现和分析，提高数据的可视性和可比性。二是可以显著提高指标监测效率。通过实时监测和数据挖掘，可以实现对能碳指标的自动化监测和评估，减少人工干预和误差，提高速度和准确性。三是有利于提高节能降碳水平。通过节能诊断、智慧决策和智能控制，可以实现对能耗和碳排放的分析、控制和优化，提高系统运行效率，降低能源成本和碳排放强度。同时，通过智能识别、匹配和推荐等功能，还可以实现对节能降碳技术的快速挖掘，进一步提高降碳潜力。

此外，数字化、智能化技术的应用还可以促进信息交流，提高资源共享效率，提升系统的安全性。通过云平台、移动应用、社交媒体等渠道，可以实现对节能降碳相关信息的及时发布和获取，提高信息的覆盖面和传播力。同时，数字化、智能化技术可以通过在线沟通、协作、培训等方式，实现信息的有效沟通和交互，提高信息的互动性和吸收力。数字化、

智能化技术的应用可以通过数据共享、开放和交换等机制，实现对能耗和碳排放数据的广泛传播和利用，提高数据的公开性和互动性。再结合共享经济、众包创新、协同创业等新型商业模式，实现对节能降碳相关资源的有效利用和创造，提高资源的利用率和价值率。数字化和智能化技术还可以通过对能源系统的远程监控、自动控制、故障诊断和恢复，提升能源系统的稳定性、可靠性、抗干扰性和自愈性，防范各种外部风险和威胁。

四 能碳协同提效的数字化方案

（一）能碳协同提效的数字化实践

数字化平台是能碳协同实践的重要载体，通常集合了数据管理、智能运维、能源管理和优化及碳资产管理等功能模块，并配置了系统的展示、交互、共享和远程优化控制等基础功能，如图4所示。作为连接区域或企业能源利用、生产经营和碳排放各个环节和主体的桥梁，一个依托互联网平台，结合数字化、智能化技术的能碳综合管理平台往往包含如下核心功能：

（1）能碳数据的采集和存储：能碳平台能够通过各种传感器、通信设备和网络协议，对能源系统内部和外部的各种数据进行实时、准确、全面的采集和存储，形成一个能源数据仓库，为能碳协同提效奠定数据基础。

（2）能碳数据的分析和处理：能碳平台应能够通过大数据、云计算、人工智能等技术手段，对能源数据进行深度挖掘、智能分析和处理，生成各种能源和碳排放数据、报告、指标、模型和预测结果，为能碳协同提效提供数据支撑。

（3）能碳数据展示和交互：能碳平台应能够通过可视化、多媒体、移动端等技术手段，对诸如能耗和碳排放总量与强度、碳达峰碳中和预测、系统能量利用效率、考核指标完成情况等进行清晰、直观、动态的展示和交互，为管理者和用户提供数据服务。

（4）能碳数据共享和交易：能碳平台应能够通过开放式、标准化、安全化等技术手段，实现能源数据的共享和交易，为能碳协同提效提供数据价值。

（5）能源系统控制和优化：通过设备监测、能效评估、节能诊断、多能优化和远程管理等功能，实现对能源微网的实时控制和优化，降低系统能耗强度，提高能源利用效率。

（6）碳管理和碳金融：跟踪减排目标，识别和评估可行的碳减排措施，制订减排方案，并管理项目的实施进度和效果；与其他企业或碳市场进行碳配额交易、碳信用认证和碳资产管理，有利于企业降低履约成本，提高碳资产管理能力。

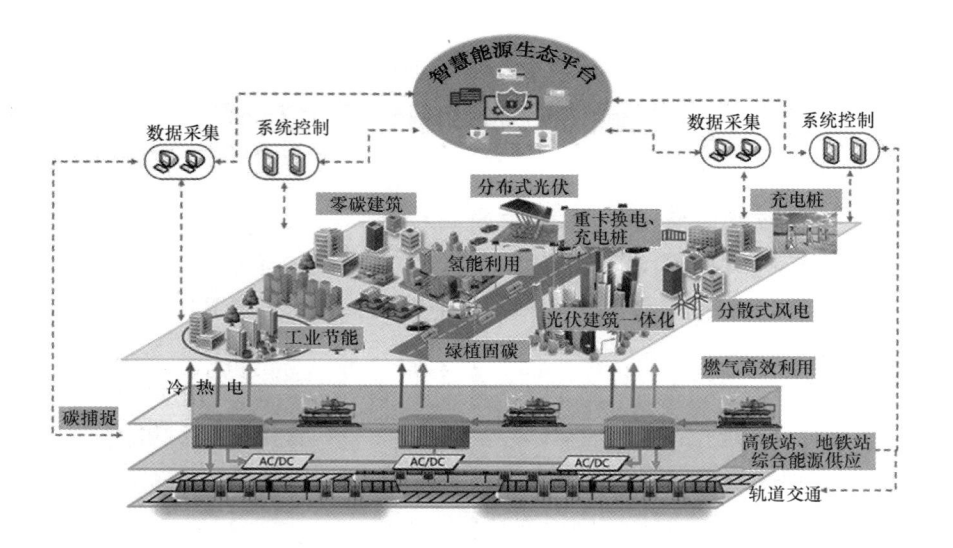

图 4　零碳智慧园区场景及生态平台示意

资料来源：李婷等：《零碳园区综合解决方案：从园区入手打造"碳中和"示范》，RMI，2022 年。

（二）能碳协同典型场景的数字化方案

针对不同的服务对象，能碳综合管理平台在功能架构设置上又有所侧重和区分，主要分为以区域能碳监管和效益寻优为导向的政府需求和以监管合规与降本增效为核心的企业需求。

1. 以区域能碳监管和效益寻优为导向的政府需求

政府管理部门建立能碳平台往往用来监测区域内企业、事业单位等的能耗和碳排放情况，帮助政府制定科学合理的能源政策和规划，监测和评估区域能源系统的运行状况和绩效，指导和促进能源系统的转型和创新，平台关注的重点往往落在以下几个方面：

（1）区域能碳监测：通过建立能碳监测系统，全面了解区域内能源消耗和碳排放情况，确保区域监管目标的实现，促使政府从能耗"双控"向碳"双控"的监测方式转变。

（2）能碳绩效评估和目标分解工具：建立产业能碳评估体系，通过对各行业、企业的能碳绩效评估，推动区域绿色产业发展。同时，将区域整体的能碳目标进行分解，赋予不同部门、企业相应的减排目标，实现全社会的能碳协同减排。

（3）能碳项目数字化管理：通过数字化管理手段，对低能耗和低碳项目进行全流程的管理，包括项目的规划、实施、监督和评估，实现"双碳"目标的跟踪和实时监控。这将帮助政府更加高效地推进碳减排项目，提升管理水平和决策效果。

2. 以监管合规和降本增效为核心的企业需求

企业建立能碳综合管理平台的目的是帮助企业优化能源生产、消费、管理和服务的流程和模式，降低企业的运营成本和合规风险，提高企业的竞争力和盈利能力，平台会重点关注以下几个方面：

（1）能碳合规：根据政策要求和企业规划设置能源与碳排放的限额，通过实时监测企业内部设备、产线和班组的能耗和碳排放，确保企业在能源消耗和碳减排方面满足企业经营和管理的需求。

（2）能源系统管理和优化：平台可以实时监测能源微网各节点的运行状态，通过分析各个能源节点的供需关系、能源价格、负荷预测等因素，采用智能算法制定最佳能源调度策略。

（3）节能降碳和提质增效：能碳平台可以提供企业能源消耗和碳排放的监测、分析和评估工具。一方面，企业可以根据数据制定管理和优化措施；另一方面，有利于帮助企业识别潜在的节能降碳机会，并制定相应的改善措施，提高能源利用效率，减少碳排放。

（4）碳资产管理：一方面，能碳平台将帮助企业进行碳履约管理；另一方面，平台还可以帮助企业开发资源减排量项目，通过减少碳排放获得相应的经济回报。

五　能碳协同提效的典型实践案例

结合数字化、智能化的能碳协同提效已逐渐成为节能低碳领域头部企业开拓市场的重要布局方向。本节以国家电力投资集团公司（以下简称国家电投）、华为数字能源技术有限公司（以下简称华为数字能源）和北京中创碳投科技有限公司（以下简称中创碳投）三家典型企业为例，介绍了其在数字化、智能化能碳协同提效领域的一些工作，以供读者参考。

（一）国家电投

作为我国传统的五大发电集团之一，国家电投在能源、发电等领域积累了大量的实践经验。结合综合能源产业大数据、CIM 机理建模和 AI 算法，国家电投智慧能源公司自主研发了具有独立知识产权的"天枢一号"智慧系统。该系统横向贯通了源、网、荷、储及全域物联场景，纵向融合"云大物移智链"先进技术，集能源监视、预测、调控、分析、运维和服务等近百项功能、千项应用于一体，构建了服务用户需求的全谱系应用，能实现数十种不同能源的综合管控。

"天枢一号"通过"大数据+大模型"的创新技术，可以满足电热冷气多能互补、源网荷储柔性互动等需求。该系列产品的投运，可以实现项目平均节能率提升 33% 以上、成本节约 30% 以上、综合能耗降低 15% 以上和综合能源利用效率提升至 75% 以上，对于建设新型能源体系、推动"双碳"目标实现、做好碳双控管理、提升能源使用效率和实现高质量发展具有重要价值。截至目前，"天枢一号"智慧系统已覆盖全国 30 个省份、1288 个县域，部署光伏场站 24010 座、户用光伏近 76 万户，设备物联测点 1.7 亿个，总装机容量近 27000 兆瓦。预计到 2023 年年底，"天枢一号"管控的综合能源总规模将超过 40000 兆瓦，将成为全球最大的综合智慧能源数字化平台。

（二）华为数字能源

华为数字能源成立于 2021 年 6 月，其发展历史最早可以追溯到 2010 年华为的能源与基础设施产品线。凭借华为在电源、电力电子产品领域的行业领先技术实力，华为数字能源以光伏逆变器等设备为突破口，率先在业内扛起了智能化大旗，推出了以组串逆变器为核心的智能光伏解决方案，通过全面的数字化改造，使信息采集能够精确到每个组串，基本实现了感知智能。之后，华为数字能源又不断开拓市场，如今已成为国内在清洁发电、ICT 能源基础设施、交通电动化、嵌入式能源、综合智慧能源和数字能源管理平台等领域的综合服务商。

以智慧光储解决方案为例,华为数字能源开发了拥有自主知识产权的智能光伏控制器、智能储能控制器、智能组串式储能系统和智能电站控制器等智能化硬件设备,结合数据采集器、控制模块和智能光伏电站管理系统,可以实现智能 IV 诊断、智能支架控制与优化等功能。该解决方案目前已成功应用于沙特全球最大的 100% 光储微网项目(其中光伏发电容量为 400 兆瓦,并配备了 1.3 吉瓦时的电池储能系统)等项目的建设,为全球低碳绿色发展贡献了中国力量。截至 2021 年 9 月 30 日,华为数字能源提供的产品与解决方案累计助力客户实现绿色发电 4435 亿度,节约用电 136 亿度,减少二氧化碳 2.1 亿吨,相当于种植 2.9 亿棵树。其中,智能光伏解决方案已广泛应用于 70 多个国家,在中国的宁夏和山东,全球最大的单体"农光""渔光"互补电站成功运行,成为当地环保产业的新亮点。截至目前,华为数字能源相关解决方案已应用于 170 多个国家和地区,服务了全球 1/3 的人口,成为数字化、智能化助力绿色低碳发展的典范。

(三) 中创碳投

中创碳投成立于 2010 年 7 月,是国内领先的应对气候变化及低碳发展领域专业服务机构、碳中和服务商,服务客户包括政府机构、大型能源集团和各类工业企业。为助力企业打通多元数据通道、挖掘降碳增效空间、实现绿色发展价值,中创碳投以丰富的低碳咨询经验为支撑,结合数字化、智能化技术开发了"碳 e 管·能碳智管系统"。该系统依托中创物联云边端智慧网关设备和 IoT 技术实现了能碳多源数据归集,并基于先进的预测、优化算法以及丰富的功能模型库,为用户提供了能源碳效分析、指标跟踪管理、预测优化调度、在线盘查审计、碳资产管理及交易履约、绿色认证及披露、智慧报送等综合能碳服务,可以实现一站式全景化能碳管理,助力企业在绿色转型发展中获得长效发展动力。

截至目前,该产品已成功应用于多个大型央企、国企、政府部门和工业园区,实现了覆盖城市 30 多个,园区 10 多个,服务企业 200 多家。同时,中创碳投以数字化支撑企业开展 MRV 及碳管理,已帮助企业管理碳排放超 12 亿吨,约占全国二氧化碳排放总量的 12%,在国内同类产品中处于领先地位,有力地推动了区域和企业的低碳绿色转型。

六 结论及展望

能碳协同提效是一种针对政府和企业的新型能源和碳排放管理模式。通过数字化、智能化技术的应用，可以实现能源消费与碳排放的协同监测、动态管理和智能优化，提高能源系统运行效率和可靠性，降低单位GDP的能耗和碳排放强度，促进经济社会发展与生态环境保护的协调统一。目前，能碳协同提效实践仍处于探索和试验阶段，还面临着一些问题和挑战，如数据质量和安全缺乏保证、技术创新和应用驱动不足、政策法规和激励机制不够完善、缺乏多方参与和协作机制等。为了推动能碳协同提效的进一步发展，笔者认为各方还需要在以下几方面重点开展工作：

（1）加强数据基础建设。由于能源数据和碳排放数据往往具有高度的保密性，更应该重视通过技术手段和监管措施提高数据的准确性、完整性、及时性和可信性，保障数据的安全性和隐私性。

（2）加快技术创新和推广。提高数字化、智能化技术在能碳协同提效中的应用水平和覆盖范围，通过结合具体应用场景的技术优化，不断降低技术成本和门槛。

（3）完善政策法规和激励机制。制定符合能碳协同提效要求的规范和标准，建立有效的监督和评价体系，激发各方主体的积极性和主动性。

（4）建立多方协作和服务平台。加强政府、企业、社会等多方主体之间的信息共享和资源对接，形成良好的合作氛围和服务体系。

总之，数字化、智能化实践对能碳协同的推进具有重要意义。它使能源管理和碳排放控制更加科学、高效和可持续，促进区域和企业实现绿色转型和可持续发展。随着数字化技术的不断发展和创新，我们相信能碳协同将在未来继续发展壮大，并为推动全球可持续发展做出更大的贡献。

主要参考文献

IPCC, *Climate Change 2023: Synthesis Report*, Geneva, Switzerland, 2023.

KPMG, *Statistical Review of World Energy*, June 6, 2023.

IEA, *CO$_2$ Emissions in 2022*, March 2023.

Ahmed, I., Zhang, Y., Jeon, G., et al., "A Blockchain-and Artificial Intelligence-Enabled Smart IoT Framework for Sustainable City", *International Journal of Intelligent Systems*, Vol. 37, No. 9, 2022, pp. 6493 – 6507.

李婷等：《零碳园区综合解决方案：从园区入手打造"碳中和"示范》，RMI，2022 年。

《国家电投"天枢一号"智慧能源系统正式发布》，2023 年 9 月 26 日，http：//www.rmlt.com.cn/2023/0926/683882.shtml？from = singlemessage。

绿色供应链金融

中国绿色债券市场的运行与发展

柏文喜[*]

一 2023年中国绿色债券市场总体运行情况[①]

(一) 一级市场

在"双碳"目标引领之下,绿色债券成为国内债市重要组成部分。截至2023年年末国内市场已累计发行绿色债券2192只,发行规模共计3.46万亿元。

受债市整体偏淡影响,2023年绿色债券发行量较2022年稍有减少,但发展势头仍然向好。

2023年,绿色债券占整体债券市场发行规模的1.17%。就月度分布来看,2023年3月、4月及11月的绿色债券发行规模单月突破千亿元规模。就品种结构来看,绿色金融债和绿色资产支持证券是国内绿色债券的发行主力。就发行地区结构来看,北京市绿色债券发行数量与规模以绝对优势占据首位。就发行人主体性质来看,绿色债券仍以国有控股企业为主。就发行人行业构成来看,银行业金融机构发行人绿色债券发行规模占比最高。就发行主体评级和债项评级来看,绿色债券发行人和债项均以AAA级为主。

---

[*] 柏文喜,中国企业资本联盟副理事长,IPG中国区首席经济学家。研究方向为产业经济、公司金融、资本市场等。

[①] 本文参考中诚信绿金国际有限公司(以下简称中诚信绿金国际)发布的《2023年国内绿色债券市场运行年报》与联合赤道环境评价股份有限公司(以下简称联合赤道)发布的《2023年绿色债券市场运行报告》,以及其他机构发布的行业研究报告。本文数据来源为中诚信绿色债券数据库、金融终端东方财富Choice、万得(Wind)、中央财经大学绿色金融国际研究院行业周报。本文所列图表的资料来源均与本注释相同。

（二）二级市场

2023 年，交易中的绿色债券共 1164 只，年度现券交易规模为 1.62 万亿元，交易数量较 2022 年增长 13.56%，交易规模增长 34.43%。从债券品种结构来看，绿色中期票据在交易数量和规模上均居首位。就交易场所来看，2023 年绿色债券最主要的交易场所为银行间市场。

随着绿色金融的快速发展，投资者对绿色债券的关注度不断提高，绿色债券交投活跃度持续攀升。

（三）绿色债券发行成本

绿色债券发行端优势主要体现在其成本方面。2023 年，共计发行 475 只绿色债券，剔除私募、资产支持证券和无同类可比债，可比同类债有 94 只，包括 55 只绿色中期票据、17 只绿色公司债、17 只绿色金融债和 5 只绿色企业债。将 2023 年新增的发行成本与同类债平均发行利率相比，69.15%（65 只）的绿色债券具有低于当天发行的同类债券票面利率，发行成本低 1—422 个基点，绿色债券具有明显发行成本优势。

（四）绿色债券政策监管

国家发改委向社会公开征求《绿色产业指导目录（2023 年版）》（征求意见稿）意见；上海证券交易所（以下简称上交所）与深圳证券交易所（以下简称深交所）同时发布《上海证券交易所公司第 2 号——专项品种公司债券》和《深圳证券交易所公司债券发行上市审核业务指引第 7 号——专项品种公司债券》；绿色标准委员会发布《绿色债券存续期信息披露指南》。

二 绿色债券一级市场发行情况

（一）绿色债券发行

2023 年国内绿色债券发行量共计 475 只，规模 8359.91 亿元，发行规模较上年同比减少 4.29%，发行数量下降 8.30%，但仍为近年来较高水平（见图 1）。自 2016 年发行首只绿色债券以来，中国绿色债券市场持续扩容，随着"双碳"目标的提出，多部门不断出台相关文件规范绿色金融发展，提升金融对绿色发展的支持力度。2021年中国绿色债券发行量大幅增长，2022年绿色债券发行热度达到顶峰。2023年绿色债券一级市场受宏观经济环境影响，加上监管口径收紧，发行数量与发行规模虽较上年有所减少，但整体发展势头仍然向好。

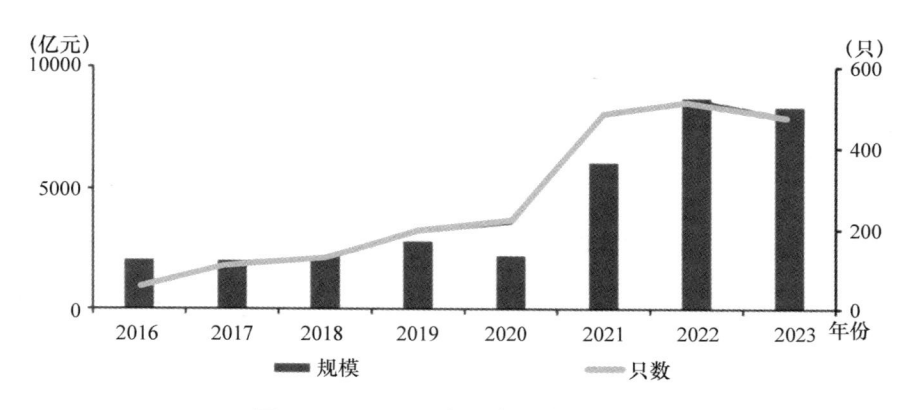

图1 2016—2023年绿色债券发行情况

资料来源：中国生物多样性保护与绿色发展基金会绿色企业工作委员会根据公开资料整理。

（二）绿色债券在债券市场中的发行占比

2023年国内债市共发行5.10万只，发行规模为71.21万亿元，绿色债券占1.17%，较上年降低0.25个百分点；绿色债券发行只数占0.93%，较上年下降0.16个百分点。其中，绿色资产支持证券（ABS）在整体资产支持证券产品中规模占比为12.66%，是最大的绿色债券品种，企业债和金融债中绿色债券占比分列第二位、第三位。金融债中的绿色债券只数占比最高，企业债、中期票据及资产支持证券次之（见图2）。

绿色资产支持证券因可较好满足绿色项目长期资金需求，盘活存量资产，缓解企业融资困难而受到市场欢迎。2022年，资产支持证券产品规模占比突破了10%，2023年规模占比进一步增长；企业债在2017—2021年均为绿色债券发行规模占比最大的品种；中期票据中绿色债券规模占比在2016—2020年较低，2021年和2022年超过5%，2023年回落至2.88%；金融债中绿色债券规模占比在2016年居首位，2017—2021年占比有所下降，2022年重回较高水平（见表1）。

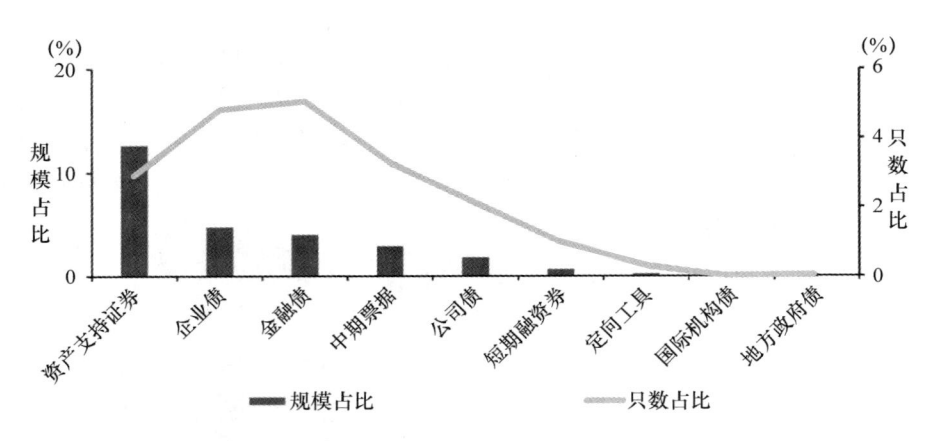

图 2 2023年不同债券品种中绿色债券占比情况

资料来源：中国生物多样性保护与绿色发展基金会绿色企业工作委员会根据公开资料整理。

表1　　　　　　历年不同债券品种中绿色债券发行规模占比情况　　　　　　单位：%

债券品种	2023年规模占比	2022年规模占比	2021年规模占比	2020年规模占比	2019年规模占比	2018年规模占比	2017年规模占比	2016年规模占比
资产支持证券	12.66	10.60	3.90	1.21	1.70	0.84	0.84	0.81
金融债	4.88	4.15	1.50	0.46	1.55	3.00	2.98	4.00
企业债	4.75	6.07	8.82	8.19	13.00	8.83	8.35	2.38
中期票据	2.88	5.57	6.68	2.04	1.47	1.02	0.76	0.70
公司债	1.81	2.95	2.47	2.15	3.20	2.27	2.19	0.64
短期融资券	0.69	0.98	1.44	0.07	0.01	0.00	0.01	0.00
定向工具	0.22	0.08	0.41	0.23	0.43	0.27	0.74	0.08
国际机构债	0.00	12.12	7.41	0.00	0.00	0.00	0.00	0.00
地方政府债	0.00	0.00	0.00	0.00	0.01	0.00	0.00	0.00
所有券种	1.17	1.42	0.98	0.40	0.63	0.51	0.50	0.56

2020年"双碳"目标提出后，绿色债券产品不断创新，绿色中期票据因期限与绿色项目建设周期的高匹配优势，在中期票据中的数量占比明显增长；绿色资产支持证券具有盘活存量资产、产品创新灵活度的显著优势，品种不断推陈出新，2016年以来只数占比稳步增长；而绿色债券在所有债券中的只数占比也呈稳定增长趋势（见表2）。

表2　　　　　历年不同债券品种中绿色债券发行只数占比情况　　　　单位:%

债券品种	2023年	2022年	2021年	2020年	2019年	2018年	2017年	2016年
金融债	5.08	5.54	2.75	2.73	3.57	5.24	5.44	5.54
企业债	4.83	5.58	7.51	3.60	9.75	7.32	5.50	1.00
中期票据	3.32	5.28	6.14	2.17	1.32	1.20	0.77	0.78
资产支持证券	2.89	2.74	1.36	0.56	0.81	0.66	0.40	0.21
公司债	2.10	2.60	2.66	2.49	2.65	2.17	2.08	0.41
短期融资券	1.00	1.28	1.20	0.12	0.03	0.00	0.05	0.00
定向工具	0.33	0.18	0.64	0.29	0.46	0.26	0.69	0.13
国际机构债	0.00	20.00	14.29	0.00	0.00	0.00	0.00	0.00
地方政府债	0.00	0.00	0.05	0.00	0.09	0.00	0.00	0.00
所有券种	0.93	1.09	0.90	0.44	0.45	0.33	0.30	0.18

资料来源：中国生物多样性保护与绿色发展基金会绿色企业工作委员会根据公开资料整理。

（三）绿色债券发行月度分布

第一季度末绿色债券发行势头强劲，3月共发行69只，规模达1412.68亿元，数量及规模都为2023年峰值。第二季度绿色债券发行热度高位下跌，4月再破千亿元，达1040.06亿元。第三季度债市发行整体缩量，绿色债券发行有所回落。第四季度的11月绿色债券第三次突破千亿元，全月发行46只绿色债券，规模达1140.53亿元。

（四）绿色债券发行品种结构

绿色金融债仍为2023年绿色债券发行主力，共发行60只，占绿色债券发行只数的12.63%；规模达3988.00亿元，在绿色债券中规模占比为47.70%，为发行规模最大券种。绿色资产支持证券创新品种不断涌现，年内多个产业领域和地区均发出市场首单，全年发行138只，只数居首位，占29.05%；规模共计为2374.43亿元，占27.80%，发行规模位居第二。其他券种全年发行规模均不足千亿元，但绿色中期票据和绿色公司债发行只数均超过100只。

绿色金融债2016—2019年发行规模一直居首位。随着沪深交易所和交易商协会积极响应"双碳"政策和推动绿色债券产品发展，绿色公司债和绿色中期票据在 2020 年和 2021 年所有品种中居首位；2022 年以来金融机构持续加大绿色信贷投放力度，绿色金融债重新成为发行规模最大品种。发行只数上，2016—2018 年国内绿色债券以金融债为主，发行只数居首位；2019—2020 年绿色公司债成为发行只数最多的绿色债券品种；2021—2022 年绿色中期票据发行只数跃居首位，2023 年绿色资产支持证券发行只数跃居至首位。

（五）绿色债券发行场所分布

年内国内银行间市场共发行 282 只绿色债券，规模达 6229.30 亿元，占绿色债券发行规模的 74.51%，发行只数占 59.37%；上交所全年发行 139 只绿色债券，规模达 1483.11 亿元，在发行规模和只数上均位居第二。深交所发行绿色债券占发行规模的 5.05%，占发行只数的 8.00%；银行间市场、银行间柜台债券同时发行的与上交所、银行间市场同时发行的绿色债券占比均在 1% 左右。

银行间市场发行的债券品种较多，2016—2023 年银行间市场的绿色债券发行规模及发行只数一直居首位；上交所积极支持优质民营企业发行公司债券，历年绿色债券发行规模及只数占比皆为第二。

（六）绿色债券发行地区结构

2023 年，国内绿色债券发行主体位于全国 28 个省份，外资机构梅赛德斯—奔驰国际财务有限公司在银行间市场发行 2023 年度第一期绿色中期票据（债券通）。

2023 年，北京市发行绿色债券 74 只，规模 3319.26 亿元，发行人有 38 家，在绿色债券中发行规模占比近 40%，发行只数占比为 15.58%，以绝对优势居首位；上海市发行规模 1319.20 亿元，发行只数为 66 只，发行人为 26 家，发行规模与只数分别占 15.78% 和 13.89%。发行规模的第三梯队为福建省及广东省，发行规模占比在 6% 左右，其余地区发行规模占比均低于 5%；发行只数的第三梯队主要为江苏省和广东省，只数占比均超过 10%。

从历年变化看，除 2016 年上海市和 2018 年福建省分别占据当年绿色债券发行规模之首外，其他年份北京市均为绿色债券发行规模最大的地区，2017年、2021年和2022年北京绿色债券发行规模占比均超40%。2016—2018年北京市绿色债券发行活跃，连续三年发行只数居首位，这主要得益于北京市聚集了大量央企、国企及金融机构。2019年和2020年京外各地区对绿色金融重视度逐渐加大，广东省和江苏省曾超越北京市分别居两个年度绿色债券发行数量第一，可见绿色债券集中于经济相对发达的地区。2020年年底"双碳"目标提出，北京市各大央企、国企积极响应，2021年以来北京市绿色债券发行只数重新跃居各地区之首。

（七）发行人主体性质构成

2023年，国内市场绿色债券发行人以国有控股占比最高，共发行257只，规模为2437.36亿元，只数占比为54.11%，规模占比为29.16%，均以绝对优势居首位。股份制商业银行和国有大型商业银行，发行规模占比分别为16.45%和16.15%，居第二位。年内绿色债券中仍以国有企业（包括中央企业、地方国有企业、国有商业银行和其他国有控股）为主，发行规模总占比为58.64%，发行只数总占比为60.42%；金融机构发行人（包括农村/城市商业银行、股份制商业银行、国有商业银行、政策性银行和开发性金融机构）相对较多，规模占比为30.06%，发行只数占比为9.68%。

从历年发行情况看，在发行规模上2016—2018年股份制商业银行和城市商业银行交替成为发行规模最大的主体；2019年以来，国有企业债券发行规模占比显著提升，地方国有企业、中央企业和国有控股企业合计发行规模占比持续在50%以上。在发行只数上，2016年央企绿色债券发行只数占比为22.22%，在各类主体中占比最高；2017—2019年各省市逐渐活跃，地方国有企业发行绿色债券只数占比跃居至首位；2020—2023年绿色债券发行主体继续向国有企业子公司延伸，国有控股企业开始成为绿色债券发行主力，近三年发行只数占比均在40%以上。

（八）绿色债券主体评级和债项评级构成

主体评级方面，2023年国内绿色债券发行人以信用评级较高的国有企业为主，绿色债券主体评级以AAA级为主。AAA级主体发行绿色债券204只，占绿色债券总发行数量的42.95%，较上年减少8.59%，发行规模为4856.01亿元，占绿色债券总发行规模的58.09%，较上年减少1.86%；

无评级主体绿色债券发行规模为2799.49亿元，占绿色债券总发行规模的33.49%，占总只数的31.37%；AAA以下主体评级绿色债券发行规模及只数占比总和不到10%。

2016年以来，绿色债券发行人信用资质始终保持较高水平，信用等级以AAA为主，AA-级及以下级别主体逐渐减少，不过无评级主体发行的绿色债券规模和只数占比除在2016—2018年波动较大之外，自2019年以来整体均呈增长趋势。

从债项评级来看，除无评级债券外，2023年国内市场发行的绿色债券共包括AAA、AA+、AA和AA-四个级别，其中AAA级绿色债券发行168只，占绿色债券总发行只数的35.37%，较上年下降2.26%；发行规模为4845.77亿元，占总发行规模的57.96%，较上年增长0.98%。

2016年以来，绿色债券债项评级一直以AAA级为主，绿色债券向高等级集中的趋势明显，2021年取消发行环节强制评级后，无评级绿色债券占比开始大幅提升，近三年分别有55.16%、51.26%和42.96%的绿色债券无债项评级。

（九）绿色债券发行人主体行业结构

从发行人主体行业类型来看，2023年银行业发行人绿色债券发行规模为3893.00亿元、发行只数为55只，分别较上年增加15.29%、减少16.67%，连续两年成为发行规模最大的行业类型。融资租赁业发行人绿色债券发行只数为78只，发行规模为835.54亿元，分别较上年增长8.33%、减少19.51%。近两年融资租赁业均是发行只数最多的行业类型（见图3）。

由于绿色金融发展的推动，银行业增加绿色信贷投放，需要发行绿色金融债来扩充资金来源以满足相关企业融资需求。2023年，银行类发行人绿色债券发行规模占比达46.57%，较上年增长7.91%；发行只数占比为11.58%，较上年降低1.14%，发行规模为所有发行人中占比最高，只数占比仅次于融资租赁业发行人，排名第二。其他发行人方面，除清洁能源行业企业发行人发行规模及只数占比有所上升外，其余行业发行人规模占比均有所下降（见图4）。

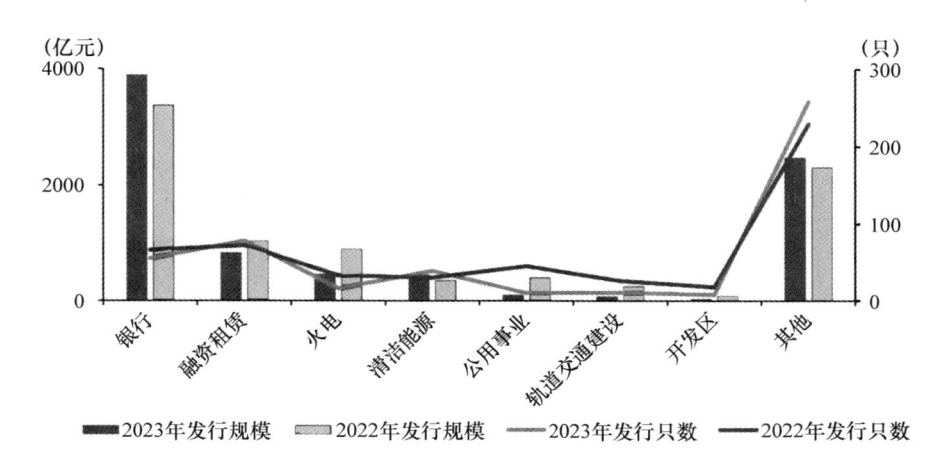

图 3 2022 年及 2023 年各行业绿色债券发行情况

资料来源：中国生物多样性保护与绿色发展基金会绿色企业工作委员会根据公开资料整理。

(a) 2023年发行规模占比

其他，29.68%
开发区，0.45%
轨道交通建设，0.99%
公用事业，1.27%
清洁能源，5.45%
火电，5.60%
融资租赁，9.99%
银行，46.57%

(b) 2023年发行只数占比

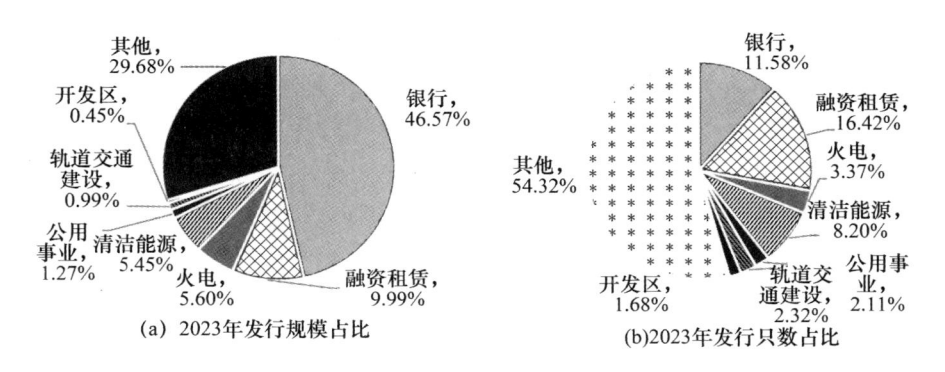

银行，11.58%
融资租赁，16.42%
火电，3.37%
清洁能源，8.20%
公用事业，2.11%
轨道交通建设，2.32%
开发区，1.68%
其他，54.32%

图 4 2023 年绿色债券各行业发行占比分布情况

注：清洁能源包括水电、风电、光伏发电、核电、光伏制造；公用事业包括热力、燃气生产和供应业、水务、环保运营。以上行业类型，为中诚信绿金整理，非国家统计局行业分类。

资料来源：中国生物多样性保护与绿色发展基金会绿色企业工作委员会根据公开资料整理。

三 绿色债券二级市场交易情况

2016 年，绿色债券上市交易以来，二级市场活跃度持续攀升。2023 年，绿色债券共 1164 只参与交易，年度现券交易规模为 1.62 万亿元，较上年参与交易只数增长 13.56%、规模增长 34.43%，其中"23 兴业银行绿色债券01"交易金额为702.20亿元,为2023年之首。经过近七年的发展,绿色债券成交数量和交易活跃度均有所增长,绿色属性增加了债券二级市场流动性及估值吸引力。

从债券品种来看,2023年二级市场中绿色金融债共有144只参与交投,交易规模达8266.71亿元,规模占比为51.06%,交易规模位居绿色债券各品种之首;绿色中期票据共有435只参与交投,交易规模达4084.02亿元,交易只数占比为37.37%,交易只数居绿色债券各品种之首(见图5)。

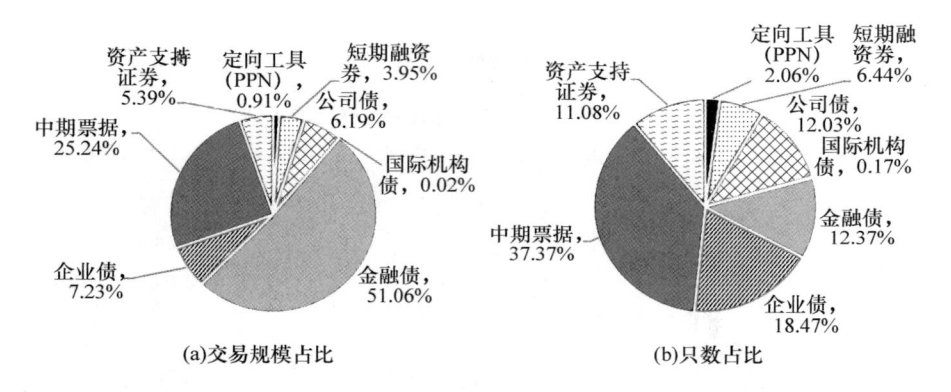

图5 2023年绿色债券中不同债券品种二级市场交易分布情况

注:因四舍五入,百分比之和可能不为100%。

资料来源:中国生物多样性保护与绿色发展基金会绿色企业工作委员会根据公开资料整理。

从交易场所来看,2023年绿色债券主要交易流通场所为银行间市场,绿色债券交易规模为6273.44亿元,交易数量为568只,规模占比为38.72%,交易数量占比为48.80%。在交易所市场中,深交所为绿色债券主要交易平台,交易数量为235只,交易规模达5215.46亿元。

随着近年来"双碳"政策持续落地,金融机构参与绿色债券投资热度持续上升,绿色债券指数投资价值逐渐显现。中央结算公司针对绿色债券市场运行情况推出中债—绿色债券指数以来,该指数稳步增长,已由2021年初的171.09点稳步增长至198.37点,绿色债券整体表现稳中向好。

四 关于绿色债券行业的重大事件与政策发布

（一）国家发改委公开征求《绿色产业指导目录（2023年版）》（征求意见稿）意见

2023年3月16日，国家发改委发布关于向社会公开征求《绿色产业指导目录（2023年版）》（征求意见稿）意见的公告，该目录是对《绿色产业指导目录（2019年版）》的重新修订，共分为节能降碳产业、环境保护产业、资源循环利用产业、清洁能源产业、生态保护修复和利用、基础设施绿色升级和绿色服务七大类别。此次公开征求意见的时间为2023年3月16日至4月15日。

（二）上交所发布2023年版特定品种公司债券审核指引

2023年3月14日，上交所发布《上海证券交易所公司债券发行上市审核规则适用指引第2号——特定品种公司债券（2023年修订）》。本次修订主要集中于"第五章绿色公司债券"部分，相较2022年版本主要有以下内容变化：第一，扩大了绿色公司债券定义的内涵，由债券募集资金用于"支持绿色产业"扩大为"支持符合规定条件的绿色产业、绿色项目或绿色经济活动"；第二，规定债券募集资金使用具有专门性，将"用于绿色产业项目募集资金金额应不低于募资总额的70%"修改为"须保证募集资金100%绿色投向"，同时将募集资金可偿还的债务范围由"绿色项目贷款"变为"绿色项目的有息债务"；第三，明确了境外发行人的绿色项目认定范围除依据《绿色债券支持项目目录》外，也可依据《可持续金融共同分类目录报告——减缓气候变化》和《可持续金融分类方案——气候授权法案》等国际绿色产业分类标准；第四，规定所有无具体对应募投绿色项目的发行人，应在申报时按要求披露项目评估与遴选流程、分析说明评估与遴选考虑因素；第五，规定在债券存续期内，除对实际环境效益情况进行披露外，还需对绿色项目预期环境效益进行分析与展示；第六，规定绿色项目不易由投资者清晰识别的，发行人应当在申报阶段聘请独立评估认证机构出具评估意见或者认证报告，就募资用途、项目评估与遴选、募集资金管理和存续期信息披露等是否符合相关要求发表明确意见；第七，新增规定债券条款与水权、排污权、碳排放权等各类资源环境权益相挂钩的，发行人可在债券全称中使用"碳收益绿色公司债券"标识。

（三）上交所及深交所分别发布公司债券发行上市审核规则指引

2023年10月20日，上交所与深交所分别发布《上海证券交易所公司债券发行上市审核规则适用指引第2号——专项品种公司债券》和《深圳证券交易所公司债券发行上市审核业务指引第7号——专项品种公司债券》，促进国内债券市场高质量发展。两项指引中在绿色债券审核方面主要增加以下内容：第一，绿色债券募投项目包含绿色建筑的，应明确绿色建筑类型，提供建筑施工图预评价结果（如有），说明项目是否达到有效期内绿色建筑星级标准要求；第二，在碳中和项目定义上，进一步明确清洁能源项目所包含的类别，具体包括水能、风能、核能、太阳能、生物质能、地热、浅层地温能及海洋能等开发利用项目，同时将新能源汽车充电设施建设项目列入清洁交通类项目类别；第三，明确发行人可使用募集资金置换债券发行前3个月内，公司用于绿色项目、碳中和项目以及蓝色债券相关项目的自有资金支出；第四，鼓励发行人探索采用用水权、用能权、排污权、碳排放权等收益权，以及知识产权、预期绿色收益质押等方式为债券提供增信担保。

（四）中国绿色债券指数正式发布

2023年11月24日，中国银行间交易商协会牵头研究编制的中国绿色债券指数（以下简称指数）在绿色债券标准委员会换届暨成果发布会上正式发布，以2022年1月4日为指数基日，基点为100点，截至2023年12月末已纳入样本券491只，指数值为106.78点，较2023年年初上涨3.93%。绿色债券指数的推出对绿色债券市场发展具有重要意义：一是表征走势，统一表征绿色债券市场价格走势，全面展现中国绿色债券市场发展情况；二是精准引流，为投资决策提供业绩基准参考和权威可投白名单，精准引导资金投向绿色低碳领域；三是提升影响，推出市场认可、标准统一的绿色债券指数，进一步提升我国绿色债券市场影响力，促进ESG理念与绿色金融市场发展良性互动，助力中国绿色债券市场高质量发展。

（五）绿色债券标准委员会发布《绿色债券存续期信息披露指南》

2023年11月28日，绿色债券标准委员会组织全体成员单位制定了

《绿色债券存续期信息披露指南》（以下简称《指南》）。《指南》就发行人信息披露内容及频率提出了明确要求，规定发行人应当于每年4月30日前（熊猫债披露时间按债券主管部门相关要求进行信息披露）通过绿色债券主管部门认可的渠道或平台对定期报告批准报出日存续的及逾期未偿还的绿色债券信息进行披露，披露内容包括但不限于绿色债券基本情况、募集资金整体使用情况、绿色募投项目进展与环境效益情况、募集资金管理情况等，披露形式可在存续期年度报告中进行披露，也可单独披露，同时鼓励发行人披露报告期内绿色债券评估认证机构和存续期评估认证报告。此外，《指南》提供了结构化的信息披露模板及环境效益信息披露指标体系，统一披露形式，量化并规范环境效益测算标准和披露维度。

（六）中国证监会、国务院国资委联合发布通知支持中央企业发行绿色债券

2023年12月8日，中国证监会和国务院国资委联合发布《关于支持中央企业发行绿色债券的通知》，通知主要内容包括：一是完善绿色债券融资支持机制，发展节能降碳、环境保护、资源循环利用、清洁能源等产业；二是助力中央企业绿色低碳转型和高质量发展，合理安排债券融资，加快形成绿色低碳生产方式，强化绿色科技创新，发挥中央企业绿色低碳发展示范作用；三是发挥中央企业绿色投资引领作用，引领绿色发展重点领域资金供给，支持中央企业开展基础设施REITs试点；四是加强组织实施保障，证监会与国务院国资委合力推动中央企业更好地运用绿色债券融资，优化资本市场，服务绿色领域融资。

五 2024年中国绿色债券市场发展展望

2024年，面对国内外较为复杂的经济形势和逆周期调节的国内宏观政策趋势，以扩大内需和扩大新型投资、有效投资为核心的保增长、保就业势必成为可以预计的整体政策走向，而以绿色消费、绿色投资来促进高质量发展和新质生产力的构建与提升就成为2024年国内经济发展与转型的重要命题。这也为2024年中国绿色债券市场的发展与扩容创造了更好的市场氛围与条件。

可以预计,在2024年以绿色金融支持绿色经济发展中,绿色债券将迎来更加广阔的发展空间,无论从发行规模、融资规模,还是发行主体的扩容、交易活跃度、品种创新与制度创新方面都会有明显增长与进步,尤其是绿色债券的市场容量、交易规模等会有较大提升。在很大程度可以说,2024年将迎来绿色债券市场与行业发展的新机遇和重要窗口期。

六 绿色债券市场发展区域性案例

——广东省2023年绿色债券市场发展状况

(一)发行情况

2023年广东省绿色债券发行数量及规模均有所回落,发行规模约为528亿元,占比达6.32%,较上年下降5.79%;发行只数占比达11.79%,较上年下降0.76%,发行规模和只数占比排名第四。

具体来看,广东省绿色债券市场中以公司债及资产支持证券为主,金融债发行笔数较少,仅为4笔,发行人分别为广州银行(2笔)、江门农村商业银行、东莞农村商业银行,发行金额分别为70亿元、30亿元、15亿元和5亿元。

剔除金融债,广东地区发行规模不低于10亿元的债券有11笔(见表3),发行人行业涵盖轨道交通、环保、清洁能源、新能源汽车、融资租赁等领域,主体较为多样,发行人所在城市以广州、深圳为主。

表3　　　　　　　　2023年广东省绿色债券发行情况

发行人	发行规模(亿元)	债券期限(年)	债券利率(%)	债券类型
中国光大环境(集团)有限公司	20.0000	3.0000	3.5000	中期票据
珠海华发实业股份有限公司	13.5000	18.0137	5.5000	资产支持证券
广州地铁集团有限公司	13.0000	3.0000	2.8300	中期票据
广州开发区投资集团有限公司	11.0000	17.9808	3.3000	资产支持证券
中建国际投资集团有限公司	11.0000	3.0000	2.8800	公司债
广东省环保集团有限公司	10.0000	3.0000	3.9000	公司债

续表

发行人	发行规模（亿元）	债券期限（年）	债券利率（％）	债券类型
广汽汇理汽车金融有限公司	10.0000	1.0356	2.5100	资产支持证券
中国光大绿色环保有限公司	10.0000	3.0000	3.2000	中期票据
华润融资租赁有限公司	10.0000	3.0000	3.1900	中期票据
广州越秀融资租赁有限公司	10.0000	3.0000	3.1900	公司债
中国光大绿色环保有限公司	10.0000	2.0000	2.8300	中期票据

资料来源：中国生物多样性保护与绿色发展基金会绿色企业工作委员会根据公开资料整理。

（二）政策支持

目前，广东省是出台绿色金融支持政策最多的省份之一。

2023年12月底，广州市出台《广州市促进金融业高质量发展若干措施》，提出"对在境内外新发行绿色债券的金融机构和非金融企业，按其绿色认证费用（含发行前绿色认证及发行后跟踪绿色认证）的50%给予补贴，单个债券发行人一个公历年度绿色认证费用补贴金额累计不超过50万元"等补贴措施。

作为三大对外开放平台的横琴、前海、南沙也分别出台了与绿色金融相关的专项扶持和鼓励政策，例如，2023年10月南沙发布《广州南沙新区促进气候投融资发展若干措施》，提出"粤港澳大湾区气候投融资项目库企业发行ESG债券，在债券存续期内按实际支付利息的10%对债券的发行主体给予贴息，同一笔债券业务补贴期最长不超过3年，单个企业每年最高200万元"的扶持政策，与广州市的相关补贴政策叠加，优势明显。

利用大湾区优势推动绿色金融发展方面。2023年2月23日，《关于金融支持横琴粤澳深度合作区建设的意见》出台，提出"支持合作区完善绿色金融服务体系，推动绿色金融标准与港澳互认，加强粤港澳大湾区绿色金融合作，鼓励合作区内企业利用港澳平台为绿色企业、绿色项目进行认证及融资"。同日发布的《关于金融支持前海深港现代服务业合作区全面深化改革开放的意见》也提出了"支持前海合作区内金融机构积极开展绿色金融产品创新，开展环境信息披露试点，探索深港互认的、统一的金融机构环境信息披露标准"等内容。

广东省注重对绿色金融的支持，与绿色金融相关的政策支持力度也走在全国前列。相对于全国来说，广东省债券市场有比较明显的特色，即主体多元化、行业多元化。目前广东省三大平台都在陆续出台重磅的支持政策，相信未来有更多企业加入绿色债券发行的行列。广东省的金融机构应积极把握与港澳联动的优势，引入更多国际先进的创新产品，同时建议更多地方法人金融机构也积极加入，为绿色产业提供长期限、低成本资金。

主要参考文献

联合赤道：《2023年绿色债券市场运行报告》，2024年1月12日。

中诚信绿金国际：《2023年国内绿色债券市场运行年报》，2024年1月19日。

华福证券研究所：《一文读懂绿色债》，2023年8月29日。

郭晓洁、谢泳妍：《2023年度绿债观察丨国内绿债发行规模小幅回落，绿色金融债成发行主力》，《21世纪经济报道》2024年1月22日。

生产运营领域的绿色供应链体系建设和创新实践

徐 岷 段梦渊[*]

2023年，我国绿色供应链体系随着发展方式的绿色化转型取得了明显的发展，尤其是在汽车、机械、电子、纺织、通信等行业的绿色供应链体系逐步构建完成。具体表现为：国家层面，我国正逐步构建完备的绿色供应链标准体系；区域实践方面，江苏、浙江、广东等制造业大省绿色供应链发展水平领跑全国。同时，政府以政务采购为抓手，推动绿色采购成为高质量发展的重大引擎；通过提升交通运输装备绿色化水平、优化交通运输结构等方式，推动供应链的交通运输环节绿色化发展；通过推行产业数字化改造、加快清洁能源装机量等方式推广绿色供应链生产体系。展望2024年，随着我国"3060"双碳目标的提出进入第四个年头，在我国深入落实党的二十大精神的重要时期，经济绿色发展成为我国新时代高质量发展的关键要素。我国绿色供应链示范企业将新增100家，绿色采购占比将进一步逼近100%，绿色流通方式进一步发展，绿色供应链仍将保持强劲的发展态势。

一 生产运营领域我国绿色供应链体系发展进程

（一）生产运营领域的概念与范围

从概念上讲，生产运营包括生产（Production）与运营（Operationes）

---

[*] 徐岷，深圳市蕾奥规划设计咨询股份有限公司产业规划部经理，工程师，主要研究方向为产业发展、物流及供应链管理；段梦渊，深圳市蕾奥规划设计咨询股份有限公司产业规划部助理设计师，主要研究方向为产业规划、物流及供应链管理。

两个方面，其中，生产指利用土地、劳动、资本、知识等生产要素来制造产品与服务的过程。运营，指运营管理，即对制造产品的过程中所发生的设计、生产、加工、包装、设备运维、检验检测等所有生产活动进行系统化管理，是生产制造环节中不可缺少的重要组成部分。因此，本文中的生产运营领域可直接理解为从生产计划制订、原材料采购到产品销售分销、售后服务的生产制造全过程。

参照国民经济行业分类标准，文中所涉及的生产运营领域包括制造业（C），电力、热力、燃气及水生产和供应业（D），批发和零售业（F），交通运输、仓储和邮政业（G），科学研究和技术服务业（M）等。[1]

（二）在生产运营领域，绿色供应链体系的重点发展行业

绿色供应链又称环境意识供应链或环境友好供应链，这一概念最早由美国密歇根州立大学的制造研究协会提出。由欧盟倡议的绿色产品所形成的供应链体系，其核心是在传统供应链基础上，将绿色制造、产品生命周期管理和生产者责任理念延伸至企业业务流程[2]，使产品本身具有环保概念，从而提升产品的市场竞争力，包括绿色设计、绿色采购、绿色生产、绿色交付、绿色回收五个维度。我国绿色供应链体系整体处于发展起步期，与发达国家相比，处于追赶阶段，预计在党的领导下，随着"3060"双碳目标的逐步实现，我国绿色供应链体系将逐渐实现从追赶到并跑的过程，最终实现领跑。[3]

2021年12月，工业和信息化部（以下简称工信部）在《"十四五"工业绿色发展规划》中明确提出，推动绿色产业链与绿色供应链协同发展，鼓励汽车、家电、机械等生产企业构建数据支撑、网络共享、智能协作的绿色供应链管理体系，提升资源利用效率及供应链绿色化水平。[4] 2022年7月，经国家碳达峰碳中和工作小组审议通过，由工信部、国家发改委、生态环境部联合印发的《工业领域碳达峰实施方案》中，重点提出

---

[1] 中华人民共和国国家质量监督检验检疫总局、中国国家标准化管理委员会：《国民经济行业分类标准》（GB/T4754—2017），2017年6月。

[2] 中华人民共和国国家质量监督检验检疫总局、中国国家标准化管理委员会：《绿色制造 制造企业绿色供应链管理 导则》（GB/T33635—2017），2017年5月。

[3] 李刚、扶明亮：《绿色供应链管理国际研究热点及其演化可视化分析》，《供应链管理》2022年第6期。

[4] 工信部：《"十四五"工业绿色发展规划》，2021年12月。

生产运营领域的绿色供应链体系建设和创新实践

支持汽车、机械、电子、纺织、通信等行业龙头企业，在供应链整合、创新低碳管理等关键领域发挥引领作用，将绿色低碳理念贯穿于产品设计、原料采购、生产、运输、储存、使用、回收处理的全过程，加快推进构建统一的绿色产品认证与标识体系，推动供应链全链条绿色低碳发展。① 通过对上述国家级顶层设计的分析研判，我们认为，我国在引导汽车、机械、电子、纺织、通信等国民经济的支柱性行业不断建设完善绿色供应链体系。

（三）生产运营领域绿色金融供应链相关政策制定情况

党的十八大以来，在习近平总书记"绿水青山就是金山银山"理念的指导下，绿色发展成为指导我国今后高质量发展建设的全局理念之一。2015年，《中国制造2025》中就明确提出构建高效、清洁、低碳、循环的绿色制造体系，打造绿色供应链，升级现有产业结构。2016年，工信部制定的《绿色供应链管理评价要求》作为实施守则，界定绿色供应链的管理范围，并提出评价标准。2017年，出台《国务院办公厅关于积极推进供应链创新与应用的指导意见》，提出探索建立统一绿色产品标准、认证、标识体系，引导后续我国绿色供应链相关标准建设。自2020年起，我国先后出台一系列国家标准，规范绿色供应链管理的评价、采购控制、物料清单要求等。2021年，工信部出台《"十四五"工业绿色发展规划》，将绿色供应链作为绿色制造的支撑体系，鼓励制造业企业开展绿色制造承诺机制，倡导供应商生产绿色产品，创建绿色工厂，打造绿色制造工艺、推行绿色包装、开展绿色运输、做好废弃产品回收处理，形成绿色供应链。② 2022年，工信部、国家发改委、生态环境部三部委联合印发《工业领域碳达峰实施方案》，将绿色供应链作为绿色制造体系的重要部分，鼓励"一链一策"制订低碳发展方案，推动和优化绿色供应链发展。随着政策体系的不断完善，绿色供应链体系逐渐覆盖生产生活的方方面面，成为建设中国式现代化的重要组成部分。

---

① 《工业和信息化部 国家发展改革委 生态环境部关于印发工业领域碳达峰实施方案的通知》，工信部联节〔2022〕88号。
② 工信部：《"十四五"工业绿色发展规划》，2021年12月。

二　2023年我国在生产运营领域的绿色供应链体系运行状况分析

（一）2023年我国在生产运营领域绿色供应链体系建设情况

国家层面，我国正逐步构建完备的绿色供应链标准体系（见表1）。2017年，我国完成首个绿色供应链国家标准《绿色制造　制造企业绿色供应链管理　导则》（GB/T 33635—2017）并于同年12月1日正式实施，此标准详细制定了制造业绿色供应链管理的目的、范围、总体要求等，引导企业建立绿色供应链管理体系。在此国家标准的原则和框架下，2018年针对供应链管理的具体流程，编制5项国家标准，于2020年11月连续出台《绿色制造 制造企业绿色供应链管理 采购控制》（GB/T 39258—2020）、《绿色制造 制造企业绿色供应链管理 信息化管理平台规范》（GB/T 39256—2020）、《绿色制造 制造企业绿色供应链管理 物料清单要求》（GB/T 39259—2020）、《绿色制造 制造企业绿色供应链管理 评价规范》（GB/T 39257—2020）4项国家标准，于2023年9月出台《绿色制造 制造企业绿色供应链管理 逆向物流》（GB/T 43145—2023），针对绿色供应链的具体环节，形成了较为翔实的标准指引。2022年，我国开始针对细分产业发展方向制定相应的绿色供应链标准。2022年7月，针对电子信息制造类企业，出台《电子信息制造企业绿色供应链管理规范》（GB/T 41505—2022），于2023年起实施。通过发布实施一系列绿色供应链管理国家标准，有利于引导制造业企业全面构建绿色供应链管理体系，有利于激发企业绿色发展的主观能动性，有利于引导我国产业链全面绿色化转型升级。

区域实践方面，江苏、浙江、广东等制造业大省绿色供应链发展水平领跑全国。根据已公布的第6批国家级绿色供应链管理企业公示名单看，江苏、浙江、广东等制造业大省绿色供应链管理示范企业均超过20家（见图1）。同时，天津、上海、深圳、东莞等制造业发达城市，在"制造业立市"的指导方针下，已率先开展绿色供应链管理创新和试点工作，结合地方产业特点，通过政府引导、企业参与，探索出适合地方发展的绿色供应链管理新格局。

生产运营领域的绿色供应链体系建设和创新实践

表1　　　　　　　　绿色供应链相关国家标准

序号	标准号	标准名称	发布日期	实施日期
1	GB/T 43145—2023	绿色制造 制造企业绿色供应链管理 逆向物流	2023年9月7日	2024年1月1日
2	GB/T 41505—2022	电子信息制造企业绿色供应链管理规范	2022年7月11日	2023年2月1日
3	GB/T 39258—2020	绿色制造 制造企业绿色供应链管理 采购控制	2020年11月19日	2021年3月1日
4	GB/T 39256—2020	绿色制造 制造企业绿色供应链管理 信息化管理平台规范	2020年11月19日	2021年3月1日
5	GB/T 39259—2020	绿色制造 制造企业绿色供应链管理 物料清单要求	2020年11月19日	2021年3月1日
6	GB/T 39257—2020	绿色制造 制造企业绿色供应链管理 评价规范	2020年11月19日	2021年3月1日
7	GB/T 33635—2017	绿色制造 制造企业绿色供应链管理导则	2017年5月12日	2017年12月1日

资料来源：国家标准全文公开系统，https://openstd.samr.gov.cn/bzgk/gb/index，2023年10月。

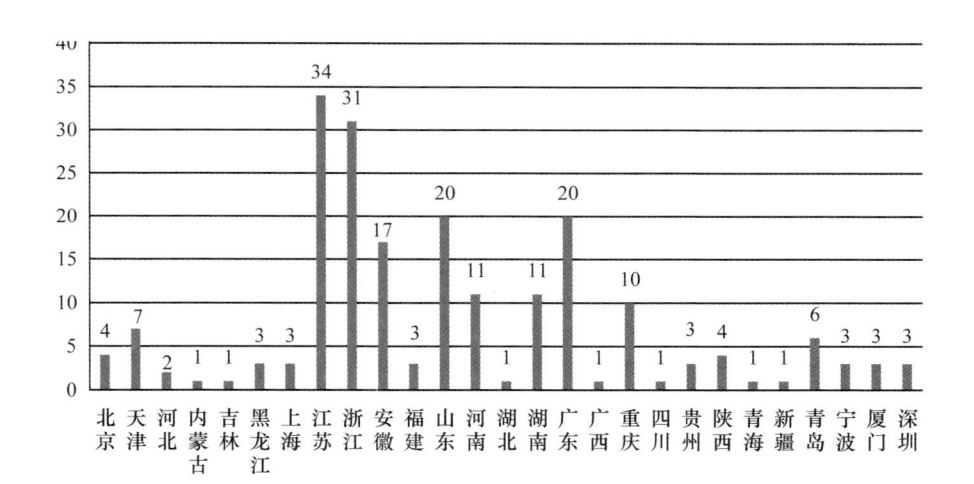

图1　绿色供应链管理示范企业区域分布情况

资料来源：工信部：《2023年度绿色制造名单公示》，2023年11月。

在行业实践方面，重点分布于电子、汽车、机械、轻工等九大行业（见图2）。尤其是电子、汽车、机械三大行业，作为我国国民经济高质量发展的重要支柱，在龙头企业牵引下，不断加强全产业链的绿色化升级，重点通过开展绿色供应链实践，推动我国企业供应链绿色化升级，助力我国保质保量地实现"3060"双碳目标。

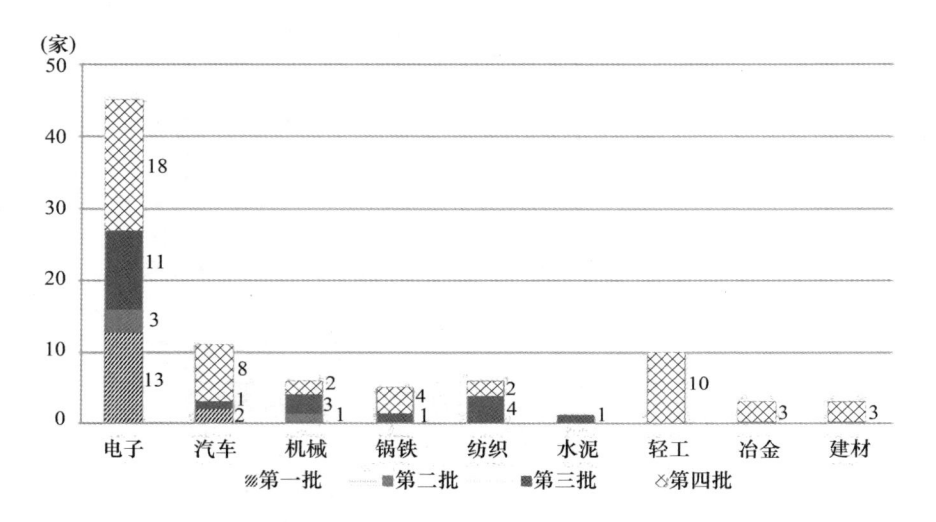

图2 绿色供应链管理示范企业行业分布情况（前四批）

资料来源：侯晓晔：《绿色供应链管理企业分析报告》，2023年11月，中国绿色制造联盟秘书处，https://www.gmpsp.org.cn/portal/list/index/id7.html。

（二）2023年我国在生产运营领域绿色供应链体系运行情况

以政府采购为抓手，推动绿色采购成为高质量发展的重大引擎。绿色采购，可以有效地推动企业上游供应商实现绿色环保。2023年1月，国务院新闻办公室发布《新时代的中国绿色发展》白皮书，其中明确提到不断完善绿色产品认证采信推广机制，健全政府绿色采购制度，实施能效水效标识制度，引导促进绿色产品消费。在国家政策驱动下，山东、浙江等制造业大省，积极推动政府绿色采购。山东省加快实施政府绿色采购改革，优先采购或强制采购环保产品，加大对清洁能源交通工具的政府采购力度；宁波市海曙区在财政局的综合部署下，统筹全区推进节能环保产品应用推广工作，确保政府绿色采购取得实效，绿色采购金额占比超95%。

广泛推行绿色生产方式。产业转型领域，通过推行产业数字化改造，

生产运营领域的绿色供应链体系建设和创新实践

重点领域关键工序数控化率已超过55.3%，较10年前提升超30个百分点，数字化研发设计工具普及率已超七成。能源领域，我国清洁能源消费量占能源消费总量的比重已上升至25.9%，非化石能源发电装机量超过12.7亿千瓦，占比达到49.6%；风电、光伏新增装机突破1.2亿千瓦，发电容量超1万亿千瓦时；[①] 截至2023年前三季度，全国全口径发电装机容量27.6亿千瓦，非化石能源发电装机占比52.1%，较上年同期提高3.7个百分点。[②] 占能源消费增量的60%以上；北方地区清洁取暖率达73.6%，替代散煤1.5亿吨以上。

作为供应链流通的重要环节，交通运输耗能高、污染物和温室气体排放量大，是绿色供应链运输的重要环节。我国通过提升交通运输装备绿色化水平，让运输更加低碳、出行更加环保。一方面，优化交通运输结构，加快推进高铁运输、铁路转型建设，深入开展多式联运，提升大宗物流水路、铁路运输能力。绿色供应链生产新能源货车、高铁货运等绿色物流交通工具，正逐步替代传统交付方式。截至2023年年初，我国铁路、水路货运量合计占比达到26.72%，较10年前提高6.01个百分点。另一方面，大力推进交通运输工具绿色转型。在物流、机场等场景中大力推广新能源汽车应用，截至2023年9月底，我国新能源汽车保有量达1821万辆，约占全球总量（2700万辆）的六成；新能源公交车超50万辆，占公交总量的超七成。同时，通过对机场、港口、高铁站等交通场站进行节能改造，深入推进绿色交通配套设施建设。据不完全统计，目前我国高速公路服务区充电桩数量超1.3万个，数量全球第一。[③]

（三）生产运营领域在我国绿色供应链体系发展过程中面临的突出问题

企业绿色供应链管理标准仍有待完善和提升。尤其是针对绿色生产、绿色交付等细分领域，仍需要国家级评价标准。此外，各细分产业发展方向的绿色供应链标准仍需完善，国家标准的制定有利于加强与国际技术评价标准的协调。

此外，绿色供应链人才队伍建设处于起步期。人才培养是我国供应链

[①] 电力规划设计总院：《中国能源发展报告（2023）》，2023年9月。
[②] 国家统计局：《2023年前三季度国民经济运行情况》，2023年10月。
[③] 《我国新能源汽车保有量达1821万辆》，新华社，2023年10月10日，https：//www.gov.cn/lianbo/bumen/202310/10content_ 6908192.htm。

发展的当务之急，具备绿色低碳可持续发展相关知识体系、管理技术和实战经验的人才尤为稀缺。

三 生产运营领域绿色供应链体系的组织和创新实践案例

（一）华润雪花啤酒实践案例

华润发挥央企在绿色供应链体系建设中的示范和引领作用，先后在珠海华润化学材料科技有限公司、华润雪花啤酒厂、华润万家配送中心、润辉科技园、华润三九观澜基地等园区中，探索智慧化业务管理、智慧能源管理等手段，推动供应链绿色化转型。

以华润雪花啤酒智慧工厂为例。企业以智能化改造为抓手，基于工业互联网，打造生产智能化新模式，以雪花秦皇岛工厂为试点，打磨雪花生产数据采集平台，推动雪花78家工厂的IoT平台建设，推进工控系统数据采集、移动采集与生产管控线上化，实现业务优化，平台协同，管理提升。从应用价值角度看，雪花啤酒智慧工厂数据采集效率提升100%，每年可节省人工280—300人，生产损耗降低5%—10%，每间工厂可节省打印耗材10万元，创造经济效益2100万—3000万元。

（二）东方嘉盛实践案例

东方嘉盛作为国内供应链管理头部上市企业，近年来持续探索以推动供应链绿色化为抓手，依托行业龙头身份，积极践行ESG理念，推动零碳转型。

1. 绿色流通维度

积极引导供应商采用新能源物流车辆。在绿色发展浪潮下，物流货运行业综合考虑成本、运力等因素，依然以传统能源物流车辆为主。东方嘉盛作为行业头部企业，积极为行业发声，通过承诺给予订单支持、优先使用新能源运力等方式，引导下游供应商采用新能源物流车，推动供应链流通方式绿色化升级。预计在未来5—8年，随着新一轮物流车辆进入淘汰周期，新能源货车占比将迎来巨大提升。

2. 绿色采购维度

通过数字化平台实现办公场景全覆盖，推动办公模式绿色化升级。以新冠疫情期间居家办公为契机，建设公司数字化办公，减少纸张、打印机、墨盒、笔等办公耗材的消费，除国家法律要求打印的纸质凭证外，已实现全面无纸化，近三年来，纸张采购成本较疫情前下降超50%。同时，数字化平台建设中，为降低能耗，采购阿里、腾讯等经过ESG认证企业的IDC服务，彰显上市公司的社会责任。

3. 绿色能源维度

探索在自持的物流、办公等物业中，推行智慧能源管理系统。通过绿电改造、用电行为规范管理、使用数字节能设备等方式，减少能源消耗，预计未来可降低能耗超50%。此外，也在探索冷链物流仓库中使用新材料集装箱保冷。通过对特种集装箱进行改造，将大型冷链仓变为若干集装箱式冷柜，减少大型冷链物流仓在空调等传统手段控温中的能源消耗。

（三）供应链流通领域创新实践案例

集装箱式储能技术在绿色供应链流通领域创新应用场景。2023年10月，中远海试航全球首制700标准箱纯电池动力集装箱船。作为我国首艘自主设计建造的江海直达纯电动集装箱船，船总长119.8米，宽23.6米，装船电池容量全球最大，配载了36只可更换的集装箱式储能柜作为动力源，通过换电方式进行续航，载电量相当于800多辆新能源汽车，在同类纯电动集装箱船领域，电池容量远超于国内外现有船舶，载重吨位、装箱数等指标在全球范围内均处于领跑地位。此电动集装箱船每运行100海里，可节约各类燃油近4吨，减少二氧化碳排放超12吨，节约能耗费用超3万元，全年常规运行可实现废气减排超2400吨，未来将应用在长江流域内河航运领域，真正地促进长江"黄金水道"的绿色化转型升级。

四 2024年我国生产运营领域绿色供应链体系发展形势预期

党的二十大报告中明确提出，推动绿色发展，促进人与自然和谐共生。其中，"加快发展方式绿色转型"位列绿色发展章节的首位。具体包括加快推动产业结构、能源结构、交通运输结构等调整优化；推进各类资源节约集约利用，加快构建废弃物循环利用体系；发展绿色低碳产业，健全资源环境要素市场化配置体系，加快节能降碳先进技术研发和推广应用等维度。在这一顶层设计指引下，2024年，我国将进一步深入落实党的二十大精神，高速推进经济产业的绿色化转型。作为经济产业绿色化转型的重要支撑，面向生产运营领域的绿色供应链体系将持续不断探索发展的新范式。加快构建绿色供应链体系，确保我国产业链和供应链的安全与韧性，推动中国经济走向新增长模式将成为政府的工作中心。通过做大做强制造业，在立足国内需求扩大消费的发展大战略加持下，绿色增长将进一步推动中国经济发展范式的变革，推动中国从"投资+房地产+出口"拉动经济增长模式走向"内需+制造业+碳中和"发展模式，将对绿色供应链体系建设产生更加积极且深远的影响。

国际维度，2024年俄乌冲突、巴以冲突等地缘政治纷争仍存在不确定性。在这样外部环境下，中国仍将在党中央的坚定领导下，坚持产业链、供应链的绿色化发展，引导国际大环境重回绿色发展的正确轨道。

技术层面，2024年，以人工智能为代表的数字技术融合发展，将成为绿色供应链发展的重要抓手。数字供应链的核心是在供应链管理过程中，结合AI、云计算、物联网IoT技术，通过对企业运行、市场发展、国际国内宏观经济形势变化、货物流通状况等大数据的整合与分析，实现对物流与库存产品的实时跟踪、监测，并提前预测需求，从而实现库存优化、需求预测、风险管理、供应链监管可视化、成本优化等功能，从而减少流通、采购等环节中的浪费。根据准时达等企业反馈信息，数字供应链技术可以帮助企业减少20%—30%的原材料库存，提质增效，实现供应链绿色化发展。

预计2024年，我国绿色供应链示范企业将新增100家；绿色采购占比将进一步上升，持续逼近100%；清洁能源消费比重将超30%，绿色生产方式进一步形成；新能源物流运输工具、无人机等绿色流通方式将进一步发展，"AI+"的绿色供应链技术将得到推广，我国绿色供应链仍将保持强劲的发展态势。

五 生产运营领域绿色供应链体系相关政策建议

2023年11月6日，国家发改委发布《国家碳达峰试点建设方案》，通过建设100个试点项目，形成一批可操作、可复制、可推广的创新举措和改革经验，"双碳"目标实现路径进一步清晰。在国家"双碳"目标实现进入发展快车道的背景下，建议从以下几个维度完善绿色供应链政策体系。

（一）加强政策引导，提升国内物流基础设施绿色低碳水平

引导机场、码头、口岸、铁路、公路、物流园等基础设施从规划设计端开始，不仅建筑、交通、照明、供热功能等基础设施实现低碳绿色化升级，还结合人工智能、大数据、算法建模等新一代信息技术应用实现智慧绿色低碳的数字化。建议由中央企业、国有企业牵头，以国家资本为主，吸引民间资本参与投资开发建设绿色低碳的大型物流基础设施，管理运营则可通过开放场景、购买服务等方式引入市场化资源参与其中，但应当发挥中央企业、国有企业的领军作用，提高全社会对绿色物流基础设施的认知程度。

（二）鼓励企业实施运输、采购、分销等供应链体系绿色化升级，提升绿色制造水平

通过推动供应链与产业链、人才链、资本链融合发展，鼓励将绿色设计、绿色分销、绿色采购等绿色供应链应用于产业园区的开发、建设、运营、管理过程中。通过工艺流程绿色化再造，以绿色供应链为抓手，推动产业链绿色化转型升级。

鼓励出台相关金融政策，如通过给予采取绿色供应链的企业以贷款优惠以及利润补贴等方式，激发企业对供应链绿色化升级的积极性。同时，要出台保障政策，确保奖励、补贴等政策性资金能够快速、扎实、稳健地落到企业手上。

（三）扶持各地建设一批物流行业数字大脑，运用新一代信息技术手段，提升供应链绿色低碳管理水平

近年来，国家出台一系列政策支持各地建设自己的产业大脑，推动产业数字化快速发展，物流行业也应该尽快建设自己的数字大脑，以立足供应链管理中的流通、存储环节，通过拓展数字交通、数字能源相关应用，加强对能源、碳排放的智慧监测与管理。出台鼓励政策，引导各地政府通过评优等方式，推荐一批标杆性的物流产业数字大脑应用企业及场景，并在全国范围内形成推广与实践。

（四）支持高校、产学研平台建设绿色供应链等"双碳"相关学科专业，加强高端专业人才培养

参考职业技术经纪人等科技创新相关专业人才培养机制，在工程技术和交通运输学科设立相关学科，培养以绿色供应链为代表的"双碳"人才梯队，培养兼具绿色理论知识与绿色实践经验的专业化人才。

六 结语及未来展望

"3060"双碳目标下，绿色化高质量发展成为新时代建立中国式现代化的重要实践路径。作为经济发展的重要支撑，生产运营领域供应链体系绿色化发展，是推动经济可持续和环境可持续发展的核心实践路径。未来，企业将通过供应链与AI技术、智慧能源管理技术等数字化手段，不断提升供应链数字化、绿色化水平，建设更加完备的绿色供应链体系。但同时，我们也需要看到，目前在全球性供应链体系重构背景下，企业在国内外市场中面临巨大的生存压力。因此，政府应当加强引导，通过中央企业、国有企业牵头示范，加大补贴力度与政策倾斜力度，优化提升国内国际双循环市场下的营商环境，确保企业生存和发展，进而提高绿色化转型升级的动力。

主要参考文献

李刚、扶明亮：《绿色供应链管理国际研究热点及其演化可视化分析》，《供应链管理》2022年第6期。

朱庆华、耿勇：《中国制造企业绿色供应链管理因素研究》，《中国管理科学》2004年第3期。

江怡洒、冯泰文：《绿色供应链整合：研究述评与展望》，《外国经济与管理》2022年第10期。

梅强、佴红、刘素霞等：《面向中小制造企业的绿色供应链协同创新模式多案例研究》，《科学学与科学技术管理》2023年第5期。

三井物产：日本绿色能源的产业链链长

白益民[*]

2023年中国绿色投资规模达到2.6万亿元，未来5年预计累计增加16.3万亿元，绿色经济已经成为中国经济复苏的重要引擎之一，是促进和引领经济高质量发展的重要动能。今后，如何寻找到既能创造经济效益又能创造社会价值，且具有可持续成长潜力的投资标的项目就成为发展的重中之重。事实上，不仅绿色产业的发展需要"链长"，产业投资同样需要"链长"，在日本以三井物产为代表的综合商社就扮演着绿色能源投资"链长"的角色。他山之石，可以攻玉。通过梳理分析日本综合商社的"绿电—绿氢—绿氨"等绿色项目投资，能够为中国的绿色投资提供积极的借鉴。

一 三井物产扮演日本绿电"产业组织者"角色

绿电，即绿色电力（Green Power），是指通过零二氧化碳排放（或近零二氧化碳排放）的生产过程得到的电力，绿电的主要来源为太阳能、风能、生质能、地热等。使用绿电可以减少温室气体的排放，资料显示，与传统化石能源相比，每使用1兆瓦时（1000度）"绿电"可减排822千克二氧化碳、0.39千克二氧化硫和0.36千克二氧化氮。

目前，绿电产业主要仍以太阳能光伏发电和风力发电为主。早在20世纪90年代，三井物产就开始从事太阳能和风能发电的相关事业，其中包括

---

[*] 白益民，中国社会科学院全国日本经济学会理事、中国生物多样性保护与绿色发展基金会绿色企业工作委员会首席经济学家，主要研究方向为产业组织、日本经济等。

聚硅原料相关事业、风电叶片的材料研发生产事业、太阳能电池模组用资材和器材的销售、在国外开展独立发电事业（IPP）、为发电项目提供专用系统以及开发有关新能源的解决方案等。三井物产（综合商社）的海外绿电项目投资情况如表1所示。

除投资建设太阳能发电站外，三井物产还充分利用其综合商社"产业组织者"（链长）的角色，联合三井信息株式会社和三井物产物业管理株式会社，构建起大型太阳能发电站的维护和运营体制，对发电状况进行监测、对设备仪器进行保养。此外，为了更好地发挥金融作用，三井物产还联合东京海上资产管理投信株式会社于2013年设立了太阳能发电产业的相关基金。

2014年10月，三井物产与三井化学、三井造船、东芝、东丽、东亚合成6家公司在日本爱知县田原市绿浜投资建设了日本国内规模最大的风光混合型发电站——田原风光混合发电站。与单独设置光伏或风力发电相比，风光混合发电可相对减轻输出功率因天气变化而变动的情况，能够比较稳定地供应电力。

2022年3月，三井物产宣布向可再生能源巨头Mainstream公司投资5.75亿欧元。交易完成后，三井将拥有Mainstream公司27.5%的股份。Mainstream公司在包括拉丁美洲、非洲和亚太地区在内的全球市场开发、建设和运营风能和太阳能发电资产，拥有14年的行业经验。位于英国北海的Hornsea Zone就是由该公司开发的，是目前全球运营中最大海上风力发电场。

太阳能、风能等可再生能源的开发是绿电产业链的重要上游环节，当然除能源开发外，电力的传输配送以及储能技术在绿色电力产业链中同样起到重要的作用，它能够将电能储存起来，以便在需要的时候释放。为此近些年来，三井物产积极与美国储能提供商Sunverge、Stem等公司合作投资虚拟电厂项目，虚拟电厂是一种集成多种可再生能源的分布式能源管理模式。

同传统能源产业类似，三井物产等综合商社从来都不是能源的直接利用者。作为日本特殊形态的贸易公司，集贸易、情报、投资、物流、金融等功能于一体，不仅肩负着日本国内外贸易的重大使命，还是日本资源战略的优秀执行者（链长职能）。而当综合商社完成上游开发与中游储运后，下游使用就会交给财团体系中的制造企业，如三井财团旗下的索尼就决定

三井物产：日本绿色能源的产业链链长

到 2040 年时实现全面绿电化。

在绿色产业的构建过程中，绿色能源显然是重要支撑，其中绿电则可以说是整个产业的基础，事实上许多新兴绿色能源都是由绿电制备或衍生而来。举个例子，传统制氢路线主要通过煤炭、天然气等传统能源制氢，这种制氢模式显然存在高碳排的问题，而以绿电为动力电解水生产的氢气就从源头上杜绝了碳排放，因此这种真正意义上的清洁能源也称为"绿氢"。

表 1　　三井物产（综合商社）的海外绿电项目投资情况

时间	地点	投资内容	项目信息
2012 年	加拿大	从法国燃气苏伊士集团加拿大分公司（GDF SUEZ Canada）处购买了其在加拿大开展的风力发电等业务的 30% 股份	法国燃气苏伊士集团加拿大分公司在加拿大的 7 个地点开展了风力发电项目，2 个地点进行太阳能发电，项目规模总值超过 20 亿加拿大元（约合人民币 126 亿元）
2017 年 12 月	墨西哥	与中国天合光能联合中标墨西哥 104 兆瓦（MW）光伏电站项目，双方共同开发、施工和投资该项目	项目位于墨西哥萨卡特卡斯，是中日第三方市场合作的 14 个经典案例之一
2021 年 5 月	菲律宾	与菲律宾公用事业公司 Global Business Power 合作在东南亚建设超大规模太阳能项目	位于菲律宾北部 Rizal 省的太阳能项目预计耗资约 70 亿日元（约 4680 万美元），三井物产承担 40% 的费用。发电量为 115MW，为菲律宾最大的配电商马尼拉电力公司提供服务
2022 年 4 月	印度	在印度投资收购一个总装机容量为 1300MW 的"风电 + 光伏 + 储能"项目的 49% 股权	计划开发和建设三个总装机容量为 900MW 的风力发电站、总装机容量为 400MW 的光伏发电系统，以及 100 兆瓦时（MWh）的电池储能系统
2022 年 9 月	阿根廷	与法国 Total Eren 公司共同开展在阿根廷的 92.7MW 的风力发电业务	风力发电站的总发电容量为 97.2MW（由 27 个 3.6MW 的风车构成）。在今后的 20 年里，将向阿根廷批发电力市场清算公司 CAMMESA 出售电力。该项业务是三井物产首次在阿根廷开展的发电业务
2023 年 9 月	中国台湾	与加拿大 Northland Power 公司合作投资中国台湾 1044MW 海龙海上风电项目	海龙开发项目将包括两个海上风电场，项目总成本预计约为 9600 亿日元（约 60.8 亿欧元），三井物产表示，该公司的投资、贷款和担保金额约为 2600 亿日元（约合 16 亿欧元）

二 加快探索"绿电"制"绿氢"的产业未来

氢能作为一种热值高、能量密度大、来源多样的清洁高效二次能源，被誉为21世纪的"终极能源"。根据氢能生产来源和生产过程中的碳排放情况，又可将其分为"灰氢""蓝氢""绿氢"。目前氢能主要以"灰氢"方式制取，占全球氢气产量的95%。所谓"灰氢"是指通过化石燃料燃烧制备的氢气，生产过程中会排放较多的二氧化碳。

近年来，利用"绿电"制"绿氢"逐渐成为行业发展的首要选择，利用风能、太阳能等"绿电"制备"绿氢"的过程几乎没有碳排放，而"绿电"则可通过"绿氢"实现储存、运输。因此，"绿氢+绿电"被认为是理想的能源体系。在"绿电"产业耕耘多年的三井物产显然也不会错过这一潜力巨大的市场领域，投资"绿氢"项目的步伐日益加快。

2022年4月，三井物产宣布购买在欧洲以"地产地消"模式制造"绿氢"的法国Lhyfe公司的1000万欧元可转换债券。Lhyfe公司由法国原子能和替代能源委员会（CEA）的成员于2017年成立，致力于直接利用当地的风力和太阳能发电等可再生能源，制造在制造过程中不排放二氧化碳的"绿氢"。目前，该公司活跃在欧洲10个国家，并在交通和工业领域拥有90多个管道项目。

2022年8月，三井物产向挪威氢能公司投资7000万挪威克朗（720万美元），获得约15%的股份，并成为公司第二大所有者。投资的部分资金会用于开发挪威氢能公司的Hellesylt工厂，该工厂计划拥有一个3兆瓦的电解槽，提供高达每天1300千克的"绿氢"生产能力。三井物产希望通过支持挪威氢能的增长以加快在北欧市场建立可靠的绿色氢能网络。

2023年10月，三井物产宣布与葡萄牙Galp能源公司合资开发建设每年1.5万吨"绿氢"的电解装置和年产27万吨生物燃料装置。项目总投资约6.5亿欧元，Galp持有合资企业75%的股份，三井物产持有25%的股份。电解装置将使用由长期供应协议提供的可再生能源，还将使用回收工业用水，生物燃料工厂则使用废弃的食用油和动物脂肪等废弃残渣作为原料，生产可再生柴油和可持续航空燃料。

当然作为"链长"，三井物产的目标不仅仅通过在可再生能源成本价

三井物产：日本绿色能源的产业链链长

格低的国家和地区制造具有成本竞争力的"绿氢"，还希望能够构建大规模的商业生态圈。为此在应用端，三井物产还通过积极向生产销售高压储氢罐的挪威 Hexagon Composites、从事加氢站事业的美国 First Element Full 等公司出资，致力于燃料电池车普及氢能应用等业务。

而谈到"绿氢"的应用，就不得不提与三井物产同属三井财团的丰田汽车，事实上日本的氢能产业最早就是从丰田氢能汽车开始的。2023 年 3 月，丰田汽车与旗下电装公司在日本福岛启动了一个"绿氢"示范项目，利用太阳能和风能发电系统，通过电解水生产氢气。此外，丰田汽车还与日本引能仕（ENEOS）合作，共同运营开发"绿氢"加油站。

一直以来，丰田的水电解制氢装置都是使用太阳能、风能等"绿电"制备氢气的。如今，丰田的"绿氢"产业早已不只是一个"氢能汽车"的概念，而是整个社会方方面面的共同能源。丰田通商就希望构建起一整套制造、供给、利用氢气的价值链。丰田通商实际上就是丰田集团内部的综合商社，同三井物产一样，扮演着丰田"绿氢"领域"链长"的角色。

此外，日本其他综合商社的"绿氢"项目投资如表 2 所示。

表 2　　　　　　　　日本综合商社的"绿氢"项目投资

综合商社	国家	项目
三菱商事	荷兰	2022 年 4 月，三菱商事向英国壳牌、挪威能源企业 Equinor 等合资设立的项目公司出资 10%，以荷兰近海为中心建约 400 万千瓦的海上风力发电站，并利用所获电力制"绿氢"
丸红	苏格兰	2021 年 11 月，丸红与苏格兰国家经济发展机构 Scottish Enterprise 签署谅解备忘录，并在苏格兰的格拉斯哥开设办事处，以支持该国的海上风电和绿色氢能项目，总计投资达 142 亿英镑（约合 164 亿欧元）
丸红	沙特阿拉伯	2023 年 3 月，丸红与公共投资基金（PIF）达成协议，在沙特阿拉伯创建清洁氢气（绿氢）项目的计划，PIF 是全球最大、最具影响力的主权财富基金之一
住友商事	智利	2023 年 2 月，住友商事和智利电力供应商 Colbun 公司已达成"绿氢"和"绿氨"的合作，寻求建立从智利到日本的"绿氢"和"绿氨"供应链
住友商事	澳大利亚	2022 年 5 月，英澳矿业巨头力拓矿业集团合作，在位于澳大利亚昆士兰州的雅温精炼厂开发建设一个 2MW 的绿色氢气生产设施，同时探索氢气在氧化铝精炼过程中替代天然气的潜力

续表

综合商社	国家	项目
双日	澳大利亚	2022年1月，双日株式会社启动实证项目：在澳大利亚昆士兰州借助太阳能发电的电力生产"绿氢"，在澳大利亚进行"绿氢"生产后运输至帕劳共和国，并将其有效利用于燃料电池和燃料电池船舶上
伊藤忠商事	纳米比亚	2023年8月，伊藤忠商事与纳米比亚"绿氢"开发公司Hyphen Hydrogen Energy签署谅解备忘录，双方合作搭建绿氢的下游应用场景，构建纳米比亚"绿电—绿氢—绿氨"产业链
丰田通商	美国	2022年7月，丰田通商宣布在美国加利福尼亚州全面开始利用来源于家畜粪便的"可再生天然气"（RNG），构建制造、供给、利用氢气的价值链，并最终实现商业化目标

三 "氨＝氢2.0"：让氨能成为氢能的最佳拍档

氢能作为"终极能源"虽然前景广阔，但由于在制氢、储氢、加氢等各个环节上，仍存在不少技术上的难题，如储存条件苛刻、不宜长距离运送等，因此氢能源的商业化应用尚未大规模落地。相较之下，氨的制备工艺成熟，有完备的贸易、运输体系，并且氨本身也是无碳燃料，所以在解决了氨直接燃烧的技术问题后，氨能甚至有望取代氢能，成为重要的新一代绿色新能源。

而在此之前氨本身还是十分合适的储氢介质，完全可以用可再生能源生产氢，再将氢转换为氨，运输到目的地后再将氨分解为氢进行利用，通过这样"绿电—绿氢—绿氨"的产业流程，能够极大地解决氢能的运输瓶颈，从而降低用能成本。"绿氢"的产业链发展必然会推动"绿氨"的生产和应用，二者之间就可以形成一个相互促进、共同发展的良性循环（见图1）。

在2021年10月日本发布的第六版能源战略计划中，首次引入氨能，并计划2030年引入300万吨燃料氨，2050年这一数据则要增长十倍。在这一过程中，以三井物产为代表的综合商社有望再次成为新市场的主导者。

实际上，三井物产在氨业务方面拥有超过50年的经验，参与了日本半

三井物产：日本绿色能源的产业链链长

数以上的氨进口，过去三井物产的氨业务大多以贸易为主，未来则将积极开展商业投资项目。

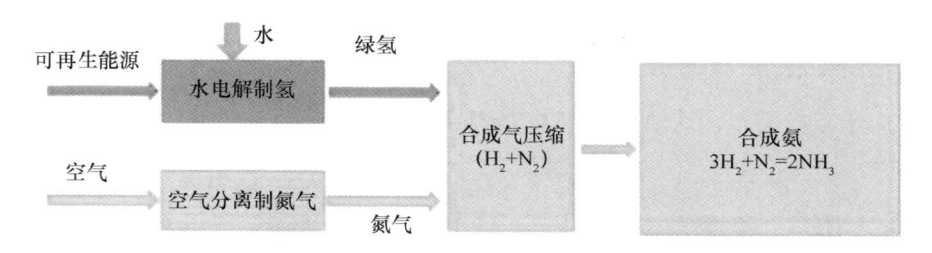

图1 "绿氢"生产合成氨工艺流程——氨是优秀的储氢介质

2021年10月，三井物产宣布在澳大利亚建设工厂，生产燃烧时不排放二氧化碳的燃料氨，总投资额1000亿日元，生产时产生的二氧化碳将储存在工厂附近的废弃气田中。氨气是由氢气与氮气反应制成的，利用"绿电"能源生产过程不排放二氧化碳的氨气称为"绿氨"，而如果对生产时所产生的二氧化碳实施捕集、回收与封存（CCUS），则称为"蓝氨"。同样的工艺产生的氢气也被称为"蓝氢"。

2022年6月，三井物产与阿联酋阿布扎比国家石油公司（ADNOC）签订合作协议，参与其清洁氨的生产项目，计划从2025年开始实现年产100万吨的清洁氨。该项目位于阿联酋的鲁崴斯工业区内的开发区，利用生产过程中的工业副产品"蓝氢"为原料生产清洁氨。此外，三井物产还希望在阿联酋与日本之间构筑起清洁氢氨的供应链，最终形成完善的绿色能源生态体系。

2022年7月，三井物产与全球最大的氨生产商CF Industries达成协议，计划在美国联合开发清洁氨生产项目。CF Industries成立于1946年，作为全球领先的化肥和化工公司，主要生产氮肥产品。CF Industries在位于美国路易斯安那州的唐纳森维尔生产基地有一套20兆瓦的碱性水电解制氢装置，电解的氢气主要用来生产绿色的合成氨。

当然，用氨直接作为燃料，目前必须克服其燃点高、燃烧速度慢等缺点。这就决定了至少在近期氨能还只适合在特定的应用场景当燃料，例如轮船航运。早在2021年4月，三井物产就成为马士基·麦克－凯尼·穆勒零碳航运中心的战略合作伙伴，这是一个独立的非营利研究机构，2020年成立于哥本哈根，旨在助力航运业脱碳，为氨气作为航运燃料提供技术路线图。

2023年1月，三井物产联合商船三井（隶属三井财团）和日本船级社联合研发的21万吨载重大型氨动力散货船颁发了原则性认可（AiP）证书。由于氨燃烧后的产物无二氧化碳，因此近年来作为去碳化燃料被航运界寄予了厚望。海运行业一直都是二氧化碳排放比较大的行业，商船三井致力于减排措施，计划是2035年减排45%，到2050年实现零排放。

四 渗透产、供、销及融资等所有的产业环节

2022年1月，三井物产宣布与全球领先负碳材料公司Origin Materials建立战略合作伙伴关系，旨在基于Origin Materials公司的专利技术平台，为汽车、化工、电子、包装、纺织、建筑和个人护理行业快速开发并产业化生产新型可持续负碳产品提供支持，并通过三井物产在全球供应链和商业创新方面的领先地位，进入日本和国际市场。

美国Origin Materials公司成立于2008年，其通过开发一个专业的技术平台，将廉价、丰富的木质素（可持续采伐的木材，也可以使用农业废料、木材废料、旧纸板等非食品植物原料）中的碳转化为有用的材料，同时在此过程中捕获碳，从而减少对化石资源的需求。该技术平台被认为可以颠覆各种终端产品的生产，未来潜在市场约为1万亿美元。

2023年10月，三井物产株式会社总裁堀健一（Kenichi Hori）表示，考虑到需要几十年的能源转型，世界上已宣布的项目仍无法弥补所需的供应。因此除天然气和液化天然气外，三井还需要有"几种途径"来实现能源转型，包括可再生能源、氨和氢。所有这些项目都将塑造我们投资组合的未来，从传统能源业务向低碳密集型时代过渡。[1]

一直以来，以三井物产为代表的日本综合商社都奉行着"绝不将所有的鸡蛋放在同一只篮子里"的经营宗旨，它们押注的绿色低碳项目，已在全球市场遍地开花。前三菱商事中国室室长小山雅久就曾有过一个比喻：综合商社是个软体动物。事实上，相较投资某一种新兴能源，综合商社更

---

[1] 堀健一的谈话来源于《巴菲特加持、利润激增！日本商社：全球LNG短缺》，华尔街见闻，https://baijiahao.baidu.com/s?id=1779969408534614113&wfr=spider&for=pc。

| 三井物产：日本绿色能源的产业链链长 |

愿意将注意力放在渗透其上下游原料，产品的产、供、销及融资等所有的产业环节，其本质上就是"链长"。

除前文详细介绍的"绿电—绿氢—绿氨"产业外，三井物产在绿色低碳领域的投资还有很多，例如，收购甲醇制造公司 Casso Midco（丹麦）49%的股份，与日本大阪大学合作开发低碳提锂技术等。正如三井物产株式会社总裁堀健一所说的那样，"确保供应来源的多元化可能对日本的能源安全至关重要，我们（三井物产）在美国、中东和非洲都有项目"。

当然，不仅是三井物产（综合商社），三井财团旗下的企业也都纷纷开展符合自身的绿色投资项目。早在2020年11月，三井化学就成为第一家宣布2050年实现碳中和目标的日本化学企业。2021年，三井化学与日本九州大学国际碳中和能源研究所成立了三井化学碳中和研究中心，并开始在绿氢生产和二氧化碳回收利用等领域开展研究。

紧接着是在2021年11月，三井不动产发布了"实现低碳社会的行动计划"。三井不动产正在致力于开发绿色电力能源，通过自行研发的太阳能发电以及其他可再生电力，提供给零售产业、商业设施以及办公楼等，到2030年时保证日本首都圈全部设施的使用量。除自行开发太阳能发电站外，三井不动产还与东京大学联合设立研究所，开发海上风力发电以及地热等可再生能源。

2023年6月，商船三井（中国）董事长德元仙治在采访时表示，中国在生产绿色甲醇、绿氨、绿氢上有成本优势，未来商船三井可以承接这些绿色能源的海运出口业务。[①] 实际上，商船三井近年来也一直在推行低碳减排，各类投资也有许多，并计划在2030年以后开始建造使用甲醇燃料或者液氨燃料的船，届时则可以完全实现二氧化碳的零排放。

五 综合商社是日本"绿色增长战略"的执行主体

2020年12月25日，日本经济产业省发布了《2050年碳中和绿色

[①] 德元仙治的内容来源于《专访商船三井（中国）董事长德元仙治：中国绿色甲醇、绿氨制造成本低 未来肯定有商机》，《每日经济新闻》，2023年6月28日，https：//baijiahao.baidu.com/s？id=1769936080270183886&wfr=spider&for=pc。

增长战略》（见表3）。根据这份"绿色增长战略"的规划，绿色投资被视为日本未来重塑经济的重点，以及引领日本远离化石燃料、加速清洁能源转型的关键。目前日本能源结构仍以化石能源为主，其在一次能源消费中的比重在87%以上，因此要实现碳中和，必须推进能源结构调整。

为此，2021年3月日本政府在财政预算中特别设置总额2万亿日元（约134亿美元）的"绿色创新基金"，主要在绿色电力普及、能源结构转换和产业结构调整三个关键领域提供资金支援。然而，从技术开发、实证到真正的社会应用是一个漫长的过程。事实上，在建立去碳化社会的过程中，日本民间企业的绿色投资同样起到了至关重要的作用。

日本经济产业省计划通过监管、补贴和税收优惠等激励措施，计划动员超过240万亿日元（约1.6万亿美元）的私营领域绿色项目投资，针对包括海上风电、核能、氢能、氨能、回收等在内的14个产业提出具体的发展目标和重点发展任务。力争到2030年这些绿色项目投资产生90万亿日元（约6000亿美元）的经济影响，并创造870万个就业机会。

表3　　　　　　　日本《2050年碳中和绿色增长战略》项目

序号	产业	目标	任务
1	海上风电	2040年海上风电装机容量达到30—45吉瓦（GW），设备零部件的国内采购率提升到60%	推进风电产业人才培养，完善产业监管制度；打造完善的具备全球竞争力的本土产业链，减少对外国零部件的进口依赖
2	氨燃料	2030年实现氨作为混合燃料在火力发电厂的使用率达到20%，2050年实现纯氨燃料发电	开展混合氨燃料/纯氨燃料的发电技术实证研究；构建稳定的供应链，增强氨的供给能力和安全，到2050年实现1亿吨的年度供应能力
3	氢能	2030年将年度氢能供应量增加到300万吨，到2050年达到2000万吨	发展氢燃料电池动力汽车、船舶和飞机；研发废弃塑料制备氢气技术；参与氢气输运技术国际标准制定
4	核能	2030年争取成为小型模块化反应堆（SMR）全球主要供应商，到2050年将相关业务拓展到全球主要的市场地区	积极参与SMR国际合作（如参与技术开发、项目示范、标准制定等），融入国际SMR产业链

| 三井物产：日本绿色能源的产业链链长 |

续表

序号	产业	目标	任务
5	汽车和蓄电池	21世纪30年代中期，实现新车销量全部转变为纯电动汽车（EV）和混合动力汽车（HV）的目标，实现汽车全生命周期的碳中和目标	扩大充电基础设施部署；出台燃油车换购电动汽车补贴措施；大力推进电化学电池、燃料电池和电驱动系统技术等领域的研发和供应链的构建
6	半导体和通信	2030年半导体市场规模扩大到1.7万亿日元；2040年实现半导体和通信产业的碳中和目标	扩大可再生能源电力在数据中心的应用，打造绿色数据中心；开发下一代云软件、云平台以替代现有的基于半导体的实体软件和平台
7	船舶	2050年将现有传统燃料船舶全部转化为氢、氨、液化天然气（LNG）等低碳燃料动力船舶	促进面向近距离、小型船只使用的氢燃料电池系统和电推进系统的研发及普及；推进面向远距离、大型船只使用的氢、氨燃料发动机以及附带的燃料罐、燃料供给系统的开发和实用化进程
8	交通物流和建筑	2050年实现交通、物流和建筑行业的碳中和目标	制定碳中和港口的规范指南，在全日本范围内布局碳中和港口；打造绿色出行；在物流行业中引入智能机器人、可再生能源和节能系统，打造绿色物流系统
9	食品、农林和水产	打造智慧农业、林业和渔业，发展陆地和海洋的碳封存技术，助力2050年碳中和目标实现	在食品、农林和水产产业中部署先进的低碳燃料用于生产电力和能源管理系统；智慧食品供应链的基础技术开发和示范；智慧食品连锁店的大规模部署
10	航空	2030年左右实现电动飞机商用，到2035年左右实现氢动力飞机的商用，到2050年航空业全面实现电气化	开发先进的轻量化材料；开展混合动力飞机和纯电动飞机的技术研发、示范和部署；开展氢动力飞机技术研发、示范和部署
11	碳循环	2030年实现二氧化碳（CO_2）回收制燃料的价格与传统喷气燃料相当，到2050年CO_2制塑料实现与现有的塑料制品价格相同的目标	发展将CO_2封存进混凝土技术；发展CO_2氧化还原制燃料技术；发展CO_2还原制备高价值化学品技术；研发先进高效低成本的CO_2分离和回收技术
12	下一代住宅、商业建筑和太阳能	2050年实现住宅和商业建筑的净零排放	利用大数据、人工智能、物联网（IoT）等技术实现对住宅和商业建筑用能的智慧化管理；建造零排放住宅和商业建筑；先进的节能建筑材料开发

续表

序号	产业	目标	任务
13	资源循环	2050年实现资源产业的净零排放	发展各类资源回收再利用技术（如废物发电、废热利用、生物沼气发电等）；通过制定法律和计划来促进资源回收再利用技术开发和社会普及；开发可回收利用的材料和再利用技术
14	生活方式相关	2050年实现碳中和生活方式	普及零排放建筑和住宅；部署先进智慧能源管理系统；利用数字化技术发展共享交通（如共享汽车），推动人们出行方式转变

在日本政府"引领新时代的挑战中，对大胆投资、勇于创新的民间企业给予全力支持"的政策下，以三井物产、三菱商事等为代表的综合商社承担起了"绿色增长战略先行者"的重任。虽然短期内这些绿色投资很难产生经济效益甚至还会出现消极影响，但日本政府和企业界清楚地意识到，推动碳中和将带来自工业革命以来最根本的变革之一，绿色项目商业潜力巨大。

显然，日本要投资发展和建设的"绿色项目产业体系"并不仅是指某个单独的绿色产业，而是包括绿色能源、绿色制造、绿色回收等在内的全过程、全链条、全环节的整套体系，即产业生态。通过推动全产业体系的提高，形成绿色低碳循环发展的经济体系，促使资源能源配置更加合理、利用更加高效，从而最终达到降低碳排放强度、实现碳中和的目的。

不只是日本，绿色项目投资已经成为全球经济的亮点，其中仅清洁能源一项2022年全球投资额就超过了1万亿美元。因此，如何在众多新兴的绿色产业中发现真正优质的项目，并进行高效投资就成了关键。不仅产业发展需要"链长"，产业投资同样需要"链长"，这种基于产业成长而进行有效投资的组织就可以称为"产业投行"。

如今，"产业投行"的概念尚无明确定义，笔者2006年在《环球时报》的文章《中国急需建立产业投行》中首次提到"产业投行"概念。文中这样写道：日本财团的综合商社实质上是一个产业投行，以三井财团为例，三井物产作为综合商社将金融与产业相结合，以金融支持产业发展，在产业链的上下游层层布局，最终实现对整个产业链条的控制，在产业良性发展的同时获取巨额利润。

三井物产：日本绿色能源的产业链链长

从本质上来说，日本综合商社所代表的产业投行是与美国传统的金融投行相对应的概念。美式金融投行是把企业运作到资本市场中去，而产业投行则是直接对应到实体经济中。绿色项目投资就是要具备产业投行思维，从发展产业的角度，以企业为主体去进行投资、并购等经济活动，实现战略协同，构成能够自我演进的产业生态圈，而不是时刻关注财务报表的盈亏。

主要参考文献

程海涛：《2022年第二十一届日本绿色和可持续发展化学奖获奖项目评述》，《现代化工》2023年第8期。

李东坡、周慧、霍增辉：《日本实现"碳中和"目标的战略选择与政策启示》，《经济学家》2022年第5期。

刘冰欣：《日本绿色金融实践与启示》，《河北金融》2016年第10期。

刘丁：《在日本，氨能正在抢氢能的风头》，《中国石油和化工产业观察》2022年第Z1期。

仲蕊：《"氢氨联动"引热议》，《中国能源报》2023年4月24日。

《"最尖端低碳社会"的转型之路》，《21世纪经济报道》2010年7月12日。

推行绿色生产方式

推动我国数智化实现赋能
制造业绿色低碳转型

廖 竞[*]

党的二十大报告强调，高质量发展是全面建设社会主义现代化国家的首要任务，并提出促进数字经济和实体经济深度融合、建设制造强国等目标要求。制造业的高质量发展既是以绿色低碳、智能化制造和产业协调为特征的发展，也是经济高质量发展的重要内容，更是建设制造强国的重要体现。为此，数字化、智能化与制造业的融合关乎其发展水平，并成为推动制造业产业链变革和产业模式转变的重要驱动力量，从而为建设制造强国赋能。

一 我国数智化赋能制造业绿色低碳转型的内涵与背景

党的二十大报告明确提出，要坚持把发展经济的着力点放在实体经济上，加快建设制造强国、网络强国和数字中国，推动制造业高端化、智能化和绿色化发展。新工业革命时期，大数据、云计算、人工智能、区块链、物联网等新一代信息技术的快速发展和广泛应用，正重塑着全球产业链、价值链和供应链，智能制造、绿色制造、服务型制造等正在成为继机械化制造、标准化制造、自动化制造之后的新型制造方式。以"数字化＋智能化"为核心的数智化转型，已成为促进产业链、供应链高效协同和资

---

[*] 廖竞，智华（广东）肇庆智能网联车研究院研究员、中国社会科学院评价研究院在读博士，研究方向为国民经济运行和宏观调控、地区经济与城市发展理论和中国社会科学评价体系。

源优化配置的有效手段，是赋能制造业绿色低碳高质量发展的重要引擎。

（一）数智化定义

数智化是数字化转型和智能化改造的合称，即"数字化发展+智能化升级"，是指经过长时间的技术积累，通过大数据、人工智能等智能技术互相融合与实践应用，实现数智化转型推动制造业绿色低碳高质量发展。

（二）数智化转型的内涵

数智化转型是管理的转型升级，其本质是管理模式与运营机制的再造重构。企业内外部发展环境变化所引发的管理变革需求是数智化转型的内在驱动，如果忽略了企业管理变革的现实需求，仅为了追求技术的先进性，为了数智化转型而转型，势必会进入数智化转型的误区，最终导致数智化技术应用不能适应企业运营管理的现实需求，导致企业内部管理的混乱，甚至导致企业运营失败。

（三）我国数智化技术发展经历了四个阶段

（1）部门级信息化（1980—2005年）：这个阶段以满足部门内信息化需求为目的，提高部门工作效率。

（2）企业级信息化（2006—2015年）：这个阶段以满足企业级信息化需求为目的，实现业务流程信息化，解决业务场景问题。

（3）产业级数智化（2016—2020年）：这个阶段以满足企业群的数字化需求为目的，实现集团内企业的数字化协同。

（4）生态级数智化（2021年至今）：这个阶段以满足产业链数智化需求为目的，打造数智生态体系，实现上下游数字化协同。

二 我国数智化转型的概况及现状

（一）数智化转型的动因

1. 劳动力红利的消退

我国劳动力红利消失的原因有三个方面。一是人口的老龄化。根据2021年年底的数据，我国65岁以上的老年人口已突破2亿人，占总人口比重达到14.2%。根据65岁以上老人占总人口超过14%为中度老龄化社会的界定，从2021年起，我国已经跨入中度老龄化社会。二是人口规模即将进入负增长①。2021年人口自然增长率仅为0.34‰，从2022年开始中国人口规模大概率进入负增长。三是就业结构的转型。目前劳动年龄人口总存量为8.8亿人，尽管存量规模仍然较大，但随着现代服务业崛起，其灵活多样的用工模式吸引了大量劳动力进入，同时新兴产业的快速发展吸引了大量高素质人才，导致传统企业"用工难"问题日益突出，用工成本水涨船高，在本就增长乏力的情形下，运营压力日益增大。

2. 消费红利的减退

近年来，消费市场的需求开始往个性化方向发展，制造业企业面临市场需求更加不确定、个性化以及碎片化的局面，给企业的研发、设计和生产带来很大的压力，而通过低端数字化技术提高企业内部管理经营效率的传统方式，已经不能满足企业从以产品为中心升级到以消费者为中心的战略需求。因此，制造业企业通过数智化转型升级，以产品创新适应新消费市场迫在眉睫。

3. 数智化红利的新机遇

国内很多优秀头部企业早在若干年前就开始了数智化转型的启动与研发投入，目前已经顺利完成自身的转型，并将其经验和技术延伸至各行各业，不断丰富数字化与产业结合的应用场景。早在2018年，美的企业就成功发布工业互联网平台；阿里云发布了企业数字化转型成长模型；吉利汽车成功发布工业互联网平台广域铭岛Geega。除以上优秀企业冲锋在数字化转型的最前线外，还有很多企业，也在数字化转型的大潮中奋勇争先，如餐饮行业的代表性企业海底捞、蜀海供应链，乳制品行业的代表性企业蒙牛，新零售行业的代表性企业京东，家居行业的代表性企业红星美凯龙，智慧物联网和大数据服务领域的代表性企业海康威视等。

（二）我国制造业数智化的现状

中国市场对制造业企业数智化建设有着强烈的需求，超过90%的制造业企业有数智化转型需求，数据资源生成部门不再是IT部门而是运营部

---

① 米红、汤晓彤：《聚焦人口安全：我国人口负增长演进趋势研判与应对策略分析》，《长沙理工大学学报》（社会科学版）2023年第6期。

门。大型企业用户对产品复杂度要求较高，内部有足够的IT人员，有领先厂商的优质服务能力，以及更快的响应速度。中型企业产品需求的复杂性有所降低，但也存在需求不明确、IT人员不足、对中型企业支持不力等问题。因此，产品的平均部署周期更长。小微企业的产品需求相对简单，但人才培养周期长，所以建设周期并没有明显缩短。兼容性是国内企业数字智能服务中最大的问题。我国已经在大规模应用数智化制造技术。中国政府已经设立实施制造业信息化工程专项，大力推动管理数智化和企业数字化等方面的发展。

三　数智化赋能制造工厂绿色转型案例

2022年，佛山市工业和信息化局公布"佛山市数智化示范工厂"评审结果。其中，广东松下荣获"2022年度佛山市二级数字化智能化示范工厂"称号，获得奖励1300万元。在此之前，广东松下先后入选2021年"佛山市数字化智能化示范车间"，2022年"佛山市工业互联网标杆示范项目"。基于广东松下中长期经营发展目标"构筑富有强大市场竞争力，优于业界综合实力的智能制造工厂"，公司自2013年开始进行智能化布局，逐步导入及完善各项智能制造应用系统，实现数据互通，以系统革新引领制造革新。

（一）各层级架构建设。

以SAP系统为基础，实现与PLM（产品研发周期管理）、APS（排产管理）、MES（制造执行）、WMS（智能仓储管理）、QMS（质量预兆管理）、CRM（售后系统）、EAM（设备管理）（见图1）等核心应用系统对接，管理从销售预测到采购、生产、完工出货整个SCM（供应链管理系统）闭环的各个关键环节，实现生产制造各环节之间的集成。

（二）互通融合的信息流

通过SAP与整体SCM的互通联携，实现销售、计划、生产、采购、库存、品质等全方面数据互通；全面升级MES系统，实现从客户下单到开票结账全流程的生产进度可视化；同时通过QMS系统，把控原料采购、部

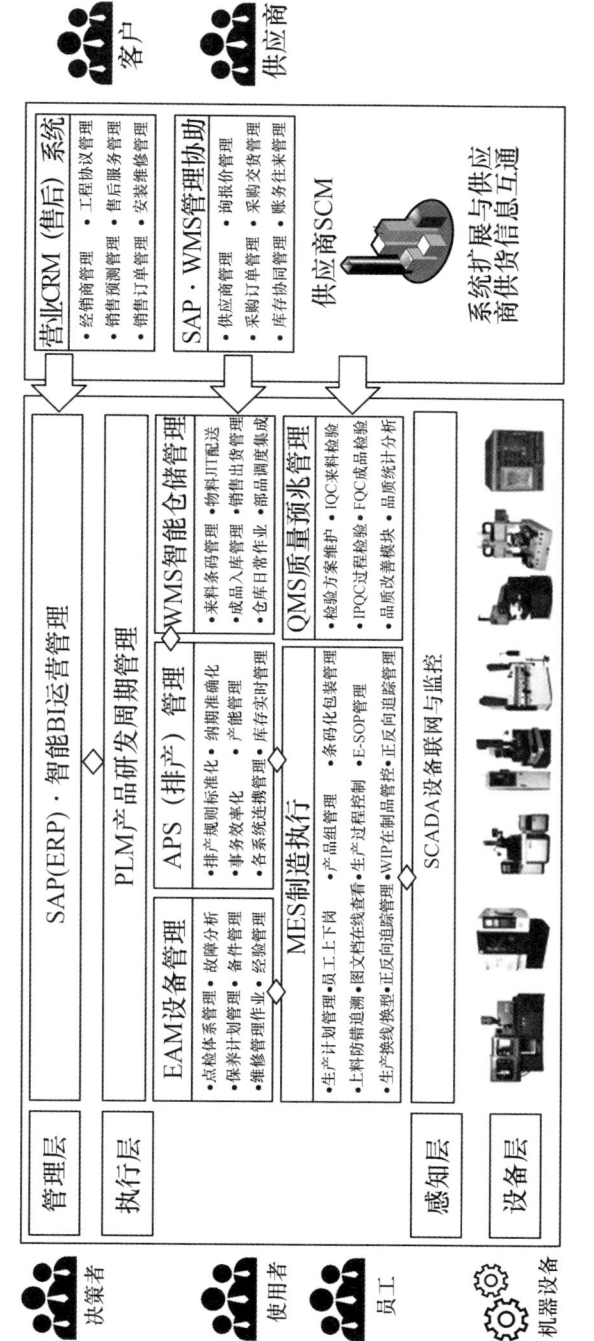

图 1 SAP 运营管理系统架构

品生产、成品组装、产品销售等各个环节的品质情况，实时监控生产品质情况的同时，可进行生产与品质的互通追溯。

（三）生产设备自管理体系

利用 SCADA 与 EAM 看板，实时展示及监控设备运行情况，利用智能算法分析设备状态，及时发现设备运行过程中的健康状态和存在问题，实现设备故障提醒。

（四）智能排产、生产排程柔性构建

利用智能生产排程系统进行产能预估、瓶颈分析、能力检讨、统一排产、结合上下工序进度、优化切替和库存生产计划，快速地建立多品种、多工序生产计划（见图 2）；同时联动 SAP、MES、WMS 等系统，实现生产计划集中统一管理，上下工序计划联动，信息共享，有效活用系统进行计划调整，提升效率。

（五）广东松下数智化转型的实施思路

1. 以战略重构为引领

企业运营的终极目标是实现其发展战略，企业的业务转型与管理变革均须依据并服务于企业的发展战略。数智化转型作为企业运营管理机制的变革，在服务于企业更好地实现其发展战略的同时，也反作用于企业的发展战略。在管理层面，以数智化技术重新定义企业发展的战略环境，以战略环境为依据重构企业发展战略，以战略为引领重塑企业商业模式，以新的商业模式为依据再造企业组织与流程。在技术层面，以企业发展战略为依据科学设计企业数智化转型规划，以支撑企业商业模式为导向合理构建数智化系统的功能架构，以组织机构为框架合理布局数智化系统的系统模块，以流程为依据实施信息系统、数据库系统、数据算法系统、智能决策系统等数智化系统的开发。

2. 以模式重塑为依据

商业模式是企业发展战略的实现形式，是企业战略资源、核心竞争力等要素在市场层面的表达，是客户价值的实现路径。企业战略资源的再配置和企业核心竞争力的重塑是企业数智化转型最为直接的反映形式。因而，以现代信息技术应用带来的企业商业模式的重塑应是企业数智化转型

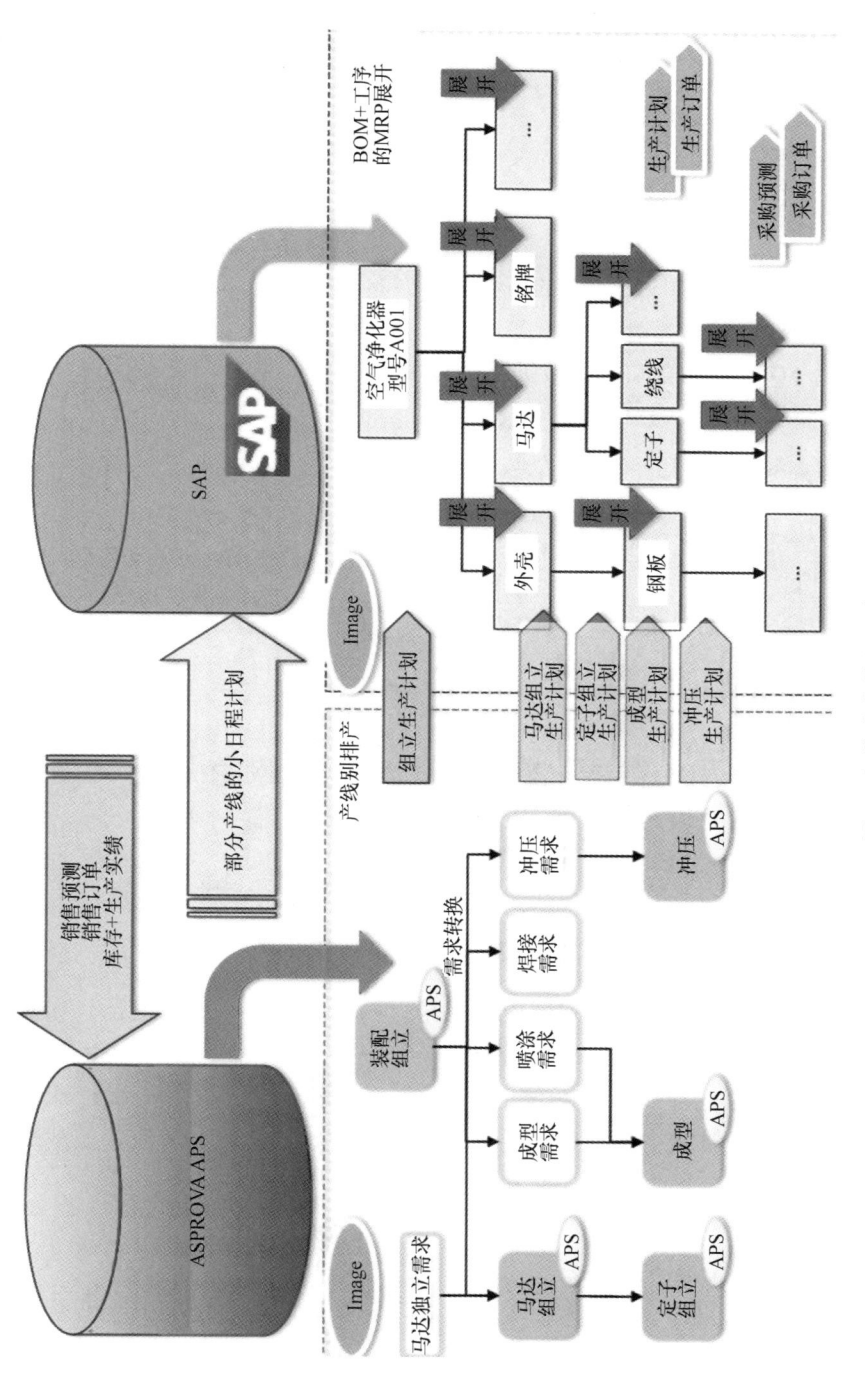

图 2 智能生产排程系统架构

的蓝本。企业数智化转型规划、系统功能架构、数智化产品设计均应以企业商业模式为依据。

3. 以组织优化为基础

组织架构是支撑企业发展战略与商业模式运行的内部"生产关系"，其实质是企业的运营机制。企业数智化转型须建立在企业运营机制转型的基础之上，从而使组织的作用、价值与数值化转型相匹配，以先进的生产关系驱动数智化技术应用带来的新型生产力的释放。

4. 以 AIoT 技术为载体

随着 5G 技术的普及、大数据基础设施的进一步完善、AI 技术进入机器学习阶段，现代信息技术全面进入 AIoT 时代。AIoT 作为融合了 IoT、AI、云计算、大数据的"万物智联"技术，已成为支撑企业数智化转型的技术载体。2022 年 9 月 6 日，工业和信息化部印发《5G 全连接工厂建设指南》，鼓励和支持"5G + 工业互联网"发展，目标是在"十四五"时期面向原材料、装备、消费品、电子等制造业，以及采矿、港口、电力等重点行业领域，推动万家企业开展 5G 全连接工厂建设，建成 1000 个分类分级工厂，打造 100 个标杆工厂，推动"5G + 工业互联网"落地发展。

四 数智化赋能制造业企业绿色低碳转型面临的挑战

（一）战略路径不清晰

一些传统制造业企业特别是生产制造型企业，由于业务单一或运营稳定，企业领导者往往忽视战略层面的思考，从而疏于战略规划设计，在实施数智化转型时缺乏有效的战略指引，导致企业数智化转型与企业实际发展诉求相脱离。企业在实施数智化转型时，应充分重视战略的设计或重构，并以战略设计指引数智化规划，以确保企业数智化转型适应企业战略发展路径，切实支撑企业中长期发展目标。

（二）管理流程不健全

在实施数智化转型时，未根据本企业运营管理的现实需要及企业管理文化制定完备的流程体系，在实际实施数智化建设时不得已采用系统供应方提供的流程体系，导致数智化系统与企业实际运营习惯不匹配，新的管理逻辑难以被企业员工接受，进而通过持续不断调整系统设计以适应企业管理需求，导致数智化转型时间成本过高。制造业企业在实施数智化转型时，应做好充分的前期准备，基于业务运行需求、企业文化、管理习惯等建立完善的流程体系，以支撑数智化系统的开发。

（三）标准化体系缺失

在实施数智化转型时，未对流程、数据进行标准化改造，未建立统一的通信标准，容易导致企业在实施数智化系统模块开发时标准不统一，进而导致系统模块不能顺畅地互联互通。企业在实施数智化转型时，应建立统一的流程标准与信息分类规则，完善技术、数据标准管理，确保系统的互联互通与数据的跨系统共享。

五 数智化实现赋能制造业绿色低碳转型的路径

（一）以数智化转型推动制造业节能减碳

通过改造传统产业的工艺流程，优化能源调度和精准实施梯级利用，数智化技术可在促进工业节能减碳上展现出巨大潜力。数字经济时代，制造业企业主动拥抱数字技术，加快数智化转型，能够有效地促进制造业企业绿色技术创新和生产模式变革，通过提高碳排放效率实现"数字减碳"。数字技术向制造业领域渗透并实现融合，可以改善制造业企业生产过程中的要素比例，使制造业企业提高对要素资源的使用效率和全要素生产率，实现节能减排。集成应用智能传感、大数据和区块链等数字技术，有助于实现生产全流程碳排放追踪、分析、核算和交易，倒逼制造业企业优化产品生产流程、提升生产过程管理的精准性，从而降低污染排放。

（二）以数智化转型推动制造业结构调整

要加快推动数字技术与传统制造业的科学融合发展，基于数字技术搭建共享平台，大力发展智能制造和绿色制造，利用新一代数字技术驱动传统制造业的绿色转型。积极利用数字技术放大、叠加、倍增传统制造业的发展，不断促使制造业企业由高投入、高耗能和低附加值的传统生产模式向低投入、低排放和高附加值的先进生产模式转变，催生新产业、新业态和新模式，提高企业的核心竞争力和品牌影响力。

（三）以数智化转型推动制造业生态化发展

以数据为关键要素驱动制造业数智化转型，通过数字业务发挥生态圈创新潜能，能够推动制造业生态化发展。在数智化转型过程中，要以生态平衡、经济增长、社会和谐、民生改善为主要目标，在前期研发、生产环节、销售环节和内部管理等方面全流程进行数智化技术改造，通过引入环保型新技术、新工艺和新设备，进行全系统的融合、协调和优化。促进各类资源循环、高效和充分利用。同时实现产出增加、利润增长和保持良好的生态环境，形成生态与产业、生态与经济、生态与社会之间的良性循环发展。

（四）以数智化转型提升产业链韧性

利用数智化转型升级弥补传统产业链的短板，进一步延伸补强产业链，不断推动产业链向高端化、智能化、绿色化发展，以期在全球形成具备战略性、全局性和竞争性的产业链。推进数字技术与制造业深度融合，统筹物联网、区块链、人工智能等技术布局应用，推动基础零部件、基础材料、基础软件和关键芯片等工业基础领域的自主化研发生产进程，提升产业链、供应链的自主可控能力。以产业链上游的龙头企业为重点，基于产业链、供应链、价值链的共性需求打造数智化平台，大量应用数据要素，推动产业链、供应链全链条绿色低碳发展。

（五）以数智化转型增强制造业企业创新能力

中国已经进入数字经济时代，要求企业更加聚焦新科技、新产品、新业态，通过采集、整合与分析体现生产特征的要素投入数据，快速解决信息碎片化、不对称等问题，推动制造业企业的生产活动从传统人工经验驱动向数据驱动转型升级。有效利用和共享数据，对企业的产品生产、研发设计、工艺技术和生产原料利用等环节进行精细化重组和优化，降低企业边际创新成本并实现技术溢出，进一步提升企业创新能力，增加企业创新回报，为绿色创新提供技术支撑，打造以数据为核心生产要素的创新生态。

主要参考文献

余东华、张恒瑜：《制造业企业如何通过数智化转型突破"服务化困境"》，《甘肃社会科学》2022年第6期。

陈剑、刘运辉：《数智化使能运营管理变革：从供应链到供应链生态系统》，《管理世界》2021年第11期。

米红、汤晓彤：《聚焦人口安全：我国人口负增长演进趋势研判与应对策略分析》，《长沙理工大学学报》（社会科学版）2023年第6期。

方晓晖：《"互联网＋"背景下信息服务业空间演化及调整对策》，《商业经济研究》2022年第12期。

"双碳"语境下的中国绿色低碳园区发展路径探析

马晶晶　刘　璇　刘天舒[*]

园区作为工业化和城市化发展的重要载体,肩负着我国产业升级和经济建设的重要任务,是地区经济发展、产业培育和招商引资的主要抓手。[①]然而,中国的经济发展仍然依赖能源密集型产业[②],资源节约和环境保护在园区的发展早期没能引起足够的重视,再加上园区工业生产活动集聚,资源能源消耗密集,污染物排放量大,显著影响了城市区域的生态环境质量。

随着低碳经济的推广,园区的发展也迎来新的要求。我国于2021年首次将减缓气候变化行动纳入国民经济和社会发展规划,提出2030年碳达峰以及2060年力争实现碳中和的长远目标(以下简称"双碳"目标)。

"双碳"目标的设定以及后续国家碳达峰意见的提出直接明确了园区在实现碳中和进程中的主力军作用。目前,全球正积极响应《巴黎气候协定》提出的全球温升控制目标,在气候变化问题日益严重的背景下,提高园区的气候适应性和绿色价值对全球环境有着重要意义。这意味着,园区

---

[*] 马晶晶,IPCC方法学专家组成员、丹麦技术大学理学硕士,主要研究方向为零碳绿色建筑、IPCC方法学、"灰绿蓝+"多专业可持续规划设计方法学;刘璇,瑞典皇家工学院KTH城市规划与设计硕士,主要研究方向为共生城市综合规划和生态景观规划设计;刘天舒,挪威科技大学建筑和材料技术专业、清华大学建筑节能研究中心建筑技术与能源环境双硕士,主要研究方向为绿色能源与节能建筑。

[①] 蔡志濠:《十张图带你了解我国园区经济发展现状 园区经济繁荣 成为中国经济增长的助推器》,前瞻经济学人,2019年12月25日,https://www.qianzhan.com/analyst/detail/220/191225-c6fcbeec.html。

[②] Xiaoqi Zheng, Yonglong Lu, Jingjing Yuan, et. al., "Drivers of Change in China's Energy-related CO_2 Emissions" PNAS, No. 1, 2020, http://www.pnas.org/cgi/doi/10.1073/pnas.1908513117。

"双碳"语境下的中国绿色低碳园区发展路径探析

的绿色低碳发展不仅是国家应对气候变化、落实全球温升控制目标和推进绿色转型的重要方案，也是实现经济可持续发展的关键驱动力。如今，园区的低碳发展更是推动"双碳"战略实施的重要环节，也将成为实现中国自主贡献目标和进行精准减排的关键落脚点。

一 中国园区低碳发展历程

（一）中国园区特点

我国园区的兴起始于1979年蛇口工业区的建立。随着我国改革开放的不断深入，工业园区、经济技术开发区、高新技术产业开发区、出口加工区、产业园区等各种"园区"相继出现。经过40多年的演变，伴随着工业化和城市化的推动，我国的园区从沿海向内地发展，由点及面地铺开，现已遍布全国各地。

我国的园区不仅数量多、种类广，而且发挥着聚集要素资源的作用，具有产业整合性、企业集聚性、基础设施共享与能源需求和消耗大等特点。

（二）中国园区低碳发展政策调控

中国园区的低碳发展一直受国家相关政策的调控和驱动。我国园区低碳发展起步于2007年环保总局、商务部和科技部联合开展的国家生态工业示范园区建设工作。

迈入"十四五"时期，由于实现"双碳"目标时间紧迫、任务艰巨，国务院、国家发改委、工业和信息化部、生态环境部等各部门从能源优化、资源利用、废弃物处理、碳排放核算等各方面优化产业结构、完善循环体系、重塑园区形态，推进园区绿色、低碳、循环、高质量发展。在一系列顶层文件和关键政策的推动下，园区低碳发展战略地位不断加深，向着园区建筑绿色化、能源结构清洁化、能源利用高效化、资源利用循环化、园区管理智慧化和投融资绿色化的趋势逐渐过渡[1]，并逐步实现零碳转型。

---

[1] 上海际链网络科技有限公司等主编：《2022年零碳园区实践白皮书》，2022年12月。

（三）中国园区低碳发展路径

我国园区低碳发展以降低碳排放强度为目标，以低碳技术创新与推广应用为支撑，以增强园区碳管理能力为手段，朝着园区能源结构和产业结构进一步优化、园区绿色低碳理念宣传教育向进一步强化的方向发展，历经从低碳园区到近零碳园区的演变。这意味着，园区的碳排放总量需要稳步减少，单位碳排放经济产出需要持续增加，能效需要更具先进性和引领性。

在该过程中，园区的减排要素是园区转型和升级的关键。二氧化碳排放量增幅来源于经济增长，产业结构调整与能效提升，非化石能源占比提升，而碳捕集、利用与封存，电网碳强度下降均可促进工业园区减排。清华大学研究团队给出了在低增速与高增速情景下，园区面向2035年和2050年的碳减排路径，以及基于碳减排路径需要控制的二氧化碳排放量（见图1和图2）。

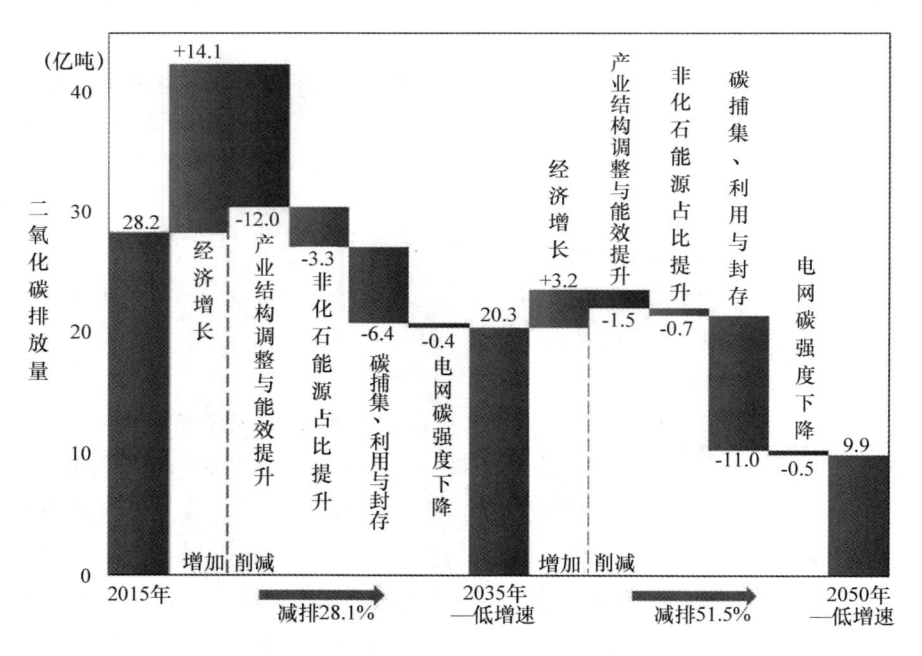

图1 中国工业园区2035年和2050年碳减排路径——低增速情景[①]

---

① 清华大学环境学院：《基于2℃温控目标的中国工业园区低碳发展战略研究》，2020年11月1日，https://www.efchina.org/Reports-zh/report-cip-20201101-zh。

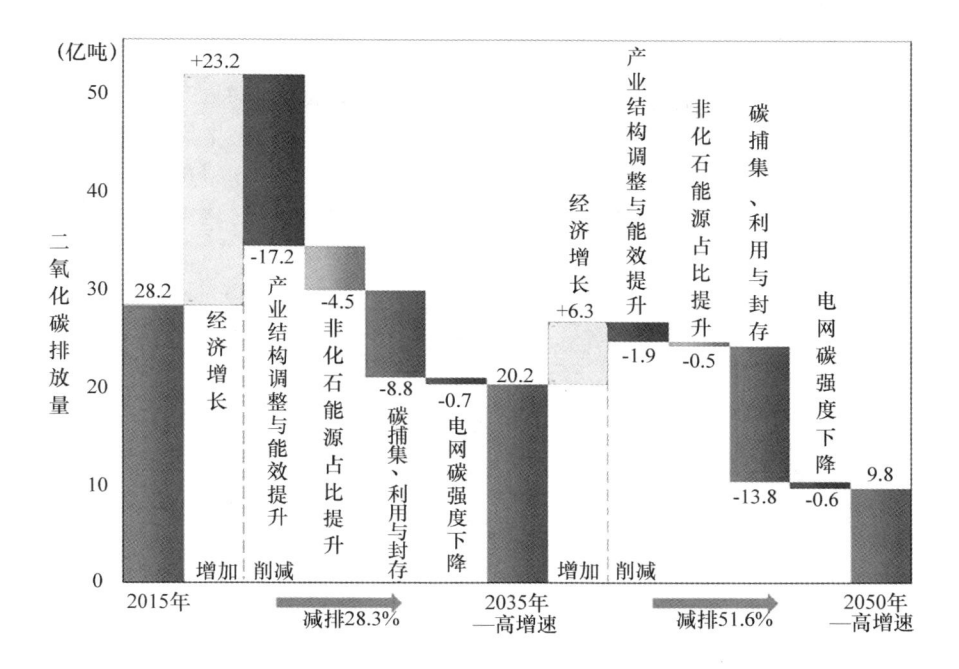

图 2　中国工业园区 2035 年和 2050 年碳减排路径——高增速情景[①]

研究结果表明，2015—2030年，减排主要源于产业结构调整与能效提升，碳捕集、利用与封存以及非化石能源占比提升；而2030—2050年，减排主要源于碳捕集、利用与封存。基于上述碳减排路径，2035年和2050年，全国工业园区二氧化碳排放量需要分别控制在20.3亿吨和9.9亿吨以内，即在两段时间内预期分别至少减排二氧化碳7.9亿吨和10.4亿吨。

二　中国园区低碳发展现状

我国低碳园区建设已经较为成熟，在产业优化、技术创新、平台建设、宣传推广、项目示范等方面取得了一定的成效。以此为基础，为继续响应国家"双碳"政策要求，促进经济社会发展全面绿色转型，我国各省

---

① 清华大学环境学院：《基于2℃温控目标的中国工业园区低碳发展战略研究》，2020年11月1日，https://www.efchina.org/Reports-zh/report-cip-20201101-zh。

份以低碳发展实践区和低碳社区为焦点，开展近零碳排放示范创建等实践。自"十四五"时期以来，国家通过政策引导园区开展近零碳排放区示范工程。生态环境部在《关于统筹和加强应对气候变化与生态环境保护相关工作的指导意见》中提出，支持基础较好的地方探索开展近零碳排放与碳中和试点示范。2022年，生态环境部工作要点又提出，推动建设近零碳排放示范工程。

我国各省市积极响应国家政策，从各个方面探索近零碳排放区示范工程建设。比如，2021年8月，上海市生态环境局印发《上海市低碳示范创建工作方案》，提出了低碳发展实践区（近零碳排放实践区）的碳排放核算方法建议，对碳排放核算领域、要素、方法、活动水平、数据来源等进行了详细规定，具有很强的参考性。2023年年初，上海市生态环境局发布关于开展2023年度低碳示范创建工作的通知，公布了2023年度低碳发展实践区创建名单，共包含13个实践区域。深圳市第一批、第二批共56个近零碳排放区建设顺利推进。其中包含9个园区类项目。2023年，深圳市还将开展第三批近零碳试点创建，新建20个以上近零碳排放区。到2025年，累计建设100个近零碳排放区试点项目。2022年8月，四川省公布了近零碳排放园区试点名单，将成都经济技术开发区、独角兽岛近零碳排放园区、天府总部商务区总部基地近零碳排放园区等17个园区纳入试点。2023年第二批成都市近零碳排放区试点建设申报工作也正在积极开展当中。

与此同时，随着碳中和概念进一步推广，园区发展也从低碳，到近零碳，再到净零碳（见表1），体现了我国低碳发展和零碳转型工作持续深化的过程。园区在绿色升级过程中，一直积极推进绿色低碳理念、强化减污降碳协同增效、培育低碳新业态、提升绿色影响力，还将园区的智慧化和数字化作为建设重点，贯彻零碳理念，整合零碳应用，赋能碳中和发展路径。

表1　　　　　　　　　　园区低碳发展形态比较

	低碳园区	近零碳园区	净零碳：零碳智慧园区
碳排放管理	降低碳排放强度	碳排放总量接近零	从源头实现零碳排放
能源体系	单一能源体系	分布式能源	综合协同能源网络
园区技术	低碳技术	节能技术+减碳技术	零碳技术+负碳技术
数字化	数字技术赋能碳管理	互联网+园区	数据驱动碳管理

资料来源：全国信标委智慧城市标准工作组：《零碳智慧园区白皮书2022》，2022年1月。

三 低碳园区产业规划和空间规划

一个清晰的规划是园区高效、有序、合理地开展低碳建设,实现零碳转型的前提条件[①]。园区规划一般包括两种类型:一是对现有园区进行绿色化改造,需要针对现有产业结构,构建碳核算模型,进行全量碳数据汇总,确定园区的碳目标和路线图;二是对新建园区进行定位、产业选择、空间布局,依据碳中和理念与数字赋能的城市高质量发展相结合的愿景目标,基于创新成长、绿色高效、以人为本的建设理念,进行一体化的园区规划。

在"双碳"目标下,两种园区规划的基本思路都需要坚持绿色、低碳、循环、可持续发展的原则,统筹规划产业集群、土地利用、智慧管理系统,并重点关注园区的建筑、能源、交通、固体废物、碳汇建设领域之间的协同关系,因地制宜,因环境制宜,兼具前瞻性和可行性。

对现有园区进行规划,需要对全园区碳排放基础数据进行全面摸底,做好碳排放数据统计和核查等基础工作,深入了解园区自身的碳排放情况,并根据诊断结果,研究制订园区碳达峰行动方案后,按照可持续发展的要求进行产业结构的调整和传统产业的技术改造,大幅度提高资源利用效率,减少污染物产生和对环境的压力。[②] 针对新建园区,则需要在规划初期,从园区规模、定位、要素资源出发,站在城市和社区的角度判断园区及用户的需求,以零碳排放为最终目标,以保障园区能源供应安全稳定为基本原则,合理规划设计园区能源、建筑、交通、碳汇建设、碳管理等系统。

(一) 低碳园区产业规划

园区产业规划一般是在园区规划阶段,针对园区产业发展的导向性计划,解决关于园区产业"发展什么、怎么发展、在哪发展"等重要问题。[③]

[①] 毕马威中国:《中国双碳战略落地,园区专项规划势在必行》,2022 年 5 月 19 日,https://www.sohu.com/a/548317340_120070887。

[②] 中经汇成规划研究院:《工业园区规划设计需遵循 7 大原则》,https://zhuanlan.zhihu.com/p/74181753。

[③] 前瞻产业研究院:《产业园区规划的概念及意义》,https://f.qianzhan.com/yuanqu/detail/181102-f6789adc.html。

我国"双碳"目标的提出为园区产业规划增添了全新的内涵。一方面,"双碳"目标具有导向性,需要国家和地区更加全面地落实可持续发展战略,这决定了国家和地方园区的产业发展规划需要基于更加健全的政策法规体系,从能源、环保、资源利用、融资、财政、科技等方方面面,为绿色产业发展提供重要保障,并配套相关行动方案和实施策略;另一方面,"双碳"目标针对产业整体升级赋予低碳、可持续、循环发展的内涵,为园区企业的绿色化发展注入了新动能。比如,园区要实施清洁生产改造与绿色低碳化方向相融合,需要在园区产业规划阶段引入绿色制造以及再制造工艺和技术,基于减量化、再利用以及再循环的原则推动园区整体实现循环经济。

"双碳"目标下的园区产业规划主要包含以下几个方面:

(1) 产业定位:根据园区资源环境特点和产业发展环境、自身具有的综合优势和独特优势、所处的经济发展阶段以及各产业的运行特点,合理地进行产业发展规划和布局,确定主导产业、支柱产业以及基础产业。其中,确定主导产业是园区的建设核心,需要充分借鉴国内外经验,并在论证分析的基础上,科学制订低碳产业发展规划,明确主导产业及其发展目标和发展重点,确定主导产业布局。

(2) 产业发展目标与规模:根据园区开发现状和未来发展趋势,提出近期和中远期的规划目标和具体指标,包括经济指标、碳中和效益、空间环境和人文特色等内容,并根据目标确定园区的发展规模,主要包括园区的产业规模、用地规模、碳中和管理体系规模等。

(3) 产业发展策略和路径:根据园区建设目标,注重系统性、强调双循环、重视智慧化的特征,以"产业链接循环化和生态化",建立零碳绿色产业体系,包括战略性新兴产业集聚、企业零碳改造、零碳技术创新供给、碳中和金融等,推动园区迭代升级。

(4) 重点项目和产业链设计:以实现园区碳中和为建设目标,围绕产业链设计、能源和资源利用,系统性统筹考虑企业生产、楼宇建筑、园区交通等各个方面的直接或间接碳排放。通过落实重点项目方案,进行园区空间布局、基础设施、生态环境、运行管理等系统性设计和组织,形成零碳绿色、循环高效的产业链。

(5) 产业共生体系搭建[①]:寻求各产业之间资源利用的关联性或者潜

---

① 全国信标委智慧城市标准工作组:《零碳智慧园区白皮书2022》,2022年1月。

在关联性是"双碳"目标下园区产业规划的重点之一。在相邻的不同企业之间开展废物、能源和水的交换与再利用，形成产业共生系统，有助于减少园区的资源/能源消耗和污染物排放水平。

（二）低碳园区空间规划

园区空间规划的作用在于控制和引导园区空间的发展，在"双碳"背景下的园区空间规划，一方面要为建立全领域、全流程、全时段的碳排放动态管理体系提供基础保障；另一方面需要在空间设计和实施层面上加大智能传感器、数据中心、云计算等新基建在园区工厂、建筑、停车场等全域布局，以便全流程、全时段地监测园区碳排放量。

园区空间规划的一般步骤如下：

（1）根据园区的产业特点，结合"双碳"发展目标和园区建设计划，制定园区空间规划的整体目标。现有园区的空间规划还需要注重对园区原有企业和建筑的延续利用，加强新老之间的空间联系和风貌协调，创造特色鲜明的园区空间景观，注重"产城融合"的城市空间设计。

（2）制定园区空间发展策略，通过对经济、社会、生态和技术等内容的思考形成直接指导园区空间发展的策略，作为开展与园区经济活动和实现各项规划的保障。

（3）根据空间发展政策，明确园区空间布局。以土地利用、道路交通等分析为基础，对景观中心、景观节点、标志、轴线、廊道、特色景观风貌区等空间景观要素进行组织，确定空间景观结构。特别地，还需要在经济可行性分析的基础上，提出开发建设总量及各地块的容积率、建筑密度、建筑高度、绿地率等规划控制指标。

（4）利用城市设计手段，将园区空间规划的类别和对应要求，落实到园区整体空间设计、道路系统设计、景观设计、建筑色彩形体设计等各个方面。

四 绿色低碳园区"双碳"专项规划

与园区的产业规划以及空间规划相比，园区的"双碳"专项规划应该更加注重相关政策和标准的制定，来引导园区的低碳绿色转型，积极建设服务园区企业的低碳能源系统、循环经济管理体系和碳金融落地服务平台。

园区"双碳"专项规划首先应该基于一个兼具可行性、落地性，不乏高度性和旗帜性的"双碳"发展目标，进一步结合园区自身发展特点和实际情况，从短期、中期、长期的时间跨度上制定"双碳"路径，从能源、建筑、交通、市政基础设施、碳汇建设方面逐步细化各项准则，发布总体规划、白皮书等相关政策指导性文件。

明确园区"双碳"发展目标后，应根据碳达峰目标值和测算结果，结合园区自身的能源转型、应用转型、数字化转型等核心能力，科学选择碳中和路径，构建场景，明确减排目标、重点任务、重点措施等事项。在此基础上，运用合理化、科学化方法学，假设、预测、模拟园区未来应用情景，充分激发园区减排潜力，优化减排方案，并制定分年度、分领域的详细减排时间表，形成精细化的碳排放控制计划和实施方案，以确保减排目标切实可行。

目前，我国园区的绿色化规划和发展大多还处于低碳和近零碳阶段，在此基础上率先探索零碳园区建设，有利于抓住碳达峰碳中和新机遇，实现净零转型。打造净零碳排放的零碳智慧园区将成为园区低碳发展的最终形态。该发展趋势要求园区在深度减排的基础上，进一步控制碳排放和加大碳吸收，同时参与碳交易市场，加强智慧管控。

碳中和园区建设作为一项系统性工程，从规划、设计、落地到运行涉及多项举措，面临诸多挑战。园区实现碳中和，代表着园区在"双碳"背景下，历经低碳、近零碳的动态演进以及规划、建设、运营一体化持续优化迭代，最终实现净零碳排放，这将积极响应全球气候行动，推动落实国家"双碳"目标，助力驱动企业实现零碳转型。

五 结语与建议

在中国园区低碳发展的演变历程中，从低碳园区到近零碳园区再到零碳智慧园区的发展路径清晰可见。园区低碳发展的历程紧密跟随国家政策的演进，尤其是"双碳"目标的提出，使园区低碳发展的战略地位进一步凸显。目前，中国园区低碳发展已经取得一定成效，各地区在低碳园区建设方面都有积极的探索和实践，尤其在近零碳排放示范工程的推进方面成绩斐然。同时，园区的发展也呈现了由低碳向近零碳和零碳智慧化方向的明显趋势，绿色升级、减污降碳、培育新业态等工作正在积极进行。

然而，在园区追求低碳发展的过程中，产业结构调整、能源体系优化、数字化转型等任务繁重，需要在政策引导和技术支撑下有序推进。特别是"双碳"目标对园区规划提出了更高要求，园区要在保障低碳发展的基础上，更加注重碳中和与零碳智慧化发展，这需要更加全面、深入的政策支持和科技创新。

首先，需要加强园区低碳发展政策的调整和创新，更加明确碳中和与零碳智慧化的发展路径。其次，应加大对园区产业规划、空间规划、"双碳"专项规划的支持和指导，确保规划的科学性和可行性。再次，鼓励园区在绿色升级的过程中更加注重数字化和智慧化的建设，以提高管理水平和效率。最后，需要强化园区间的合作，共享经验和技术成果，形成园区低碳发展的合力，共同实现碳中和与零碳目标。

中国园区低碳发展正处于关键时期，需要政府、企业和科研机构等多方面的共同努力，共同推动园区迈向更加绿色、低碳、智慧的未来。

主要参考文献

蔡志濠：《十张图带你了解我国园区经济发展现状 园区经济繁荣 成为中国经济增长的助推器》，前瞻经济学人，2019年12月25日，https：//www.qianzhan.com/analyst/detail/220/191225-c6fcbeec.html。

Xiaoqi Zheng, Yonglong Lu, Jingjing Yuan, et. al., "Drivers of Change in China's Energy-related CO_2 Emissions" *PNAS*, No.1, 2020, http：//www.pnas.org/cgi/doi/10.1073/pnas.1908513117.

清华大学环境学院：《基于2℃温控目标的中国工业园区低碳发展战略研究》，2020年11月1日，https：//www.efchina.org/Reports-zh/report-cip-20201101-zh。

全国信标委智慧城市标准工作组：《零碳智慧园区白皮书2022》，2022年1月。

毕马威中国：《中国双碳战略落地，园区专项规划势在必行》，2022年5月19日，https://www.sohu.com/a/548317340_120070887。

中经汇成规划研究院:《工业园区规划设计需遵循7大原则》,2019年7月18日,https://zhuanlan.zhihu.com/p/74181753。

前瞻产业研究院:《产业园区规划的概念及意义》,2018年11月2日,https：//f.qianzhan.com/yuanqu/detail/181102-f6789adc.html。

推进产业园（近）零碳化运营，带动区域经济高质量发展

雷鹤渊　杨　丽[*]

在全球气候变化日益加剧的背景下，碳达峰碳中和工作已经成为各国经济发展的核心战略。作为能源消耗和碳排放的重要场所，产业园区必须采取行动，实现（近）零碳化发展，以响应全球应对气候变化的号召。创建（近）零碳产业园区，是推动碳达峰碳中和工作的重要突破口，不仅可以促进可持续发展，还是提升产业竞争力、应对环境挑战的必然选择。在全球范围内，包括中国在内的许多国家已经开展针对性的尝试和实践，为产业园区实现（近）零碳发展提供了宝贵的经验。这些成功的案例和经验，为我们探索创建（近）零碳产业园区提供了有益的借鉴和启示，从而可以让我们更好地规划和推进产业园区的（近）零碳发展，实现经济发展和环境保护的双赢。

一　产业园（近）零碳化运营的概念和背景

产业园区作为我国实施创新驱动发展战略、制造业强国战略和促进产业转型升级、推动经济高质量发展的主要空间载体，是企业集聚发展的核心单元。在过去40多年的建设发展中，国内大部分企业，尤其是生产制造型企业大量落户于各类产业园区。通过生产要素的聚集整合与优化配置，

---

[*] 雷鹤渊：北京恒妙文化传媒有限公司总经理，研究方向为"双碳"背景下的产业发展趋势与品牌营销策略；杨丽：广州碳中和科学研究院院长，中山大学地球环境与地球资源研究中心特约研究员，广东省低碳产业技术协会秘书长。

以及政策环境和发展条件的倾斜支持，园区产业共生效益和集群效应、规模优势不断提升，园区和企业市场竞争力不断增强。然而，随着园区数量的增加和规模的扩大，以及工业化进程的加快，园区也成为资源能源集中消耗、工业污染集中排放的大户。

根据智研咨询 2022 年发布的统计数据，中国各类产业园区数量已高达 2.5 万个，其中国家级开发区和省级开发区共有 2728 家，对经济的贡献在 30% 以上。国家发展和改革委员会发布的研究数据表明，截至 2020 年，我国各类型园区碳排放约占全国碳排放总量的 31%。这个数据还将进一步攀升。

在实现国家自主贡献和全球温升控制双重目标的过程中，产业园区面临的核心问题是如何妥善协调经济发展与资源节约、环境保护的关系，积极推动绿色发展、低碳发展和循环发展。这是确保园区实现可持续高质量发展的关键所在。

目前，我国已经建立了以国家生态工业示范园区、循环化改造示范园区、绿色园区三类标志性试点示范园区为核心的园区绿色低碳发展体系，在现有基础上，产业园实现（近）零碳化运营应作为推动园区进一步加速绿色发展的目标和未来趋势。

产业园（近）零碳化运营是指通过技术创新、政策引导等手段，采用一系列可持续的工业生态学理论和实践方法以达到降低园区内的能源消耗和碳排放的目的，从而实现产业园区的（近）零碳排放和环境友好的运营模式。具体来说，包括能源结构的优化、能源利用率的提高、碳排放的减少等多个方面。这种运营模式旨在将产业园区打造成一个高效、环保、可持续的经济发展模式，以适应当前全球对环境保护和可持续发展的迫切需求。据初步估算，（近）零碳园区将为国家"双碳"目标贡献至少 15% 的减排量，并带来约 30 万亿元的投资需求。

二 2023 年国内外产业园区（近）零碳化运营的状态

（一）国外（近）零碳产业园区发展

国外（近）零碳产业园区建设主要集中在欧洲发达国家。以位于柏林的欧瑞府产业园区为例，该园区作为德国能源转型的标志性项目，已于

2014 年提前实现了德国联邦政府制定的 2050 年二氧化碳减排 80% 的目标。实现路径主要包括以下几点：

（1）能源端零碳：园区充分利用各种清洁能源，如地热、光伏、风电、生物甲烷等作为园区的能源供给，并通过冷、热电联供系统实现园区的供暖、制冷、供电等。

（2）终端降碳：园区大量应用可回收材料，确保在其使用寿命终结之后不造成二次污染。采用了各种被动式节能手段，同时在建造过程中产生的碳排放均被碳捕集项目所中和。

（3）智慧管理：园区构建了园区管理与能源管理相结合的智慧化运营体系，基于园区内各类能源数据进行综合调度和能耗管理优化，最终通过建筑能源管理系统、微电网系统等多系统配合确保整个园区在运营阶段实现碳中和。

（4）零碳基建：园区鼓励企业、员工使用新能源车辆。并通过无人驾驶汽车、巴士、观光车、清洁车满足园区内企业员工、参观人群及园区清洁的需求。另外，对于尾气污染物超标或环境信用不达标的车辆，则不允许进入园区。

（5）零碳产业：园区通过帮助企业进行碳排放分析、工艺共享、回料处理，为企业调整技术、工艺提供助力，并降低企业运营成本和碳消耗，从而实现零碳发展。

此外，还有其他一些（近）零碳园区的实例，如德国的威廉港产业园，丹麦的 Roskilde 产业园、Bjerregaard 产业园，以及美国的 Aurora 产业园等。这些园区均以清洁能源作为电力供应，并配备了智能电网、建筑节能、绿色交通、教育和培训以及环境监测管理等服务与设施。英国则在氢能和碳捕集、利用与封存（CCUS）技术方面进行了大量投资，并计划在 2030 年前耗资 10 亿英镑建成 4 座基于碳捕集技术的工业集群，并在 2040 年前设立净零碳工业集群。

上述案例均以实现（近）零碳目标为导向，并采用了多样化的技术和方法，为其他地区及国家提供了可资参考与借鉴的范例。

（二）国内（近）零碳产业园区发展

近年来，我国多个地区也积极开展（近）零碳产业园的创建工作，旨在推动经济向低碳、绿色、可持续的方向发展。这些产业园在建设过程中，致力于应用可再生能源和高效节能技术，同时积极引进和培育绿色低碳产业，推动产业链向高端化、智能化、绿色化方向发展。

1. 青岛中德生态园

中德生态园于2013年7月起开始启动建设。作为中德两国政府的首个可持续发展示范合作项目，中德生态园主要围绕生态标准的制定和应用、低碳产业的配置和发展以及绿色生态城市建设与推广三大领域展开工作。

在具体实施过程中，园区通过构建多元化清洁能源供给体系，推动能源转型；通过打造零碳建筑，发展被动式超低能耗和装配式建筑，实现100%绿色施工、绿色建筑；通过推进园区管控数字化转型，建设零碳操作系统，实现数据支撑园区碳排放监测和管理。

2. 金风科技亦庄智慧园区

金风科技亦庄智慧园区于2021年1月成为国内首个通过可再生能源实现"碳中和"的智慧园区。该园区通过智能微网、节能模块、智能水务、园区智慧运维、智慧农业及智慧健康六大模块，形成了一个可感知、可思考、可执行的绿色园区生态系统。

园区构建了一套集风、光、燃、储、充于一体的智能微网，实现了园区内的冷、热、电三联供及能源的可持续利用。并通过智慧能效技术，使园区实现水、电、气等能耗的数字化、可视化以降低能耗损失。最终通过购买CCER对园区生产生活总温室气体排放量进行核销以达到碳中和目标。

3. 鄂尔多斯零碳产业园

鄂尔多斯零碳产业园于2022年4月建成投产，作为全球第一个全面落实零碳规划、全面执行零碳管理、全面建立零碳标准的产业园，以"新型电力系统""零碳数字操作系统""绿色新工业集群"三大核心创新支柱，致力于实现全面的零碳能源供给和管理。

按照规划，到2025年，鄂尔多斯零碳产业园将形成一系列创新示范，包括全绿色电源供给、高比例新型综合储能系统、智能源荷互动微电网、智能物联能碳管理平台、国际零碳产业园标准、"风光氢储车"零碳产业链集群、绿色科技专家培育"硅谷"以及零碳产业园全球推广样板。

这些创新示范将助力当地实现约3000亿元的绿色新工业产值，创造约10万个绿色高科技岗位，并实现约1亿吨二氧化碳年减排的目标。

根据国内外（近）零碳园区的规划与实施情况，我们可以清楚地认识到，（近）零碳产业园区运营核心要素如表1所示。

表1　　　　　产业园区（近）零碳化运营核心要素分析

方向	内容
绿色电力系统	通过开发利用可再生能源，提升清洁能源利用比例；同时配合储能系统，为园区提供电力供应，以减少对化石能源的依赖
智慧管理系统	通过数字化技术实现对园区内能源的智能管理，优化能源利用，提高能源效率，并完成碳排放的监测和管理
产业共生体系	注重发展低碳、环保、节能的产业，同时优化产业结构及绿色供应链，实现产业协同发展
零碳建筑设施	园区的建筑和设施都应符合零碳标准，如使用绿色建筑材料、建筑废弃物资源化、采用被动节能措施等
绿色终端用能	以电力、氢能等能源取代化石燃料，完成园区内供热、制冷、交通等终端应用场景的能源改造，从而减少对化石能源的依赖
资源循环利用	实现园区的资源循环利用，如废水处理、垃圾分类等，以减少对环境的影响
零碳技术应用	通过CCUS等技术手段捕捉并储存园区内的碳排放，以实现碳中和
创新合作机制	建立政、产、学、研创新合作机制，推动技术研发和应用，为（近）零碳产业园区的创建提供支持
政策市场机制	通过制定激励政策和市场机制，鼓励企业投资和参与零碳产业园区的建设和发展
专业培训教育	强化"双碳"专业人才储备，同时提高园区内企业和员工的环保意识和技能水平，将低碳零碳理念由上至下普及至每个人
国际合作交流	加强与国际组织和企业的合作与交流，共同推动（近）零碳产业园区的建设和发展

资料来源：广州碳中和科学研究院整理。

这些核心要素相互关联、相互促进、共同发展，推动（近）零碳产业园区的创建和发展。只有充分地认识和把握这些要素之间的关系和作用，才能够实现（近）零碳产业园区的可持续发展与碳中和目标。

三　未来产业园（近）零碳化运营的困难

（一）缺乏顶层设计

1. 基础认知不足

随着国家积极推动园区绿色低碳转型，低碳园区、近零碳园区、零碳园区等新概念应运而生。然而，在园区建设过程中，对于这些概念的认知存在诸多的"误区"。为了确保园区的绿色低碳转型得以顺利推进，必须对这些"误区"进行认真分析和纠正。

例如，在实践过程中，部分园区将（近）零碳排放区示范工程建设与低碳发展试点等同看待，此举可能导致在推动低碳发展过程中出现偏差。另外，部分园区对（近）零碳园区建设的理解存在片面性，认为其意味着通过限制生产发展来控制碳排放，追求绝对的零排放。然而，这种理解并不准确，因为实现绝对的零排放既不现实，也可能对经济发展产生不利影响。

2. 发展路径不清晰

一些地区对于（近）零碳园区的认知仍停留在概念层面，对于如何构建（近）零碳园区、如何推动传统园区向（近）零碳转型升级等问题感到迷茫。此外，中国拥有大量不同类型的园区，其所在的地方经济发展水平和资源条件各不相同，这也给零碳园区的发展路径和规划设计带来了很大的挑战。

如何针对不同发展水平、不同领域的园区构建相对完善、切实可行的路径，解决发展和（近）零碳之间的平衡问题是一项重大挑战。目前，（近）零碳园区的建设尚未形成明确可行的规划路径，因此，我们需要进一步研究和探讨，制订出切实可行的规划方案，推动近零碳园区的建设和发展。

3. 园区标准体系缺乏

目前，我国多数园区尚未设立统一的能源资源消耗账目，同时也没有建立碳排放监测机制。这一情况不仅影响了对园区能源消耗的准确掌握，也阻碍了碳排放控制措施的制定和实施。此外，国内碳排放核算方法的不完善以及碳核算边界范围的不统一等问题，也进一步影响了（近）零碳园区的建设。

在缺乏统一规范的情况下，各种（近）零碳园区建设方案层出不穷，但质量参差不齐，给建设方和投资方带来了很大的选择难度。这种情况不仅不利于（近）零碳园区的普及和推广，也容易导致资源浪费和重复建设。

（二）能源系统与结构失衡

受以煤炭为主导的能源结构制约影响，我国传统工业园区在向（近）

零碳转型过程中面临重大挑战。根据国家统计局发布的研究数据,2022年,煤炭消费量占我国能源消费总量的56.2%,而清洁能源消费量仅占能源消费总量的25.9%。这些数据凸显了国内园区对化石能源的高度依赖。

相较于传统工业园区,低碳和近零碳园区对碳排放的要求较高,而零碳园区的要求更为严格。这也就要求园区的能源体系需要从单一向协同发展,打造一个(近)零碳的能源系统。另外,推动清洁能源基础设施建设虽可带来显著的减排效益,但较高的建设资金投入及设施改造时的停工对于园区的影响也应作为衡量相关工作推进的指标。为了实现(近)零碳园区的建设,需要采取更加有效的措施来推动清洁能源的发展,并逐步调整能源结构,减少对传统能源的依赖。

除缺乏整体规划、能源配置不均衡等挑战外,(近)零碳园区建设还面临着政策法规尚不完善、技术发展尚未成熟等众多难题,面临着十分严峻的形势。

四 未来产业园(近)零碳化运营的政策建议和发展趋势预测

在"双碳"目标提出三周年之际,中国在"双碳"领域的行动备受瞩目。三年来,国家在政策、经济、科技等领域大力推动"双碳"目标落实,并逐步形成了"1+N"政策体系。2023年CCER的重启,以及《关于推动能耗双控逐步转向碳排放双控的意见》《国家碳达峰试点建设方案》等新政策、措施的颁布(见表2),标志着中国的"双碳"战略正迈入下一个阶段。在实现这一目标的过程中,我们还需要付出更多的努力。

表2 2020—2023年部分产业园区(近)零碳化运营相关国家政策

政策文件	主要目标	年份	主管部门	主要任务
《关于组织开展绿色产业示范基地建设的通知》	绿色产业示范基地	2020	国家发展和改革委员会	搭建绿色发展促进平台,不断提高绿色产业发展水平

续表

政策文件	主要目标	年份	主管部门	主要任务
《关于推进国家生态工业示范园区碳达峰碳中和相关工作的通知》	优化能源结构和产业结构；推动低碳技术创新应用转化；构建"双碳"目标管理平台；强化绿色低碳理念宣传教育	2021	生态环境部	充分体现国家生态工业示范园区在促进减污降碳协同增效、推动区域绿色发展中的示范引领作用
《"十四五"节能减排综合工作方案》	以省级以上工业园区为重点，推进供热、供电、污水处理、中水回用等公共基础设施共建共享，到2025年，建成一批节能环保示范园区	2022	国务院	引导工业企业向园区集聚，推动工业园区能源系统整体优化和污染综合整治，鼓励工业企业、园区优先利用可再生能源
《关于推荐清洁生产审核创新试点项目的通知》	工业园区（产业集群）清洁生产审核创新	2022	生态环境部、国家发展和改革委员会、工业和信息化部	推动区域内优势互补、资源能源高效循环利用，提升园区层面基础设施共建共享水平和园区发展效率效益
《国家碳达峰试点建设方案》	选择100个具有典型代表性的城市和园区开展碳达峰试点建设	2023	国家发展和改革委员会	破解绿色低碳发展面临的瓶颈制约，探索不同资源禀赋和发展基础的城市和园区碳达峰路径，为全国提供可操作、可复制、可推广的经验做法

资料来源：根据公开文件整理。

（一）政策法规与保障机制

（1）建立零碳政策法规体系：制定全面、系统的（近）零碳化运营政策规划，明确目标、重点任务和时间表。确保与国家气候变化和环保政策一致，考虑地方特点和实际需求，并以此为导向建立涵盖规划设计、碳排放管控、基础设施及市场准入体系的制度。

（2）强化碳排放数据管理和监督：以数据质量为核心，做好碳排放数据工作，监管园区内企业活动，确保符合全球气候变化目标和国内减碳政策。建立完善的碳排放数据采集和核算体系，提高数据报告透明度，培养专业人才，强化数据采集、核算和报告工作，保证数据的准确性、完整性和及时性。

(3) 推进产业园区减碳措施和技术创新：选取试点实施减碳措施和技术创新，制定碳排放标准，支持引导试点园区加强监督和管理，推动园区实现可持续发展和减碳目标。

(4) 深化节能减排政策实施：深化国家碳排放配额制度，形成国家、地方、园区、企业的多级碳排放配额管理阶梯，监督和评估政策执行情况，及时调整和完善政策措施，实现可持续发展和减碳目标。

(5) 土地使用及资源利用支持政策：为了促进（近）零碳产业园的发展，政府或相关机构需要制定土地使用及资源利用支持政策。通过满足（近）零碳产业园在土地使用、水、矿产、交通等资源方面的需求，为其提供必要的政策支持。

(6) 产业扶持政策：通过对园区内产业链相关低碳、零碳企业的引进及政策扶持，支持产业结构的多元化发展，协调碳减排工作，形成互补的产业集群，从而打造健康、可持续的产业结构。

(7) 财税支持及资金补贴政策：通过深化与金融机构的协作，在已有绿色信贷、绿色债券等各类绿色金融工具的基础上大胆创新，开发更多绿色金融产品并拓宽融资渠道，以充分满足园区内企业的融资需求。

对于经济效益较高且碳排放强度较低的行业，应优先给予政策支持以增加激励效应；对于传统高碳工业部门，应当逐步淘汰，提高准入门槛，规范碳排放强度，以确保顺利转型。这一举措将为园区内的企业提供一个更公平、合理的竞争环境，并推动可持续发展。

（二）标准体系与监测管理

(1) 加快健全（近）零碳产业园区标准体系：尽管目前国内已经陆续发布了各类行业和地方标准，但为了构建（近）零碳产业园区国家标准体系，我们仍需以园区总体标准为核心，以基础设施、规划、能源、生产、建筑、交通等方面为框架，进行全面系统的标准化建设。同时，进一步健全工业企业、农业、土地利用变化与林业、废弃物处理等相关行业技术标准体系。

(2) 加强碳排放统计监测能力建设：为推动（近）零碳产业园的创建、考核、评价及推广工作，我们需要构建统一的碳排放信息管理平台体系，借助软硬件实现数据监测、统计、管理、优化，并开发一套系统、规范、标准的碳排放核算方法体系。这一举措将为我国实现碳达峰、碳中和的目标提供有力的数据支持。

（三）组织管理与配套服务

在产业园区的建设过程中，涉及的机构种类繁多，包括政府部门、园区管理机构、技术部门、项目执行单位和企业等。为了确保园区的高效运转，需要形成以相关主管部门为主导、各部分相互配合的运行管理机制。为此，我们需要建立一套完善的园区降碳目标责任制和评价考核制度，以此明确各方的权责，从而统一协调整个产业园的组织管理工作。

另外，针对（近）零碳园区的不同属性，有选择性地引入"双碳"相关的智库咨询、数据管理、技术升级、碳资产管理、ESG评级、CBAM服务等第三方合作机构，助力园区内企业完成（近）零碳转型。

（四）技术创新与试点示范

通过聚焦零碳能源技术及应用技术的发展以实现（近）零碳目标。加强自主研发，支持氢能、核能等清洁能源技术，液流电池、全固态电池等储能技术以及智慧电网、CCUS等用能与管理技术的开发、应用与产业化。保证碳排放全程可控、可核查、可追溯。以科技赋能，实现能源端、用能端、管理端的同步高效管控。

（五）人才培养与教育培训

目前我国已初步构建起"双碳"专业人才培育的政策框架，但"双碳"专业人才的评价标准和规范仍有待完善。为优化"双碳"专业人才培养，需尽快建立统一的人才评价标准和规范，明确其科学培养路径，并推动相关资源共享，强化调查研究、教育培训和经验互鉴，以促进"双碳"专业人才的培养工作。

五　结语

产业园（近）零碳化运营是"双碳"目标的必经之路，也是当前形势下我们不可忽视的重要任务。自2020年9月22日，习近平主席在联合国大会上宣布我国的"双碳"目标以来，已经过去了三年。在这期间，我国已积极构建了"1+N"政策体系，为推动经济结构和产业结构的优化，以及控制重点排放领域等方面提供了重要的政策支持，并取得了显著的进展。

然而，挑战与机遇并存。作为经济结构、产业结构、能源结构的集聚点，园区在实现"双碳"目标、能耗和碳强度"双控"目标方面面临着来自国家和地方的双重压力。同时，由于企业受到其供应链上游客户的碳中和要求，园区也因此面临着来自企业的迫切需求。在当前的形势下，我们必须认识到，产业园区作为区域经济发展的重要载体，其自身的发展不仅关乎经济的增长，更牵动着环境保护和气候变化的命运。因此，推动产业园区（近）零碳化运营，是当前实现"双碳"目标的关键所在。

在未来的发展中，通过政府、企业和社会各方面的共同努力，随着技术的不断进步，产业园区的（近）零碳化运营将会成为一种趋势。为了实现这一目标，需要各方不断进行创新和探索，采取有效的措施和行动。相信在这个过程中，将会涌现出一批优秀的园区和企业，为推动全球环境保护和应对气候变化做出积极的贡献。

主要参考文献

陈吕军：《做好碳达峰碳中和工作，工业园区必须做出贡献》，《资源再生》2021年第2期。

生态环境部：《HJ 274—2015 国家生态工业示范园区标准》，2015年12月1日。

全国信标委智慧城市标准工作组等：《零碳智慧园区白皮书（2022年版）》，2022年1月24日。

教育部：《加强碳达峰碳中和高等教育人才培养体系建设工作方案》，2022年。

《"能源之都"鄂尔多斯打造全球零碳典范》，《内蒙古日报》，2022年8月11日。

谢斐、牟思思：《国内外零碳产业园区建设情况及政策启示》，《当代金融研究》2022年第12期。

马欣：《"双碳"背景下零碳园区建设研究》，《合作经济与科技》2023年第8期。

刘思远、单明、刘彦青等：《"零碳产业园"的内涵界定及建设路径研究》,《环境生态学》2023 年第 4 期。

清华大学环境学院：《中国工业园区绿色低碳发展报告（2023）》，2023 年 8 月 25 日。

马淑杰等：《关于园区综合能效提升的措施建议》，《中国投资（中英文）》2023 年第 Z7 期。

欧盟委员会：《净零时代的绿色新政工业计划》（*A Green Deal Industrial Plan for the Net-Zero Age*），2023 年 2 月 1 日。

生物质能源助力"双碳"目标的路径和潜力

刘广青 薛春瑜 黄建宇[*]

"十三五"时期以来，我国生物质能利用产业取得了显著的成效，开发利用规模不断扩大。随着国内外低碳能源转型发展的需求日益迫切及生物质清洁供暖产业的发展，"十四五"时期将是我国生物质清洁供暖大有可为的战略机遇期。

一 我国生物质能利用产业取得了显著的成效

"十三五"时期以来，我国生物质能利用产业取得了显著的成效，开发利用规模不断扩大。目前我国生物质能产业发展以发电领域为主，截至2022年年底，我国生物质发电装机容量为4132万千瓦，比上年增加334万千瓦，连续四年位列世界第一。其中，垃圾焚烧发电装机容量为2386万千瓦，农林生物质发电装机容量为1623万千瓦，沼气发电装机容量为122万千瓦。非电利用领域，在生物质清洁供热方面，成型燃料年利用量为2000万吨，工业供气和民用供热量约为18亿吉焦；在生物天然气方面，目前生物天然气年产量为3亿立方米；生物液体燃料方面，到2022年，年产生物燃料乙醇350万吨，年产生物柴油200万吨。

截至2022年年底，我国生物质清洁供暖面积超过了3亿平方米，生物

---

[*] 刘广青，北京化工大学教授、博士生导师，"一带一路"全球合作研究院院长，中国农村能源行业协会民用清洁炉具专业委员会主任；薛春瑜，北京化工大学生物质能源与环境工程研究中心副教授，主要研究领域为生物质能的开发利用；黄建宇，北京化工大学生物质能源与环境工程研究中心研究生，主要研究方向为碳足迹分析。

质成型燃料加工企业有2000余家，生物质成型燃料年产量约为2400万吨。生物质清洁供暖技术多样，推广应用规模持续提升，其中农林生物质热电联产县域清洁供热项目有200余个，秸秆打捆直燃供暖工程近300个，生物质户用炉具采暖的用户超过200万户，生物质沼气以及热解气化供暖工程也有一些良好示范。据测算，利用生物质替代标准煤供暖约1000万吨，减排二氧化碳约2600万吨，实现了良好的综合效益。生物质成型燃料、生物质炉具与锅炉企业创新意识不断加强，产品与装备品种多样、质量不断提升，标准体系不断完善，产业正进入发展新阶段。

二 双碳"目标下生物质能利用迎来战略发展期

随着全球气候变化的加速，碳排放成了一个备受关注的问题，各国政府和国际社会都在积极寻求减缓气候变化的途径。在这一背景下，生物质能源因在减少碳排放、减轻对化石燃料的依赖以及促进可持续发展方面的潜力而备受关注。

生物质能作为国际公认的零碳可再生能源，具有绿色、低碳、清洁等特点。我国生物质资源丰富，约为45.3亿吨，其中农作物秸秆产量约为7.9亿吨，林业剩余物约为3.4亿吨，畜禽粪污约为30.5亿吨。这类生物质废弃物可以通过直燃、沼气化、热解气化等方式代替化石能源，潜力巨大。如何合理利用这些废弃物，促进可持续发展，是我国能源转型中的一个重要课题。生物质能源化利用率的提高是解决这一问题的关键。据统计，目前我国生物质能源化利用率仅为近12%。这意味着还有很大的发展空间。提高生物质能源化利用率，不仅能够降低对传统能源的依赖，还能够减少有机废弃物对环境的污染。大力发展生物质利用是推动能源绿色低碳转型、落实应对气候变化国家自主贡献目标的重要举措。

党的二十大报告指出"深入推进能源革命，加快规划建设新型能源体系"。随着我国能源低碳转型及美丽乡村建设进程的不断推进、生态环境保护进入减污降碳协同治理的新阶段、农村能源革命的全面实施以及"十四五"可再生能源发展规划的出台，生物质清洁供暖的优势及发展前景更加清晰，生物质清洁供暖迎来了广阔的发展契机，将进入规模化发展与高质量发展并重的重要时期。

生物质能源助力"双碳"目标的路径和潜力

2022年,国家发展和改革委员会(以下简称国家发改委)等九部门联合发布了《"十四五"可再生能源发展规划》,明确提出到2025年,生物质能源利用总量要达到2.2亿吨标准煤的目标。这一目标对于推动生物质能源的发展,提高其在能源结构中的地位具有重要意义。在《"十四五"生物经济发展规划》中,将生物质能列为生物经济的重点领域之一,并强调要推动其多元化开发利用,促进生物质能源产业链的完善和优化。同时,鼓励企业加强技术创新和转型升级,以提高生物质能源的利用效率和经济效益。在《"十四五"现代能源体系规划》中,将生物质能列为现代能源体系的重要组成部分,强调要加强生物质能源的研发和利用,促进其与可再生能源的协同发展。同时,推动生物质能源与传统能源的转型升级,以提高能源利用效率和实现可持续发展。2022年5月,农业农村部、国家发改委印发的《农业农村减排固碳实施方案》提出,要以清洁低碳转型为重点,大力推进农村可再生能源开发利用。其中,因地制宜发展农村沼气是实现这一目标的关键措施之一。为了推动农村地区清洁取暖,《"十四五"可再生能源发展规划》提出,要合理发展以农林生物质、生物质成型燃料等为主的生物质锅炉供暖。在大气污染防治非重点地区乡村,可以因地制宜推广户用成型燃料炉具供暖。在华北、东北、华中等乡村地区开展生物质能清洁供暖试点示范,坚持因地制宜,推广不同类型的应用模式,如"生物质成型燃料+户用炉具"、集中式生物质锅炉供暖等。2023年3月15日,国家能源局、生态环境部、农业农村部、国家乡村振兴局联合发布了《农村能源革命试点县建设方案》。该方案指出,要因地制宜推动地热能、太阳能、生物质能等清洁能源的发展。对于国家大气污染防治重点区域的试点县平原地区,应采用热电联产、大型生物质锅炉等集中供暖模式,以有序推进可再生能源安全可靠替代散煤。同时,要探索建设乡村能源站,依托生物质供暖服务站,建设具备"收储运"及成型燃料加工、生物质锅炉和地热供热、农村能源节约与技术推广服务等能力的乡村能源站。2023年11月,北京市发改委、市规划自然资源委等十部门联合发布了《关于全面推进新能源供热高质量发展的实施意见》。该意见首次提出,要推动生物质能供热的发展,为北京市未来的新能源发展指明了方向。总体来说,国家和地方层面都在积极推动和支持生物质能产业的发展。随着相关政策的不断出台和实施,生物质能产业的发展前景广阔。

"十四五"及今后一段时期,全球能源将加速向低碳、零碳方向演进。

近年来，欧美国家生物质能源在总体能源消费中的占比持续上升，生物质能源成了支撑绿色经济发展的主要能源之一，生物质清洁供暖成为居民供暖的重要方式。

结合国内外低碳能源转型发展的迫切需求及生物质清洁供暖产业的发展启示可知，"十四五"时期将是我国生物质清洁供暖大有可为的战略机遇期，应以推进生物质清洁供暖高质量发展为主题，从规模化发展逐步向高质量、规模化系统提质增效发展转变，保障生物质清洁供暖的可持续发展。

三 推动生物质能高质量发展面临的挑战

生物质清洁供暖行业发展并不顺利，部分指标与《生物质能发展"十三五"规划》提出的目标有一定差距。生物质清洁供暖作为一种清洁能源的供应方式，其应用前景和潜力广阔。然而，目前仍然存在一些挑战和难题需要克服。

第一，生物质清洁供暖的推广面临认知层面的挑战。生态环境部已明确生物质燃料规范燃用下不属于高污染燃料，但不同地方的主管领导对政策理解不同，社会各界对生物质清洁供暖的认知和理解还存在一定的分歧和误解，仍对其存在疑虑，部分地方甚至限制生物质清洁供暖的应用。因此，需要政府和相关部门加强宣传和教育，提高公众的认知水平和理解度。

第二，相较风电光伏等，生物质能管理职能较为分散，涉及能源、环保、城建、国土、农业等跨部门、跨领域的问题，包括固体废物利用、污染治理和节能减碳等多个核心目标，有待形成政策合力。政府需要出台相关政策和法规，建立生物质清洁供暖的管理和运行体系，鼓励和支持生物质清洁供暖的发展和应用。

第三，生物质供暖面临的挑战之一是排放水平的不稳定性和管控难度的显著增加。生物质供暖主要依赖分散式的小型锅炉和炉具，然而，在终端使用阶段通常并未要求安装在线实时监测系统，由此导致实时监管手段的匮乏。为了有效解决这一问题，必须进行技术创新，政府和相关部门需要高度重视，建立相应的监测体系和监管机制，以确保生物质清洁供暖能够在安全、稳定的条件下运行。在解决相关技术问题的同时，推动监管手段的升级和完善，将为生物质供暖行业的可持续发展奠定坚实的基础。

第四，生物质原料的分布分散、收集运输成本高以及能源密度低等特征，使得生物质面临经济附加值低、燃料供应体系不健全的问题，迫使其长期依赖政府补贴。随着国家对生物质能源的大力扶持，生物质利用的市场化行为减轻了政府补贴负担，且随着政府补贴行为逐渐放缓，生物质原料的收集、加工和运输越来越依赖企业自身的盈利能力，这也变相激励了市场运行。这一系列举措可以促进生物质清洁供暖产业的发展和壮大，为其在能源领域的可持续发展创造有利条件。

第五，生物质清洁供暖的产业链缺乏完善的标准以及监管和评估体系也是一个紧迫问题。现有的燃料质量分级体系尚未区分不同终端应用环节的质量要求，生物质燃烧设备缺乏相应的强制性国家标准，标准的执行和监督环节较为薄弱，无法有效管控生物质燃料的质量、排放水平等。政府需要联合行业协会、高校院所和企业进行标准的制定和执行，建立生物质清洁供暖的评估体系和标准，推动生物质清洁供暖产业的健康发展。

总之，生物质清洁供暖作为一种清洁能源的供应方式，具有广阔的应用前景和潜力。然而，需要政府、企业和社会各界共同努力，克服认知不足、多部门之间缺乏交流合作、生产及利用技术创新不够、管理和标准缺位等方面的挑战，推动生物质清洁供暖产业的发展和壮大，为实现可持续发展目标做出积极贡献。

四 欧美国家生物质能发展的启示

从2021年全球终端能源消耗总量来看，可再生能源终端消费量为50艾焦（EJ），在全部终端能源消费量中占比达到了12.6%，其中生物质能源占据了可再生能源的50%左右。在全球生物质能的终端市场应用中，主要用途是供热，尤其在欧盟各国的能源转型过程中，生物质供热扮演着关键的角色。如图1所示，2021年欧盟27国生物质能占所有可再生能源总量的56%，其中爱沙尼亚甚至达到了90%以上。截至2021年，欧盟27个成员国中有74.87%的生物质能源（9559.3万吨油当量）被用于供热，其中最大的应用领域分别是住宅（49%）和工业（25%）。这表明，生物质供热在欧盟的能源结构中具有重要地位，在实现可持续能源利用和减缓气候变化过程中发挥着关键作用。这一发展趋势也凸显了生物质能源在促进向清洁能源过渡中的战略重要性。

根据2021年统计数据，欧洲生产的所有可再生热能中有83%是生物热能（9311.4万吨油当量），许多国家几乎完全依赖生物质这种可持续燃料，罗马尼亚、克罗地亚、拉脱维亚和波兰的情况也是如此，这些国家至少95%的可再生能源都依赖生物热能。在欧盟27国中，拉脱维亚的生物质供热占其终端能源的比重高达33.1%；而芬兰、瑞典、爱沙尼亚、丹麦和立陶宛的生物质供热占比均超过20%。北欧地区的生物质供热产业的快速发展带动了西欧、南欧和东欧地区的生物质供热发展，意大利、法国等国也逐渐成为生物质供热产业迅速崛起的国家。

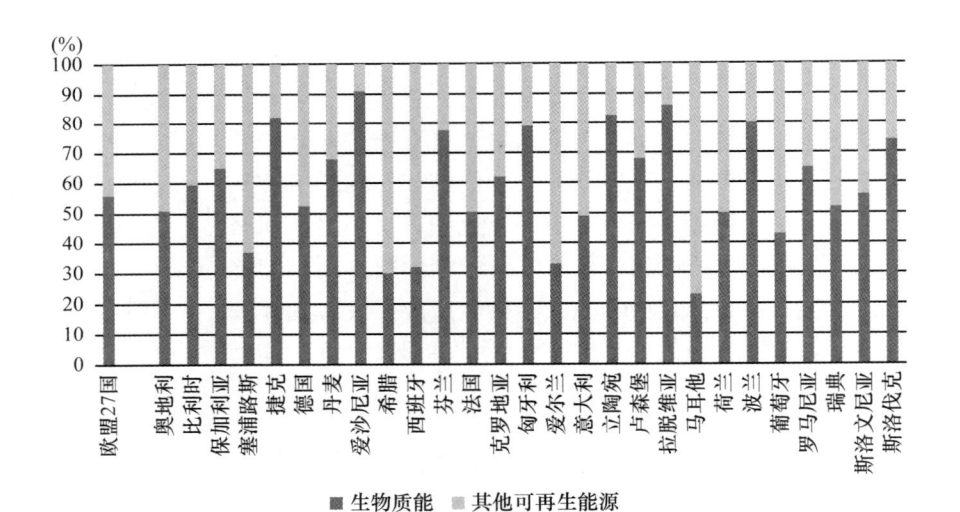

图1 欧盟27国生物质能在可再生能源中的占比（2021年）

欧盟27国对传统化石燃料的依赖度一直是一个备受关注的话题。根据2020年的数据，欧盟27国对生物质燃料的进口依赖率只有4.3%。这一数字在过去20年中一直保持着相当稳定的水平，说明欧盟已经开始在生物质燃料方面实现了可持续的自给自足。生物质燃料的自给自足不仅有助于降低欧盟对外部能源市场的依赖，还可以减少化石燃料的价格波动和供应不稳定性的影响。此外，生物质燃料还可以为欧盟创造就业机会和促进可持续发展。

欧洲的生物质能利用发展已经逐渐走向成熟。瑞典在生物质能的利用上,除了依靠补贴政策,还积极探索碳税等其他政策手段。没有享受补贴之前,如果没有碳税,木质颗粒的价格高于煤炭,低于油和天然气,但是加上碳税后,木质颗粒燃料成本是最低的。这大大地推动能源行业向低碳化转型,生物质能的利用发展迅速,同时也减少了对化石燃料的依赖。而当前我国生物质能的利用发展过于依赖补贴,因此可以借鉴瑞典的一些做法,在生物质能的利用方面,加强政府和市场的双重引导。政府可以通过补贴、减税等手段,鼓励生物质能的发展。而市场则需要建立起公平、透明的价格机制,以及严格的环保标准。只有政府和市场共同发力,才能实现生物质能的可持续发展。

天然气供暖在美国正在逐渐被淘汰,生物质成为重要的替代方式。天然气中90%的成分是甲烷,甲烷对气候变化的影响是二氧化碳的84倍。而天然气泄漏问题也令人担忧,美国估计有4.5%的天然气泄漏到大气中。在美国,越来越多的地区开始立法禁止使用天然气。例如,2022年9月22日,加州空气资源委员会批准了一项全州计划,旨在到2030年逐步淘汰燃气炉、锅炉、热水器、灶台的销售。同时,美国已有65个城市禁止新建房屋使用天然气。此外,美国能源信息署(EIA)的数据显示,美国约有1250万户家庭使用木材或颗粒进行空间供暖,对于中低收入家庭来说,使用低碳、可再生燃料进行经济实惠的供暖仍然是一种重要方式。

欧美国家在生物质能的发展中积累的经验对我国在生物质能源领域的发展具有借鉴意义。在我国北方寒冷地区的能源转型中,生物质能源在供热领域完全有潜力替代传统能源,根据能源需求和结构,有针对性地推动生物质能在农村居民供热、工业锅炉的使用,提供经济实惠的取暖方案,尤其是关注农村和中低收入家庭的能源需求。欧洲国家在生物质能源领域投入了大量研发资源,发展先进的锅炉制造技术,并建设了完善的生物质颗粒燃料供应链保障体系,借鉴这种模式,我国在生物质能领域需要加强技术研发和建设相关产业标准,提高设备的自动化程度,完善供热系统的配套装置,注重建设本地的生产供应链,提高生物质能源的生产和利用效率。考虑将生物质能源逐步纳入碳市场,通过经济手段激励企业进入市场,从生物质燃料生产商、炉具/锅炉生产商、供暖/供热综合服务商等供给侧入手,打造经济成本低、环境排放低、环境效益显著的生物质能利用新格局。

五　我国生物质清洁供暖对碳中和的贡献分析

相比于传统的化石能源，生物质燃料作为全球公认的零碳燃料，具有显著的环境效益。

以2017年《关于促进生物质供热发展的指导意见》中提出的2035年生物质成型燃料消费总量（5000万吨）作为参考依据，农村总供热面积（70亿立方米）和农林废弃物资源总量（约10亿吨）的20%作为边界条件，设定未来生物质燃料年增长率。通过情景分析对未来生物质供暖燃料的发展进行了两个情景的预测计算。

（1）基准情景：以2015—2020年的增长率为基准点进行趋势延伸，同时不考虑未来相关标准及政策变化。2020—2030年、2030—2040年、2040—2050年平均年增长率为10%、5%和2%。

（2）碳中和情景：由于国家能源发展规划及全球碳中和大背景下可再生能源在一次能源中的占比逐步提升，2020—2030年、2030—2040年、2040—2050年平均年增长率相应提升50%，分别为15%、7.5%和3%。

$$E = 2.493 \times \sum_{i=1}^{I} A_i F_i$$

其中：A_i为第i种燃料燃烧数量（千克）；F_i为第i种燃料折合标准煤系数（千克标准煤/千克）；i为燃料类型；I为燃料类型数量。根据中国工程院和生态环境部《民用煤大气污染物排放清单编制技术指南》提供的数据，节约1吨标准煤，可减排二氧化碳2.493吨。根据《中国清洁供热产业发展报告（2021）》，生物质燃料种类占比及其标准煤折算系数如表1所示。

表1　生物质燃料种类占比及其标准煤折算系数

燃料种类	占比（%）	标准煤折算系数（千克标准煤/千克）
农业废弃物（秸秆类）	70	0.3
林业废弃物（木质类）	30	0.5

根据上述不同情景，生物质燃料利用量和二氧化碳（CO_2）减排量如图 2 所示。在基准情景下，2060 年的二氧化碳减排量约为 7100 万吨，是 2020 年的 2.5 倍，生物质燃料利用量约为 8000 万吨；在碳中和情景下，2060 年的二氧化碳减排量约为 1.7 亿吨，是 2020 年的 6 倍，生物质燃料利用量约为 1.9 亿吨。结果表明，大力推进生物质燃料清洁供暖对碳中和目标的实现将发挥积极的作用。

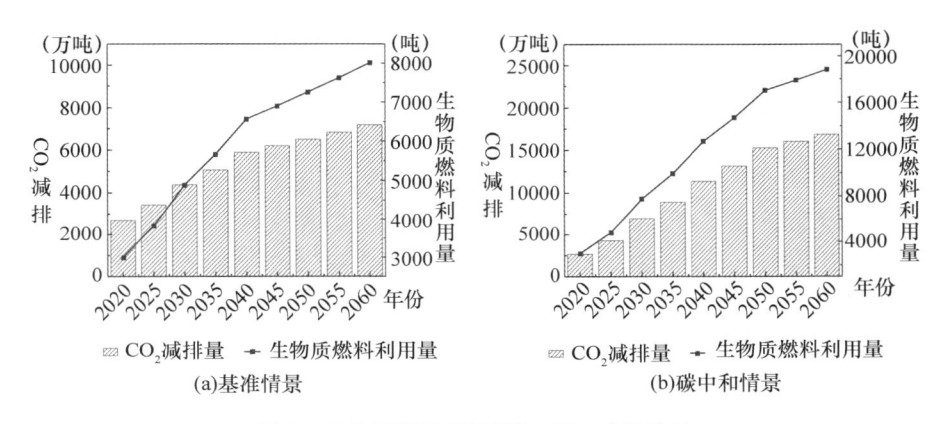

图 2 生物质燃料利用量和 CO_2 减排放量

六 建议

在此背景下，要推动生物质清洁供暖高质量发展，第一，要完善政策框架体系，协同推进减污降碳和乡村振兴。为了让现有的政策体系形成合力，更好地发挥生物质供暖的作用，建议进一步出台生物质能清洁利用相关条例，明确各级政府部门的职能定位，确定职责分工与牵头部门；同时，将生物质能利用融入乡村振兴战略，加强地方政府对生物质能在推动碳减排、生态环境改善和乡村振兴方面重要作用的认识。

第二，建议地方政府承担起本地减污降碳的责任，建立生物质能利用补偿机制，在全国碳市场制度设计中考虑对生物质能发展给予支持，鼓励将符合条件的生物质能清洁供暖项目开发为温室气体自愿减排项目，利用碳减排收益支撑生物质清洁供暖服务体系建设，保障生物质清洁供暖可持续发展。促进更多金融机构为生物质能项目提供优惠金融服务，逐步摆脱对财政专项补贴的依赖，保障生物质供暖行业的可持续发展。

第三，构建完善的生物质清洁供暖全产业链标准及监管和评估体系。尽快出台生物质燃料的质量分级标准与生物质燃烧设备的国家标准，在满足环保和使用要求的基础上，明确区分适用于不同供暖设备的燃料质量指标，制定合理的污染物排放限值。建立从原材料到终端应用的生物质燃料及燃烧设备的质量认证监管体系，保障生物质燃料质量，促进生物质燃烧设备的技术创新。建设统一的生物质供暖项目综合效益评价规范，科学评估生物质清洁供暖对碳减排、生态环境改善和乡村振兴的效益，为政府决策、标准制定等提供科学依据。

第四，应加大技术创新与能力建设，加强国际合作。加快建设生物质清洁供暖协同创新中心，促进技术革新与产业升级，进一步凝练发展模式，提升发展质量。积极引进国际先进技术与应用经验，推进本土化生产，提升装备与产品质量。打造生物质清洁供暖高质量品牌产业基地。

第五，在实际推广中，建立完善的生物质成型燃料供应体系，地方政府可通过终端激励生物质能源化利用企业，从需求侧带动供给侧，从而推动原料收储运体系和燃料供应体系的建设。因地制宜选择生物质供暖的技术路径和模式，在生物质资源丰富的非大气污染重点防治地区，采取"生物质成型燃料＋户用炉具"分散式户用供暖、"生物质成型燃料＋专用锅炉"分布式供暖以及"秸秆打捆直燃"等集中供暖模式实现清洁供暖。从源头把控燃烧设备产品质量，降低运维成本，构建可持续的长期运维服务，解决用户的后顾之忧。

主要参考文献

中国产业发展促进会生物质能产业分会：《中国生物质能产业发展年鉴（2023）》，2023年。

清洁供暖产业委员会：《中国清洁供暖产业发展报告（2022）》，中国经济出版社2022年版。

水电水利规划设计总院：《中国可再生能源发展报告（2022）》，2023年。

国家发展和改革委员会：《"十四五"可再生能源发展规划》，2022年6月1日，https：//www.ndrc.gov.cn/xwdt/tzgg/202206/P020220601502009073293.pdf。

环境保护部办公厅：《关于发布〈高污染燃料目录〉的通知》，2017年4月1日，https：//www.mee.gov.cn/gkml/hbb/bgth/201704/W02017040137849

6587453.pdf。

《2021年全球木质颗粒市场展望》，2021年2月20日，中国新能源网，http://www.china-nengyuan.com/news/166433.html。

徐银鸿等：《中国北方典型地区农村清洁取暖调研分析及思考》《农学学报》2020年第3期。

焦铭泽等：《碳中和目标下农村地区生物质清洁供暖碳减排及经济性分析》，《可再生能源》2022年第11期。

亚洲清洁空气中心等：《北方典型地区农村居民冬季供暖研究》，2019年。

中国产业发展促进会生物质能产业分会等：《3060零碳生物质能发展潜力蓝皮书》，2021年。

绿色经济循环智能创新发展

数据知识产权保护助力绿色经济高质量发展

于明革　曹　宇[*]

习近平总书记在全国生态环境保护大会上强调："以高品质生态环境支撑高质量发展，加快推进人与自然和谐共生的现代化。"[①] 新征程上，我们要深入贯彻落实习近平生态文明思想，坚定不移走生产发展、生活富裕、生态良好的文明发展道路，不断推进绿色经济的高质量发展。自党的十九届四中全会首次将数据纳入生产要素，尤其是2022年12月中共中央、国务院印发《关于构建数据基础制度更好发挥数据要素作用的意见》后，我国数据要素市场化建设步伐明显提速，数据知识产权保护工作初步取得积极成效。

一　数据知识产权的内涵和保护的重要性

（一）数据知识产权的内涵

数据是数字时代的"新石油"，与土地、技术、资本等重要生产要素并驾齐驱，是推动全球经济增长和社会变革的重要因素。新一轮产业变革和科技革命中的前沿技术对全球产生了亘古未有的影响，数据驱动在其中发挥了重要作用。大数据、云计算、元宇宙、人工智能等数据驱动的技术

---

[*] 于明革，浙江知识产权交易中心办公室主任，高级工程师，长期从事知识产权战略和政策研究；曹宇，浙江知识产权交易中心副总经理，主持日常工作，跨技术和知识产权两界，美国UCLA计算机博士。

[①] 《习近平在全国生态环境保护大会上强调：全面推进美丽中国建设 加快推进人与自然和谐共生的现代化 李强主持 赵乐际 王沪宁蔡奇 李希出席 丁薛祥讲话》，《人民日报》2023年7月19日第1版。

相互迭代，规模不断拓展，促进了更高层次和深度的实际应用。

数据知识产权，是指权利主体对于依法依规获取，经过一定规则处理形成的，具有实用价值、智力成果属性以及非公开性的数据集合，享有的自主管控、加工使用、经营许可和获得收益等的权益。

（二）数据知识产权保护的重要性

数字经济时代，作为新兴生产要素的数据，业已成为国家必不可少的基础性战略资源。数据作为数字经济的核心要素，正逐渐成为推动经济高质量发展的重要引擎，数据知识产权保护呼之欲出。数据知识产权的重要性体现在创新和研发的激励、经济发展的推动、合作与分享的促进，以及个人权益的保护等方面。保护数据知识产权有助于建立一个创新和可持续发展的数字经济生态系统。

1. 构建数据知识产权保护规则的基本原则

2023年11月8日，在北京举行加快推进知识产权强国建设、有效支撑创新驱动发展的国务院政策例行吹风会上，相关领导表示，为持续完善知识产权制度体系，中国将加快建立数据知识产权保护规则。国家知识产权局已研究提出构建数据知识产权保护规则"四个充分"的基本原则：一是充分考虑数据安全、公共利益和个人隐私；二是充分把握数据的特有属性和产权制度的客观规律；三是充分尊重数据处理者的劳动和相关投入；四是充分发挥数据对产业数字化转型和经济高质量发展的支撑作用。

2. 数据知识产权保护的关键问题

尽管数据知识产权的概念逐渐被人们所了解和接受，但是如何有效地保护数据知识产权仍面临很多问题，这主要包括保护对象、保护主体、赋权方式、权益内容、保护方式、运用模式等一系列关键问题。

数据知识产权保护对象是依法依规获取的，经过一定规则处理形成的具有实用价值的数据集合，应满足安全合规性要求。数据知识产权保护主体是数据处理者，即依法依规对原始数据进行获取、存储、加工的自然人、法人或非法人组织。数据知识产权的赋权方式主要通过登记制度进行，登记程序主要包括登记申请、登记审查、登记公示、登记公告、登记撤销、登记变更、登记续展等环节。数据处理者享有对已进行数据知识产权登记数据集合的持有、使用、经营、收益等合法权益。数据知识产权采取行为规制方式对相关数据权益予以保护，规制行为包括禁止他人不正当获取以及不正当披露和使用相应数据集合。数据知识产权登记证书承载了数据来源、数据结构规模、应用场景等一系列数据流通使用所必要的信息，并且还内含了数据处理者对安全合规要求的声明承诺和登记机构对登记信息的审查结果，可在数据交易流通、收益分配、质押融资等方面作为权属证明，以起到明晰数据权属、降低数据交易成本的积极作用，从而有助于促进数据高效流通使用，激活数据要素价值，激励创新创业创造。

3. 数据知识产权保护实践现状

2021 年起，我国在上海市、浙江省、深圳市开展了数据知识产权保护的前期试点工作。2022 年 11 月 17 日，国家知识产权局发布《国家知识产权局办公室关于确定数据知识产权工作试点地方的通知》，确定北京市、上海市、江苏省、浙江省、福建省、山东省、广东省、深圳市 8 个地方开展数据知识产权工作试点。一是试点各地将数据知识产权保护写入地方性法规，保护数据处理者合法权益，激励数据的开发，促进数据生产要素流通和经济社会创新融合。但是，数据知识产权的立法研究和制度建设尚起步不久，任重道远。二是稳步推进数据知识产权登记实践，探索建立数据产权、交易、权益分配和治理机制，明晰数据产权归属、权益边界、权属状态，稳定市场预期，促进数据高效流动、充分利用。三是在数据流通领域着力探索，持续推动数据知识产权登记平台与数据产品流通平台对接，积极培育数据要素生态，大力推进数据创新应用，构建数据知识产权良好服务生态，实现数据知识产权登记证书广泛应用于数据场内外交易、企业间数据共享等场景。

二 数据知识产权保护是绿色经济高质量发展的关键

数据是数字经济时代的关键生产要素。构建数据基础制度，有利于充分发挥数据要素作用，做大做优做强绿色经济。党中央、国务院高度重视数据产权制度建设。2017 年，习近平总书记在十九届中央政治局第二次集体学习时明确指出，要"制定数据资源确权、开放、流通、交易相关制度，完善数据产权保护制度"[①]。2020 年，中共中央、国务院印发的《关

[①] 中共中央宣传部、中央全面依法治国委员会办公室编：《习近平法治思想学习纲要》，人民出版社、学习出版社 2021 年版。

于构建更加完善的要素市场化配置体制机制的意见》强调，要"研究根据数据性质完善产权性质""建立健全数据产权交易和行业自律机制"。2022年12月，中共中央、国务院印发的《关于构建数据基础制度更好发挥数据要素作用的意见》强调，要"探索建立数据产权制度""研究数据产权登记新方式"。2021年，中共中央、国务院印发的《知识产权强国建设纲要（2021—2035年）》，国务院印发的《"十四五"国家知识产权保护和运用规划》，均对构建"数据知识产权保护规则"提出明确要求。

（一）绿色经济是数据知识产权高度富集的经济形态

数据知识产权的高度富集正在成为推动绿色经济蓬勃发展的核心要素。绿色经济的特征在于对环境友好和可持续发展的追求，而绿色技术和创新成为关键，还离不开大量的数据支持，离不开数据的共享和整合。从清洁能源到循环利用，绿色经济需要深度挖掘和分析各类数据，形成对环境影响的科学评估和有效管理。数据知识产权的高度富集能够构建健康的数据生态系统，促使企业、研究机构和政府更加积极地分享数据资源，实现绿色经济产业链的高效运转。绿色经济的崛起也为数据知识产权的创新提供了更广阔的舞台。在绿色技术不断进步的过程中，涌现出许多颠覆性的数据应用和解决方案。这些创新成果不仅为企业带来竞争优势，也为持续改善环境质量提供了新的途径。

各地积极推动数据知识产权登记证书多场景应用，不断丰富绿色经济的富集形态。浙江省不断推进数据知识产权运用工作，某企业在领取浙江首批数据知识产权登记证书的基础上，还通过数据质押，获得银行的1000万元授信支持。山东省推动数据知识产权登记平台与省级数据产品登记流通平台对接，推动数据知识产权登记证书在数据资产评估、交易流通、质押融资、纠纷处理等多场景的应用，进一步释放数据要素的潜在价值。

（二）绿色经济高质量发展需要数据知识产权助力

数据知识产权的确立和保护成为推动绿色经济高质量发展的不可或缺的助力。在绿色经济的发展过程中，新兴的绿色技术如清洁能源、可再生资源利用等正成为经济增长的新引擎。这些技术的创新涉及大量的数据积累和分析，而数据知识产权的保护可以激发企业的创新热情，使其更加愿意投入研发，推动绿色技术不断取得新的突破。在整个绿色经济产业链

数据知识产权保护助力绿色经济高质量发展

中，数据的流通和共享是保持高效运转的关键。通过确立数据知识产权，不仅能够保护企业在产业链上的技术和数据资产，还能够促进合作伙伴之间更加稳固的合作关系。这有助于形成更加完善的绿色经济产业链，推动各环节的协同发展。

各地通过开展数据知识产权登记服务来确立数据知识产权，助力绿色经济高质量发展。2023年4月26日，浙江省市场监督管理局（知识产权局）打造的全国首个多跨贯通的数据知识产权登记平台正式上线，免费为数据处理者提供登记服务。截至2023年年底，登记平台已接入数据存证平台8家、数据保全证据公证平台3家；共受理数据知识产权登记申请9229件，登记发证5004件。随着试点工作的快速推进，2023年浙江省数据存证数据量快速增长（见图1）。山东省在全国率先实施"登记平台初审、知识产权保护中心复审颁证""形式审查＋实质审查"模式，为数据要素强供给优流通增信赋能。

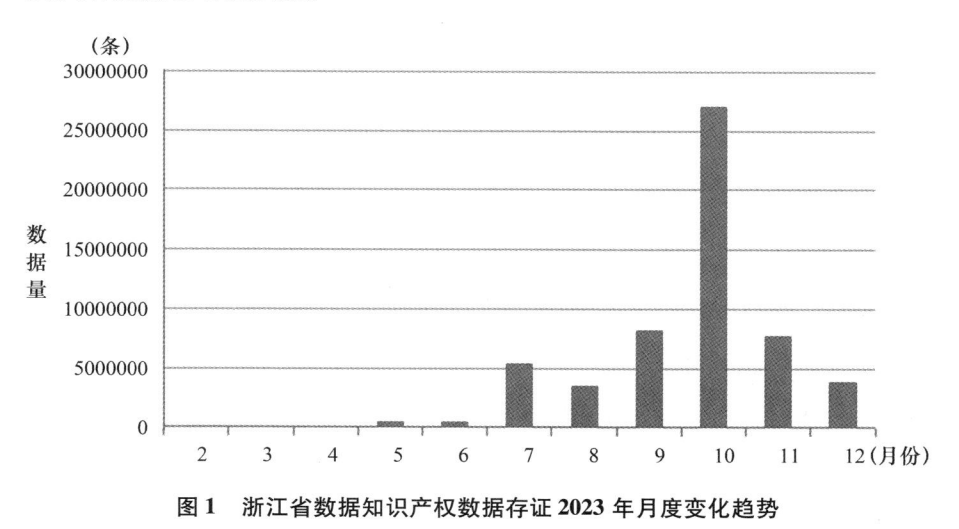

图1　浙江省数据知识产权数据存证2023年月度变化趋势

（三）数据知识产权产生和形成是绿色经济高质量发展的重要表现形态

数据的产生和形成涉及众多行业（见图2），其中数据知识产权的确立和保护不仅是企业创新的基石，更是绿色经济高质量发展的重要表现形态。数据知识产权的产生源于创新。企业通过不断研发新技术、新产品，产生了大量的数据。数据知识产权的建立成为保障企业创新成果的法律支撑，促使企业更加积极地投入研发，推动经济朝着更绿色、更可持续的方向迈进。数据知识产权的形成有助于构建创新生态系统。通过保护数据知识产权，企业能够更好地保护自身的创新成果，形成良好的创新生态。这样的生态系统不仅促进企业内部的创新活力，也为产业链上下游的合作奠定更加可靠的基础。数据被有效整合和共享，推动绿色经济全面升级。数据知识产权的建立对于企业的可持续发展至关重要。通过建立健全的数据知识产权体系，企业能够更好地应对市场竞争，推动绿色技术和绿色产品的研发和应用，实现经济高质量发展。

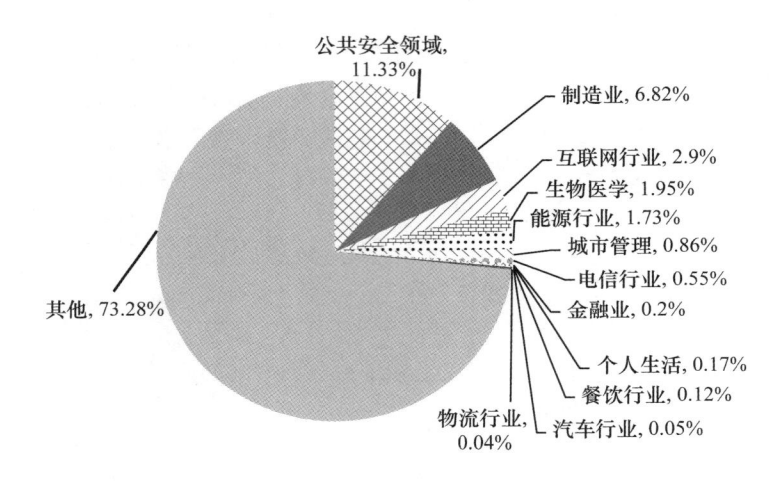

图2 浙江省数据知识产权数据存证行业分布

总之，数据知识产权的产生和形成不仅是企业创新的必然结果，更是绿色经济高质量发展的重要表现形态。在新的发展阶段，我们需要加强对数据知识产权的保护，鼓励企业加大创新投入，推动数据在经济中的更广泛应用，为实现可持续发展目标做出积极贡献。

三 数据知识产权保护助力绿色经济高质量发展的路径

随着信息技术的快速发展和智能化进程的加速，数据已经成为当今社会经济发展的重要生产要素和核心资源。在这个数字化时代，数据的价值变得越发重要，特别是对于推动绿色经济高质量发展而言。随着全球环境问题的不断加剧，绿色创新日益成为引领可持续发展的重要力量。而在绿色创新的过程中，数据知识产权的保护将起到重要的作用。总体上看，数据知识产权保护助力我国绿色经济高质量发展的路径主要有以下四个方面。

（一）数据知识产权保护有利于绿色经济创新驱动发展

数据知识产权保护可以激励绿色经济从业者进行绿色科技的研发和创新。绿色经济创新者通过获得绿色经济领域的数据知识产权登记证书，能够获得合理的回报，这将进一步激发绿色创新的动力。数据知识产权的保护为绿色创新活动提供了法律和经济上的保障，从而有利于绿色经济的创新驱动发展。

（二）数据知识产权保护有利于提升绿色产业竞争力

数据知识产权保护可以有效避免绿色技术被侵权滥用，不仅维护了绿色产业创新者的合法权益，也鼓励了绿色产业从业企业进行绿色技术创新和研发投入。通过数据知识产权的保护，绿色产业企业能够充分发挥竞争优势，进一步推动绿色产业结构转型升级，助力绿色经济高质量发展。

（三）数据知识产权保护有利于吸引和保留国内外绿色产业创新资源

良好的数据知识产权保护环境可以吸引绿色产业领域的跨国公司、国内外创新者和科研院所等绿色创新资源向我国集聚。一方面，能够促进我国绿色科技研发水平和创新能力的提升，推动我国在绿色产业关键技术和产业链上的地位提升；另一方面，促进了绿色技术的国内外合作与交流，进一步推动绿色技术转移和知识共享，提高我国的绿色产业国际竞争力。

（四）数据知识产权保护有利于推动绿色经济可持续发展

数据知识产权保护为创新者提供了积极推动绿色技术和产品开发的动力，有助于促进绿色创新技术的转移和交流，能够激励绿色创新的商业化和市场化，从而有利于降低环境污染、推动低碳经济、促进资源高效利用，促进可持续发展。

值得注意的是，数据知识产权保护在绿色创新中的重要性也面临一些挑战。如绿色创新需要大规模的合作和共享知识，而数据知识产权保护可能会限制这种共享和合作。因此，需要在保护创新者权益的同时，构建可行的数据知识产权保护机制，以鼓励更多的合作与创新。

四 2024年数据知识产权助力绿色经济高质量发展展望

在充满挑战和机遇的2024年，绿色经济仍是全球关注的焦点，在储能技术等快速走向成熟的巨大推动力之下，绿色经济将稳健发展，一批绿色技术公司将上市。2023年12月31日，国家数据局等17部门印发《"数据要素×"三年行动计划（2024—2026年）》，着力实施"数据要素×绿色低碳"等重点行动，数据知识产权将在推动绿色经济高质量发展方面发挥更为重要的作用。

（一）绿色经济数据基础建设日趋完善，绿色经济数据知识产权流动性增强

2023年10月25日，国家数据局正式揭牌。2023年11月1日，阿里瓴羊发布数据服务枢纽"瓴羊港"，破解企业长期面临的数据缺失、数据资产难以管理、外部数据无法融通等关键问题，提供"寻买管用"的数据服务，帮助企业通过数据驱动实现业务增长。2024年，数据知识产权制度改革列入国家试点、部分省市重大改革事项、揭榜挂帅国家发改委科技部全面创新改革试点等，预计2024年数据政策环境将更加成熟，数据基础建设将日趋完善，驱动绿色经济数据知识产权加快流动。

（二）绿色经济领域数据知识产权的登记工作将快速发展成熟，数据知识产权将在绿色技术创新方面发挥更大作用

2024年，我们可以期待在清洁能源、可再生资源利用、环境监测等领域涌现更多的创新技术，这些创新离不开对大量数据的分析和应用，预计2024年多个省市的绿色经济领域的数据知识产权登记数量将出现跳跃式增长，预计出现一批"超级"申请人（一个"超级"申请人一年申请超过100件数据知识产权），这将为绿色技术创新提供法律保障，促进绿色经济产业链的协同发展，为绿色经济的国际合作提供便利。

（三）绿色经济领域的数据知识产权交易数量和交易额将不断刷新，数据知识产权将在可持续发展方面做出更大贡献

浙江是习近平生态文明思想的重要萌发地，是"绿水青山就是金山银山"理念的发源地。2023年，全国首笔数据知识产权质押融资、全国首单数据知识产权被侵权损失保险、全国首个数据知识产权标准化试点项目等陆续落地，数据知识产权交易、质押、保险、证券化等运用路径在浙江全面破题。2023年11月下旬，中国水电十二局所属科技型全资子公司浙江中水数建科技有限公司5件知识产权转让，金额为1169.36万元。当前，浙江已实现数据价值超21亿元。展望2024年，数据知识产权的交易将成为绿色企业之间合作的重要方式，交易数量和交易额必将不断刷新，深挖"数据富矿"，推动绿色经济高质量发展将蔚然成风，引领我们走向更为清洁、可持续的未来。

（四）绿色经济领域数据知识产权的标准化体系建设和标准制定工作日趋完善，数据知识产权保护的法律框架将更加清晰

随着绿色经济在全球范围内的快速崛起，绿色经济领域数据知识产权的保护与规范变得日益迫切。2023年，浙江知识交易中心牵头承担了浙江省数据知识产权标准化战略重大试点项目。2024年，浙江省政府和国家标准化管理委员会将围绕包括数据知识产权等内容在内的五大方面展开标准化合作。随着这些创新工作的开展，标准化体系的建设将日趋完善，为数据知识产权提供更为清晰的法律框架，提高企业在数据知识产权领域的自律水平，为绿色经济的高质量发展提供有力的支撑。

（五）绿色经济领域将有更多的数据知识产权"中国方案"提出，数据知识产权将在推动绿色经济国际合作方面展现更大作为

随着全球对气候变化和环境问题的共同关注，2024年将是国际合作更为迫切的一年。数据的跨境流通和共享将成为推动全球绿色经济发展的关键力量，而数据知识产权的有效保护将为国际合作提供有力的法律支持，促进全球范围内的环保创新和可持续发展。预计2024年绿色经济领域将迎来更多的数据知识产权中国方案的提出，在杭州举办的国际知识产权大会上，绿色经济数据知识产权成为亮点案例，展现中国在数据知识产权领域的创新行动，中国将在全球绿色经济领域发挥更为重要的引领作用。

五 结论和政策建议

（一）结论

数据被称作信息时代的"新能源""新石油"，成为与土地、资本、技术等传统要素并列的重要生产要素，是推动全球经济增长和社会变革的重要因素。数据知识产权的重要性体现在创新和研发的激励、经济发展的推动、合作与分享的促进，以及个人权益保护等方面。

目前，中国正在加快构建数据知识产权保护规则的基本原则，研究解决数据知识产权保护的关键问题，积极探索构建数据知识产权保护制度体系，稳步推进数据知识产权登记实践，积极推动数据知识产权登记证书多场景应用。

在全球资源紧缺和环境问题日益突出的背景下，绿色经济成为推动可持续发展的重要战略。数据知识产权保护有利于绿色经济创新驱动发展，有利于提升绿色产业竞争力，有利于吸引和保留国内外绿色技术创新资源，有利于推动绿色经济可持续发展。相信数据知识产权保护的加强，将有助于我国绿色经济高质量发展迈上新台阶。

（二）政策建议

针对绿色经济领域数据知识产权保护的现状、存在的问题和前景，提出四个政策建议：

第一，针对绿色经济领域不同类型数据面临不同的重点任务与关键问题，坚持分类推进绿色经济数据知识产权保护；

第二，引导绿色经济企业和绿色政策制定者着力提高自身能力，在扮演好各自角色的基础上守正创新、双向发力，共同推进绿色经济领域数据要素发展的可持续探索；

第三，推动绿色经济领域场内外数据知识产权市场的探索，引导绿色经济领域数据知识产权在供需关系与价格机制的作用下实现最优配置，创造更大的经济效益；

第四，传统大数据处理技术面临着诸多挑战，鼓励基于绿色经济业务需求加速数据知识产权创新与体系重构。

主要参考文献

中国信息通信研究院：《数据要素白皮书（2023年）》，2023年9月。

童楠楠、窦悦、刘钊因：《中国特色数据要素产权制度体系构建研究》，《电子政务》2022年第2期。

张维：《我国推动数据知识产权规则构建 多地开展试点工作：为全球知识产权治理体系提供数据产权制度产品》，《法制日报》2022年11月25日第5版。

冯飞：《数据知识产权制度改革看"浙"里》，《中国知识产权报》2023年6月21日第2版。

祝文明：《加强数据知识产权保护正当其时》，《中国知识产权报》2023年7月26日第8版。

薛佩雯：《深挖"数据富矿"激活"创新因子"——浙江省市场监督管理局（知识产权局）探索建立数据知识产权保护制度》，《中国知识产权报》2024年1月17日第1版。

工业危险废物的转移方案及处置方式

张大林　谢雪平[*]

近年来，我国经济快速发展，工业化与城市化的进程不断推进，随之带来了环境严重污染、资源过度耗费等问题，特别是工业危险废物产量随着工业化的发展呈现快速增长的趋势。工业危险废物具有危险特性。如果没有管理好工业危险废物，将对生态环境产生重大影响，对人类健康产生威胁，并且影响经济的可持续发展。因此，探索高效节能的工业危险废物转移方案及处置方式，是推动资源综合利用、构建我国循环经济体系、解决我国面临的资源和环境危机、实现节能减排与经济增长"双赢"目标的重要途径。

一　危险废物的基本概念

（一）危险废物的定义及分类

我国在《中华人民共和国固体废物污染环境防治法》中规定，危险废物是指列入国家危险废物名录或者根据国家规定的危险废物鉴别标准和鉴别方法认定的具有危险特性的废物。根据《国家危险废物名录（2021）》，我国将危险废物分为46大类别，共467种小类。我国的危险废物主要包括工业危险废物、医疗危险废物及其他危险废物，其中工业危险废物占2/3以上，是危险废物的主要来源。

---

[*] 张大林，广东丰乐集团有限公司董事长，主要研究方向为能源经济、循环经济、投资管理等；谢雪平，广东丰乐工商管理研究院研究员，主要研究方向为中国经济增长。

（二）危险废物的危险特性及危害

危险废物的危险特性主要包括腐蚀性、急性毒性、浸出毒性、易燃性、反应性、传染疾病性等。如果处置不当，会污染空气、水源和土壤，对生态环境产生不利影响。危险废物会影响人类健康。人体一旦摄入、吸入、皮肤吸收、眼接触危险废物，可能会导致人体中毒、致癌、致畸等严重后果。危险废物不处理或不规范处理，会制约经济、社会的可持续发展。

（三）我国实行危险废物全流程的许可证管理

危险废物在产生、收集、贮存、运输、利用、处置等环节都可能存在风险。我国出台了各种管理规定，对危险废物的全流程进行经营许可证管理制度，从事危险废物收集、贮存、运输、利用、处置等经营企业需要申领相关经营许可证，遵守政府部门管理制度的要求，接受相关部门的监管。

二 全国工业危险废物产生和综合利用现状

（一）全国工业危险废物产生量

根据生态环境部公布的数据，近年来，全国工业危险废物产生量增长速度较快，从2015年的3976.1万吨增加到2022年的9514.8万吨，年复合增长率达到11.52%（见图1）。其中，由于新冠疫情的影响，工业生产企业产销受到冲击，工业企业开工率不足，全国工业危险废物产生量较2019年有所下降，为7281.8万吨，同比下降10.39%。

（二）全国工业危险废物综合利用处置量

根据生态环境部公布的数据，近年来，全国工业危险废物综合利用处置量增长速度较快，从2015年的3223.7万吨增加到2022年的9443.9万吨。

2017年以来，综合利用处置率（综合利用处置量/产生量）超过90%，其中2022年的综合利用处置率为99.25%（见图2）。

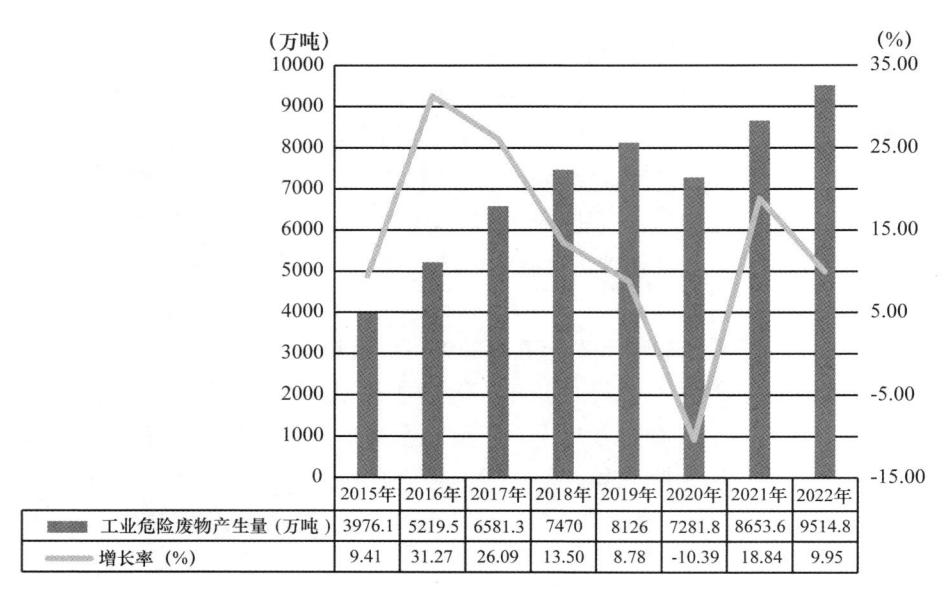

2024 年中国绿色经济发展分析

	2015年	2016年	2017年	2018年	2019年	2020年	2021年	2022年
工业危险废物产生量（万吨）	3976.1	5219.5	6581.3	7470	8126	7281.8	8653.6	9514.8
增长率（%）		9.41	31.27	26.09	13.50	8.78	-10.39	18.84	9.95

图 1　全国工业危险废物产生量及增长率

资料来源：生态环境部，https：//www.mee.gov.cn/hjzl/sthjzk/sthjtjnb/。

（三）各地区工业危险废物产生和综合利用处置情况

我国的工业化发展呈现区域不均衡，华东、华南地区的工业化进程较快，发展较为成熟。工业危险废物是伴随工业化进程而产生的，因此，我国的工业危险废物的产生量和利用处置量也呈现区域特性。

据《中国统计年鉴（2023）》数据，2022 年山东、内蒙古、江苏、浙江和广东的危险废物产生量分别为 1108.98 万吨、678.54 万吨、646.51 万吨、594.57 万吨和 546.4 万吨，为我国工业危险废物产生量排名前五的省份，2022 年五省合计产生量为 3575 万吨，占全国工业危险废物产生量的 38%（见图 3）。

工业危险废物利用处置量排名前五的省份与产生量省份排名一致，依次为山东、内蒙古、江苏、浙江和广东，综合利用处理量分别为 1135.9 万吨、684.12 万吨、648.42 万吨、597.53 万吨、548.1 万吨，利用处置量合计为 3614.07 万吨，占全国工业危险废物利用处置量的 38%（见图 4）。

| 工业危险废物的转移方案及处置方式 |

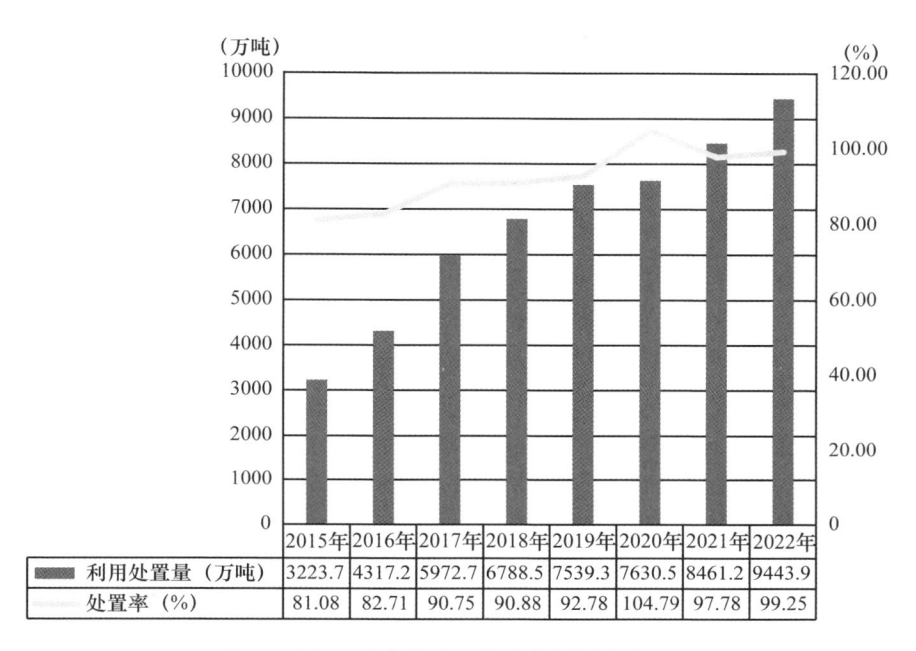

	2015年	2016年	2017年	2018年	2019年	2020年	2021年	2022年
利用处置量（万吨）	3223.7	4317.2	5972.7	6788.5	7539.3	7630.5	8461.2	9443.9
处置率（%）	81.08	82.71	90.75	90.88	92.78	104.79	97.78	99.25

图 2 全国工业危险废物综合利用量及处置率

资料来源：生态环境部，https://www.mee.gov.cn/hjzl/sthjzk/sthjtjnb/。

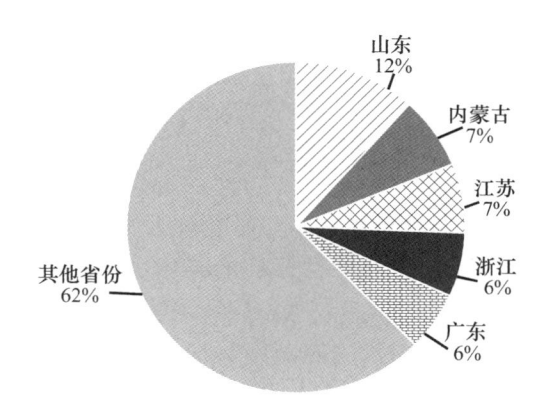

图 3 全国工业危险废物产生量地区分布

资料来源：国家统计局，https://www.stats.gov.cn/sj/ndsj/2023/indexch.htm。

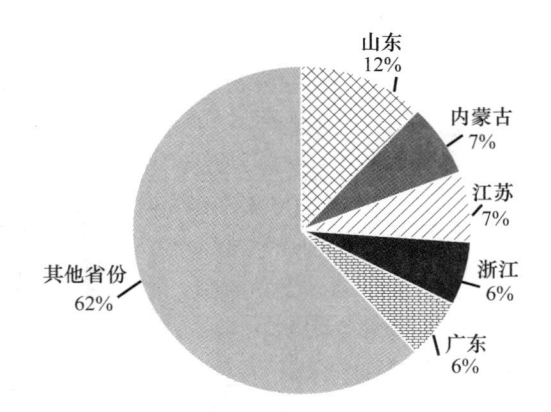

图 4　全国工业危险废物综合利用处置量地区分布

资料来源：国家统计局，https://www.stats.gov.cn/sj/ndsj/2023/indexch.htm。

三　工业危险废物的处置方式及存在的问题

工业危险废物以减量化、无害化和资源化为原则，其处置方式主要有无害化处置、资源化综合利用和水泥窑协同处置三大类。目前，我国工业危险废物处置仍以无害化为主，随着行业技术的发展和国家政策的引导，将逐步向资源综合利用化发展。

（一）工业危险废物的处置技术

1. 无害化处置技术

工业危险废物的无害化处置技术包括焚烧处置、物化处置和填埋处置三种方式，其中焚烧处置是适用性最广的技术，填埋处置是最终处置方式。经过"十三五"时期的大力发展，工业危险废物无害化处置技术发展逐渐成熟。在工业危险废物焚烧领域，实现了大规模高标准协同焚烧技术、余热深度利用及梯级利用技术、烟气超低排放清洁控制技术、智慧输运贮存及配伍技术等多项智慧清洁焚烧技术的工程应用。在工业危险废物填埋领域，发展形成了"安全防渗+智能检漏"的防护技术、堆体沉降安全智能监控技术、三维可视化填埋技术等先进技术。

2. 资源化综合利用技术

工业危险废物的资源化综合利用技术是对源头不能削减的危险废物和

消费者产生的废物加以回收、再使用、再循环，使它们回到经济循环中去的技术。针对物性简单、产生量大、有回收利用价值的工业危险废物，应优先考虑资源化利用。当前资源化利用技术主要包括焚烧灰渣利用、废锂电池回收、废活性炭再生、废酸资源化、废催化剂再生、污泥贵金属回收、废有机溶剂回收等。

工业危险废物的资源化综合利用过程，是将危险废物变废为宝的过程，不仅能消除工业危险废物的有毒有害部分，降低对生态环境的污染，而且能对工业危险废物实施二次利用，能有效地节约资源，对于构建我国循环经济体系，解决我国面临的资源和环境危机具有重要意义。

3. 水泥窑协同处置技术

水泥窑协同处置是将满足或经过预处理后满足入水泥窑要求的工业危险废物投入水泥窑中，在进行熟料煅烧过程中同时实现对废弃物无害化处置的过程。该技术已发展为发达国家和地区普遍采用的成熟技术，促进了水泥行业的可持续发展，推动了工业危险废物的处置进程。但同时，并不是所有工业危险废物的处置都适合在水泥窑中进行。目前，水泥窑可处置的工业危险废物种类大约占60%。

（二）工业危险废物处置中存在的问题

1. 无害化处置技术面临库容占用、二次污染难控制等问题

无害化处置技术发展较为成熟，且适用性较广。但是，从长远来看，无害化处置技术也存在一些问题。

目前，经济的快速发展和城市化进程的加快，土地资源日趋宝贵，填埋处置技术需要利用土地作为载体，其占用土地的问题与城市的用地紧张存在矛盾。并且，填埋处置场所对周边地下水、土壤和人体健康存在潜在危害，因此，新建填埋场选址并不容易。

工业危险废物焚烧处置的烟气中由于含有氯化氢、二氧化硫、氮氧化物、硫化氢、一氧化碳、重金属、飞灰、二噁英等有害物质，对生活环境会产生二次污染，需要对此进行控制。此外，焚烧方法的投资和运行费用都很高，因此，在当前日益激烈的环境下，单纯采用焚烧方法来处理工业危险废物已不是一个理想的选择。

2. 资源化综合利用技术的处置成本较高，行业集聚度需提升

危险废物资源化利用能节约资源，符合循环经济、绿色低碳的发展要

求，具有广阔的发展前景。但是，目前危险废物资源化利用也存在一些不容忽视的问题：一是资源化利用过程伴随着废水、废气以及其他有毒有害物质的排放，部分资源利用企业不能动态调整加工利用条件和污染防治措施，从而导致资源化利用过程中污染防治措施不到位，有毒有害物质随加工利用过程再次进入环境的风险较大。二是资源化利用涉及行业众多，很多细分方向存在跨学科、跨行业的情况，跨行业的资源化业务和市场培育存在一定壁垒。三是资源化企业技术和资金能力参差不齐，行业聚集度不高，还没有出现具有综合示范意义的行业领先企业。

四 工业危险废物跨省份转移及存在的问题分析

（一）工业危险废物跨省份或跨市转移的原因及必要性

工业危险废物转移遵循就近原则，需要考虑环境风险的可控性、利用处置能力的匹配性、技术和价格的合理性等因素。一般来说，某个省份内产生的工业危险废物在本省份内处理、处置。但目前也存在较多的产废单位产生的工业危险废物需要进行跨省份转移、跨省份处理处置，其主要原因有以下几个方面：

一是各省份的工业危险废物处置能力与产生能力分布不均衡，部分省份的总体处置能力并不能很好地满足本省份的工业危险废物产生能力，导致部分工业危险废物只能转移到其他省份处理。

二是工业危险废物的种类多，部分工业危险废物品种独特，产生数量较少，在本省份范围内没有该类处置设施，只能选择跨省份转移到有处理能力的省份。

三是部分地区地方保护主义突出。部分企业产生的工业危险废物原本在省份内可自行消化，但由于对方经营单位只接受本辖区内的工业危险废物处置，故无法转移，只能外运。

四是价格等市场因素的驱动。部分省份辖区面积较大，工业危险废物的产生单位与本省份处置设施的距离比邻近省份的处理设施更远，综合考虑价格因素，跨省份转移更为划算。

（二）工业危险废物跨省份转移存在的问题

综合来看，通过跨省份对工业危险废物进行利用处置合作，有利于平衡各省份工业危险废物产生能力和处置能力的差异，促进生产要素的优化配置，实现产业的合理布局。但是，在目前的跨区域合作中，也存在一些问题：

一是还存在地方特色保护主义。由于工业危险废物在运输中存在较大的风险，并且工业危险废物的跨省份倾倒、填埋案件频发，部分地方政府及地方生态环境部门迫于当地环境保护的压力，对合理的危险废物转移需求出台了各类具有地方特色的政策，对于工业危险废物的跨省份转移设置障碍。

二是工业危险废物跨省份转移手续复杂，时间跨度长。跨省份转移一般需要经过不同省份的多级环保部门审批、公示、发函、复函，其流程复杂，耗费时间较长。

三是缺乏全国统一的审批标准、要求和程序，不同省份的审批要求存在很大的差异，阻碍了工业危险废物的跨省份转移。

四是跨省份转移运输过程存在较大的环境风险。由于工业危险废物运输行业乱象丛生，运输监管经常流于形式，很多非法倾倒行为发生在运输环节，工业危险废物的运输过程存在较大的环境风险，限制了工业危险废物的跨省份转移。

五 工业危险废物转移与处置利用发展展望

鉴于工业危险废物行业的转移及处置特点及经济效益、环境效益，随着我国工业危险废物转移与处置法规政策的逐渐完善，工业危险废物行业的管理正向精细化、规范化转型升级。

（一）工业危险废物行业的发展随着国家示范基地的引领作用会上一个新的台阶

2023年5月，生态环境部、国家发改委发布《危险废物重大工程建设总体实施方案（2023—2025年）》的通知，提出到2025年，建设国家技术中心、6个区域技术中心和20个区域处置中心。可以预测，我国工业危险废物行业的综合利用水平将上一个新的台阶，国家示范基地的建设将显著提升工业危险废物行业生态环境风险防控应用的基础研究能力、利用处置技术研发能力以及管理决策技术支撑能力。

（二）"互联网＋"技术将推动工业危险废物的交易新模式

"互联网＋资源综合利用"将创新工业危险废物的转移和处置的模式，是工业危险废物行业的发展趋势。物联网、大数据、云计算等新一代信息技术的发展，将加强行业全流程的数据和信息收集，改变工业危险废物的监管模式，提高资源配置效率，促进大宗废物综合利用率整体提升。"互联网＋"技术将在工业危险废物的转移与处置产业链中的回收、循环、处置等环节发挥作用："互联网＋"与回收环节相融合，使工业危险废物回收工作更智能化、高效化；"互联网＋"与循环环节相融合，使工业危险废物综合利用产品市场渠道拓宽、产业集聚式发展；"互联网＋"与处置环节相融合，使工业危险废物的综合利用产品高值化、管理集约化、监管精准化。

（三）龙头企业将进一步扩大市场占有率，行业集中度将提升

工业危险废物的处置与资源综合利用龙头企业在未来将进一步依靠技术一体化、地域广布局、规模优势的三重效应来实现市场占有率的提升。行业内的龙头公司将进一步拓宽产业链的上下游，从前端富集向后端深加工扩张，通过规模化、集约化提高资源综合利用率，从而降低成本，扩大盈利空间。此外，龙头公司借助盈利带来的竞争优势以及自身的融资优势，将进行多地域布局，形成规模效应。

六　结论和政策建议

（一）结论

1. 我国工业危险废物的产生与处置能力存在地域错配

由于各地区的经济发展水平、资源分布、技术发展水平显著不同，工业危险废物行业存在明显的差异。主要表现在工业危险废物存在产生量和

堆存量的区域失衡、区域处置能力与产生能力的供需不匹配、资源综合利用具有明显的区域性特征等几个方面。

经济发达地区如江苏、浙江、广东等地对工业危险废物进行了更充分的资源综合利用，而工业危险废物的主要产地内蒙古、贵州、广西、山西、四川等没有对工业危险废物进行充分的二次利用或者利用率很低，造成工业危险废物的大量堆存以及资源的巨大浪费。

2. 我国工业危险废物的跨省份转移存在各种障碍

由于工业危险废物的运输过程存在较大的环境风险，部分地方政府及地方生态环境部门迫于当地环境保护的压力，对合理的工业危险废物转移需求出台了各类具有地方特色的政策，对于工业危险废物的跨省份转移设置障碍。再加上不同省份的跨省份审批要求存在很大的差异，缺乏全国统一的审批标准、要求和程序，阻碍了工业危险废物的跨省份转移。

3. 我国工业危险废物的行业集中度不高

由于我国工业危险废物涉及的细分领域众多，且每一细分领域都有自己的特性，产业链中从事工业危险废物处置与综合利用的企业数量众多，但大部分是小型企业，其规模和生产能力较小，技术和研发能力薄弱，与发达国家相比，行业整体的集中度不高，龙头企业市场占有率较低。

4. 我国工业危险废物行业资源综合利用程度需进一步加强

我国的工业危险废物行业资源综合利用起步较晚，目前资源的综合利用程度不高，综合利用技术还需要进一步发展。当前，工业危险废物行业进入平稳发展阶段，工业危险废物处置行业的投资热度相较几年前有所降低。但资源综合利用的市场空间广阔。"十四五"时期倡导的"无废城市"建设进程的加快，也将推动工业危险废物资源化利用发展进程的提速。

（二）政策建议

1. 建立统一标准体系，推动行业规范发展

目前，我国在工业危险废物行业仍然存在标准不统一、规范不细化、地方特色较为突出的问题，这对于行业的健康发展、规范发展存在不利影响。我国出台了焚烧、填埋处置污染控制的标准规范，但工业危险废物的综合利用标准规范还没有系统化，且标准与标准之间分散不衔接、部分管控指标未明确实施细则。因此，坚持全国环保一盘棋，加快完善工业危险废物处置与转移的标准体系建设，加速推动行业的规范发展，是实现工业

危险废物行业高质量发展、健康发展的必要途径。

2. 推动工业危险废物资源综合利用的发展

受资源的耗费、环境的污染、能源的结构、经济的发展阶段等多重因素的影响，未来我国工业危险废物行业将面临产生强度高、利用不充分、综合利用产品附加值低的严峻挑战。目前，部分工业危险废物由于本身的危险特性、成本的制约，其综合利用率仍较低，且占用大量土地资源，存在较大的生态环境安全隐患。而资源的综合利用是构建我国循环经济体系，解决我国面临的资源和环境危机，实现节能减排与经济增长双赢目标的重要途径。因此，全面提高资源的综合利用效率，提升产品的附加价值，对于环境的改善、经济的绿色发展转型具有重要意义。推动工业危险废物资源综合利用：一是要制定工业危险废物资源综合利用相关的国家、行业、地方、团体的标准与规范，包括技术标准、审批标准、产品标准、风险评估标准等，为工业危险废物资源化利用提供支撑。二是要加强对工业危险废物资源综合利用企业的政策支持，在税收方面给予减免税优惠，降低资源化利用企业的成本，在金融方面鼓励金融机构加大对工业危险废物资源综合利用的信贷投放。三是加快培育工业危险废物资源综合利用行业龙头企业，促进资源要素向优势企业聚集，加强行业的集中度，并不断地强化龙头企业的综合示范意义。

3. 加强工业危险废物行业人才队伍建设

工业危险废物处理涉及多学科，技术壁垒较高，对人才的经验技术要求高。首先，其处理和综合利用过程关联物理、化学、生物等多门学科技术的交叉，需要复合型人才的参与；其次，由于工业危险废物的危险特性，工业危险废物处理对于行业人才的经验、风控意识要求高，人才队伍建设能降低对环境的污染与人身安全伤害；再次，人员从长期实践中积累经验能形成高效、节能、达标的工业危险废物处理技术体系和工艺水平，这往往对于处理效果、产出效率等有较大影响。因此，加强工业危险废物人才队伍建设，组建专家团队，有利于推动行业整体向前发展，为行业发展中的重点难点问题提供技术支撑，是资源的循环利用产业化发展的重要路径，为我国无废城市的建设奠定良好的基础。

4. 促进工业危险废物的国际化进程

随着经济全球化发展、国际合作的加深，工业危险废物的跨国流动进程将加快。促进工业危险废物的国际化进程，不仅包括借鉴国外成功的工业危险废物利用经验、引进工业危险废物处置和资源综合利用的先进技术与创新人才，还包括工业危险废物综合利用产品的走出去。工业危险废物的国际化进程将提升我国在工业危险废物处理行业的国际竞争力。

主要参考文献

吴剑飞：《危险固废处置管理中的问题及应对策略探析》，《清洗世界》2022年第10期。

王红香：《危险固废处置和管理》，《山西化工》2021年第5期。

黄旭、陈晓：《浅谈危险固废处理处置方法及其存在的问题》，《资源节约与环保》2019年第5期。

冯赞赞、李震巽：《企业危险固废处理方法及其问题探讨》，《资源节约与环保》2020年第4期。

王丽芬：《刍议危险固废处置管理中的问题及对策》，《皮革制作与环保科技》2021年第24期。

《2022年中国生态环境统计年报》，2023年12月29日，https://www.mee.gov.cn/hjzl/sthjzk/sthjtjnb/202312/t20231229_1060181.shtml。

《2021年中国生态环境统计年报》，2023年1月18日，https://www.mee.gov.cn/hjzl/sthjzk/sthjtjnb/202301/t20230118_1013682.shtml。

《2020年中国生态环境统计年报》，2022年2月18日，https://www.mee.gov.cn/hjzl/sthjzk/sthjtjnb/202202/t20220218_969391.shtml。

《2019年中国生态环境统计年报》，2021年8月27日，https://www.mee.gov.cn/hjzl/sthjzk/sthjtjnb/202108/t20210827_861012.shtml。

卫星遥感植被病虫害应用服务

权嘉乐　苏晓玉　王梦涵[*]

一　植被病虫害防治背景

随着全球极端气候的加剧，受病虫害侵染的植被范畴不断扩张，林草、农作物的受灾面积和受损程度持续增大，严重威胁生态安全和粮食安全。

森林病虫害对森林健康和活力造成极大危害，降低森林提供各种商品和服务的能力，甚至导致树木死亡，影响森林的可持续发展，直接或间接地造成经济损失，被称为"无烟火的森林火灾"。2020年联合国粮农组织发布的《全球森林资源评估报告》指出，2002—2016年，全球每年约有2910万公顷的森林面积受虫害影响（涉及44个国家），约有476万公顷的森林面积受病害影响（涉及33个国家）。国家林业和草原局发布的全国林业检疫性有害生物涉及松材线虫、美国白蛾、苹果蠹蛾等14种，全国林业危险性有害生物更是达到190种，潜在威胁不断增大。人工造林面积的增长，尤其是单一树种纯林的增长，使病虫害更易产生和传播，防治难度加大。

农作物病虫害是影响作物最终产量的关键因素之一，极易给农业生产造成巨大损失。据联合国粮农组织统计，世界粮食产量常年因虫害损失10%，因病害损失14%。我国是农业大国，农作物受病虫害的影响非常严重。近年来，农作物病虫害发生新变化，在农业农村部发布的最新版的《一类农作物

---

[*] 权嘉乐，中国航天科工集团第三研究院航天海鹰卫星运营事业部遥感部系统工程师，研究方向为遥感解译、摄影测量应用；苏晓玉，中国航天科工集团第三研究院航天海鹰卫星运营事业部遥感部部长，研究方向为遥感数据处理、空间信息挖掘和卫星大数据应用；王梦涵，中国航天科工集团第三研究院航天海鹰卫星运营事业部遥感部算法工程师，研究方向为智能解译、定量遥感、多源数据融合应用。

病虫害名录（2023年）》中，包含了10种虫害、8种病害（见表1）。面对我国农业病虫害不断增长的现状，为消除病虫害对粮食和重要农产品的威胁，国务院制定和公布了《农作物病虫害防治条例》，实行以预防为主、综合防治的方针，坚持政府主导、属地负责、分类管理、科技支撑、绿色防控。因此，普及应用新型技术手段，及时有效地控制病虫害，对全方位夯实粮食安全根基、保障重要农产品有效供给具有重要意义。

表1　一类农作物虫害、病害汇总

序号	虫害	病害
1	草地贪夜蛾	小麦条锈病
2	飞蝗	小麦赤霉病
3	草地螟	稻瘟病
4	黏虫	南方水稻黑条矮缩病
5	稻飞虱	玉米南方锈病
6	稻纵卷叶螟	马铃薯晚疫病
7	二化螟	油菜菌核病
8	小麦蚜虫	大豆根腐病
9	亚洲玉米螟	—
10	蔬菜蓟马	—

传统病虫害监测方法以实地调查监测为主，虽然调查结果精准，在病虫害防治中具备一定的作用，但耗时长、成本高，取样范围也相对有限。这种情况下，遥感高频次、成本低、覆盖广的技术优势逐渐凸显。基于卫星遥感实现病虫害早期监测，获取病害分布范围、发生面积、危害程度和确切地点，进而模拟病虫害种群的消长趋势，及时进行科学防治，避免大面积喷洒杀虫（菌）剂对粮食安全和生态环境的破坏，是保护林业生态、提高农作物产量、减少经济损失的关键手段和发展方向。

二　卫星遥感植被病虫害应用服务原理

健康植被具有典型的反射光谱特征，往往呈现出明显的"峰"和

"谷"。健康植被含有叶绿素、类胡萝卜素和花青素等多类色素，在可见光谱段内反射率整体偏低，表现在蓝光区和红光区各有一个叶绿素吸收带，其吸收中心波长一般为450 nm（蓝光区）和650 nm（红光区）；在绿光区有一个反射小峰，峰值一般出现在550 nm。在近红外波段，由于受到植被叶片内部组织结构中空气和细胞多次反射的作用，健康绿色植物的光谱特征表现为高反射率、高透过率、低吸收率，因此，在近红外波段则会出现一个强反射峰。此外，在可见光与近红外之间的红边波段[①]也是光谱反射曲线上重要的特征区域，在植被的生物量大、色素含量高、生长旺盛时，红边偏向长波方向移动。不同健康植被类型由于其生境、长势等不同，会呈现出不同的反射率，但光谱反射曲线的总体特征保持不变。

当植被遭受病虫害后，植被构造被破坏，其外部形态特征和内部的生理结构特征会发生变化，外部往往会出现如病斑、失叶、叶片卷曲、树枝干枯等病态，内部往往会造成叶绿素组织受损，色素含量减少，削弱植被的光合作用，进而影响水分和营养的吸收。这种变化导致植被光谱反射特性的改变，在遥感影像数据上反映为光谱值的变化，其主要反映为蓝光和红光波段的反射率上升，绿光和近红外波段的反射率下降，使可见光区的两个吸收带不明显，红边向短波方向移动，近红外光区的反射峰被削低，甚至消失，整个反射光谱曲线的波状特征被拉平。健康植被和病害植被的光谱曲线差异见图1。

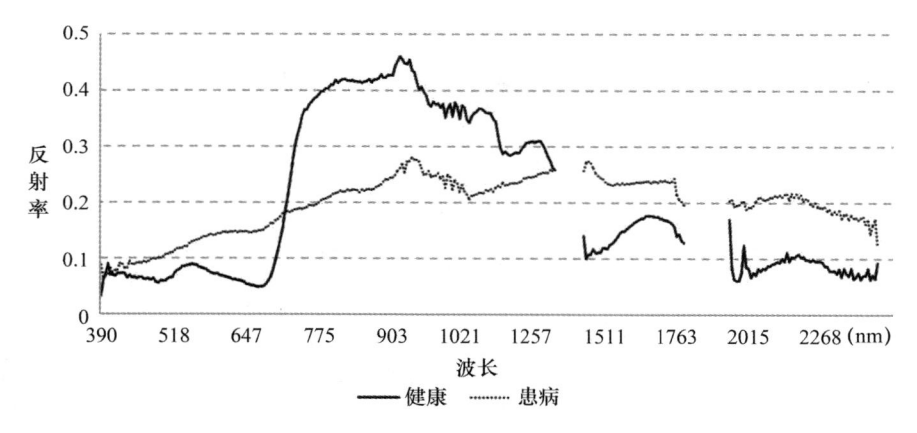

图1 光谱反射率曲线示例

[①] 在可见光和近红外波段之间，反射率急剧上升，形成所谓"红边"，它是叶绿素在红光波段的强吸收以及近红外波段次散射形成的高反射平台的过渡区域。

对不同光谱谱段的植被反射的光学信号强度、速率的变化和差异进行精细诊断和量化分析，是卫星遥感植被病虫害应用的基础。

三 卫星遥感植被病虫害应用研究现状

随着航天平台和成像传感器的持续发展，国内外构建了较为完善的对地观测系统，提供了以多光谱卫星为主、高光谱卫星为辅的遥感数据源，为植被病虫害卫星应用服务打下了坚实的数据基础。现阶段，利用卫星遥感数据的光谱信息进行分析，构建病虫害监测模型，应用于特定类别病虫害区的提取和识别，是植被病虫害防控领域中卫星遥感最主流、最成熟的应用方向。常用的卫星遥感病虫害监测模型为数据驱动型模型，以多光谱数据（高分系列、资源系列、环境系列、Sentinel-2、Landsat、SPOT 等卫星数据）及高光谱数据（高分五号、EO-1 等卫星数据）的波段反射率、植被指数、光谱导数、光谱对数、频谱转换数据、主成分分析后组合优选的波段数据及病害样本数据为输入，采用多元线性回归、多元逐步回归、偏最小二乘回归、线性判别分析等传统统计分析算法，以及支持向量机、决策树、随机森林、K 近邻、反向传播神经网络、卷积神经网络等经典机器学习和深度学习算法，通过学习病害样本的光谱特征，形成分类或判别规则，从而实现病虫害区域的精准识别。目前在小麦条锈病、小麦白粉病、小麦蚜虫、水稻稻飞虱[①]、水稻矮缩病、棉花根腐病、松材线虫病、松毛虫等数十种单一植被、单一病虫害胁迫区域的提取方面，技术相对成熟，而在多种病虫害同时发生时的准确辨别、病虫害严重程度的定量反演、病虫害早期检测等方面，多数研究还处于实验阶段，正在探寻使用更丰富的数据源、更适配的特征选取方法和更先进的图像处理分析技术实现突破，未能形成足量系统化、平台化、工程化的实际应用成果。总体而言，单一的卫星数据可用于具体类别的病虫害监测，在农业、林业等行业也成功提供了业务化服务，为政府制定科学合理的病虫害防控政策提供了有力支撑。

---

① 水稻稻飞虱：水稻病虫害之一，专有名词。

四　植被病虫害遥感应用服务典型案例

（一）建设病虫害遥感监测和预测系统，助力粮食安全保障和生态保护

自2012年以来，原中国科学院遥感与数字地球研究所（现并入中国科学院空天信息创新研究院，以下简称空天院）一直以卫星遥感作物病虫害监测预报机理为主要研究方向之一，重点分析了水稻、小麦、玉米等主要作物病虫害的光谱敏感波长范围，构建了以卫星遥感数据为核心的作物病虫害监测模型。2017年，成功研发B/S架构的作物病虫害遥感监测与预测系统，在线进行作物病虫害的监测和预测，完成了系统业务化运行。经过不断迭代优化，系统升级为植被病虫害遥感监测与预测系统[①]，具有植被反演、生境监测、病虫害识别与早期预警、损失评估等模块，具备小麦白粉病、水稻卷叶螟、玉米黏虫、大豆棉铃虫、草地贪夜蛾、蝗虫等数十类植被病虫害的监测能力，实现了农田、森林、草地的植被区域全覆盖。系统定期监测和预测重大病虫害，产出专题图与中英文报告，供国内外政府部门、组织机构开展精准防控分析决策，辅助减量控害、稳粮增收，打通了数据、模型、产品、应用服务的业务链条。

2023年8月19日，在第四届植被病虫害遥感大会上，空天院首次对外发布了多尺度、长时间序列的林草病虫害监测和预测空间信息产品，这也是中国向全球首发高空间分辨率监测预测林草病虫害信息。空天院研究人员运用卫星遥感技术优势，结合地面调查数据，实现了大范围林草生长状况监测，低成本、高精度地监测和预测了草原蝗虫、鼠害及松材线虫病的发生、发展状况，为及时掌握灾害发生动态信息、科学分析评估灾损情况提供了数据支撑，对保障森林和草原安全、保护生物多样性、实现生态系统可持续发展具有重要的理论和现实意义。

（二）卫星遥感赋能稻麦重大病害监测预警，推动智能防控

2023年，江苏省植物保护植物检疫站利用天空地一体化监测手段，以

---

① 资料来源：http://portal-website.rscrop.com/earthdata.html。

水稻稻瘟病和小麦赤霉病为突破点，汇聚植保历史数据、卫星遥感影像数据及气象环境等多维数据资源，提供历史病害应用服务、植保实时辅助监测、病害监测分析及预警发布服务，实现全省作物生长状态、病害发病条件及发病状况实时监控，并及时发布病害信息预警提示及病害防控措施提醒，提升病害监测自动化、智能化、信息化发展水平，为保障粮食生产提供技术支撑。图 2 展示了基于卫星遥感的小麦赤霉病严重程度监测分析成果。

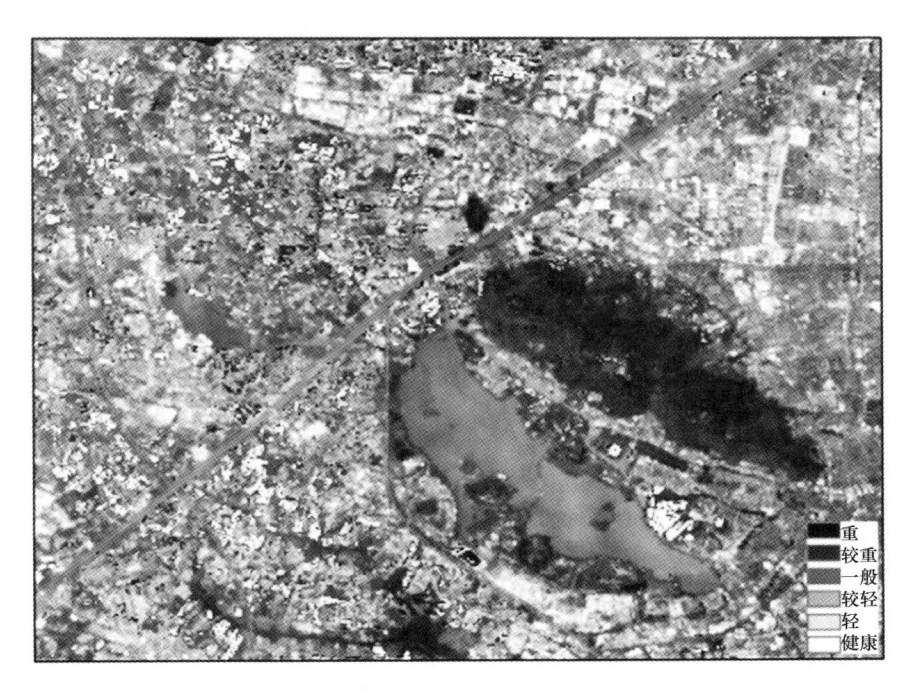

图 2　小麦赤霉病严重程度卫星遥感分析示例

（三）卫星遥感赋能松材线虫病害普查，实现绿色防疫

松材线虫，属我国重大外来入侵物种。松材线虫病，又称松树枯萎病，是全球森林生态系统中最具危害性的病害之一。该病具有传播途径多、发病部位隐蔽、发病速度快、潜伏时间长、治理难度大等特点，已被我国列入对内、对外的森林植物检疫对象。2023 年 10 月，湖南省永州市江永县有效利用国产系列卫星"北京三号"开展松材线虫病害秋季普查工作，及时掌握异常变色枯死松树的位置、数量及面积，实现了疫情的精准

定位、实时分析，更快、更好地摸清了枯、病死松树的空间分布情况，为松材线虫病防控及2023—2024年度松材线虫病疫木除治工作提供了科学依据，为牢牢守住生态安全底线提供了技术支撑。松材线虫病卫星监测示例见图3。

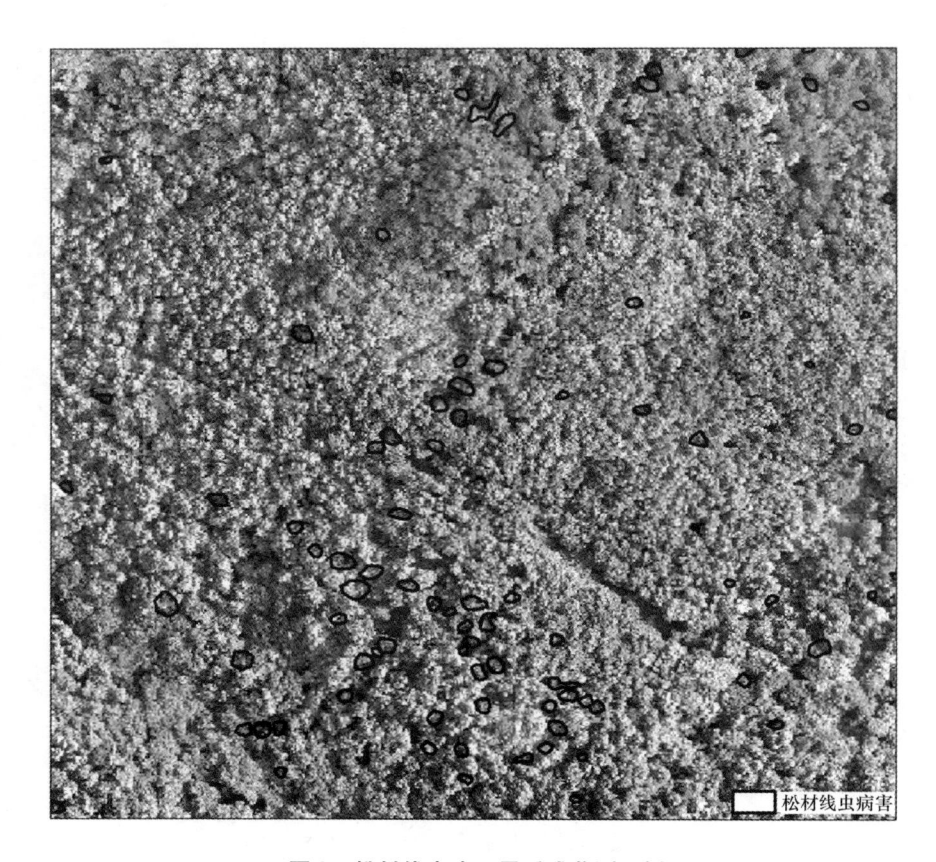

图3　松材线虫病卫星遥感监测示例

五　植被病虫害遥感应用服务优势及问题

（一）植被病虫害遥感应用服务的优势

卫星遥感具有非接触、大范围、低成本、高时效、信息丰富等特点。非接触特性保证了基于卫星遥感的植被病虫害应用无须进入农林种植区域实行实地检测，避免了对植被及其生境的损害，减轻了实地检测的工作量和人力、物力消耗。大范围是指卫星影像的幅宽一般在 20 千米至 300 千米，可以真实、客观、综合地展示影像范围内所有地物的形态和分布信息，从而解决传统人工抽样筛查方式覆盖农场、林场等植被环境尺度较小，且抽样主观性强、代表性弱导致的抽样数据无法准确反映大范围植被病虫害信息的问题。低成本是指，受益于政策扶持和技术发展，在轨运行的遥感卫星数量持续增加，呈现规模化、集群化、小型化的趋势，其中公益性质的卫星，如民用高分系列、资源系列、Sentinel 系列卫星，数据免费共享开放或获取代价极低；空间大数据、人工智能等技术的飞速发展和遥感影像处理平台、框架的涌现压低了卫星影像解译的成本，提升了卫星遥感病虫害监测的性价比，可以极大地节省植被病虫害监测的费用。高时效是指，星座卫星的重访周期现已基本控制在月度之内，快者能够达到天级，地表影像获取速度快且周期短，可以实现植被病虫害产生、发展、治理全流程及时动态的跟踪，预测病虫害的暴发风险，分析最佳防控时机，为防治决策提供即时数据支撑。信息丰富是指，现有对地观测体系含有多光谱、高光谱、合成孔径雷达卫星，光谱覆盖范围涵盖可见光、近红外、微波等谱段，详细记录了植被病虫害胁迫过程中的光谱变化；空间、光谱分辨率的进一步提高及机器学习等分析工具的进一步优化和使用，能够助推从海量的信息中挖掘、诊断病虫害的发生区域、具体类别和严重程度。相较而言，卫星遥感是一种新型植被病虫害监测和预测手段，是智能化、专业化、绿色化植被病虫害防治中不可或缺的技术支撑。

（二）植被病虫害遥感应用服务存在的问题

1. 植被病虫害遥感技术成果转化不足

卫星遥感在大区域下的植被类型识别、长势监测、生长环境监测等领域已有广泛应用和成功案例，但现阶段的植被病虫害卫星遥感主要停留在理论研究和实验阶段，大多针对具体的植被类别、病虫害种类和研究区域，挖掘卫星遥感数据潜力，研究植被病虫害发生机理和植被病虫害遥感监测机理，以实现一定精度的监测和预测。研究成果一般高度依赖于特定的植被种植结构和生长环境，难以保障在复杂地表植被情况下的病虫害监测和预测的准确度、稳定性，难以转化为通用性质的植被病虫害遥感监测模型，难以形成成熟可靠的植被病虫害卫星遥感应用服务产品，未能建立植被病虫害遥感监测成果和后续防控的衔接机制，也未打通数据获取处理、生产成果、精准防控的植被病虫害遥感应用服务链路，与实际病虫害监测的生产和防控指导需求尚有不小的差距。

2. 病虫害现有光谱特征区分度不足

病虫害胁迫状态下植被光谱特征的变化是卫星遥感病虫害监测的主要机理和重要依据。一方面，目前在轨运行的对地观测卫星搭载的传感器以多光谱相机为主，成像谱段范围较宽，高光谱传感器数量相对较少且数据空间分辨率低，限制了对植被光谱特征细小变化的研究。另一方面，植被的生长过程漫长且复杂，植被光谱特征的表现不仅受病虫害的影响，也与地表温度、土壤湿度、光照等生境条件紧密相关。综合考虑不同类别的病虫害胁迫和非生物胁迫导致的植被光谱特征变化，同种病虫害的植被也可能呈现出不同的光谱特征，产生"同物异谱"现象；不同病虫害的胁迫也会使植被呈现出近似的光谱曲线，产生"异物同谱"现象，导致相似特征表征的多类病虫害光谱区分度不高，降低了卫星遥感监测病虫害的准确性，不利于大规模地应用推广。

3. 卫星遥感支撑病虫害全周期防控不足

植被病虫害的发生和发展是一个连续和动态的过程，从病虫害的产生到植被外观和生理转态的明显改变会经历一段较长的时期。虽然多源遥感卫星具备快速获取同一地区不同时期影像的能力，能够真实记录和反映植被的生长情况，较高精度地识别叶片脱落、颜色变化等明显病虫害特征，对于受灾后的及时补救和止损具有重要意义，但依然存有一定的滞后性，缺少对病菌孢子繁殖、传播和虫卵羽化、成虫等早期阶段和潜伏期的预警，亟须综合运用长时序的卫星影像，构建覆盖植被病虫害全周期的监测和预测模型，尽可能地在早期遏制病虫害的发展，实现植被病虫害的早发现、早预警、早处理。

六 植被病虫害遥感应用服务发展方向

（一）汇聚多源数据，实现多尺度、长时序的病虫害稳定监测

植被病虫害表征主要呈现为光谱数据的特异性表达，多源光谱数据的有机融合是植被病虫害遥感应用服务发展的必然趋势。统一协调天空地多平台、多角度、多传感器的遥感影像数据，有效整合高时间分辨率、高空间分辨率和高光谱分辨率数据，充分发挥数据时相丰富、光谱信息连续、位置信息准确的优势，从主要发育期的单一时相植被光谱特征分析转为覆盖病虫害全周期的特征分析，扩充病虫害光谱特征数据库，提高光谱特征库和不同病虫害的匹配程度，避免出现"异谱同物"和"同谱异物"现象，解决数据源单一造成的精度低的问题，形成高频次、多尺度、长时序的动态监测技术体系。

（二）融合多元技术，突破复杂环境下的病虫害监测和预报

植被病虫害是随周边生境因素变化而动态发展的，生境条件的获取和监测是复杂环境下的植被病虫害特异性监测和预测的重要支撑。结合环境信息采集、地面物联网等非遥感技术，深化大数据、人工智能的综合运用，加强对遥感和非遥感数据的协同分析，从传统的光谱统计和机器学习结合的方法向模式识别、深度学习等方向扩展升级，研发植被病虫害环境监测和预测的大数据模型，真正做到病虫害胁迫识别、病虫害种类区分、严重度剖析和早期预警，实现植被种植结构复杂情况下的病虫害快速化、智能化、通用化监测和预报。

（三）构建植被病虫害遥感监测系统平台，融入国家植被病虫害防治体系

植被病虫害遥感应用服务系统平台等产品是植被病虫害卫星遥感技术成果转化的关键环节和主要载体，是植被病虫害遥感应用服务架构的重要组成部分。平台应以全球、国家、省市等区域尺度的卫星遥感数据，农田、地块级的无人机遥感数据和地面遥感数据为主要数据源，融合土壤数据、气象数据等信息，集成单一病虫害和通用病虫害的监测和预测模型，在线实时分析病虫害的发生、扩散趋势和严重程度，自动提供及时和准确的预警情况；同时建立病虫害数据库和知识库，积累大量的病虫害数据和防治经验，以植保、农学、气象、地理、信息技术为底座建设植被病虫害监测的知识图谱，通过分析监测和预测的结果提供智能的精准施药防控建议，推进植被病虫害监测和防治技术的创新和发展。平台可被纳入国家及地方的植被病虫害防治体系，定期产出国内主要粮食产区和林草区的病虫害监测预测可视化结果、评估分析结果、报告和防控建议，人工进行实地

检测核验，政府部门做出防治决策，助力形成监测预报、预防控制、应急处置、结果评估全链条的植被病虫害防治体系。

（四）推进全球尺度的卫星遥感病虫害监测，服务"一带一路"沿线国家

卫星遥感植被病虫害应用服务的全球化是遥感卫星观测体系逐渐完备和国际科技合作交流日益密切背景下的趋势。借助逐渐完备的对地观测系统，全球尺度的卫星遥感数据时效性和覆盖率大幅上升，为全球性的服务奠定了数据基础。"一带一路"合作的稳步推进为航天、农林技术的交流、融汇和应用提供了需求和落地场景。利用卫星遥感植被病虫害监测预测模型和集成后的云平台，发挥海量卫星数据的潜力和效能，开展全球尺度下的小麦、水稻、玉米等重点粮食产区和林草区病虫害种类、时间、范围和严重程度监测，支撑东盟、南亚、中东欧等地区病虫害的科学防控，符合中国及"一带一路"沿线国家的共同利益，会成为未来的应用服务方向。

主要参考文献

黄文江等：《作物病虫害遥感监测研究进展与展望》，《智慧农业》2019年第4期。

袁德宝等：《水稻病虫害遥感监测与预测研究进展》，《遥感技术与应用》2023年第1期。

张凝等：《作物病虫害高光谱遥感进展与展望》，《遥感学报》2021年第1期。

亓兴兰等：《基于卫星遥感影像的森林病虫害监测研究进展》，《林业资源管理》2020年第2期。

数智化赋能塑料机械制造业绿色发展的关键要素与实现路径

于耀伟　秦志红　何考华[*]

国家相关政策文件明确指出，制造业要以向智能化转型为基本主线，并与低碳节能等生产要求有机结合，这对塑料机械制造业的未来发展提供了政策指导和发展方向。塑料机械制造业作为塑料加工行业产业链的上游，必须充分落实国家废旧塑料治理相关政策要求，紧密结合塑料加工行业绿色发展需求，加强塑料机械在塑料生产、回收利用等工艺环节上的应用迭代，大力支撑塑料加工行业绿色发展的同时，对塑料机械研发、物料采购、生产制造、售后服务等关键业务环节采用数字化、智能化（数智化）等手段进行优化提升，推动塑料机械制造业实现绿色低碳发展。塑料机械企业数智化发展与绿色低碳发展理念相辅相成，数智化系统为绿色低碳发展提供技术支持和抓手，同时绿色低碳发展理念为数智化提供引领。

一　塑料机械制造业绿色发展现状与问题

（一）塑料机械制造业绿色发展的现状

塑料机械制造业与塑料加工行业紧密关联，深入了解和掌握塑料加工行业绿色发展现状，有利于更好地指引和推动塑料机械制造业绿色发展。

---

[*] 于耀伟，广东仕诚双拉智造科技有限公司总经理，主要研究方向为智能制造、绿色制造等；秦志红，广东仕诚塑料机械有限公司总经理，主要研究方向为产业升级、技术创新管理、全球服务平台建设等；何考华，广东仕诚书院常务副院长，主要研究方向为技术创新、人才培养、精益管理等。

1. 塑料加工行业绿色发展现状

（1）塑料加工行业发展现状

塑料加工行业是轻工业的重要组成部分。塑料作为三大合成材料之一，随着以塑代钢、以塑代有色金属、以塑代水泥、以塑代木的快速发展，广泛运用于航空航天、国防、石化、海洋、电子、光电通信、建筑材料、农业、轻工业等领域。2022 年，我国塑料加工行业规模以上企业营业收入近 2.3 万亿元，利润总额超过 1320 亿元，进出口总额为 2187 亿美元。根据国家统计局发布的数据，2022 年全国塑料制品产量为 7771.6 万吨，同比 2021 年的 8004 万吨降低了 2.9%（见图 1）。

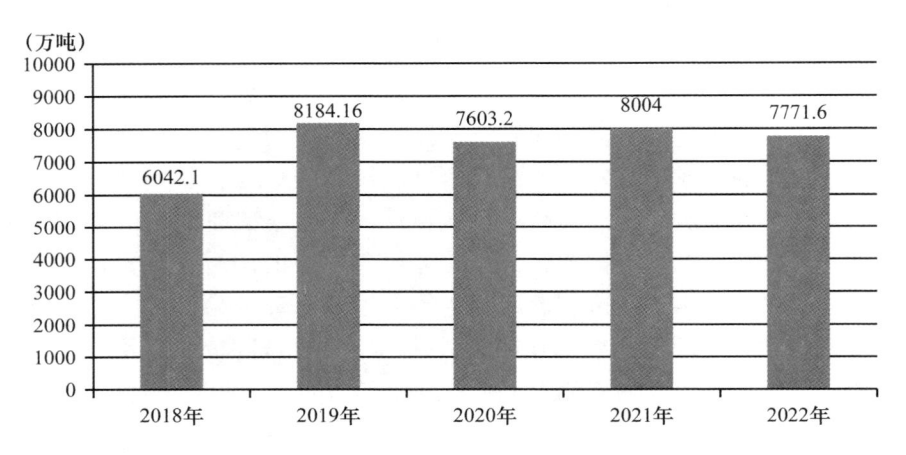

图 1　2018—2022 年全国塑料制品产量

资料来源：国家统计局及相关公开数据。

（2）塑料加工行业绿色转型升级发展成效显著

根据工业和信息化部（以下简称工信部）和中国塑料加工工业协会发布数据，2021—2022 年我国塑料加工行业 26 家企业入选工信部绿色工厂、42 个产品进入工信部绿色设计产品名单、4 家企业获得工信部绿色供应链管理企业称号，行业绿色转型升级发展成效显著。塑料加工行业积极加快构建废弃物循环利用体系，提升节能降碳先进技术的研发应用，积极采用新型绿色环保功能材料，强化再生资源回收利用，增加绿色产品供给，以低碳化、生态化技术推动塑料加工行业绿色转型发展。

我国塑料加工行业企业年加工、处理废塑料量约为 1800 万吨，其中发

数智化赋能塑料机械制造业绿色发展的关键要素与实现路径

泡聚苯乙烯（EPS）回收率在92%以上，聚酯（PET）瓶回收率在94%以上，按回收1000万吨废弃塑料量计算，可以少用1000万吨塑料原料，折合减少0.23亿吨原油，节约70%能耗，减少0.2亿吨二氧化碳排放。塑料加工行业企业在节能减排工作中发挥了重要作用。按照《中国塑料加工业绿色发展纲要》规划，到2025年塑料加工行业单位工业增加值二氧化碳排放降低18%，规模以上企业单位工业增加值能耗降低13.5%。

2. 塑料机械制造业绿色发展现状

（1）塑料机械制造业发展现状

塑料机械包括挤出机、注塑机、吹塑机、中空成型机、压延成型机、塑料辅机等，是对塑料及其他高分子类新型材料进行成型加工的技术装备，广泛应用于建筑材料、包装、电器电子信息、农业、汽车及交通业、轻工业、石油化学、国防等国民经济各个部门及人们生活的各个领域，在国民经济中具有极为重要的作用。随着高分子材料的性能、功效的不断开发与突破，高分子材料与其他材料（金属、木材、纤维、无机材料等）复合化的不断创新，以及塑料制品在制造业和生活领域中的广泛应用，塑料机械行业发展前景极其广阔。当前塑料机械制造业已进入了全新发展阶段，在环境保护政策严格要求之下，塑料制品的回收再利用以及传统塑料产品的淘汰行动对传统塑料机械的生产格局带来了较大冲击，同时特种工程塑料等高技术工程材料的高端制造需求，促使塑料机械向着更高技术水平的方向发展。根据中国包装联合会及相关公开统计数据，2022年我国塑料机械产量为30.47万台（其中浙江省、广东省产量占全国的71.9%），规模以上企业营业收入为914.31亿元（见图2），进出口总额为369.41亿元（其中出口总额为237.60亿元）。我国是全球塑料机械出口第一大国，根据海关总署发布的数据，2022年注塑机为我国塑料机械出口的第一大类，占总量的31.80%，而挤出机、模塑或成型机分列第二位、第三位，分别占总量的10.96%和5.03%。

（2）塑料机械制造业广泛开展绿色低碳发展实践

塑料机械制造企业遵循国家《"十四五"工业绿色发展规划》及相关政策，积极推动绿色低碳发展，如专注高端功能膜材装备与智造塑料机械研发制造的广东仕诚塑料机械有限公司（以下简称广东仕诚）积极推动塑料机械绿色转型升级，牵头组织打造装备制造业绿色升级创新服务平台，负责建设"塑料薄膜装备产业全球服务平台"，借助5G、大数据、物联

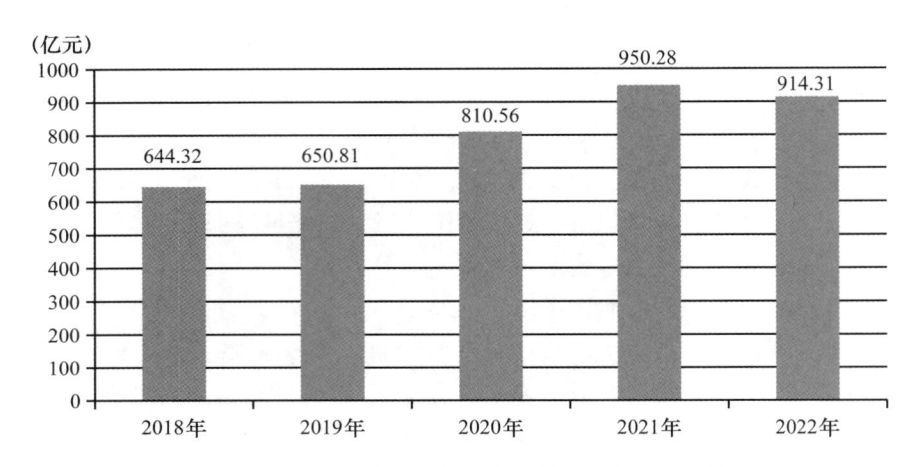

图 2 2018—2022 年全国塑料机械行业规模以上企业营业收入情况

资料来源：中国包装联合会、华经情报网及相关公开数据。

网、AI、数字化等新一代信息技术推动薄膜设备智能化、数字化、绿色化升级，实现内部工业制造流程优化升级和外部远程服务延伸，赋能终端塑料加工企业。打造一个从产品需求、研发、生产制造、售后服务到迭代优化全数字化产业链，极大地降低了整个产品生命周期中的堵点卡点和重复浪费，最终实现每台装备生命周期中碳排放量的降低，践行绿色发展路径。致力于打造一个可以涵盖第三方端口接入、上下游产业链供应商产品和服务发布、塑料机械用户需求响应、售后服务优化提升以及塑料生产设备联合设计研发等功能的生态平台。实现绿色低碳发展，创新是关键，装备是保障。由广东省机械工业质量管理协会牵头，广东省科学院智能制造研究所等省内重点科研院所与高校联合建设优势互补、资源共享、多元共建的"制造业绿色发展科技协同创新中心"，全力推动装备制造业绿色创新发展。另外，浙江华业塑料机械股份有限公司、博创智能装备股份有限公司、伊之密股份有限公司等一批塑料机械制造企业成功入选国家绿色制造示范（绿色工厂）名单，全行业广泛开展绿色低碳发展实践。

（二）塑料机械制造业绿色发展的问题

绿色发展是当今科技革命和产业变革的方向，绿色经济已成为全球产业竞争重点。伴随着我国经济转向高质量发展阶段，塑料机械等制造业存在的供给与市场需求适配性不高、产业链供应链稳定性不强、资源环境要素约束趋紧等问题日益凸显。随着我国全面推行绿色发展理念，我国作为塑料机械生产大国和出口大国，塑料机械行业将迎来产品制造上的全面革新，但在塑料机械高端产品的制造水平上与国际顶尖水平仍存在一定差距，缺乏创新和差异化竞争。因此，要淘汰落后的传统塑料生产装备，加大高端塑料机械的研发与生产，大力推动塑料机械向数字化、智能化、绿色化发展，逐步建立健全塑料机械行业标准体系，带动塑料加工行业的产业技术变革和优化升级，不断提高产品质量、性能和资源利用率，减少资源能源消耗，助力碳达峰碳中和。

塑料机械作为单列行业已列入国家发改委、工信部等发布的《产业关键共性技术发展指南》《工业转型升级重点技术改造投资指南》《节能机电设备（产品）推荐目录》《首台（套）重大技术装备推广应用指导目录》等政策文件，我国塑料机械行业迎来了国家大力支持发展的大好机遇，市场空间广阔。随着全球新一轮科技革命和产业变革，新一代信息通信、生物、新材料、新能源等技术不断取得突破性进展并与先进制造技术加速融合，下游塑料加工行业对塑料机械的需求和智能化要求不断上升，为塑料机械等制造业高端化、智能化、绿色化发展提供了历史机遇。同时，国内在航空航天、电子设备、现代电器、医疗器材、新能源汽车等方面对高端塑料制品需求的进一步扩大，使塑料机械的高端化、智能化新需求涌现，塑料机械市场将呈现出稳步增长的态势，以复合增长率5.68%计算，到2028年全国塑料机械市场规模预计超过1400亿元。这些都对塑料机械产业向数字化、智能化、绿色化发展提出了更高的要求。

二 数智化赋能塑料机械制造业绿色发展的关键要素

（一）数智化对塑料机械制造业绿色发展的意义与作用

1. 数智化能有效提升塑料机械绿色化水平

绿色化发展要求塑料机械制造业集聚高端要素，重点推进以数字经济为主要内容的新兴产业发展，加速形成更多新的增长点、增长极。塑料机械制造业属于劳动、资源、技术、资本密集型产业，绿色化生产方式可加速优化行业企业人员结构、资源和能源高效利用等。应用数字化、智能化技术可满足塑料机械生产过程绿色、安全、透明、精益等各项要求。通过数字化和智能化理念和手段，以数据驱动整个装备制造的设计、制造和使用过程，可去伪存真，识别阻碍绿色发展的因素。对这些因素进行优化调整，将有利于持续强化资源利用以及优化能源使用，实现资源化、减量化、生态化的绿色理念。例如，广东仕诚结合自身的数字化转型实践经验，率先发展和优化塑料机械自身的数字化和智能化水平，通过开发具备智能感知和控制系统、过程多目标优化、经营决策优化、数字化业务系统等功能的智能化塑料机械，满足塑料生产制造过程中智能化、网络化的要求，实现塑料生产过程关键工艺参数、计划执行、能耗能源等信息采集监控、智能分析和精细管理，不断研发对环境更加友好的新工艺、新方式，从而推动塑料加工行业提升产能、降低能耗，实现可持续发展以及环境优化目标。

2. 数智化助力塑料机械制造业绿色化转型

当前，全球已形成塑料产业绿色发展共识，近 90 个国家和地区出台了控制或者禁止使用一次性不可降解塑料制品的相关政策或规定，全球范围内掀起了塑料绿色发展新浪潮。随着近年来我国塑料终端应用市场的不断扩大，人们对塑料制品的需求量逐步增加，使塑料加工行业对塑料机械的需求和智能化要求不断上升。塑料机械制造企业亟待借助数字化、智能化技术，积极实施绿色化转型，研发具有数字化、智能化、绿色化特征的新型塑料机械产品，助力塑料加工行业绿色转型，实现"双碳"目标。例如，广东仕诚在装备生产制造过程中，采用全流程数字化业务系统，从合同谈判、研发设计、物料采购、机加生产、装配作业、仓储物流、售后服务全部采用数字化系统与手段，实现业务推进，极大地减少了过程中的重复性浪费、人为错误以及不合理决策，同时有效保障订单按时交货、稳定产品质量以及提供更加到位的服务；在赋能终端用户的生产制造过程中，结合企业本身已经验证的数字化、智能化技术，创新发展自动成料机、操作机器人替代人工操作，从而使终端用户的作业精确度日益提升，降低了员工的劳动强度和职业病危害；在售后服务环节，借助远程控制技术，企业的国内工程师可以与欧洲、美洲的用户实时互动交流，完成生产指导、售后维护等服务支持，大大提高了客户满意度。

（二）数智化赋能塑料机械制造业绿色发展的关键要素

1. 政府是数智化赋能塑料机械制造业绿色发展的引导者

我国已经发布了绿色发展、碳达峰、智能制造、机械行业稳增长等相关政策（见表1），大力支持行业实施绿色化升级改造，推行工业产品绿色设计，提升装备数字化、智能化水平，加快绿色低碳转型和高质量发展。这些政策引导塑料机械制造业在"十四五"时期实现数字化、智能化、绿色化转型升级发展。

表1　　　　　　　　绿色化、智能化、数字化相关政策内容

序号	政策名称	发布部门	发布时间	主要内容
1	《"十四五"工业绿色发展规划》	工业和信息化部	2021年11月15日	1. 通过流程降碳、工艺降碳、原料替代，实现生产过程降碳。加快机械等行业实施绿色化升级改造。强化全生命周期理念，全方位、全过程推行工业产品绿色设计 2. 推动数字化、智能化、绿色化融合发展，以数字化转型驱动生产方式变革，采用工业互联网、大数据、5G等新一代信息技术提升能源、资源、环境管理水平，深化生产制造过程的数字化应用，赋能绿色制造
2	《2030年前碳达峰行动方案》	国务院	2021年10月24日	1. 工业领域要加快绿色低碳转型和高质量发展，力争率先实现碳达峰 2. 深入实施绿色制造工程，大力推行绿色设计，完善绿色制造体系，建设绿色工厂和绿色工业园区 3. 推进工业领域数字化、智能化、绿色化融合发展，加强重点行业和领域技术改造
3	《"十四五"智能制造发展规划》	工业和信息化部、国家发展和改革委员会、教育部、科学技术部、财政部、人力资源和社会保障部、国家市场监督管理总局、国务院国有资产监督管理委员会	2021年12月21日	1. 装备制造领域要满足提高产品可靠性和高端化发展等需要，开发面向特定场景的智能成套生产线以及新技术与工艺结合的模块化生产单元 2. 大力发展数字化设计、远程运维服务、个性化定制等模式。研发融合数字孪生、大数据、人工智能、边缘计算、虚拟现实/增强现实（VR/AR）、5G、北斗、卫星互联网等新技术的新型装备

续表

序号	政策名称	发布部门	发布时间	主要内容
4	《机械行业稳增长工作方案（2023—2024年）》	工业和信息化部、财政部、农业农村部、商务部、海关总署、金融监管总局、国家药监局	2023年8月17日	1. 面向原材料行业，突破先进过程控制、能耗排放优化等，实现高效、安全、绿色生产；面向装备制造业，开展模型驱动研发、数字虚拟中试等，打造敏捷高效的高端装备研制能力 2. 促进人工智能、大数据、工业互联等新一代信息技术与装备技术深度融合，提升装备数字化、智能化水平 3. 利用现有资金渠道支持机械制造企业开展关键核心技术攻关、智能化绿色化改造

资料来源：国务院、工业和信息化部官网及相关公开数据。

2. 龙头企业是数智化赋能塑料机械制造业绿色发展的核心推动者

塑料机械制造企业深入应用数字化制造、物联网技术、人工智能等数字化、智能化技术，提升生产效率和产品质量，推动行业绿色发展。例如，广东仕诚广泛采用先进的PLM数字化全生命周期设计技术，使产品设计更加高效、更加满足客户的工艺需求；在制造过程中，使用ERP和MOM等先进的数字化手段，使制造过程更加合理和透明，管理更加精确和高效；物联网技术的应用则实现了智能化生产和设备运行状态的实时监测、控制与分析；引进自动化生产线和机械臂，将传统的人工操作转化为机械操作，实现生产流程的延续性和自动化，降低人为失误导致的故障率；不断推广和升级人工智能、机器学习、自动化生产线及机器人技术，大大降低污染物排放，提高能源效率和资源效率。

3. 人才是数智化赋能塑料机械制造业绿色发展的关键

人才是第一资源，技术创新离不开人才，企业之间的竞争重点是人才的竞争，塑料机械行业积极建立行业协会、企业、高校联合培养人才的新机制。中国塑料机械创新人才培养基地于2018年由中国塑料机械工业协会发起，并联合北京化工大学塑料机械专业，以及国内塑料机械领域的20余家龙头企业参与共建，采用产学研相结合的模式，是国内首家高分子材料加工成型领域的科教融合实践育人创新平台，致力于推动我国塑料机械行业的不断发展。

4. 高校及科研院所是数智化赋能塑料机械制造业绿色发展的重要支撑

珠三角地区科技资源丰富，拥有华南理工大学、中山大学、南方科技大学、哈尔滨工业大学（深圳）、深圳北理莫斯科大学、清华大学深圳国际研究生院、北京大学深圳研究生院等一批高水平科研机构和大学，以及一大批专注智能装备技术研发、检验检测的国家重点实验室、企业技术中心、检测中心等国家级技术创新载体，企业与高校及科研院所间的产学研深度合作机制已经形成。围绕塑料机械制造业的绿色转型发展需求，协同利用高校、科研院所的创新力量，开展数字化智能化技术、节能低碳共性关键技术、前沿引领技术攻关，支撑塑料机械制造业绿色发展。例如，佛山广东工业大学数控装备协同创新研究院围绕企业服务、技术研发、产业孵化转化、人才培养等方面为制造业数字化、智能化转型赋能。

三 数智化赋能塑料机械制造业绿色发展的实现路径

党的二十大报告明确提出，要加快建设制造强国、网络强国、数字中国，推动制造业高端化、智能化、绿色化发展。因此，加强产品数字化设计、制造工艺与信息技术融合、数字技术优化生产流程、产品智能化提升等是塑料机械制造业形成绿色低碳生产方式、实现绿色低碳高质量发展的重要抓手。

（一）通过应用产品数字化设计提高资源和能源利用率

塑料机械研发过程应以产品设计为核心，通过深入应用产品数字化设计提高资源和能源利用率，减少对环境的污染。塑料机械制造业广泛推行数字化绿色低碳设计，利用数字化模型实现精准的塑料机械外观设计，使用计算机模拟减少样机试制试验次数，有效降低研发成本。引入并应用产品全生命周期管理方法核算产品碳足迹。选取核心塑料机械产品对其从生产到消费的整个生命周期中所产生的碳排放进行核算，充分了解产品的碳足迹大小，并采取对应措施来减少碳排放，不断提升企业环保形象，增强用户对产品的信任度。

（二）通过塑料机械制造工艺与信息技术融合实现绿色低碳发展

塑料机械生产制造过程应充分利用5G、大数据、云计算、人工智能、区块链、工业互联网、物联网等新一代信息技术，对塑料机械制造工艺进行优化升级。应用一批先进适用的节能节材工艺，以及先进铸造、焊接与热处理等基础制造工艺，并且与信息技术融合发展，优化能源调度和精准实施梯级利用，促进塑料机械制造业节能减碳。

（三）通过应用数字技术优化塑料机械制造流程实现节能减碳

塑料机械制造业对劳动力、资源、能源、土地、资金等要素需求量大，劳动力成本上升、土地供应收缩、节能减排能源约束、数字数据要素应用不足等因素制约着产业转型升级。推动数字技术向塑料机械制造业领域渗透并实现融合，不断提高塑料机械制造生产过程中的数据要素比例，促进塑料机械制造业企业提高对要素资源的使用效率和全要素生产率以实现节能减排。集成应用智能传感、大数据、物联网等数字技术，实现塑料机械制造生产全流程碳排放追踪、分析、核算和交易，推动塑料机械制造企业优化产品生产流程，提升生产过程管理的精准性，从而大幅降低生产过程能耗和污染排放，支撑塑料机械制造业绿色化转型发展。

（四）通过产品智能化提升实现塑料机械制造业绿色发展

通过应用传感器、物联网、大数据、云计算、人工智能、状态监测、故障诊断等技术，不断提升塑料机械产品的智能化水平，实现塑料机械企业之间、塑料机械与用户企业之间的无缝对接，实时监控产品生产过程，有效提高工作效率，降低生产成本，促进资源配置优化并向低碳绿色方向发展。如利用物联网、状态监控等技术对塑料机械进行在线实时监控和故障诊断优化，可以减少设备故障率和能耗。

四　数智化赋能塑料机械制造业绿色发展的典型案例

塑料机械制造企业积极开展数智化赋能绿色发展的实践，如广东仕诚从 2010 年开始探索实践企业数字化、智能化发展，目前已发展成为该领域世界级整体解决与数字化转型服务提供商之一，数智化赋能企业绿色发展的成效显著。

（一）实施数字化技术，助力企业创新发展

广东仕诚自 2010 年起分阶段建设实施 ERP（企业资源计划）、CRM（客户关系管理）、SRM（供应商管理）、PLM（产品生命周期管理）、PDM（产品数据管理）、OA（办公自动化）、MES（制造执行系统）、SCM（供应链管理系统）、SCADA（数据采集与监控系统）、全球服务平台、MOM（制造运营管理系统）等信息化系统（见图3），打造企业级工业互联网、制造协同体系，通过数据驱动企业管理、产品品质、客户服务、售后服务水平的全面提升，逐步向数字化转型。目前，广东仕诚已经建立了一支专业的数字化实施和服务团队，与 SAP（思爱普）、SIEMENS（西门子）、SEW（赛威）、Dassault（达索）等世界主流信息化供应商持续开展合作和联合研发，进行数字化转型探索、实施和验证，实现了自动排产和质量闭环管理、生产信息记录与全过程追溯、打造无纸化生产车间，先后获得广东省战略性新兴产业骨干企业（智能制造领域）、佛山市工业互联网示范标杆项目企业、佛山市数字化智能化示范车间、南海区工业互联网示范标杆项目等荣誉。

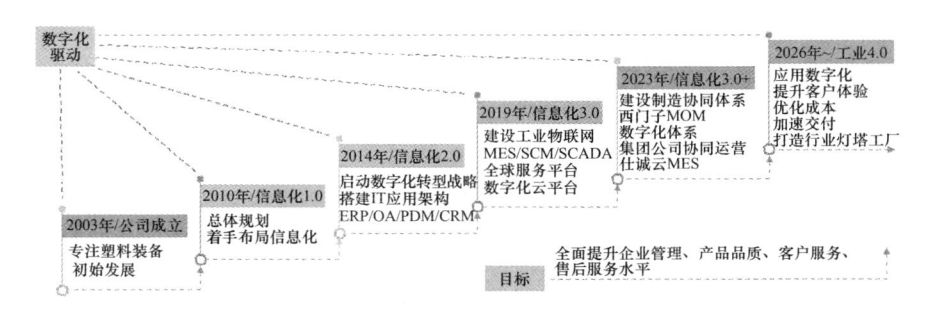

图3 数字化技术助力企业创新发展

（二）开展产品碳足迹认证，引导绿色采购理念

广东仕诚与西门子公司共同打造的"薄膜卷材智能立式包装机器人"产品，可实现薄膜分切后到仓储工序的无人化操作，大大降低员工的工作

强度，每台机器人可省人力10—15人。该产品作为广东仕诚在自动化、数字化解决方案中的重大创新，于2023年2月获得"产品碳足迹证书"。通过对该产品进行全生命周期碳足迹评价，可以获得可信的单位产品（或服务）的碳排放信息，指导企业减少产品全生命周期的温室气体排放量，展示企业自身的社会责任，引导用户的绿色采购理念，促进可持续生产和消费。

（三）仕诚智慧工厂积极打造低碳绿色工厂

为了更好地践行高效、绿色环保和可持续性发展的理念，广东仕诚正开展"智慧工厂"建设，并充分采用HRB500钢筋施工结构设计等节能建筑技术以及安装使用光伏发电系统、智慧照明系统、暖通空调系统等新举措，实现节约钢材消耗、降低碳排放、减少对传统能源的依赖、节省电力消耗、降低能源消耗并提高环境舒适度等低碳绿色目标。预计节能建筑技术可实现节约10%钢材消耗；光伏发电系统每年平均上网电量313.728万千瓦时（折合减少使用标准煤385.57吨，约等于每年减少二氧化碳排放量2001.30吨）；智慧照明系统每年节约用电31.50万千瓦时（约等于每年减少二氧化碳排放量200.90吨）（见表2）。

表2　　　　　　　　广东仕诚智慧工厂节能减排贡献预测

序号	主要绿色指标	节能减排贡献预测
1	节能建筑技术	节约10%钢材消耗
2	光伏发电系统	每年平均上网电量313.728万千瓦时，折合减少使用标准煤385.57吨，约等于每年减少二氧化碳排放量2001.30吨
3	智慧照明系统	每年节约用电31.50万千瓦时，约等于每年减少二氧化碳排放量200.90吨

注：根据《广东省企业（单位）二氧化碳排放信息报告指南》（2023年修订），电力的二氧化碳排放因子为6.379吨二氧化碳/万千瓦时。

五　数智化赋能塑料机械制造业绿色发展

"十四五"时期，是我国应对气候变化、实现碳达峰目标的关键期，

数智化赋能塑料机械制造业绿色发展的关键要素与实现路径

也是塑料机械制造业实现绿色低碳转型的关键五年，需要加强以塑料加工行业的应用需求为导向的创新，通过大数据、云计算、物联网、人工智能、智能制造等数智化技术应用赋能塑料机械制造业绿色发展，推动塑料机械向精密、高效、节能、低碳、环保方向迈进。

（一）加快建设塑料机械制造业绿色升级创新服务平台

数据是数智化技术应用的基础，通过加快建设塑料机械制造业绿色升级创新服务平台及相关子平台（塑料薄膜装备产业全球服务平台），广泛采集和针对性分析塑料机械设计、使用、故障、维修等数据，对塑料机械制造业绿色化发展现状进行实时监测、分析和评价，充分发挥平台对塑料机械制造业向智能化、数字化、绿色化升级的支撑作用，深入推动企业实施绿色制造，提升塑料机械制造业绿色循环水平。

（二）深入实施塑料机械产品碳足迹认证

《"十四五"工业绿色发展规划》明确，要创新绿色服务供给模式，提供低碳规划和低碳方案设计、低碳技术验证和碳排放、碳足迹核算等服务，完善碳排放数据计量、收集、监测、分析体系。因此，塑料机械制造业未来要紧密结合国家相关政策要求，深入开展产品碳足迹认证、数智化绿色技术咨询等服务，树立一批实施完成产品全生命周期碳足迹评价并获得认证证书的绿色塑料机械产品品牌。广东仕诚公司未雨绸缪，伴随新工厂的建设，已经逐步规划整个装备制造过程中关于能耗数据精准采集、分析和碳足迹计算等课题，未来销售的每台设备都会有一套基于严格计算的、真实可信的碳足迹认证证书，致力于打造行业绿色发展样板，为进一步扩大产品出口奠定坚实基础。

（三）塑料机械制造业的绿色发展同步要求数智化技术设备实现绿色化

数智化技术应用中广泛使用工业机器人、数据中心、传感器、服务器等设备，这些设备促进了塑料机械制造业的绿色发展。同时，塑料机械制造业绿色程度的深入，也给数智化技术设备提出了更高的要求，这些技术装备自身运行过程中也会消耗大量能源，甚至是耗能的"大户"。因此，数智化技术设备要加快推广磁盘降速、高密度磁性内存等先进节能技术，降低 CPU、硬盘、内存等数智化技术核心部件能耗，加快研发碳纤维聚合物、高性能电机等工业机器人先进技术，降低工业机器人能耗，通过数智化技术绿色化推进塑料机械制造企业整体绿色发展。

（四）大力推动塑料机械的绿色制造发展

塑料机械正向组合结构、专用化、系列化、标准化、复合化、微型化、大型化、个性化和智能化方向发展，同时要满足节能、节材、高效的要求，以适应塑料加工行业企业节约成本的需要。工业和信息化部发布的国家标准《绿色制造 术语》（GB/T 28612—2023）和《绿色制造 属性》（GB/T 28616—2023）界定了绿色制造的相关术语和定义以及属性分类的基本原则、分类体系等内容。绿色制造是一种低消耗、低排放、高效率、高效益的现代化制造模式，塑料机械制造业在发展过程中需要统筹考虑能源资源、生态环境、气候变化、健康安全等要素，将绿色发展理念和要求贯穿于塑料机械产品全生命周期，以绿色制造模式的深度变革推动行业绿色转型升级，并引领塑料加工行业进一步绿色发展，协同推进和实现降碳、减污、扩绿。

六　结语

塑料机械制造企业遵循国家《"十四五"工业绿色发展规划》等相关政策文件要求，积极推动绿色低碳发展。随着数字化、智能化技术的快速发展和广泛应用，采用数智化手段，通过产品数字化设计、制造工艺与信息技术融合、数字技术优化生产流程、产品智能化提升等路径赋能塑料机械制造企业绿色发展，具有广阔的前景和重要的意义，不仅可以提升企业的生产效率和竞争力，还可以体现社会责任担当，促进可持续发展。

主要参考文献

刘朝：《数智化技术助力制造业绿色发展》，人民论坛网，2023 年 6 月 19 日，http：//www.rmlt.com.cn/2023/0619/675913.shtml。

秦志红、赵鹰翔：《装备制造业绿色升级创新服务平台建设》，载谢伯阳主编《2023 年中国绿色经济发展分析》，中国社会科学出版社 2023

年版。

李超：《回收再生将成为塑料绿色发展主流》，《中国石化》2022 年第 4 期。

赵强：《探索形成具有行业区域特色的〈"十四五"智能制造发展规划〉提升路径研究》，《产业创新研究》2022 年第 23 期。

绿色经济的实践活动

"三北"防护林建设在防治荒漠化中的作用

黄如诔[*]

1978年，中国政府为改善生态环境，经国务院批准决定启动"三北"（西北、华北和东北）大型人工防护林建设工程，并且把这项工程列为国家经济建设的重要项目。当年"三北"地区土地荒漠化比较严重，风大到能够将地面上的沙土、石子吹起。被环保专家痛斥为"地球癌症"的荒漠化现象，在我国启动"三北"防护林建设工程45年后的今天，俨然蜕变成了可治之症——在树木与树木"握手"的生态屏障下，大规模的植树造林和草原恢复，将"三北"防护林逐渐恢复扩建成新时期的"绿色长城"，它更像一条绿色的丝带包围并守护着13个省份725个县和当地的生态环境，荒漠化小了，风沙少了，生物种类和数量多样化了。

2023年6月6日，习近平总书记在内蒙古自治区巴彦淖尔市主持召开加强荒漠化综合防治和推进"三北"等重点生态工程建设座谈会并发表重要讲话，强调加强荒漠化综合防治，深入推进"三北"等重点生态工程建设，事关我国生态安全、事关强国建设、事关中华民族永续发展，是一项功在当代、利在千秋的崇高事业。要勇担使命、不畏艰辛、久久为功，努力创造新时代中国防沙治沙新奇迹，把祖国北疆这道万里绿色屏障构筑得更加牢固，在建设美丽中国上取得更大成就。[①]

---

[*] 黄如诔，中国绿色食品协会农产品地理标志专业委员会副秘书长，主要研究方向为生态农业、现代农业发展，曾先后担任《中国轮胎资源综合利用》《福利中国》杂志主编、北京生态农业产业协会秘书长等职。

[①] 《习近平在内蒙古巴彦淖尔考察并主持召开加强荒漠化综合防治和推进"三北"等重点生态工程建设座谈会》，新华网，2023年6月6日，http://www.xinhuanet.com/2023－06/06/c_1129674283.htm。

"三北"防护林工程建设这项耗资巨大、时间跨度大，投入人力、物力堪称世界之最的生态工程，如今已经实施到第六期阶段建设目标，在新时代建设美丽中国过程中发挥着不可替代的作用。

一 荒漠化的过去与成因

荒漠化与生物多样性丧失是相对存在的，已成为破坏生态环境，同时严重威胁人类生存与发展的生态问题之一，给世界各国带来不同程度的危害。"荒漠化"一词最早源于1949年，法国科学家把由森林变成沙漠的景观过程称为"荒漠化"。这种土地生物潜能衰退的现象在人类历史上，甚至在没有人类以前就发生着，在以后也不可能完全根除不再产生。

荒漠化分为沙质荒漠化（沙漠化）、盐渍荒漠化、石质荒漠化（石漠化）、海洋（水域）荒漠化、城市荒漠化、高寒荒漠化等多种样态。

全球有100多个国家和地区存在不同程度的荒漠化问题。这些国家和地区约有3600万平方千米的面积，占陆地总面积的1/4土地，不同程度的荒漠化，使10亿人口的生活受到直接威胁。单从其中沙漠化最严重的地区来看，全球十大沙漠撒哈拉沙漠（906.5万平方千米）、阿拉伯沙漠（233万平方千米）、利比亚沙漠（169万平方千米）、澳大利亚沙漠（155万平方千米）、戈壁沙漠（130万平方千米）、巴塔哥尼亚沙漠（67.3万平方千米）、鲁卜哈利沙漠（65万平方千米）、卡拉哈里沙漠（63万平方千米）、大沙沙漠（41万平方千米）、塔克拉玛干沙漠（33万平方千米），共计1862.8万平方千米，比世界国土面积最大的俄罗斯（1709.82万平方千米）还要大几乎一个新疆（166万平方千米）的面积。

需要特别指出的是，沙化土地不等于沙漠，荒漠化土地不等于荒漠。人类社会是个命运共同体，但各地却发展不均衡，自然状貌和环境差异很大。一边有些地区可以做到像我国一样治沙有成，一边也有不少地区的荒漠化加剧。不过，全世界荒漠化最严重的国家不是撒哈拉沙漠周边国家，而是蒙古国。原本青山绿水的地方由于先天性缺失的自然条件，地势较高，降水较少，偏重畜牧业发展，加上随意开采矿产资源，国内七成的土地荒漠化，不仅影响本国经济发展，生态环境带来的连锁反应也对我国的"三北"地区构成很大威胁。

"三北"防护林建设在防治荒漠化中的作用

荒漠化的主要成因有自然因素，也有人为因素。自然因素有很多，植被破坏是最重要诱因，其次是干旱、大风、土质疏松等，在大自然物理风化和风力作用下，气候干旱、地表水越来越贫乏必然形成大片的戈壁和沙漠。人为因素与社会发展阶段休戚相关，在科技日益发达的今天，各国不遗余力地为了提升生产力而开矿、修路、建设大规模工厂……当过度开垦、放牧无序、砍伐森林、浪费水资源等缺失有力监管时，破坏环境的行为变得肆无忌惮，荒漠化也就会加速到来。

二 荒漠化治理的国际案例

荒漠化的治理是一个任重而道远的任务，既不可能一蹴而就，也不能一成不变固守一个药方包治百病。生态环境是个复杂的动态系统，需要综合施策和进行宏观调控治理。

有的国家重视植树造林，这也是被大多数国家认可和践行的重要措施之一。植树造林可以增加土地植被覆盖，改善土地质量，同时可以增加氧气含量，改善大气环境。在水土保持和水利建设方面，像我国古代的都江堰、郑国渠，都是通过水利建设改造自然环境的实例，这些工程可为周边土地增肥保水，还可以防止洪涝灾害和干旱，维护生态平衡。

世界上很多国家奉行科技改造自然的原则，借助大量人造树林抵抗沙化，利用植被"锁住"水分的特性保持水土。现实中，往往种树容易活树难，因为治沙首先要做到固沙。无论是采用草方格沙障，增加地表的粗糙度来固沙，还是建设大型防护墙、挡风板或利用工业化设备来固沙，目标都是把沙变成土，使沙固定下来，提高植被成活率。当规模化的乔木、灌木和草地存活下来，形成相互有机协调的布局，组配成新的区域生态系统，才能起到调节、改善环境的作用。

国际上，对抗自然灾害、治理荒漠化的例子有很多，围绕节水、工程、生物防治等重点领域各展所能，像美国治沙以政府主导为主、澳大利亚以产业主导策略推进、中东地区则以科技主导。成功的案例很多，如美国内华达州的拉斯韦加斯沙漠城、罗斯福大草原林业工程、澳大利亚的"绿化悉尼"、阿联酋的"绿洲城市"以及我国的宝丽山，当然还有两度搁浅但立意宏伟的苏联时期的"斯大林改善大自然计划"。

美国有专门法律，针对土地退化、培育物种、节水灌溉、保护土壤和禁止滥伐等提出具体举措，防治结合，有效遏制了土地荒漠化进一步扩展。澳大利亚立足产业化发展，在产业链上下足功夫，围绕其中重要关节点通盘考量，也算有的放矢。中东地区则借助高效农业技术，以高技术、高投入的方式，合理利用有限的水土资源创造出高产出、高效益的辉煌成就。

在世界上面积最大的撒哈拉沙漠南缘的萨赫勒地区，土地退化严重，当地居民"苦"荒漠化久已。为遏制撒哈拉沙漠北移，北非五国实施"绿色坝工程"，在"一带一路"倡议带动下，如今已然构筑起"绿色长城"有效地防沙、治沙。

中国科学院新疆生态与地理研究所的雷加强研究员介绍，非洲"绿色长城"已经建设10多年，在建造防护林、固定沙丘、植树造林等方面取得很大成果，恢复土地400万公顷，更是创造出就业岗位33.5万个。但这与2030年非洲"绿色长城"建设的最终目标来讲，还是有很大的差距——2030年的目标是恢复土地1亿公顷，封存碳2.5亿吨，创造就业岗位1000万个。①

三 世界的荒漠化防治为何要看中国？

众所周知，中国不仅高铁和航天工程走在了世界前列，在全球荒漠化防治中也贡献着多项中国智慧。"三北"防护林建设工程从1978年启动到2050年结束，时间跨度73年，分三个阶段、八期工程进行，规划造林3508.3公顷，森林覆盖率由工程建设前的5.05%提高到14.95%。很多国家看到了我国在全球防治荒漠化中的努力。

（一）"三北"防护林总体效果显著

1978年，不仅是改革开放的起点，也是我国"三北"防护林体系建设工程的开始。这一年，我国政府为了应对"三北"地区日趋严重的风沙危害和水土流失，正式启动"三北"防护林体系建设工程。工程建设范围囊

---

① 雷加强：《在非洲开展荒漠化治理，我们带来了"中国方案"》，中科院格致论道讲坛，2022年11月11日，http://www.self.org.cn/。

"三北"防护林建设在防治荒漠化中的作用

括了"三北"地区13个省（自治区、直辖市），总面积435.8万平方千米，占全国国土总面积的45%。

这个工程主要的困难在于，要改造我国"三北"地区的八大沙漠、四大沙地，还有广袤的戈壁，总面积达149万平方千米，占了全国风沙化土地面积的85%，任务非常艰巨。面对沙化严重、气候恶劣的现状，"三北"防护林的首要目标直指2050年——将森林覆盖率提高约10个百分点。

经过数代人的呕心沥血，当年激情燃烧投身"三北"建设的小伙子个个早已白发苍苍，用几代人的心血实现荒漠化和土地沙化的"双缩减"，水土流失的强度和面积呈现"双下降"，这是任何国家都不具备的独特韧性。

由国家林草局发布的"三北"防护林工程五期评估结果显示，自2011年五期工程实施以来，累计完成营造林保存面积超527万公顷，在生态、经济和社会效益方面取得巨大成果。如在生态效益方面，绿色发展趋势显著，生态环境质量稳中向好，不仅遏制住了自然生态系统的恶化，还有效缓解了风沙危害，有效治理了水土流失。在经济效益和社会效益方面也是成果显著，无论是人居环境，还是生态文化、生态文明意识都普遍向好向善。

相关科学研究表明，2000年后的17年里，我国以全世界6.6%的植被面积，贡献了世界1/4的"增绿"量。其中，"三北"防护林工程是国家重大生态工程的代表，贡献了42%。而《第六次全国荒漠化和沙化调查结果》显示，截至2019年，我国荒漠化和沙化土地已经连续19年减少，在2014—2019年还呈现出加速缩减的状态。2020年，"三北"地区森林覆盖率就已提高到13.84%。

值得一提的是，特别是进入新时代后，"三北"防护林在生态环境改善、抵抗自然灾害、生产条件改善等方面贡献突出，成为我国树立生态治理的最有效载体和最好成果。"三北"防护林工程实施45年来累计完成造林保存面积3014万公顷，工程区森林覆盖率由5.05%提高到13.57%；年森林生态系统服务功能价值达2.34万亿元。

土地荒漠化是全世界共同面对的重要课题，在荒漠化防治领域，我国创造了一个接一个的生态奇迹。联合国秘书长古特雷斯也曾这样评价：中国率先在世界范围内实现了土地退化零增长，荒漠化土地和沙化土地面积"双减少"，为全球实现联合国2030年土地退化零增长目标做出了巨大贡献。[1]

---

[1] 寇江泽：《绿进沙退 还自然以和谐美丽》，《人民日报》2020年7月24日第4版。

很多专家认为，我国"三北"防护林工程之所以取得巨大成就，在于把握了荒漠化与绿色发展、绿色发展与生物多样性的关系与临界平衡。

（二）"四位一体"多维展现绿色发展理念

1. 在改善环境维度

其一是防风固沙，防止水土流失。"三北"防护林可以有效地防风固沙，防止水土流失，减少沙尘暴的肆虐，减缓沙漠化的危机。其二是保护农田，改善农业环境。"三北"防护林通过营造水土保持林，庇护农田，减轻了干热风、霜冻等灾害性气候对农业生产的危害，改善了农业生产环境，使风沙得到有效控制，很多原来已经开始退化不好耕种的土地逐步恢复种植，从而保护了农田。

2. 在增量资源维度

其一是"三北"防护林通过固沙保水、保持土壤，有效地防止了水土流失，保护了土地资源；其二是"三北"防护林通过控制水土流失，增强了蓄水保土能力，保护了水资源；其三是以坚持修复生态为主，建设防护林基地为辅，就像哺育人类幼仔一样，从定植幼龄树到成活再到植树成林，认真呵护，增加了森林覆盖率。

3. 在转换能源维度

其一是木材能源。"三北"防护林工程营造了大量的人工林，这些人工林可以提供大量的木材资源，用于能源消耗和建筑用材。其二是生物质能源。"三北"防护林工程中的植物和林木废弃物等可以作为生物质能源的来源，提供可再生能源，减少对化石燃料的依赖。其三是固碳减排。森林植物可以吸收并固定大气中的二氧化碳，减少温室气体的排放，缓解气候变化。

4. 在经济效益维度

其一是木材价值。"三北"防护林工程营造了大量的人工林，这些人工林可以提供大量的木材资源，用于建筑、家具制造、造纸等各个领域，具有很高的经济价值。其二是果实收益。森林食物成为继粮食、蔬菜之后的我国第三大农产品，"三北"防护林工程种植的经济林在成熟后可以产出各种果实，如苹果、梨、杏、桃等，这些水果可以带来可观的经济收益，林下经济还可以种植各种经济作物，如草药、菌类、蔬菜等，这些作物也可以带来可观的经济收益，并且可以提高土地的利用率和产出率。其

"三北"防护林建设在防治荒漠化中的作用

三是生态旅游价值。"三北"防护林工程的实施秉承兴林与富民紧密结合，带动了当地的生态旅游发展，通过开展森林旅游、农家乐等形式的旅游活动，为当地居民带来了重要的经济收益，也是解决农牧民就业的重要途径。

（三）提升我国环保事业的国际影响力

"三北"防护林工程不仅在绿色发展方面成果显著，也直接推动了我国环保事业的发展。

水积而鱼聚，木茂而鸟集。从人工种树到植树造林再到实现国土绿化，保证了生态平衡和生物多样化发展。在考量环境因素、资源因素，兼具社会效益、经济价值的同时，既坚持了过程和途径的绿色化和生态化，也坚守了内容和目标的绿色化与低碳化。"三北"防护林工程45年始终如一的坚守，构建了我国环保事业的中坚力量，同时也向世界充分展现了我国政府对全人类负责任的大国风范，回应了国际关切。

多年来，联合国环境规划署先后授予"三北"防护林建设局等单位"全球500佳"称号，也让"三北"防护林工程获得了"世界生态工程之最"的赞誉，被世界吉尼斯认定为"世界上最大的植树造林工程"。100多个国家的政府官员、专家学者先后参观考察、访问和学习后，给予很高的评价——"世界生态环境建设的重要组成部分"，这座绿色长城早已成为我国对话国际舞台的窗口。

（四）我国在绿色发展领域还做出了其他努力

多年来，我国致力于荒漠化的治理。2001年8月31日，我国就公布了《中华人民共和国防沙治沙法》，自2002年1月1日起开始施行，成为全世界第一个为荒漠化防治专门立法的国家。在具体举措上，践行"绿水青山就是金山银山"的理念，不仅启动了"三北"防护林等大型工程，还建立了沙漠科学研究站，成立中国科学院治沙队，推动长江流域防护林体系建设工程，参加《联合国防治荒漠化公约》成为缔约国。此外，京、津风沙治理工程以及沿海防护林体系工程，全国各地的退耕还林也正如火如荼开展起来。经过数十年的努力和一系列举措，我国已完成初步达到遏制荒漠化扩展的目标。

四 结语

"三北"防护林建设是实现民族团结、巩固国防、实现各民族共同繁荣的战略需要，也是促进区域经济发展、加快农民脱贫致富、实现经济社会可持续发展的战略需要。"三北"防护林在荒漠化治理中具有重要意义，主要表现在以下几个方面：

第一，改造自然，改善气候条件。"三北"防护林工程通过大规模的植树造林和草原恢复，建立起一个覆盖中国北方荒漠化和沙漠化区域的生态屏障，有效控制了沙漠化对当地生态和人民生产生活的影响。防护林、防风固沙林等生态工程项目的建设，有助于防止风沙侵蚀，保护土地资源。"三北"防护林通过吸收二氧化碳等温室气体，减轻空气污染，改善空气质量。同时，防护林还能够增加降水量，提高空气湿度，有助于改善生态环境。

第二，践行绿色发展理念，维护生物多样性。"三北"防护林工程是我国应对气候变化、保障国家生态安全、促进区域协调发展的重要举措之一。在未来，我国将继续加强"三北"防护林工程建设和管理，推动绿色发展理念深入人心。"三北"防护林不仅提供了良好的生态环境，还能够为野生动物提供良好的栖息地，有助于维护生物多样性，保护生态平衡。

第三，促进经济发展，提升综合国力。"三北"防护林的建设和管理创造了就业机会、收入来源和生态福利，有利于当地居民的经济发展。同时，植树造林带来了巨大的收益和丰沛的物质资源，既提高了当地的生产力，也提升了我国的综合国力，这一举措给世界其他荒漠化地区提供了借鉴和启示。

综上所述，"三北"防护林工程在荒漠化治理中发挥了重要的作用，不仅有助于改善局部环境和气候条件，而且对于维护生态平衡、保护生物多样性等方面也具有深远的意义。同时，这一工程还在一定程度上促进了社会和经济的可持续发展。

主要参考文献

《习近平在内蒙古巴彦淖尔考察并主持召开加强荒漠化综合防治和推

进"三北"等重点生态工程建设座谈会》，新华网，2023 年 6 月 6 日，http://www.xinhuanet.com/2023-06/06/c_1129674283.htm。

《科普：如何治理荒漠化》，新华社，2023 年 6 月 16 日，https://baijiahao.baidu.com/s? id=1768824695517700459&wfr=spider&for=pc。

雷加强：《在非洲开展荒漠化治理，我们带来了"中国方案"》，中科院格致论道讲坛，2022 年 11 月 11 日，http://www.self.org.cn/。

《UNEP 分享生态系统恢复最佳范例：非洲萨赫勒地区构筑促进和平和恢复自然的绿色长城》，中国绿发会，2023 年 2 月 27 日，https://baijiahao.baidu.com/s? id=1758946790901643484&wfr=spider&for=pc。

《三北工程：世界上"最大的植树造林工程"》，治沙学会，2021 年 6 月 28 日，https://www.forestry.gov.cn/zsxh/3443/20210628/091216556939084.html。

国家林业和草原局编：《三北防护林体系建设 40 年发展报告：1978—2018》，中国林业出版社 2019 年版。

共谋全球可持续发展

——海洋生物多样性保护的紧迫性与我们的责任

王晓琼　王　静　杨洪兰[*]

当今世界，人类面对百年未有之大变局，时代发展日新月异，世界格局复杂多元，全球性问题日益凸显，这些因素的叠加与嬗变，影响着人类文明发展的走向和趋势。

加强世界各国在政治、经济、环境等领域共同合作，完善应对共同挑战的全球治理机制，是实现人类可持续发展的重要路径。海洋治理是全球治理的重要领域。海洋约占地球表面积的71%，蕴藏了丰富的生物多样性资源，是地球最主要的生态系统。中国是海洋大国，拥有长达1.8万千米的大陆海岸线、1.4万千米的岛屿海岸线[①]，1万多个大小不同的海岛和岛礁[②]。中国近海海洋生物物种多达20278种，其中海洋动物达12500多种[③]，是世界上海洋生物多样性最为丰富的国家之一。

优质的海洋生态环境，是实现海洋经济发展、海洋强国建设的重要保障。本文以生物多样性为抓手，探讨全球海洋治理体系下海洋生物多样性保护的紧迫性和未来展望，并以中国生物多样性保护与绿色发展基金会（以下简称中国绿发会）为例介绍海洋生物多样性保护的创新理念和中国行动，及其对构建"人与自然和谐共生"的海洋命运共同体所发挥的重要作用。

---

[*] 王晓琼，中国生物多样性保护与绿色发展基金会宣传部干事、助理编辑，主要研究方向为生态文明、生物多样性保护与绿色发展等；王静，中国生物多样保护与绿色发展基金会新闻发言人、信息部主任、副研究员，北京市大兴区优秀青年人才，世界自然保护联盟（IUCN）教育与传播委员会专家库成员，主要研究方向为生态文明、生物多样性保护与绿色发展等；杨洪兰，中国生物多样性保护与绿色发展基金会政研室主任，主要研究方向为环境法治建设、政策研究等。

① 王宏、鲜祖德主编：《中国海洋统计年鉴（2017）》，海洋出版社2019年版。
② 国家海洋局：《2015年海岛统计调查公报》，2015年。
③ 佚名：《中国海洋资源状况》，《能源与节能》2020年第8期。

一 海洋生物多样性保护现状及问题

（一）全球海洋生物多样性现状

生物多样性即生物（动物、植物、微生物）与环境形成的生态复合体以及与此相关的各种生态过程的总和，包括生态系统、物种和基因三个层次。[①] 地球生命发源于海洋，这也为海洋成为世界上最大的生物多样性宝库缔造了基础。海洋拥有丰富的物种多样性，其中包括鱼类、贝类、甲壳类、海豹、海豚、海龟以及藻类、海草和海葵等；形成了复杂的生态系统多样性，包括红树林、珊瑚礁、海草床、牡蛎礁、海藻场、滨海盐沼、淤泥质海岸、砂质海岸、河口、海湾等，海洋物种多样性与生态系统多样性也为生物遗传多样性奠定了根基和基础条件。

然而，自工业文明诞生的数百年来，随着人类活动不断扩张，人类对海洋开发利用强度不断增大，海洋生物多样性丧失速度不断加快，使全球海洋环境和海洋资源可持续利用面临巨大威胁。

世界各国的海洋研究工作者曾开展了一项为期十年的全球海洋生物普查（国际海洋生物普查计划），最终报告于 2010 年 10 月在英国伦敦发布，报告显示海洋生物物种可能约有 100 万种，其中 25 万种是人类已知的物种，最多的为甲壳类和软体动物，鱼类种数占总种数的 12%，其余 75 万种人类对其知之甚少。[②] 此外，科学家也在长达 10 年的普查过程中发现，一些海洋生物种群正在变小甚至濒临灭绝。

（二）人类活动对海洋物种和生态系统产生威胁

随着人类活动由近海向深海不断深入，船舶运输造成的燃油污染、渔业捕捞对海洋物种和生态系统的冲击、海水养殖对海域生物种群结构和食物链的输入性改变、塑料垃圾流入对海洋生物造成不可逆的伤害等破坏行为，使海洋受到人类活动直接或间接的影响效应持续叠加，海洋生物多样性丧失趋势尤为严峻。

---

① 中华人民共和国国务院新闻办公室：《中国的生物多样性保护》，人民出版社 2021 年版。
② 《全球海洋生物普查报告显示海洋约有 100 万种生物物种》，《生物学教学》2011 年第 3 期。

2024 年中国绿色经济发展分析

1. 物种丧失速度加快

由于渔业捕捞、过度开发以及气候变化等因素影响，全球珊瑚礁系统正在持续衰退，世界上60%以上的珊瑚礁濒临灭绝。英国《皇家学会开放科学》杂志的文章称，由于栖息地被破坏和偷猎，儒艮在中国已功能性灭绝。如果海洋环境持续恶化，栖息地丧失和过度捕杀问题无法得到根本缓解，更多的海洋生物最终走向灭绝也只是时间问题。

2. 生态系统被破坏

滨海滩涂湿地哺育着大量的海洋生命，孕育、支持着近海的生态系统，对生物多样性和固碳的积极作用是巨大的。但人类经济开发建设活动正在大规模地破坏这些滩涂湿地的自然状态。上海南汇东滩，之前是一个滨海荒滩，为了完成绿化任务而规划了大规模植树，这一举措将极大地改变原有荒滩的生态环境，依赖荒滩栖息觅食的生物也将受到严重影响，部分海洋生命在这里将不复存在，那些从各地迁徙来的鸟类也将无法补充食物。

3. 人类排污行为影响海洋生态安全

2023年，日本核事故污水排海事件引发全球热议。截至2023年11月20日，日本已排放了三批次核事故污水，约2.3万吨核事故污水流入海洋。有研究认为，福岛核污水中的放射性物质进入海洋动物体内，可能会破坏生物体的细胞结构和基因，也可能对海洋食物链的稳定性产生威胁。尽管目前还没有系统的监测和评估作为数据支撑，但这一事件对海洋生物多样性的影响不容小觑。

4. 塑料垃圾等加剧海洋生态环境破坏

近年来，海洋塑料污染越发成为全球环境治理的焦点。塑料制品近几十年来呈指数型扩大的生产规模和人们长期以来不可持续的使用方式，导致了大量塑料垃圾进入海洋，对海洋生态系统造成了严重破坏。剑桥大学的研究团队在2023年7月4日发布的一份研究报告，评估了筛选自77个物种的7137只鸟类个体的活动情况，发现海洋塑料污染正以前所未有的规模威胁着全球海鸟种群的生存。[1] 2023年5月，生态环境部发布的《2022年中国海洋生态环境状况公报》也显示，在海滩垃圾中，塑料垃圾最多，

---

[1] 《解决海洋塑料污染问题》，中国绿发会，2023年7月6日，https://weibo.com/5558990115/N8CJPhipm? type = comment。

占84.5%，主要为卷烟过滤嘴、瓶盖、泡沫等。

二 中国海洋生物多样性保护成效
——以中国绿发会为例

海洋生物多样性保护是生态文明建设全局的有机组成。习近平总书记2019年10月15日在致"2019中国海洋经济博览会"的贺信中指出："要高度重视海洋生态文明建设，加强海洋环境污染防治，保护海洋生物多样性，实现海洋资源有序开发利用，为子孙后代留下一片碧海蓝天。"① 中国作为海洋大国，始终高度重视海洋生物多样性保护工作。

中国绿发会作为国家级公益公募基金会和全国学会，坚持以习近平生态文明思想为指导，将生物多样性保护与绿色发展作为核心业务，从科普宣传、政策建言、路径创新、国际合作等多维度切入，持续深入开展海洋生态环境保护工作。

（一）聚焦海洋生物多样性保护主题，构建"海洋命运共同体"

"海洋命运共同体"是习近平总书记在集体会见应邀出席中国人民解放军海军成立70周年多国海军活动的外方代表团团长时提出的重要理念，目的是保护海洋生态环境，减缓海洋生物多样性丧失速度，实现海洋生物资源可持续利用。

中国绿发会通过聚焦"海洋生物多样性保护"开展一系列活动，助力构建"海洋命运共同体"。如设立蓝鳍金枪鱼日，进行濒危物种保护科普，呼吁影视节目、电商平台勿鼓吹蓝鳍金枪鱼消费；携手联合国机构共同"构建黄渤海斑海豹海洋保护地网络"，分别在北京、天津等全国15个地区开展了大规模科普宣传活动，覆盖人群超300万人次。

聚焦全球性重要环境节日，中国绿发会组织开展了海洋环境保护系列科普宣教活动。如以2020年世界海洋日为契机，联合百度百家号、世界自然保护联盟海洋连通性工作组等发起"深蓝拾光——为海洋写首诗"公益

---

① 《习近平致2019中国海洋经济博览会的贺信》，新华社，2019年10月15日，https://baijiahao.baidu.com/s?id=1647440566152458687&wfr=spider&for=pc。

活动，共同守护蓝色海洋；结合 2021 年国际海滩清洁日主题，开展"追'塑'海洋"——垃圾捡拾分类活动，发动 713 位志愿者在中国多地及尼泊尔、卢旺达等国际地区进行海滩、河滩及水下多层面垃圾捡拾；与新浪微博合作，于 2023 年 4 月 22 日"世界地球日"当天联合推出海洋生物多样性保护主题直播，观看人数近 40 万人。

（二）加强海洋生物多样性研究和政策投入

2021 年，中共中央办公厅、国务院办公厅印发了《关于进一步加强生物多样性保护的意见》，对建立包括海洋在内的生物多样性保护综合性制度做出具体安排与部署；2023 年，新修订的《海洋环境保护法》获表决通过，进一步明确了国家加强海洋生物多样性保护，健全海洋生物多样性调查、监测、评估和保护体系等规定。

中国绿发会发挥资政建言的重要功能，在《海洋环境保护法》修订并面向社会征求意见的过程中，积极建言献策，提出了 28 条修改建议。其中，提出在总则第一条中增加"维护国家海洋环境权益"的内容、增加"海洋环境影响评价"的内容（第十三条）、单独设立"国家加强海洋辐射环境监测"（第二十六条）的条款、提出加强海洋生物多样性保护的条款（第三十六条）等 12 条建议被采纳。

在海洋生物多样性研究方面，中国绿发会与厦门大学合作开展中国沿海海洋濒危物种生态调查与数据库建设，通过生态调查和定位跟踪，掌握绿海龟的洄游廊道及关键生境；与海南南海热带海洋研究所合作，共同在永乐环礁开展中国珊瑚保护地的建设，重点开展珊瑚保护及珊瑚的病害、繁育等研究工作；与三亚市蓝丝带海洋保护协会合作，开展鲸豚救助行动及公众意识提升项目等。

（三）积极参与国际海洋环境治理

中国以积极主动姿态参与到全球海洋治理和国际法律法规制定当中，就各类议题建言献策，贡献中国方案，不断完善海洋治理能力与海洋话语权体系建设。

为发挥社会组织参与国际海洋治理的重要作用，中国绿发会先后以合作伙伴、成员或观察员身份加入海洋和生物多样性相关的国际公约和全球倡议。2020 年，中国绿发会建言联合国《生物多样性公约》第十五次缔约方大会（COP 15）将"生态文明"纳入主题获采纳；2022 年，中国绿发会作为认证机构，派代表参加联合国海洋大会，为全球海洋治理和生物多样性保护建言献策；2023 年，中国绿发会受邀在第六届巴黎和平论坛分享本届论坛评选出的全球解决方案"邻里生物多样性保护"（BCON）。

（四）助力海洋保护法治建设完善

在海洋保护法治建设的进程中，从 1974 年《防止沿海水域污染暂行规定》通过实施，到 2006 年《防治海洋工程建设项目污染损害海洋环境管理条例》的出台，再到 2023 年新修订的《海洋环境保护法》获表决通过，中国海洋保护系列法律法规的建设正在逐渐完善。这也为中国海洋保护司法实践，及承担涉海生态环境损害后果提供了法律依据。

自《环境保护法》确立了社会组织提起环境公益诉讼的制度以来，中国绿发会为保护海洋生态环境，提起了多起涉海环境公益诉讼。2015 年，中国绿发会就蓬莱 19-3 油田溢油事故向青岛海事法院提起诉讼，要求法院判令被告康菲公司和中海油立即对蓬莱 19-3 油田溢油事故所损害的渤海生态环境进行修复，以使渤海湾生态环境达到溢油事故发生之前的状态；[①] 2018 年，中国绿发会再次提起一例涉海环境公益诉讼，即福建省平潭县流水镇人民政府、福建省平潭县龙翔房地产有限公司破坏生态环境公益诉讼，这两起案例先后经历了立案驳回和最终受理的过程，对于破坏海洋生态环境和生物多样性而造成严重损害的行为起到了敦促和警示作用。

三 要"恢复"而非"修复"，引领海洋生物多样性保护潮流之变

无论是海洋环境、海洋经济、海洋科技、海洋资源利用抑或是其他方面的海洋治理工作，都应将海洋生物多样性保护作为前提和基础。这当中，理念的创新对于生物多样性保护破局发挥的作用不言而喻。

---

① 王静：《涉海环境公益诉讼社会组织的诉权争议探析》，《生物多样性保护与绿色发展》2023 年第 45 期。

（一）"修复"与"恢复"差别巨大

2023年11月16日出版的《求是》杂志，发表了习近平总书记的重要文章《推进生态文明建设需要处理好几个重大关系》，其中讲到"自然恢复和人工修复的关系"，强调"治愈人类对大自然的伤害，首先要充分尊重和顺应自然，给大自然休养生息足够的时间和空间，依靠自然的力量恢复生态系统平衡"。这就是我们反复强调坚持以自然恢复为主方针的道理所在。

当海洋生态系统受损或遭受破坏的时候，我们依然可以看到很多工业文明时期的做法，如开展以人工干预为主的"生态修复"工作，而忽视了自然本身的调节功能，这样的修复多以破坏生物多样性为代价。

红树林既能防风消浪、净化海水，也能固碳储碳和应对气候变化，在维护海岸带生物多样性方面具有举足轻重的作用。全球红树林联盟发布的《2022年全球红树林状况报告》显示，1996年以来，全球已丧失5245平方千米的红树林，净损失4.3%。中国绿发会副理事长周晋峰在广西开展红树林实地专题调研，强调要"恢复"红树林，而非"修复"红树林。"修复"主要表现为在完全没有生长过红树林的地方规划种植红树林，即使种下新的红树，它们活下来的概率也小之又小。如果在原本没有红树生长，也不适合红树生长的沙滩上，强行将红树种下，那么原本的沙滩生境连同其中的生物多样性也就都失去了。沙滩和红树林堤岸，这是两种不同的生境。两种不同的生境，孕育着两种不同的生命。红树林恢复的根本原则恰恰是：不要在没有生长过红树林的地方种红树林。这体现了对自然生态环境的尊重。

（二）重视海洋生物多样性保护理念变革与创新

科学家在美国的北卡罗来纳州附近的一个海域——斜坡海（Slope Sea）发现了大西洋蓝鳍金枪鱼新的产卵场，而长期以来，科学家普遍认为大西洋蓝鳍金枪鱼的产卵场有两个：一个是地中海，另一个是墨西哥湾。这一产卵地的发现是基于科学进步的，而这也意味着全球蓝鳍金枪鱼捕捞的管理协议要重新制定，以适应这一新发现。这也是对生物多样性保护理念的一种创新和变革。

随着科学技术的不断进步和认知能力的提升，海洋生物多样性保护也不断涌现出新的要求和适应机制。只有不断健全海洋生物多样性调查、监测、评估和保护体系，重视理念的变革和创新，才能够引领海洋生物多样性保护潮流之变，共促人类与海洋的可持续发展。

四 海洋垃圾治理：基于人本解决方案的"人民战塑"行动

海洋生物多样性保护已有全球范围内的法规、政策、制度等顶层设计的支撑。然而，任何理念或者政策的内核最终都会向实际行动转化，海洋生物多样性保护由理念走向实践的过程中，人民的参与至关重要。这也是基于人本解决方案的深刻诠释。

基于人本的解决方案（Human-based Solution，HbS），由中国绿发会副理事长兼秘书长周晋峰提出，是基于"人"的解决方案，强调以"我"为中心开展保护行动。解铃还须系铃人。正是因为人类是所有问题的来源，所以解决的唯一方案就是人类自己。

具体到海洋生物多样性保护领域，生物多样性丧失速度加快的重要原因是人类无节制地索取海洋资源，并把海洋当作人类废物排放的"垃圾场"。如果说不合理的开采利用已经使海洋生态"千疮百孔"，那塑料垃圾污染对海洋生物多样性保护更是造成了致命一击。烟头等塑料垃圾以及微塑料颗粒如果被海洋生物吞食，将影响它们的消化系统、神经系统和生殖系统，从而导致其存活率降低。如果放任海洋塑料污染问题持续下去，预计到2050年，海洋中塑料的总重量将超过鱼类总和，全球99%的海鸟都会误食塑料制品，"最终损害的将是人类和海洋"。[1]

为有效应对海洋塑料污染危机，中国绿发会把"基于人本解决方案"作为出发点，发起了"人民战塑"行动。

（一）"人民战塑"的发起背景

根据联合国发布的数据，全球生产的塑料产品超过4亿吨/年，产生的

---

[1] 王晓琼：《危机与转折：海洋塑料污染治理的潮流之变》，《生物多样性保护与绿色发展》2023年第41期。

塑料废弃物超过 2 亿吨/年，而其中被回收的不到 1/10；流入湖泊、河流和海洋的废弃塑料高达 1900 万—2300 万吨/年。①

由此，2024 年的"世界地球日"和"世界环境日"主题皆与"减塑"相关。2024 年"世界地球日"将主题定为"全球战塑"（Planet vs. Plastics），旨在动员民间力量终结塑料污染。为积极响应"全球战塑"主题，中国绿发会发起了"人民战塑"行动，从源头减轻海洋塑料垃圾污染，为改善海洋生态环境，保护海洋生物多样性贡献中国方案。

（二）"人民战塑"的主要举措

"人民战塑"行动面向全国，通过组织志愿者以"减塑""捡塑""净滩"为目标，开展系列化公益活动，为控制塑料污染、保护海洋生物多样性提供基于社会调查的分析和数据支撑。"人民战塑"行动的每次活动都有一个编号，如 pp001，后面依次排列下去。这种垃圾的捡拾和分类形式和以往都不一样，工作组将根据每次行动开展情况，重点梳理三份报告（见表1），分别是品牌报告、类目报告和行为报告，为国家法律、政策和标准的制定提供依据。

表 1   "人民战塑"报告解析

报告类别	实现途径	意义及价值
品牌报告	根据现场捡拾情况，志愿者根据塑料垃圾相应的生产厂家品牌进行分类、统计并形成报告，哪种品牌的塑料废弃物最多，将通过报告列表一目了然	敦促上榜的品牌企业更积极地践行社会责任，通过绿色包装等方式减少垃圾产出量；推进生产者责任延伸制度，敦促企业主动参与到垃圾捡拾的行动当中，为减少塑料垃圾污染做出贡献
类目报告	捡拾行动中，志愿者对塑料垃圾的种类（如塑料渔网、烟头、外卖塑料包装、矿泉水瓶等）进行分类统计，以总件数/总重量进行排名，生成类目报告	针对类目垃圾总量精准进行垃圾分类，提高垃圾回收处理效率，减少资源浪费；掌握不同地域塑料垃圾数量以及不同地域划分下哪类塑料垃圾更多，帮助各地政府了解塑料垃圾的状况，以制定策略破解塑料污染难题

① 谷绍宁：《终结塑料污染，创造循环经济，与世界一起行动》，澎湃新闻，2023 年 9 月 14 日，https://www.thepaper.cn/newsDetail_forward_24591711。

续表

报告类别	实现途径	意义及价值
行为报告	以年龄、学历、职业、性别等不同指标进行参与垃圾捡拾人群的统计，绘制不同群体垃圾捡拾行动的曲线图，产生行为报告	呼吁更多公众参与"人民战塑"行动并制订适宜不同人群的活动开展方案，为提高活动参与积极性和活动成效奠定基础

资料来源：中国绿发会"人民战塑"行动工作组。

（三）"人民战塑"的行动成果

截至目前，"人民战塑"行动已开展 9 次活动，涵盖不同地域和人群，取得广泛的社会影响力。以其中两场活动的分析报告为例加以说明。

2023 年 9 月 24 日，"人民战塑"行动 pp001 在黄河山东济南段河岸开展，志愿者现场统计，共计捡拾 3.25 千克垃圾；某品牌卷烟成为塑料垃圾品牌榜第一位；塑料垃圾种类划分主要为编织袋、零食包装袋、牛奶盒、饮料盒、矿泉水瓶、烟盒、烟蒂、残破渔网等（见图 1）。[①]

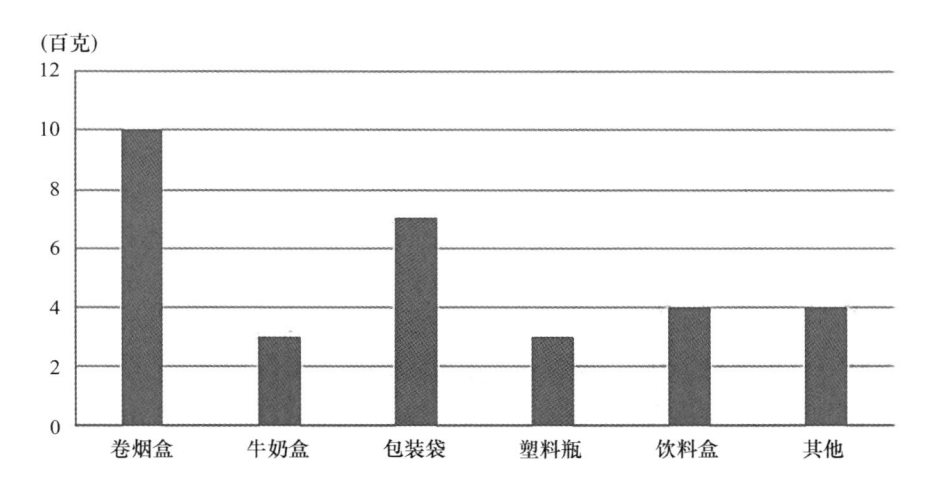

图 1 塑料包装物数量分类统计

资料来源：中国绿发会"人民战塑"行动工作组。

---

① 杨洪兰、周晋峰：《黄河山东段塑料垃圾问题调查报告丨人民战塑 pp001》，《生物多样性保护与绿色发展》2023 年第 53 期。

2024年中国绿色经济发展分析

2023年10月1日,"人民战塑"行动pp002来到位于山东省沭河岸边的田地里,带领附近村庄里的农民捡拾遗留在农田里的塑料垃圾,共计捡拾塑料垃圾37.325千克;因主要捡拾区域为农田,通过类目分析可见,此次活动捡拾的塑料垃圾以塑料地膜、塑料瓶、塑料袋为主,其中塑料地膜占比最大(见表2);通过对参与人员的性别统计可见,女性参与积极性高于男性(见图2)。[①]

表2　　　　　　　　　　垃圾分类重量表

垃圾种类	塑料地膜	塑料瓶	塑料袋	其他塑料垃圾
垃圾重量(千克)	32	2.82	2.2	0.305

资料来源:中国绿发会"人民战塑"行动工作组。

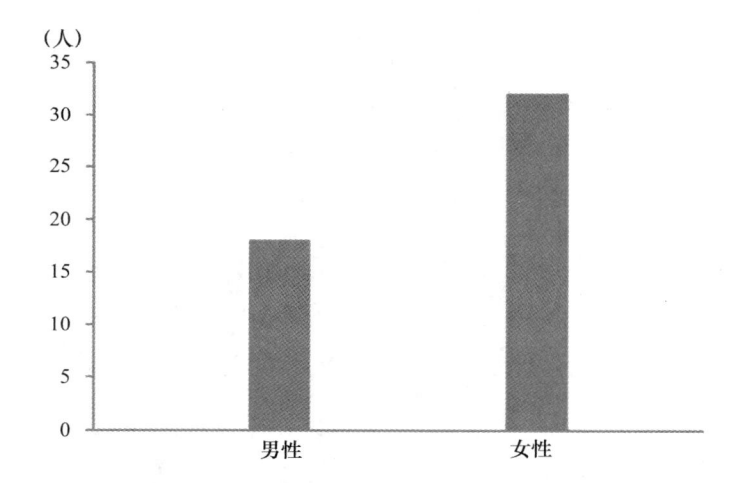

图2　参加本次"人民战塑"活动的成员统计

资料来源:中国绿发会"人民战塑"行动工作组。

"人民战塑"行动得到社会各界的广泛参与和支持,活动开展地区涉及安徽省茨淮新河流域,河北省沧州市宣惠河流域,哈腾套海自然保护区,湖南省常德市白马湖、穿紫河、沅江,青海拉脊山,河南郑州等地

---

① 杨洪兰、周晋峰:《农田塑料垃圾问题调查报告 | 人民战塑pp002》,《生物多样性保护与绿色发展》2023年第53期。

区。其中，由湖南省常德市河小青行动中心、文理绿色卫士大队、湖南文理学院护鸟营联合中国绿发会开展的"人民战塑"系列行动，累计发动大学生志愿者4118人，有效净滩574场次，累计捡拾垃圾总量达1555千克；中国绿发会低碳工坊河南绿色中原联合郑州市金水区未来小学举办的"变废为宝'塑'战'塑'决"生态砖作品设计活动，共计收集55055个塑料袋，减碳约660.66千克。

"人民战塑"向海洋生态环境和生物多样性产生巨大威胁的塑料垃圾宣战，通过动员全民参与垃圾清捡活动，在减少陆源和水域的塑料垃圾污染的同时，也有助于为以海洋生物多样性保护为基石的全球海洋治理的知识普及和公民意识提升。

五 海洋生物多样性保护建议

当前，海洋生物多样性保护仍面临诸多困难和挑战，如地缘性政治问题、治理主体多元化造成的价值观念矛盾、缺少国际通用的保护机制或方案等，这些影响因素也导致生物多样性退行和丧失压力尚未得到根本缓解。因此，还需从以下四个方面，加强海洋生态治理，促进海洋经济实现绿色发展。

（一）持续推动构建"海洋命运共同体"

海洋与陆地很不一样的地方，在于海洋的大部分区域属于公海，它不属于任何一个国家。公共的东西会怎么样？答案是会很容易被破坏。公海是世界上最不受保护但受到最严重威胁的生态系统。海洋保护面临着倾倒废弃物、滥捕、污染等一系列的问题。

《生物多样性公约》作为一项具有法律约束力的国际公约，是开展海洋生物多样性保护工作的根本遵循。CBD COP15作为最新一届的缔约方大会，通过的《昆明—蒙特利尔全球生物多样性框架》下行动目标三中再次强调，要通过其他有效区域保护措施（OECMs）来恢复30%的陆地和海洋环境。具体到每个国家，为达成这一目标所制订的行动方案，仍要以"海洋命运共同体"建设为先决条件，结合具体国情和实际情况，以多元方式同向发力，让海洋生物多样性走向复苏之路。

（二）重视气候变化与海洋生物多样性保护协同增效

随着全球平均气温持续上升，气候变化已成为海洋生物多样性保护的重要影响因素。受气候变化和海洋酸化影响的珊瑚礁、红树林和其他易危生态系统仍面临多重威胁。因此，气候变化与海洋生物多样性保护应该协同增效，打破政策壁垒，统筹修订"双碳"、海洋生物多样性保护的相关法律法规，凝聚全球海洋共识，通过不同的途径和方式，贡献基于协同解决二者问题的实践行动和解决方案。

（三）鼓励人民参与海洋生物多样性保护

目前，海洋生物多样性保护仍以各级政府为主导，应探索构建多元合作背景下的人民参与生物多样性保护工作新格局。这样做，一方面能够与各级政府的政策制度实施形成联动效应，更好地促进顶层设计在实践层面的落地；另一方面能够调动社会层面参与海洋生物多样性保护的积极性，激励国家或区域创新方案和成果产出。以"人民战塑"行动为例，通过在全国范围内的推广，从源头遏制塑料废弃物入海对海洋生物多样性造成的威胁，以社区为单元，辐射和带动"人民战塑"品牌影响效应的持续升级，为海洋可持续发展和资源可持续利用提供有力支撑。

（四）提升公众意识不可或缺

中国绿发会副理事长兼秘书长周晋峰曾指出：人民参与是解决当代危机的根本法宝。如何发动人民参与，意识提升至关重要。由于科普渠道和传播形式受限，公众求知需要不能够很好地满足，因此也对海洋生物多样性相关的科普宣传工作提出了更高的要求。如何挖掘不同主体在生物多样性保护领域的科普优势，增强公众的生物多样性保护意识和重视程度，营造全社会共同参与生物多样性保护的良好氛围，是确保海洋生物多样性保护在顶层设计与人民参与的双重加持下，迎来转折并最终破解危机的关键要素。

主要参考文献

自然资源部：《抓好海洋资源开发保护　为建设美丽中国提供蓝色动力》，《求是》2024年第1期。

耿宜佳、李子圆、田瑜：《〈生物多样性公约〉下海洋生物多样性保护的进展、挑战和展望》，《生物多样性》2023年第4期。

中华人民共和国国务院新闻办公室：《中国应对气候变化的政策与行动》，人民出版社2021年版。

李煦：《周晋峰：我们是人类栖息地的守望者》，《生物多样性保护与绿色发展》2022年第10期。

国际贸易碳壁垒对相关产业的影响与对策

王　澜　李泽妤[*]

随着《京都议定书》的生效，全球工业化国家纷纷将遏制全球变暖的碳减排行动提上日程。近年来，以欧盟、美国为主的发达国家和地区逐步建立起针对进口商品的"碳壁垒"，这不仅可以刺激应对气候变化行动的开展，同时也能提升本国产品的竞争力。中国作为制造业大国、出口大国和高排放国，钢铁、铝等传统优势产业均受其影响，因此，无论是从政策层面还是产业层面，都应积极应对国际贸易碳壁垒的冲击，化被动为主动，以降低其对我国相关产业的影响。

一　什么是国际贸易碳壁垒

（一）碳壁垒的定义

随着国际贸易的逐步扩大，加之全球生态环境问题日益严重，以及贸易与环境的冲突愈演愈烈，各国政府对贸易的干预不断加深，发达国家逐步采取新型技术性贸易壁垒——绿色贸易壁垒（Green Trade Barriers，GTB）。GTB指的是在国际贸易中，一些国家为了保护本国的生态环境和公众健康而直接或间接地采取限制或禁止贸易的措施、法规和标准等。具体制度表现包括环境进口附加费、碳排放相关制度、绿色技术标准、绿色环境标准、绿色产品加工标准、绿色市场准入制度、绿色包装制度、绿色

---

[*] 王澜，北京中创碳投科技有限公司战略投融资部总监，主要研究方向为绿色贸易、碳市场、环境保护等；李泽妤，北京中创碳投科技有限公司碳市场分析师，研究方向为国内外碳市场和绿色金融。

补贴制度等。碳壁垒是 GTB 之下的一个细分领域。

碳壁垒通常指经济体以碳减排为由，让贸易供给方承担碳排放成本的制度设计。碳贸易壁垒中碳排放的认定涉及产品生产、运输、消费和处置等全生命周期的各个环节，且以生产和运输环节作为壁垒约束的重点，强调竞争过程中评估环境的重要性，是发达国家常采用的"技术排他手段"。然而，将碳壁垒简单地看作以碳减排为名保护本国产业而对贸易供给方施压是片面的。例如，作为欧盟碳市场衍生政策的碳边境调节机制（CBAM）是为了解决欧盟碳市场以及贸易进口国家可能导致的"碳泄漏"问题。一方面，防止企业为规避碳成本进行产业外移，造成更高的碳排放，从而达不到碳市场刺激工业减排的目的；另一方面，确保在欧盟生产的产品不会因为比进口产品付出的碳成本高而面临不公平竞争。因此，设立碳壁垒的目的还需根据出台的机制及法规细则进行全面而理性的判断。

（二）碳壁垒的特征

1. 合法性

碳壁垒的设置必须以国际公开立法作为依据和基础，其中最具权威与普遍性的国际贸易多边条约是《关税及贸易总协定》（General Agreement on Tariffs and Trade）和《技术性贸易壁垒协议》（Agreement on Technical Barriers to Trade），两个文件对此所作的宽泛规定，均赋予了发达国家采取严格的绿色贸易壁垒措施的合法权利。

2. 合理性

碳壁垒普遍是在《京都议定书》背景下提出的，自 2015 年《巴黎气候协定》达成以来，全球气候治理进入全面低碳转型阶段，作为应对气候变化的重要措施，碳壁垒具备了名义上的合理性。例如，CBAM 是欧盟委员会于 2019 年 12 月公布的应对气候变化、推动可持续发展的"欧盟绿色新政"的重点措施之一。

3. 覆盖范围各不相同

碳壁垒覆盖的产业范围广，且不同类型的机制和体系有着不同的行业覆盖范围和温室气体核算边界。以产品环境声明（EPD）为例，它的覆盖面全球最广，同时涵盖所有类型的产品和服务，要求企业和组织对产品整个生命周期的环境数据和信息进行报告。相比之下，CBAM 的覆盖范围就小了很多，只涉及六个行业的直接排放和其中部分行业的间接排放，以及少量的下游产品。

4. 技术要求较高

碳壁垒对产品的生产、使用、消费和处理过程的鉴定都有诸多技术层面的要求。发达国家普遍环保技术水平较高，技术应用能力相近，它们之间的贸易因碳排放问题导致的纠纷较少。而发达国家的环境标准和相应的管理措施，对于大多数发展中国家是难以克服的障碍。

（三）碳壁垒的分类

从近年国际贸易碳壁垒概念的不断发展及形式变化看，碳壁垒可以大致分为三种类型：强制或部分约束型、市场化管理体系型、碳排放和碳标签认证型（见表1）。

表1　　　　　　　　　　　碳壁垒分类

碳壁垒分类	表现形式	举例
强制或部分约束型	国际公约	《联合国气候变化框架公约》《京都议定书》
	调节机制	欧盟碳边境调节机制；美国《清洁竞争法案（草案）》（CCA）
	温室气体报告机制	美国、日本、韩国、澳大利亚、加拿大、德国等国家实行的强制性的温室气体报告和碳排放规定
市场化管理体系型	温室气体减排计划	美国区域碳污染减排计划（RGGI）
	碳排放交易体系	欧盟排放交易体系（EU ETS），英国排放权交易体系（UK ETS）
碳排放和碳标签认证型	温室气体管理标准	《温室气体排放报告标准》（ISO14064）、《温室气体认证要求标准》（ISO 14065）、《产品碳足迹量化和报告要求及指南》（ISO14067）和《商品和服务生命周期温室气体排放评估规范》（PAS2050）
	产品碳足迹评价方法	产品环境声明（EPD）针对特定产品制定了产品种类规则（PCR）；世界资源研究所（WRI）及世界可持续发展工商理事会（WBCSD）等组织发布的产品碳足迹评价方法

（四）碳壁垒相关产业

国际贸易碳壁垒的行业覆盖面较大，涉及产品的类型繁多。随着近两年一系列针对产品碳足迹和原材料生产碳排放相关法规的出台，受到影响的相关产业也逐渐浮出水面。

欧盟理事会通过了碳边境调节机制（CBAM），计划首批对水泥、钢铁、电力、铝和化肥行业征收"碳关税"，预计 2026 年正式实施（见表 2）。尽管家电产品不在 CBAM 现阶段覆盖产品清单中，但 CBAM 的实施对中国家电产业依然会产生影响，其中对成本的影响最为突出。钢铁作为中国家电产业的重要原材料，在碳关税的实施过程中，必然最终将成本拉升的影响传导到家电产业，这将提升家电产业的生产成本。欧洲是中国家电企业的重要海外市场，中国机电产品进出口商会家用电器分会发布的海关数据显示，仅 2021 年我国家电产品对欧洲全部出口额为 332.9 亿美元，同比增长 36.2%，这意味着欧洲碳关税的实施将对我国与欧洲的贸易产生不小的影响。

除这些基础原材料产品外，中国出口增长较快的产业——光伏、电池、新能源汽车，也面临碳壁垒的严峻挑战。《欧盟电池与废电池法规》（*Regulation Concerning Batteries and Waste Batteries*）提出了对一件产品的全生命周期的碳排放，即从"摇篮"到"坟墓"的碳足迹进行测算，也就是对从采矿端，到生产、应用、回收，再到电池制造全过程的碳排放进行测算。这意味着我国以后出口到欧洲市场的电池产品将面临更为严苛的减碳标准，这给中国汽车以及动力电池企业进军欧盟市场带来了一定阻力。

与此同时，美国积极推动的《清洁竞争法案（草案）》（*Clean Competition Act*，CCA），以美国产品的平均碳含量为基准线，对含碳量超过基准线的进口产品和美国产品征收碳税，征收范围涵盖一系列能源碳密集型产品，包括化石燃料、石化产品、肥料、氢、水泥、钢铁、铝和玻璃等。CCA 体现了不同于 CBAM 的一种机制设计，CBAM 是对进口产品的"绝对碳含量"征税，而 CCA 则是对进口产品的"相对碳含量"征税。

此外，法国、韩国等国家对进口光伏产品的碳足迹也提出严格要求，光伏组件的产业链全生命周期碳排放正成为全球政府、企业和研究机构关注的焦点。欧盟《能源相关产品生态设计要求建立框架的指令》（欧盟 ErP 指令）对进入欧盟市场的光伏组件和逆变器建立生态设计法规，从提高能效和降低环境影响的角度，提出更多的要求，其中光伏组件需要参考欧盟发布的 PEFCR（产品类别规则）评估碳足迹。

表 2　　主要经济体的碳壁垒相关政策

经济体	生效时间	政策/法规名称	碳壁垒相关政策进展
欧盟	2022年5月18日	《欧盟太阳能战略》（EU Solar Energy Strategy）	➢作为RePowerEU计划的一部分，确定太阳能在欧盟广泛应用中存在的主要障碍和挑战 ➢促进太阳能光伏的部署、对太阳能资源的获取，以及加强太阳能领域的国际合作
	2023年3月16日	《净零工业法案》（Net-Zero Industry Act）	➢法案是欧盟绿色协议工业计划（The Green Deal Industrial Plan）中的一部分 ➢旨在通过推动本土制造来加强欧盟在多项技术领域的竞争力，加强欧洲实现欧盟气候目标所需技术的制造业产出，减少对清洁技术制造产品的进口依赖 ➢清洁技术包括太阳能光伏和太阳能热、陆上风能和海上可再生能源、电池/存储技术、热泵和地热能、电解槽和燃料电池、可持续沼气/生物甲烷技术、碳捕获和存储以及电网技术 ➢到2030年，欧盟计划在每项技术上的制造能力接近或达到其年度部署需求的至少40%
	2023年8月17日	《欧盟电池和废电池法规》（Regulation Concerning Batteries and Waste Batteries）	➢法规要求自2027年起，动力电池出口到欧洲必须持有符合要求的"电池护照"，记录电池的制造商、材料成分、碳足迹、供应链等信息 ➢管控对象为便携式电池、启动汽车用蓄电池（SLI电池）、轻型运输工具（LMT）电池、动力电池和工业电池五类电池 ➢监管内容主要包括碳足迹、再生金属使用比例、电池标签与电池护照、废旧电池及电池材料的回收、化学性能与耐久性及供应链尽职调查等方面
	2023年5月17日	《欧盟碳边境调节机制条例》	➢10月1日起，欧盟碳边境调节机制（CBAM）正式进入试运营阶段，过渡期到2025年年底，2026年至2034年逐步全面实施，2035年后则完全取消欧盟碳排放交易体系（EU ETS）和CBAM所覆盖高碳产品的免费碳配额 ➢覆盖行业范围包括钢铁、水泥、铝、化肥、电力及氢，主要针对生产过程中的直接排放和对水泥、电力和化肥这三个大类的间接排放（在生产过程中使用外购电力、蒸汽、热力或冷力产生的碳排放）以及少量的下游产品

续表

经济体	生效时间	政策/法规名称	碳壁垒相关政策进展
美国	未生效	《清洁竞争法案（草案）》(Clean Competition Act, CCA)	➢目前北美产业分类系统（NAICS）行业清单中的部分碳密集型产品将被征收碳税，涵盖行业包括化石燃料、精炼石油产品、石化产品、肥料、氢、己二酸、水泥、钢铁、铝、玻璃、纸浆和造纸、乙醇 ➢美国没有统一碳价，公司只需为超过行业平均水平的排放量支付碳费，征收的对象不仅是进口商，还包括美国国内生产商
日本	未生效	暂无	➢日本经济产业省计划自2024年起，投放日本市场的电动汽车和插电式混合动力车制造商需要提交电池从原料开采到废弃处理全过程排放的二氧化碳量，即披露蓄电池碳足迹 ➢2022年3月发布《碳足迹指南》和《碳足迹报告》初稿。5月26日，经济产业省和环境省联合正式发布《碳足迹实用指南》，解释了日本碳足迹计算和披露方法

二 国际贸易碳壁垒对相关产业的影响

（一）积极影响

1. 倒逼相关产业低碳升级

我国碳交易市场机制尚未健全，目前仅面向电力行业，短期内无法建立钢铁、水泥、铝等高碳产品的碳定价机制，因此相关产业必然要寻求绿色转型和低碳升级之路。同时，也可寻求新兴市场来释放产能，帮助钢铁、铝、化工等高碳产业减少来自国际贸易碳壁垒的影响。此外，清洁能源产业的低碳技术升级，不仅能帮助我国大力推动光伏、风电、新能源汽车和锂电池等低碳产业的发展壮大，还能适应进口国对此类产品碳足迹的要求，形成未来产业竞争新优势。

2. 完善中国碳市场体系

CBAM的实行以及对碳泄漏行业征税范围的扩大，将倒逼国内碳市场主动对标欧盟，从而建立起更加完善的碳市场体系。2022年，我国碳市场年度成交均价为55.3元/吨，而欧盟平均碳价为81欧元（约合人民币617元）/吨，为我国碳价的11倍。欧盟碳市场经历了长足的发展，它的体系成熟度和碳价与我国碳交易市场存在较大差异。在政策层面上，促使我国碳市场在碳价、行业标准、体制建设等方面参考欧盟先进的经验，对标欧盟建立更成熟的覆盖绝大部分行业的碳足迹核算体系。在企业层面上，中国碳价的走势预计将会持续上行，将激励CBAM覆盖行业内的企业积极参与全国碳排放权交易市场，完善碳数据管理体系，制定符合企业长期发展利益的交易策略，间接降低出口海外需要付出的碳成本。

3. 优化产品出口结构

国际贸易碳壁垒增加相关产业优化其产品出口结构的紧迫性，让推动国内供给侧结构性改革和创新驱动的转型升级双管齐下，提升中国产品出口质量。这样有助于大力发展低碳经济、循环经济，提升产业的高科技属性。发展低碳经济能在一定程度上起到配合国内供给侧结构性改革的作用，将成为不断优化中国产品出口结构的动能，从而提升中国产品的出口附加值，有助于中国出口产品突破国际贸易碳壁垒。

（二）消极影响

1. 出口产品低价竞争力减弱

我国长期以来处于隐含碳净出口国位置，出口的主要产品类型之一为高碳排放及低技术产品。欧盟、美国分别是我国第二大、第三大贸易伙伴，占我国贸易总量的26%。短期内CBAM会导致我国碳密集产品出口成本增加，局部高碳产品出口受挫，但随着征收范围的扩大，CBAM对出口贸易体系将造成持续冲击，尤其是能源密集型行业。依据2023年1—6月出口数据计算，中国涉及CBAM的行业产品对欧盟出口额占对欧盟出口总量的约4%，修订方案下的出口产品占比将增加至10%。据预测，当CBAM覆盖欧盟碳市场所有行业时，中国受影响产品将占对欧盟出口总额的14%以上。

2. 碳排放强度和碳价差距导致出口成本提升

以钢铁产业为例，我国钢铁生产碳强度及碳价与欧盟水平存在明显差距，导致钢铁产品的出口碳成本上升。而在全球碳交易市场中，我国的碳价相比欧盟处于低位，意味着我国需付出与价差相匹配的碳成本。据欧盟委员会联合研究中心（JRC）统计，2022年全球各国钢铁生产碳强度均值为 1.61 吨二氧化碳当量/吨（tCO_2e/t），我国碳强度水平为 1.7 tCO_2e/t，相较欧盟处于高位。美国钢铁工业得益于低廉的煤电和页岩气价格以及丰富的废钢资源，在碳排放强度方面占优。按照 CCA 规定，2024 年中国每吨钢铁的出口碳税为 45.10 美元，到 2028 年将上涨至 54.82 美元。

3. 产业信息安全存在隐患

欧盟 CBAM 要求出口商配合提供相关产品的碳排放强度、在第三国已支付的碳价以及生产厂商、设备、能力等信息，大量数据涉及企业的商业机密。由此，境外机构可通过产品碳路径监测，详细掌握中国企业情况，实现对我国产业生产规模、技术水平、工艺布局、碳市场等情报的追溯，而一旦数据泄漏我国将面临产业安全隐患。

三　国际贸易碳壁垒应对策略

（一）政策层面应对策略

1. 完善全国碳市场机制

完善全国碳市场，将碳市场的覆盖范围扩大至 CBAM 所覆盖的部门，用显性碳价来推动高碳行业转型。同时，提高碳市场价格也能够降低我国出口商面临的欧盟碳成本，从而减轻 CBAM 造成的不利影响。从长远来看，CBAM 将涵盖各类产品的间接排放，因此，推动碳市场与绿色电力市场的联动，也能促进企业积极使用绿色电力，降低其受到的负面冲击。

2. 推动建立碳足迹核算标准体系

政府应推动建立碳足迹核算的标准体系，加快制定相关产业产品碳足迹核算方法，完善数据库，及时更新全国及区域电力排放因子，并建立统一的碳标签制度，开展碳标签认证。我国对相关行业碳足迹研究起步相对较晚，而发达国家已形成对 LCA 数据库和核算方法的垄断，这就意味着中国产品碳足迹缺乏标准的支撑，相较于发达国家缺乏竞争力。目前，我国还未出台关于碳足迹标识的强制要求，碳标签认证体系的建立，将便于进行产品碳排放对比，并且能更好地与国际接轨。

3. 积极推进贸易碳规则的制定

在完善碳市场机制的同时，要积极探索我国针对进口产品的碳边境调节机制，主导区域贸易碳规则的设立，推动与相关国家的双边和多边合作。依托全国碳市场机制，主导区域贸易碳定价，适时推出贸易碳规则，并推进立法程序。应争取与欧盟等碳排放体系管理机构合作，加强核查认证、中介资质等标准互认，共同探索两地推行跨区域交易的可能性，率先开展若干交易项目试点。以上举措有助于促进双边贸易谈判，将碳壁垒的影响降至最低，甚至降到被我国碳市场覆盖的行业在产品出口中出现额外碳成本的可能性。

（二）企业层面应对策略

1. 紧密跟踪碳壁垒政策

企业需组建专业化的团队对相关产业的国际贸易碳壁垒法律法规进行深入了解和研究，先梳理出与该行业相关的法规，再对其政策、指南、程序、运作方式及合规要求进行梳理总结，并合理制定应对策略。持续关注欧盟绿色新政各项草案的进展，以及已发布法规的所在阶段，针对即将实施的政策法规做出相应的规划，做好风险管控。

2. 做好碳排放数据管理

企业应强化碳核算及管理方面的能力建设，并做好准备以便将来及时提交数据及报告。企业在摸清"碳家底"后再有针对性地实施企业碳管理，这个过程可以优化自身的能源结构，提升物流仓储等各方面的节能减碳能力，帮助企业降低碳成本。建立完善的碳排放数据核算、数据管理和数据核查体系，并提升内部管理能力，做到心中有"数"。企业须抓住时机，加快推进数字化的碳排放采集、分析和管理系统，并按照进口国公布的核算标准和方法学对碳壁垒相关政策覆盖的产品进行碳盘查或产品碳足迹的核算，同时加强与进口国企业的协调。

3. 加快技术转型升级

从中长期来看，企业根据自身情况加大对转型升级和生产技术革新的投入，培养高素质的科技人才，以应对碳壁垒给出口贸易带来的冲击。降低企业碳成本的根本措施是加快技术转型升级，尽快实现低碳乃至零碳生产，加快对低碳、零碳、负碳和清洁能源等领域技术的研发，生产低含碳、低能耗和高附加值的产品，以此降低国内碳密集型产业的碳排放量。企业应从自身产业结构入手，将高碳产品产业链向减排压力小或措施相对宽松的经济体转移。一方面，利用新能源、低耗能的高新技术节约型产品，来调整产业结构，提高低碳产品出口；另一方面，制定减碳路线图，采取合适的减碳策略，如使用绿电、改造工艺和生产流程、技术升级甚至投资建设碳捕集装置等。

主要参考文献

郭娟娟：《低碳壁垒对我国产品出口的影响及应对》，《社会科学家》2018年第6期。

李岚春、陈伟：《欧美碳边境调节机制比较及对我国影响与启示研究》，《世界科技研究与发展》2023年第6期。

陆艳：《碳关税：贸易壁垒的影响及对策》，《合作经济与科技》2010年第9期。

徐昕、吴金昌：《欧盟碳边境调节机制的实质、影响及中国因应——基于全球气候治理与国际贸易双重视角》，《国际贸易》2023年第4期。

王晓煜、王詠、白宗宸：《"双碳"目标下我国对外贸易的挑战和应对策略》，《对外经贸实务》2021年第10期。

吴必轩：《厘清究竟，再谈欧盟"碳关税"的影响与应对》，2023年3月16日，https：//mp.weixin.qq.com/s/pmj3ShesNln_RXY0xwzaEg。

张树玮、陈彦：《CBAM与碳市场对我国钢铁行业影响几何》，2023年9月18日，https：//mp.weixin.qq.com/s/KCEsvj-lLPi8RIuOdyCeew。

张帅奇、曹淇淞、范结桥：《国际碳壁垒的分类及应对策略》，《对外经贸》2015年第1期。

CCER 市场重启分析与市场趋势预测

马晓青　武博文　刘思悦[*]

温室气体自愿减排交易体系与全国碳排放权交易市场的本质区别，在于其强调自主性，通过激励个体自愿减排行为，推动我国碳达峰和碳中和目标的实现。2012 年发布的《温室气体自愿减排交易管理暂行办法》首次引入备案管理制度，将备案减排量定名为国家核证自愿减排量（CCER）。2015 年，自愿减排项目正式启动交易，然而在 2017 年 3 月，国家发改委暂停 CCER 项目和减排量备案申请，导致 CCER 市场陷入低谷。[①] 2023 年 10 月，生态环境部颁布《温室气体自愿减排交易管理办法（试行）》并推行首批 4 个新的方法学，标志着 CCER 市场正式恢复活力。

一　CCER 市场建立及发展

2012 年，国家发改委发布的《温室气体自愿减排交易管理暂行办法》和《温室气体自愿减排项目审定与核证指南》，标志着我国自愿减排市场正式步入制度化的阶段。这些法规明确规定了自愿减排项目的审批、核证等流程，为未来碳市场的有序推进奠定了坚实的法制基础，为碳交易的有效实施奠定了重要基石。

---

[*] 马晓青，北京中创碳投科技有限公司高级项目经理，业务方向为减排项目开发、绿证绿电、ISCC 认证咨询；武博文，北京中创碳投科技有限公司高级项目经理，业务方向为系统碳汇研究、林业碳汇项目开发等；刘思悦，北京中创碳投科技有限公司碳市场分析师，研究方向为碳市场、碳金融、绿色金融和建模。

[①] 唐人虎、代福博、李泽好：《CCER 重启再进一步 企业仍需审慎投资》，《中国电力企业管理》2023 年第 19 期。

| CCER 市场重启分析与市场趋势预测 |

随后，我国在温室气体自愿减排交易体系的持续完善中，积极推动碳排放权交易试点，在全国范围内碳排放权交易市场的制度建设、技术创新以及人才培养等方面给予大力支持。这一系列努力有效推动了碳交易市场的良性发展，使我国在低碳经济转型中迈出了重要一步。

同时，CCER 引入碳市场，降低了重点排放单位的履约成本，提高了整体碳市场的活跃度和运行效率。这一举措不仅使碳排放控制企业受益匪浅，同时为投资机构等碳市场参与方创造了更广泛的投资机会，从而推动了碳市场的健康与可持续发展。

2015 年，自愿减排项目正式交易启动，然而在 2017 年 3 月，国家发改委暂停了 CCER 项目和减排量备案申请，这为碳市场投资者带来一定的不确定性。截至 CCER 恢复备案前，国家发改委公示的 CCER 审定项目累计达到 2856 个，备案项目为 1047 个，获得减排量备案项目为 287 个，主要集中在风电、光伏、农村户用沼气、水电等类型。实际签发量超过 7000 万吨，彰显了自愿减排项目在减缓气候变化方面发挥着积极作用。

在审批停滞期，CCER 交易持续进行，但各地区成交量有差异。截至 2023 年 10 月 31 日，全国 CCER 总成交量为 4.55 亿吨。上海 CCER 成交 1.75 亿吨，占 38%；广东占 16% 居次；天津占 15%，位列第三。

2021 年 10 月生态环境部发布《关于做好全国碳排放权交易市场第一个履约周期碳排放配额清缴工作的通知》，明确在第一个履约周期内允许企业使用 CCER 抵消其最多 5% 的应清缴配额，用于抵消的 CCER 不得来自纳入全国碳市场配额管理的减排项目，CCER 的种类和产生时间均无限制。据统计，2021 年前存量 CCER 累计在 3000 万—4000 万吨，数千万吨的存量 CCER 被允许进入全国碳市场，甚至此前被限制使用的水电 CCER 项目也可进入全国碳市场参与交易。此后，CCER 价格迅速走高，从大约 10 元/吨迅速攀升至 30 元/吨以上。

在全国碳市场的首个履约周期中，发电行业的关键排放单位进行了碳排放配额的现货交易，847 家关键排放单位产生了总额 1.88 亿吨的碳排放配额缺口，用于清缴和抵消碳排放配额使用的 CCER 累计约为 3273 万吨，剩余 CCER 约 1000 万吨。[①] 以全国碳市场 50 亿吨的排放总量计算，理论上

---

① 《全国碳排放权交易市场第一个履约周期报告》，生态环境部网站，2023 年 1 月 1 日，https://www.mee.gov.cn/ywgz/ydqhbh/wsqtkz/202301/t20230101_1009228.shtml。

的CCER需求量为2.5亿吨/年，远高于当前供给。

2022年，CCER市场交易活跃度下降，共成交减排量870万吨。其中：上海市场CCER成交量位居第一，为290.2万吨，占33.4%；天津市场成交量紧随其后，为265.1万吨，占30.5%；四川市场成交量为197.2万吨，位居第三，占22.7%；重庆市场无交易产生；其余试点市场CCER有少量交易。2023年的交易量继续降低，1月1日至10月31日，全国CCER共成交618万吨。其中，天津市场CCER成交量跃居第一位，为176.2万吨，占28.5%。成交量的第二名、第三名分别为上海市场（157.9万吨）和四川市场（146.2万吨）（见图1）。①

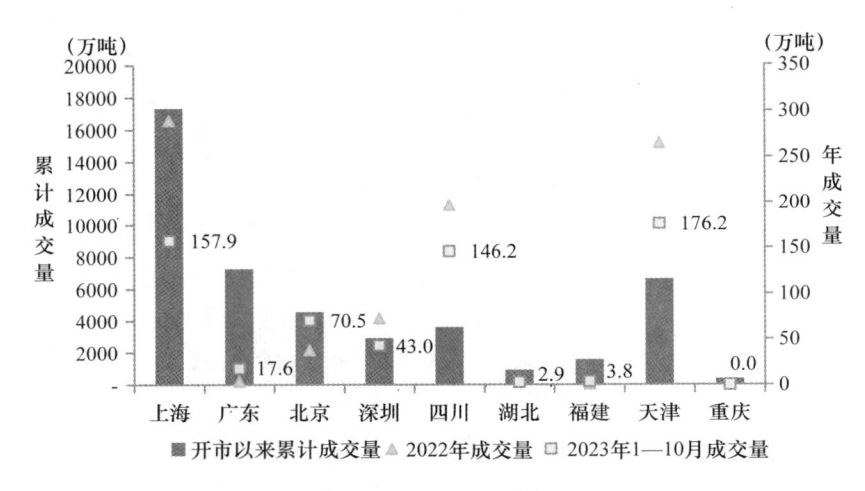

图1 截至2023年10月31日各试点碳交易所的CCER成交情况

资料来源：各试点碳交易所。

全国碳市场的启动改变了固有的CCER交易市场格局，CCER已经由供过于求向供不应求迅速转变并反映在价格端，增强了碳配额与CCER价格的联动性。在北京、广东等地试点碳市场，配额价格在80—90元/吨，相对低价的CCER受到当地控排企业青睐。观察全国CCER价格趋势可发现，在市场进入履约期前夕，CCER价格逐渐攀升，持续接近配额价格（见图2）。

---

① 资料来源于各交易所。

图 2　第一履约期 CCER 成交情况

资料来源：各试点碳交易所，仅包含公开价格信息的交易。

二　CCER 重启背景

2017 年 3 月，国家发改委发布公告暂停 CCER 项目和减排量备案申请。2023 年，主管部门在制度建设、方法学遴选，以及交易平台建设等方面工作进展迅速，促进 CCER 重启。

2023 年 3 月 30 日，生态环境部办公厅公布《关于公开征集温室气体自愿减排项目方法学建议的函》，指出为高质量建设好全国统一的温室气体自愿减排交易市场，将建立并完善温室气体自愿减排项目方法学体系，全面提升方法学的科学性、适用性和合理性，并向全社会公开征集温室气体自愿减排项目方法学建议。① 这一建议释放了自 2017 年 CCER 暂停以来重启的首个信号。

2023 年 7 月 7 日，生态环境部与市场监管总局协同对国家发改委 2012 年颁布的《温室气体自愿减排交易管理暂行办法》进行修订，制定了《温室气体自愿减排交易管理办法（试行）》（征求意见稿），并在随后公开征求各方意见。2023 年 9 月 15 日，生态环境部召开部务会议，通过了《温

---

① 《生态环境部办公厅〈关于公开征集温室气体自愿减排项目方法学建议的函〉》（环办便函〔2023〕95 号）。

室气体自愿减排交易管理办法（试行）》（以下简称《管理办法》），并于同年 10 月 19 日正式发布。CCER 正式重启。

同时在 CCER 交易平台建设方面，北京绿色交易所在 2023 年 8 月发布了《关于全国温室气体自愿减排交易系统账户开立的通知》和《关于全国温室气体自愿减排交易系统交易相关服务安排的公告》，全国与地方均可进行 CCER 交易，虽然并未确定交易功能开通时间，但也是 CCER 年内重启的重要信号。

2023 年 10 月 24 日，生态环境部通过第一批温室气体自愿减排方法学，将开放四类项目，包括造林碳汇（含竹林）、红树林植被修复、并网海上风电、并网光热发电。[①] 符合条件的项目可遵循方法学要求设计审定温室气体自愿减排方案，进行减排量的核算核查，并提出 CCER 减排量的申请。

三 CCER 方法学重点介绍

《管理办法》中明确，"温室气体自愿减排项目应当有利于降碳增汇，能够避免、减少温室气体排放，或者实现温室气体的清除"。从第一批通过的四个方法学对应的项目类型看，造林碳汇（含竹林）和红树林植被修复属于林业碳汇领域，并网海上风电和并网光热发电属于可再生能源发电领域。相比旧版同类项目的方法学，新版方法学对额外性论证均进行了简化，对监测要求更为严格，并增加了审定与核查要点。

（一）额外性论证

新发布的四个方法学中，对红树林植被修复、并网海上风电、并网光热发电的所有项目免除额外性论证，部分造林碳汇（含竹林）项目免除额外性论证。这将降低项目开发难度和开发成本。

此前，可再生能源发电项目开发需要进行严格的额外性论证，尤其以经济方面测算最为烦琐和复杂，因为项目必须证明其本身缺乏财务吸引

---

① 《生态环境部办公厅关于印发〈温室气体自愿减排项目方法学造林碳汇（CCER-14-001-V01）〉等 4 项方法学的通知》（环办气候函〔2023〕343 号）。

力，需要通过碳交易的方式获得额外的经济收益作为补充；额外性论证一直是项目开发过程中最大难点之一。此次更新的方法学对此进行了调整。

（1）并网光热发电项目、并网海上风力发电项目以及红树林植被修复项目，均因为项目建设成本和后期运维成本高、投资收益率较低等因素，免予额外性论证。

（2）造林碳汇（含竹林）项目的额外性此前只有严格进行的"一般论证"这种方式，而此次方法学中设置了三个"免予论证"的条件，即在年均降水量≤400毫米的地区开展的非经济林造林项目、在国家重点生态功能区开展的非经济林造林项目，以及新造林为生态公益林造林项目。

（3）尤其值得注意的是，造林碳汇方法学中对"年均降水量≤400毫米的地区"和"国家重点生态功能区"涉及的省、市（区、县、旗）、功能区类型给出了明确的清单，并持续更新，将进一步降低项目的识别及开发难度。

（二）其他技术细节变化

1. 造林碳汇方法学的调整与红树林植被保护

相比于此前的《AR-CM-001-V01碳汇造林项目方法学》（以下简称AR-CM-001-V01方法学），新发布的造林碳汇方法学还进行了几项明显的调整。

（1）扩大方法学适用范围。将灌木类（AR-CM-001-V01方法学中不包含灌木类树种）和竹子造林纳入此方法学适用范围（此前竹子造林项目须另外依据其单独的方法学进行开发）。

（2）放宽土地合格性的要求。将"2005年2月16日以来的无林地"变更为"至少三年为不符合森林定义的规划造林地"，并引用了《造林绿化落地上图技术规范（试行）》对规划造林地的要求。该条合格性变动给予项目开发更多的灵活性。开发方可以通过自身情况，选择在空置三年以上的迹地、盐碱地、沙地、裸土地、裸岩石砾地等其他适宜人工造林土地上开发新造林项目或在至少三年用地性质稳定的疏林地、一般灌木林地上开发补植再造项目。新方法学中还明确以上数据的来源应当是第三次国土调查数据，未来这也将是第三方审核的重点内容。

（3）进一步规范可开发项目林种的要求。明确防护林、特种用途林、用材林等林种类型可以进行开发，并对经济林、园地、道路绿化等不能开发的林种进行了解释说明。

（4）明确界定了土壤扰动、整地等活动对于碳汇核算的影响。造林前五年，土壤扰动需要扣除碳储量参数，但无须监测，直接选取默认值计算即可。各流程计算内容更加细化，初期苗木投入的碳储量、起测胸径、盖度、连续面积等均有细则要求。

（5）提出一种新的监测方法——机载激光雷达技术。给出了详细的监测方法、技术和计算方法，并明确鼓励项目参与方使用此技术。

（6）缩短项目计入期。项目计入期"最短为20年"的条件不变，但最长计入期从60年下调至40年。

（7）鼓励对项目实施主体给予减排收益补偿。在一般性要求中，鼓励造林碳汇项目对开展造林活动的林木所有者或者经营者进行补偿。

2. 红树林植被保护项目和并网发电项目的调整

红树林植被保护项目受到红树林分布区域限制。根据国家林业和草原局的信息，全国现有红树林2.7万公顷，占湿地总面积的0.05%，其中55%以上的红树林被纳入自然保护地体系。目前，我国共指定64处国际重要湿地，其中海南东寨港、广西山口、广东湛江、福建漳江口、广西北仑河口5处为以保护红树林为主的国际重要湿地。①

3. 并网光热发电与海上风电方法学的调整

并网光热发电方法学适用于独立的并网光热发电项目，或者并网光热发电部分上网电量可单独计量的"光热+"一体化项目。② 并网海上风电方法学适用于离岸30千米以外，或水深大于30米的并网海上风电项目。③ 这两类项目的计算逻辑相对简单，相比于此前的《CM–001–V02可再生能源并网发电方法学》，新发布的两个方法学还进行了几项明显的调整。

（1）增加项目计入期的规定。明确这两类项目的计入期最长不超过10年，且计入期应在项目寿命期限内，这与此前可再生能源项目常选择的可更新计入期有很大不同，意味着未来这两类新项目最多只能开发十年的减排量。

---

① 梁成武等：《红树林：特殊珍贵的滨海湿地》，《中国绿色时报》2011年11月8日。
② 《温室气体自愿减排项目方法学 并网光热发电》（CCER–01–001–V01），https：//www. mee. gov. cn/xxgk2018/xxgk/xxgk06/202310/W020231024631536565589. pdf。
③ 《温室气体自愿减排项目方法学 并网海上风力发电》（CCER–01–002–V01），https：//www. mee. gov. cn/xxgk2018/xxgk/xxgk06/202310/W020231024631537178788. pdf。

（2）调整电力排放因子的权重。计算组合边际排放因子（$EF_{grid,CM}$）时，电量边际排放因子（$EF_{grid,OM}$）权重（ω_{OM}）与容量边际排放因子（$EF_{grid,BM}$）权重（ω_{BM}）均调整为0.5，与此前非水电项目第一计入期的权重（$\omega_{OM}=0.75$，$\omega_{BM}=0.25$）不同。2023年11月17日，国家气候战略中心发布了《2021年度减排项目中国区域电网基准线排放因子》[①]，除区域电网本身的因子调整外，华中电网与南方电网由于2015—2019年低成本/必须运行的发电机组对电网总发电量的平均贡献已经超过50%，采用《电力系统排放因子计算工具》（7.0版）中经调整的简单OM方法计算它们的OM排放因子。结果是，根据新方法计算出的各区域电网组合边际排放因子下降12%—26%（见表1）。

表1　　　新旧方法学下的区域电网组合边际排放因子

电网名称	$EF_{grid,OM}$（tCO_2/MWh）	$EF_{grid,BM}$（tCO_2/MWh）	新方法学 $EF_{grid,CM}$（tCO_2/MWh）	旧方法学 $EF_{grid,CM}$（tCO_2/MWh）	下降幅度（%）
华北电网	0.9714	0.4701	0.7208	0.8461	14.81
东北电网	1.0673	0.1892	0.6283	0.8478	25.89
华东电网	0.7777	0.2802	0.5290	0.6533	19.04
华中电网	0.7938	0.2553	0.5246	0.6592	20.42
西北电网	0.8995	0.5105	0.7050	0.8023	12.12
南方电网	0.7722	0.1880	0.4801	0.6262	23.33

注：tCO_2/MWh为吨二氧化碳/兆瓦时。

（3）电力排放因子由事前确定变为事后更新。电量边际排放因子（$EF_{grid,OM}$）与容量边际排放因子（$EF_{grid,BM}$）不再为项目设计文件中事前确定的参数，而是每次减排量登记时选取生态环境部公布的最新年份数据。考虑到电网清洁化的发展将导致电网排放因子逐年下降，未来这两类项目每次登记产生的平均年减排量或将逐年减少。

（4）监测要求更加明确。对需监测的上网电量和下网电量等参数，给

[①] 《2021年减排项目中国区域电网基准线排放因子》，2023年11月21日，http://www.di-tan.com/static/upload/file/20231121/1700533899201781.pdf。

予明确的监测点要求、监测仪表要求和质量保障与程序控制要求，并给出监测设备未能及时校准或精度不符合要求的情况下的处理方式。

此次发布的方法学简化了特定项目的额外性论证，对减排项目开发是利好消息。虽然项目开发流程较此前简化，但新管理办法对项目数据质量提出了更高要求。此外，项目监测、确权交易等环节高度专业化，尤其是林业碳汇的开发，由于项目开发周期长、技术难度高、林权分配复杂，建议项目活动实施方寻找专业的咨询团队进行项目开发。

四 机制间的关系

此次CCER相关政策的重磅发布与2023年8月3日国家发改委、财政部、国家能源局联合发布关于绿证覆盖项目相关规定的时间相隔不远，因此我国包括CCER和绿电、绿证在内的各个机制间相互关系引发业界广泛关注。

（一）CCER和绿电、绿证定义存在本质不同

根据《管理办法》，参与自愿减排的减排量须经国家主管部门在国家自愿减排交易登记簿进行登记备案，经备案的减排量称为CCER。绿电指符合国家有关政策要求的风电、光伏等可再生能源发电企业上网电量。绿证是国家对发电企业每兆瓦时非水可再生能源上网电量颁发的具有特殊标识代码的电子证书，是非水可再生能源发电量的确认和属性证明及消费绿色电力的唯一凭证。[①] 鉴于此，CCER关注的是项目具有充分额外性，从而确保减排的真实价值，适用于企业全部范围的减排，可应用于全国碳市场；绿电绿证是从可再生能源利用角度出发，只考虑项目的零碳属性。根据生态环境部2023年10月18日发布的《关于做好2023—2025年部分重点行业企业温室气体排放报告与核查工作的通知》，对于控排企业，绿电暂不能在核算端进行电力碳排放扣减。因此，在应用方面，绿电或绿证目

---

① 《国家发展改革委 财政部 国家能源局关于试行可再生能源绿色电力证书核发及自愿认购交易制度的通知》，国家能源局，2017年2月6日，https://www.nea.gov.cn/2017-02/06/c_136035626.htm。

前应用更多的是在非控排企业完成碳达峰或碳中和的目标上；CCER 则是从碳市场履约端进行抵消，主要针对的是控排企业。

CCER 和绿电、绿证的具体区别如表 2 所示。

表 2   CCER 与绿电、绿证的比较

	绿电、绿证	CCER
主管部门	国家能源局	生态环境部
覆盖项目范围	可再生能源发电项目	还包括林业碳汇、甲烷减排、节能增效等形式的减排项目
减排范围	只能抵消非控排企业外购电力部分的碳排放	可以用于抵消自身和外购的排放
应用范围	核算端	履约端
交易次数	仅可交易一次，不存在二级市场	不限交易次数，可在二级市场流转

（二）需要明确我国 CCER 和绿电、绿证的定位

对于额外性较强，且争议较小的可再生能源发电项目，在经济收益尚可的情况下，可考虑申请 CCER；对于现阶段不具备额外性或争议较大的可再生能源发电项目，可考虑申请绿电、绿证。根据目前的核算要求，控排企业仅可采购和使用 CCER 或配额进行履约；而非控排企业可使用绿电、绿证或 CCER 实现减排，满足相关方需求。

控排企业使用绿电、绿证的碳排放核算要求有了颠覆性的改变，这也将对绿电、绿证的交易产生极大的冲击。这主要是由于绿电、绿证在发电侧已经参与了电网排放因子的核算，此举旨在避免企业排放的重复计算问题。而对于碳市场和电力市场，以及 CCER 和绿电、绿证的衔接问题，未来仍有待观察。

五　短期及长期市场发展趋势预测

（一）碳市场运行和监管的法律基础进一步夯实，数据监管能力进一步加强

碳市场法规基础仍然存在挑战。《管理办法》层级相对较低，难以

形成全面有效的监管支持体系。因此，进一步提升法律层级，构建部委联合监管机制将是未来法规发展的关键。在碳排放数据质量方面，仍然存在不规范核算和核查问题，导致市场中存在虚构和失实数据。同时，对于碳市场违法违规的处罚力度相对较弱，技术服务机构法律意识淡薄，加剧了数据质量不稳定的现象。未来，生态环境部和司法部的法规推进是对碳市场合规性的关键举措。《碳排放权交易管理暂行条例》的立法进程有望加强法律支持，提升全国碳市场的法律规范性和可执行性。

碳排放数据质量问题已成为影响市场发展的关键瓶颈。目前，碳市场机制尚不完善，监管方面存在不规范问题，亟待建立健全碳排放数据质量监管体系，保障碳市场的规范和健康发展。2023年8月9日，最高人民法院、最高人民检察院联合发布的《关于办理环境污染刑事案件适用法律若干问题的解释》（法释〔2023〕7号）为环境污染刑事案件提供了明确的法律依据，特别是对中介组织人员提供虚假证明文件的行为做出法律判断，为环保法治奠定了坚实的基础，将推动行业从业者更加规范和诚信地参与碳市场。

（二）碳市场容量巨大，CCER潜力持续提升

当前，全国碳市场只覆盖发电行业。未来，全国碳市场将从行业碳排放比重、管理成本、数据质量保证、配额分配难易度、CBAM政策的影响五个角度，考虑逐步扩大全国碳排放权交易市场行业覆盖范围，逐步纳入电解铝、水泥、有色金属、钢铁等高排放行业，提高碳市场的减碳效果，更加充分地发挥碳市场低成本减碳的优势。

2023年10月18日，生态环境部正式发布《关于做好2023—2025年部分重点行业企业温室气体排放报告与核查工作的通知》，要求石化、化工、建材、钢铁、有色金属、造纸、民航七个重点行业年度温室气体排放量达2.6万吨二氧化碳当量的企业开始温室气体排放报告与核查工作。这标志着全国碳市场扩容基础性工作开始启动。

预计到2025年，全国碳市场覆盖碳排放总量将从45亿吨增加至超过80亿吨（见图3）。CCER市场需求有望增长至4亿吨。

CCER 市场重启分析与市场趋势预测

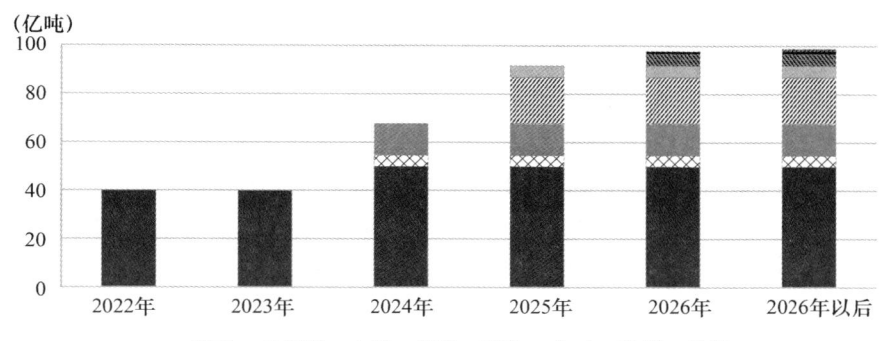

图 3　2022 年及之后碳市场覆盖碳排放总量及预测

注：根据相关行业协会披露的能源消耗量或碳排放相关数据估算，包含直接排放和间接排放。

（三）首批四个方法学 CCER 供给分析

依据首批四个方法学进行 CCER 供给分析（见表 3）。理想情景下，预估 2020 年 9 月—2023 年 9 月 3 年累计可开发减排量约 5.36 亿吨，年均减排量约 1.79 亿吨。CCER 市场重启后，如果这部分项目按照 30% 的实际开发比例计算，将可以为 CCER 市场贡献约为 1.6 亿吨，并在此后，每年贡献 5400 万吨。

表 3　首批四个方法学下 CCER 供给分析　　　　　单位：亿吨

项目类型	三年累计减排量（2020 年 9 月—2023 年 9 月）	年均减排量	测算方法
并网海上风电	0.82	0.27	根据 2020—2022 年我国海上风电装机容量测算
并网光热发电	0.02	0.007	根据 2020—2022 年我国光热发电装机容量测算
造林碳汇（含竹林）	4.52	1.51	根据 2012—2022 年我国新造林面积测算
红树林植被修复	0.0008	0.00028	根据我国红树林保护修复计划及进展测算
合计	约 5.36	约 1.79	—

（四）CCER 未来价格受市场供给影响

我国全国碳市场履约周期安排为两年一履约，第三年年底前完成前两年履约工作。例如，在全国碳市场第一履约期，企业在 2021 年年底前须完成 2019—2020 年配额履约。2020 年 8—11 月，生态环境部对第一履约期配额分配初步方案征求意见，2020 年 12 月底正式稿发布，为 2021 年配额预分配、碳市场建设、配额核定、企业交易和履约等工作预留了一年的时间。

从需求侧来看，在全国碳市场第二履约期，2023 年年底前企业需要完成 2021—2022 年配额履约。此外，CCER 因供不应求而价格高企，逼近配额价格。2024 年企业履约情况尚不可知，因而仅从供给侧考虑：除首批方法学下开发出的 CCER 将在市场重启后集中进入市场以外，还将有新的方法学和项目继续进入市场，供给将进一步提升。因此，第二履约期结束后短期内 CCER 价格或将相对下降（见图 4）。长期来看，全国碳市场扩容后，CCER 供给能否满足需求取决于后续其他方法学的项目类型及开发潜力。

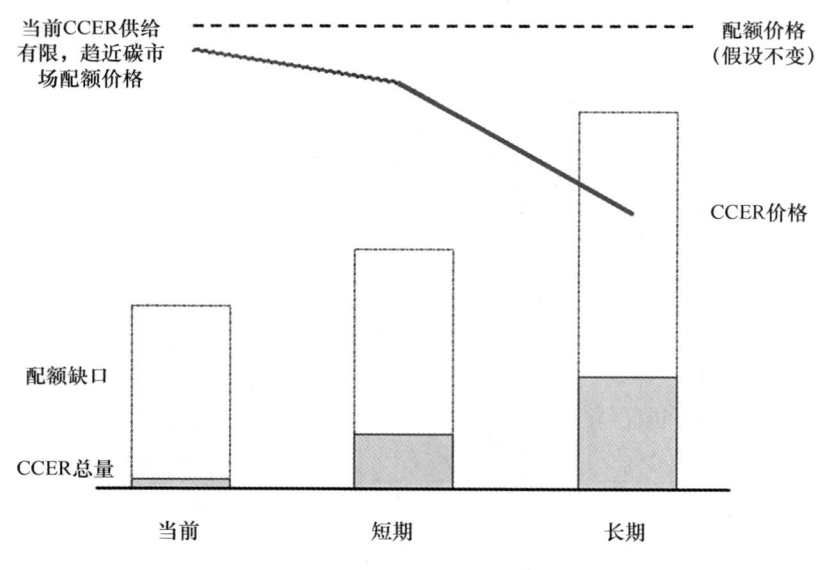

图 4　CCER 短期与长期价格预测

六 结语

在新政策的影响下，更多高质量的减排量将得到签发，碳达峰碳中和目标实现路径更加明确。尽管在这一过程中，各种绿色减排机制间或出现某些冲击和震荡，但这些冲击和震荡对于我国整体绿色机制构建的促进作用终将体现。

主要参考文献

李德尚玉：《第一批 CCER 方法学或将开放 含并网海上风电等 4 类项目》，《21 世纪经济报道》，2023 年 9 月 21 日，https：//www.21jingji.com/article/20230921/herald/bed983f47d5046afb3799bff4051e6d8.html。

《国家发展改革委关于印发〈温室气体自愿减排交易管理暂行办法〉的通知》，2016 年 11 月 15 日，https：//www.beijing.gov.cn/zhengce/zhengcefagui/qtwj/201611/t20161115_1162096.html。

《国家发展改革委办公厅关于印发〈温室气体自愿减排项目审定与核证指南〉的通知》，2020 年 3 月 19 日，http：//www.ncsc.org.cn/SY/tpfqjy/202003/t20200319_769743.shtml。

生态环境部：《关于做好全国碳排放权交易市场第一个履约周期碳排放配额清缴工作的通知》，2022 年 4 月 8 日，https：//www.beijing.gov.cn/zhengce/zhengcefagui/qtwj/202204/t20220408_2670131.html。

高文忠、王进江：《解析碳排放权交易及分配和碳资产价值评估》，《中国会计报》，2023 年 5 月 19 日，https：//kns.cnki.net/kcms/detail/detail.aspx?filename=ZGKJ202305190080&dbname=ccndtotal&dbcode=ccnd&v=。

李德尚玉：《"双碳"目标提出三周年：温室气体自愿减排交易管理办法审议通过》，《21 世纪经济报道》，2023 年 9 月 18 日，https：//www.21jingji.com/article/20230918/herald/6dfac081dabf639307fe41e16c2f5149.html。

绿色消费

"光储充放"一体化推进新能源汽车的绿色消费

——以浙江省安吉智电控股有限公司能链智电储能产品和解决方案为例

孙媛媛[*]

目前，我国已建成世界上数量最多、辐射面积最大、服务车辆最全的充电基础设施体系。中国电动汽车充电基础设施促进联盟的数据显示，截至2023年10月，全国充电基础设施累计数量为795.4万台，同比增加68.9%；桩车增量比为1∶2.7，能够基本满足新能源汽车的快速发展。

2023年，《关于加快推进充电基础设施建设 更好支持新能源汽车下乡和乡村振兴的实施意见》《关于进一步构建高质量充电基础设施体系的指导意见》等文件相继印发，提出相应的政策举措。这对于推动新能源汽车产业高质量发展、更好释放汽车消费潜力、实现碳达峰碳中和目标等，具有重要意义。

浙江省安吉智电控股有限公司（以下简称能链智电公司）通过云计算、大数据、人工智能等数字化技术持续提升行业效率，围绕能源产业链上游、中游、下游，在智慧能源补给、能源数字化升级、危化品供应链、综合能源服务、企业级能源服务等领域展开全方位布局，形成能链智电、中能链、能程科技、能企科技等业务矩阵，构建起智慧能源生态体系，助力全球交通能源绿色低碳转型。

一 "光储充放"一体化模式迎发展机遇

近年来，我国大功率充电相关技术快速发展。大功率充电技术是指通

---

[*] 孙媛媛，《小康》杂志社记者，中国生物多样性保护与绿色发展基金会绿色企业工作委员会产业分析师，主要研究方向为产业分析。

过增加充电设备的功率密度和电池的快速充电能力，实现在短时间内充电并获得更长的续航里程。

据不完全统计，特斯拉、蔚来汽车、小鹏汽车、理想汽车、广汽埃安、阿维塔等众多新能源车品牌均有布局超级充电桩。理想汽车的4C超级充电桩可以实现480千瓦（kW）最大充电功率，配合理想汽车首款纯电车型自研的SiC以及首个量产的4C麒麟电池，可以实现10分钟充电400千米的充电速率。

随着充电桩建设普及速度加快，用电需求对于电网的冲击越来越大，特别是快速充电桩的充电负载是脉冲性的，大规模改造电网负载能力以满足快充需求所需成本过高，在充电桩建设时搭配储能系统是解决充电桩负载对电网冲击的有效解决方案，利用储能系统可以通过调节功率峰值，有效避免充电对电网的冲击。

预计到2025年，中国新能源汽车用电量将增长4倍，2030年将接近5000亿度，①而解决充电站配电问题关键途径是要实现"光储充放"。

"光储充放"是指由光伏发电、储能系统、配电设施充电桩、监控和保护装置等组成的小型发配用电系统，也称为微电网。它能解决有限的土地及电力容量资源下配电网的问题，还能通过能量存储和优化配置实现本地能源生产与用能负荷基本平衡。

2023年2月，工信部等八部门发布的《关于组织开展公共领域车辆全面电动化先行区试点工作的通知》提出，促进新技术创新应用，加快智能有序充电、大功率充电、自动充电、快速换电等新型换充电技术应用，加快"光储充放"一体化试点应用，探索新能源汽车参与电力现货市场的实施路径。

"光储充放"一体站之所以能够产生高于传统充电站的收益，主要来自储能上可为充电站提供至少一次的峰谷差或平谷差的放电过程，而储能的电来自光伏发电，这种可再生能源的应用成本较低。面对新能源车保有量快速增长带来的"光储充放"一体化发展机遇，已有多家上市公司布局相关技术产品。

光伏、储能、充电站单纯拆开来看都是万亿级别的产业，而能链智电公司的主业是电动汽车充电服务，光伏和储能又是未来电动汽车充电服务不可或缺的一环，所以业界非常看好"光储充放"一体化的未来发展。

---

① 资料来源：能链研究院。

二 能链智电公司：精细化服务充电全产业链

能源数字化是通过数字化技术对传统能源产业进行改造，利用大数据、云计算、人工智能等技术，提高能源生产和利用效率，同时降低成本及减少碳排放。而新能源天然具有数字化属性，通过引入数字化技术，实现电流、信息流、资金流"三流合一"，及新能源的生产效率、运维效率和利用效率最大化。

2019年，油电转型趋势初现，能链智电公司成立，总部位于"绿水青山就是金山银山"理念发源地——浙江安吉。2022年6月13日，登陆纳斯达克，成为中国能源链智能充电服务第一股。

能链智电公司基于业务本身，积极探索充电"黑科技"，助力绿色智慧交通。面向自动驾驶补能市场需求，自主研发自动充电机器人，该机器人能够突破固定充电桩建设中存在的场地、电力容量等限制，满足更便捷、高效的充电服务需求。车主只需通过手机端一键下单，充电机器人便会完成自动寻车、精准停靠、机械臂自动插枪充电、自动驶离、自动归位补能等功能，有效提升车主的充电体验。

同时，能链智电公司不断完善"光储充放"一体化新能源解决方案，2023年12月获得2.04亿元储能订单，与多家企业签约合作380余座充电场站，供应300台液冷一体柜和280台风冷一体柜，部署储能规模达到130.088兆瓦时（MWh），并配套部署集智能选址服务、督导调试服务和能源管理平台于一体的综合解决方案。

2023年，能链智电公司加速海外充电桩市场布局，将充电服务"中国经验"输出到全球市场。6月，能链智电公司控股收购香港最大的光伏能源资产运营商——香港光电，切入香港分布式太阳能电站和香港电动汽车充电服务领域。

同月，能链智电公司携多款创新产品和行业解决方案，亮相2023年德国慕尼黑电动车充电设备展P2D Europe，重点展示了经过国际独立第三方检测、检验和认证机构德国TÜV莱茵认证的NaaS AC Wallbox和自主研发的自动充电机器人，获得海外用户关注。

能链智电公司在荷兰设立了欧洲总部，全面布局欧洲充电服务市场。

中东方面，能链智电公司与阿联酋、阿曼、沙特阿拉伯的政府和能源公司深入讨论潜在的战略合作；东南亚方面，能链智电公司在新加坡设立办事处，与能源和互联网公司进行沟通，部署充电解决方案；日本方面，能链智电公司正与日本主要能源公司洽谈，探索当地市场潜在机会。

2023年，能链智电公司入选WilderHill清洁能源指数（ECO），获全球资管巨头景顺旗下的Invesco WilderHill Clean Energy ETF重仓持有。9月，能链智电公司纳入纳斯达克中国金龙指数（Nasdaq Golden Dragon China），成为70多家成分股中唯一的新能源充电服务公司。

2023年，能链智电公司获评惠誉常青授予的评级为"2"、主体得分为"76"的ESG主体评级，为目前中国境内最高得分；在惠誉全球相关的六大行业（电气—企业、能源、自然资源、电力、电力市场与发电、公共事业）的87家受评企业中排名第5，亚太地区排名第2。

在2023年中国国际服务贸易交易会期间，能链智电公司还凭借在交通能源领域的绿色创新实践和成果，荣获"ESG创新之星"大奖。

2023年，能链智电公司不断扩大业务版图，与现代汽车、人保不动产、华润资本等世界500强企业签约，与"锂电之都"山东省滕州市签署战略合作协议，布局三线城市、高速公路、农村等充电服务高频需求场景，在充电基础设施建设、新能源数智化、绿色交通基础设施等方面展开广泛合作，深度链接能源生态。能链智电公司不断提升服务的广度和深度，致力于成为全球化新能源生态型企业。

能链智电公司2023年上半年订单量高达9820万单，充电量为22.51亿度，同比分别增长110%和112%。截至前三季度，能链智电公司累计覆盖充电枪76.7万把，充电站7.3万座，和去年同期相比分别增长76%和65%。2024年预计全年收入20亿—30亿元，是2023年的4—5倍。①

2023年上半年，能链智电公司已实现碳减排146.3万吨，同比提升109%。2022年，公司实现了全年碳减排184.77万吨，较2021年提升106.22%；清洁能源购电量3.93亿千瓦时，占比高达89.52%。

值得一提的是，能链智电公司目标是到2028年实现运营层面碳中和，实现使用100%可再生能源电力；到2030年，努力实现废弃物100%回收利用。公司在2023年已正式加入"科学碳目标倡议"（SBTi），成为中国

---

① 资料来源：能链智电公司2023年上半年公司财报。

首家加入 SBTi 并提出承诺目标的新能源充电服务企业，助力实现 1.5℃ 全球温控目标。

三 打出充电基础设施投建营"组合拳"

能链智电公司全面布局充电服务领域，构建起全品类、全场景的充电桩产品矩阵，覆盖交流慢充、普通快充、大功率快充等充电桩，从而解决不同场景下的充电服务需求。

（一）提供一站式服务，降低运维成本，优化运营效率

面向新能源全产业链，能链智电公司为充电桩制造商、运营商、主机厂、企业等提供一站式服务，包括选址咨询、软硬件采购、EPC 工程、运营运维、储能、光伏、自动充电机器人等，通过数字技术和人工智能提升产业效率。从业务模式上，能链智电公司更像是电动汽车充电服务行业的"连接器"，在能源零售方向，通过数字化手段高效连接充电服务供需两端，扩大优质充电服务网络，并增加风电、光伏等清洁能源以及餐饮、车后等非电服务占比。

根据 2022 年全国电动汽车充换电基础设施运行情况，充电基础设施增量为 259.3 万台，其中公共充电桩增量同比上涨 91.6%。然而，受到场地、电力、服务、充电桩等多重因素影响，国内充电市场天然地呈现出分散化的趋势。不同品牌、标准、接口以及不同价格、不同质量的充电桩分布在各个场景中，给用户带来了选择困难和使用不便。同时，对于 B 端运营商而言，如何提高充电桩的利用率、降低运维成本、优化运营效率、增加收入来源也是亟待解决的问题。

在这样的市场环境下，能链智电公司作为第三方充电服务商，通过自身强大的资源整合能力和数字化能力，将不同品牌充电运营商的充电桩聚合到自家平台，实现了充电桩资源的共享和优化。对于 B 端运营商，能链智电公司通过提供线上精细化运营服务和线下运维服务，提升 B 端运营商的运营能力及服务能力；在 C 端，则通过平台，实现用户充换电、车后、生活等一站式充电服务，减少充电前置环节，为 C 端用户提供了更加便捷、高效、安全的充电体验。除此之外，能链智电公司的业务涵盖了公共场景、住宅场景、

目的地场景等多个领域，覆盖了用户从出发地到目的地的全程补能需求。并且，能链智电公司还通过与汽车厂商、物业、酒店、景区等多方合作，打造了新能源汽车生态圈，为用户提供了更加丰富和多元的服务。

（二）优化充电网络，面向未来智能汽车无人驾驶场景

智能充电桩系列产品搭载安卓操作系统，具备开放式充电底层协议，可以实现多系统、多渠道的互联互通。通过引进智能充电桩等具有安卓操作系统的充电设施，可以更好地促进充电桩产品和网络的联通，用户可以在不同品牌、不同运营商的充电桩之间进行选择，实现方便、快捷的充电体验。

充电桩的互联互通还有助于优化充电网络，让政府和企业更好地评估和规划充电桩的布局，降低投资风险。统一平台可以提供充电桩的位置、充电价格、充电功率等信息查询服务，方便用户找到合适的充电桩。此外，互联互通还能为用户提供便捷的支付方式和充电服务。

随着中国公共充电基础设施的大规模建设，能链智电公司在中国市场积累起丰富的电动汽车充电服务行业经验，可以向海外市场输出行业经验和产业能力，一些技术和模式都可以推广到新兴市场，帮助这些海外国家快速启动充电基础设施和充电服务的建设。

伴随分时租赁与网约车等共享出行市场的快速发展，充电服务行业市场规模为3000亿元左右。物流、快递、公共出行、工程作业等领域智能化升级，也为智慧补能方案提供了场景基础。

自动驾驶的能源补给应用场景广泛，覆盖无人出租车、无人公交、港口及矿区作业车辆、干线物流卡车、无人快递车、清扫车等众多场景，具有巨大的社会效益。研发充电机器人更重要的意义还在于，实现车辆在自动驾驶场景下的能源补给。未来车辆在自动驾驶场景下，充电机器人可以自动寻找车辆，实现即插即充。

四 行业限制与制约

当前，我国新能源汽车已经站在了全球领先的位置，无论是保有量、与之配套的充电基础设施规模，还是电动汽车充电量占比，都远远领先于欧洲、北美、东南亚等地区。此外，新能源汽车的规模化效应，还进一步

拉动了动力电池、充电桩、储能、光储充等新能源产业链的发展，以电动化为契机，形成了基于锂电池、电驱、电控的全新汽车工业体系。但在前进的道路上，我国新能源汽车、充电服务行业也存在着技术创新、充电模式探索、标准规范统一、用户体验待进一步提升等一系列的挑战。

（一）充电标准与互通性需进一步厘清

电动汽车充电标准包括充电接口、控制与导引电路、通信协议、热管理系统等，涉及软硬件各个环节。"得标准者得天下"，谁控制了产业标准，谁就掌握了市场竞争的主动权。充电接口是能量输入输出的关键，关系到电动汽车的OBC、电池，还涉及充电桩、光伏、储能、虚拟电厂等产业链布局。对一个产业来说，充电标准是否先进，往往决定了产业发展的速度，标准前置就能推动产业发展；相反，标准滞后的话，就会阻碍行业发展。

目前，全球电动汽车、充电桩主要有5种充电接口标准，北美地区采用的是CCS1标准（combo/Type 1），欧洲采用CCS2标准（combo/Type 2），两者同宗同源。中国则采用自主的GB/T标准，日本专门针对快速充电制定了CHAdeMO标准。而特斯拉发展电动汽车较早，电动汽车保有量较大，一开始就设计了一套专用的NACS标准充电接口。

中国的电动汽车标准由国家标准管理委员会、中国电力企业联合会等多个机构共同参与，包括充电系统的通用要求、交直流接口规范、充电设施与电池管理系统间的通信协议要求及一致性测试要求、传导充电互操作性测试规范等。当前使用的2015年版、2017年修订版，正在不断优化，在标准规范、技术先进性、充电体验等方面持续进步。2023年9月，由工业和信息化部提出、全国汽车标准化技术委员会归口的两项推荐性国家标准发布，新标准最大的变化是将最大充电电流从250安培提高至800安培，充电功率提升至800千瓦。

相比我国新能源汽车的快速增长，充电标准的制定相对要落后一些，特别是在直流快充方面的标准，亟待统一技术路线和规范，如实现GB/T2015标准与超级大功率直流快充标准的融合，增强标准的向前向后兼容性、扩展性，与未来的新型电力系统接轨。此外，充电标准是电动汽车、充电桩"出海"的基础保障，目前我国在新能源制造和供应链领域形成了技术、成本优势，但充电标准需要尽快走向全球，与欧洲、美国加强沟通，增强中国GB/T标准与国际主流标准的兼容性、适配性，也为中国电动汽车的"出海"铺平道路。

（二）用户体验与需求满足需突破互通性壁垒

对新能源汽车车主来说，如何能够享受到更高效、便捷、实惠的充电体验，涉及充电 App 优化、充电桩智能化等方方面面的因素，其中最大的障碍在于不同运营商间的互联互通的不足。由于不同运营商间的利益冲突，用户在跨运营商、跨城充电时，需要下载更多的充电 App，需要在多个充电 App 跳转，这大大提高了用户的使用门槛和使用成本。

我国充电运营商分布日益呈现高度分散的市场格局，主要原因在于充电场站建设受场地、电力容量、服务、充电桩设备四重要素考验。充电运营商 CR5（前 5 大企业市占率）从 2018 年的 87% 降到 2022 年的 69.8%，未来 SME（中小型运营商）占比预计将超过 60%。随着分散化趋势的演变和加剧，如果不能在互联互通层面进一步突破，将进一步提高用户的使用成本，降低用户体验。

而且在分散化的市场，无论是充电运营商还是车主，都会碰到很多痛点问题，如优质充电网络覆盖不足、公桩利用率普遍偏低、车主经常遭遇找桩难、充电体验不佳、充电站配套设施不足、充电场站缺乏统一标准的建设及运营能力等。市场竞争格局越分散，越需要彼此间的互联互通，只有更开放，形成统一的一张网，车主、充电运营商、充电桩制造商等全产业链才能实现共赢。

五 以数字化实现"双碳"巨大价值

伴随动力电池及新能源汽车行业的发展，车用能源结构也在实现从以油为主，到油电并行的转换。截至 2022 年年底，全国新能源汽车保有量达 1310 万辆，充电总量约为 400 亿度，占中国发电总量的 0.45%；预计到 2030 年，新能源汽车保有量会达到 1.45 亿辆，新能源汽车充电总量超过 4400 亿度，约占中国发电总量的 3.5%，这将会对充电网络造成巨大负荷。

在实现碳达峰、碳中和目标背景下，交通运输领域的节能降碳意义尤为重大。能链智电公司在积极响应国家号召，助力交通运输领域的绿色可持续发展，推动全社会树立绿色低碳理念和节能减排意识方面做出了切实

"光储充放"一体化推进新能源汽车的绿色消费

努力。积极利用数字化、信息化和智能化手段将"双碳"目标和绿色减排进行有机协同,势必成为未来的发展方向,能链智电公司作为行业领先企业应当进一步大胆创新,积极引领示范,助力全社会绿色可持续发展。

能链智电公司不断完善业务布局,完善"光储充放"一体化解决方案布局,以满足市场日益增长的电动汽车充电需求。

能链智电公司旗下能仓科技与多家企业围绕储能设施采购、配储能源管理系统、EMS 能源管理平台,以及智能选址服务、督导调试服务等开展业务,并与全球领先的光伏组件制造商东方日升旗下点点云达成战略合作,为农村光伏项目提供系统数字化解决方案,积极推进户用光伏建设和布局。

在充电服务领域,伴随技术进步、成本降低以及需求侧的演化发展,分布式储能技术将因其安装灵活、损耗少和投资压力低等优势而被广泛使用。但其在推广中也面临着落地收费难、运营维护难、对安全稳定性要求高、对投资回报要求高等诸多痛点。能链智电公司将借助目前已有的成熟充电服务体系,包括线上、线下充电解决方案及创新服务,让产业链各方运营更高效,实现储能技术更大范围应用。

在充换电场站配置储能方面,能链智电公司可以为投资企业和充电场站业主带来更多元的营利方式,比如通过能链智电公司战略合作伙伴实现快电导流,提升场站流量,帮助投资企业获取更多收益;通过充放电的削峰填谷,以及与光伏的联动,降低场站的用电成本;随着电力现货市场的持续放开,储能还可以通过参与电力交易和需求侧响应来提升收益。

能链智电公司作为国内最大的充电场站储能综合服务商,基于场站大数据优势和"光储充放"一体化建设和运营能力,通过智能选址与测算服务,对分布在浙江、上海、江苏、海南、广东、四川、重庆的充电场站进行综合能源管理需求评估,为合作企业筛选适合配储及投资回收周期符合标准的充电场站。

交通能源零售是中国的第二大零售行业,市场规模超过 3 万亿元,仅次于汽车零售,市场前景非常广阔。2025 年将迎来中国交通能源的拐点。中国现在有 4 亿辆机动车,3 亿辆汽车,截至 2023 年 6 月底,中国累计新能源车存量已有 1600 万辆左右,占存量汽车的 4% 左右,到 2025 年油车存量达峰并逐步下降,电动汽车会持续增长。到 2025 年电动汽车会超过 5000 万辆的存量,占中国车辆存量的 15% 左右。对于一个新兴行业,15%

会是拐点，证明商业模式已经可行。

未来，在消费需求、电网压力、能源结构调整的多重影响下，储能技术在电力系统的调节和保障方面将发挥越来越重要的作用，利用储能装置在负荷高峰时期放电，负荷低谷时期从电网充电，可以减少高峰负荷需求，节省用电费用，从而达到改善负荷特性、参与系统调峰的目的；同时，通过数字化技术调用分散式资源，包括各类可调节负荷、分布式电源、储能等，形成对电力平衡的有效调节，是对存量资源的再次开发利用，成为解决新能源消纳问题的重要手段。

能链智电公司的愿景是"让每个人都用上绿色能源"，致力于提高全球交通能源网络的稳定和效率。希望通过创新的产品和服务，让新能源的高效利用成为中国能源结构调整、实现碳中和的重要路径。公司现已将17项联合国可持续发展目标（SDGs）融入日常经营与实践中，持续通过数字化服务推动交通能源结构转型，致力于将中国交通能源领域碳排放降低10%，协助中国碳排放减少1%，助力实现"双碳"目标。

主要参考文献

孙媛媛：《"光储充放"一体化助力碳中和——专访能链智电创始人、GEO 王阳》，《小康》2023 年第 28 期。

《能链智电公司 助力全球交通能源绿色低碳转型》，环球网科技，2023 年 11 月 21 日，https：//baijiahao. baidu. com/s？id = 1783166246372804404&wfr = spider&for = pc。

罗京：《"光储充放"一体化模式迎发展机遇》，中国经济网，2023 年 9 月 15 日，https：//baijiahao. baidu. com/s？id = 1777057947763990453&wfr = spider&for = pc。

构建互联网平台 推动餐饮绿色发展
——以"网红生日宴"为例

郑 健 刘元堂 王书平[*]

"倡导绿色消费,推动形成绿色低碳的生产方式和生活方式"是党的二十大向全国人民提出的共同要求。"网红生日宴"(以下简称网宴),是由中青创投旗下的云南网宴投资有限公司开发打造的一个"互联网+宴会"大众绿色餐饮消费服务平台。网宴立足于"推动绿色发展""实施节约战略""促进人与自然和谐发展",把提升广大人民群众生活品质作为出发点和落脚点,聚焦餐饮业绿色转型升级和居民绿色食品消费升级需要,以提升便利度、改善服务体验和提倡绿色消费、反对铺张浪费为导向,选择餐饮行业生日宴会细分市场进行数字化升级,促进互联网数字技术与实体经济深度融合,赋能传统餐饮产业绿色转型和数字化升级。打造数字经济新优势,结合弘扬中华传统文化,运用互联网平台和现代科技手段,引导绿色食品生产和绿色消费,推动餐饮服务业向高品质和多样化升级,创新绿色生产、绿色消费模式,树立绿色消费理念、养成绿色消费习惯,引领中国绿色餐饮发展新潮流。

一 网宴产生背景

(一)中国餐饮行业规模庞大

人类社会进入互联网时代,社会经济发展方式和居民消费方式在不断

---

[*] 郑健,"网红生日宴"项目总策划、总运营,云南盈彩博特网络科技有限公司董事长,主要研究方向为企业管理咨询、投融资政策、企业上市孵化等;刘元堂,云南盈彩博特网络科技有限公司《网宴之声》编辑部主任,主要研究方向为企业文化建设等;王书平,云南盈彩博特网络科技有限公司《网宴之声》编辑部副主任,主要研究方向为企业文化建设等。

演进与转变，网红经济正逐渐成为一种新兴的商业模式。民以食为天，"吃"是人类生存最基本需要。据中商产业研究测算，2023年中国餐饮行业市场规模达6万亿元，2024年将达6.6万亿元（见图1），说明未来中国餐饮行业是一个超6万亿级规模的庞大市场。

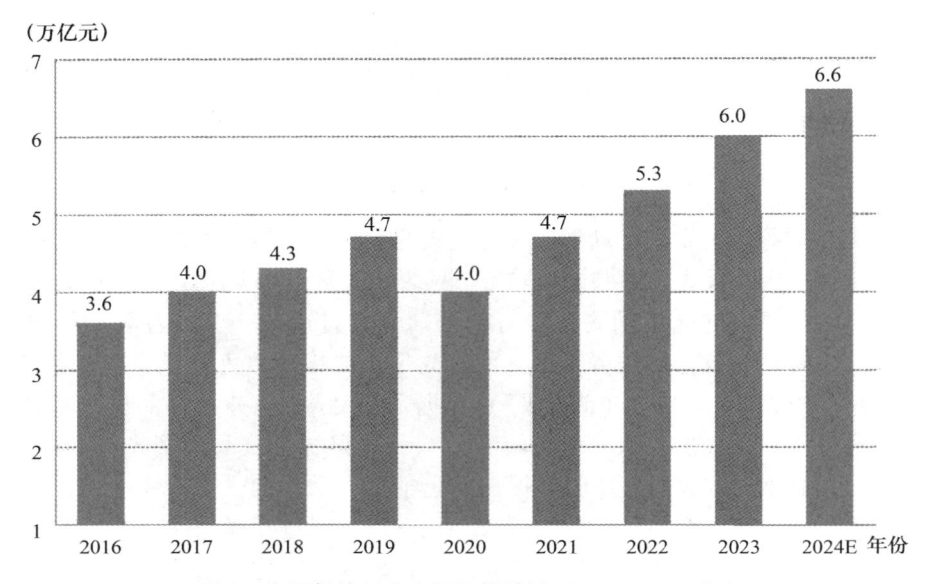

图1 中国餐饮行业市场规模统计（2016—2024年）

注：E为预测值。

资料来源：中商产业研究：《2016—2024年中国餐饮行业市场规模统计及预测》，中商情报网，https://www.AsKCI.com。

（二）餐饮浪费现象非常严重

在餐饮市场快速发展，市场规模不断增长的过程中，餐饮浪费现象也日益严重起来。

中国科学院地理科学与资源研究所《中国城市餐饮食物浪费报告（2018年）》显示，每人每餐的食物浪费量在38—132克（见图2）。其他年份报告显示，我国餐饮食物浪费量为每年1700万—1800万吨，按450千克/（年·人）测算，相当于3700万—4000万人一年的口粮。另据《人民网》2020年9月7日《婚宴、生日宴等大型宴席中食物浪费情况突出》一文，婚宴、生日宴、升学宴等大型宴席的剩菜率普遍在30%以上，有的会达到50%甚至更高。可见，餐桌上的浪费如此巨大，实在令人瞠目结

构建互联网平台　推动餐饮绿色发展

舌。倡导绿色、节约消费，推动餐饮行业消费方式向绿色低碳转型，具有广泛的社会价值、经济价值、道德价值和文化价值。

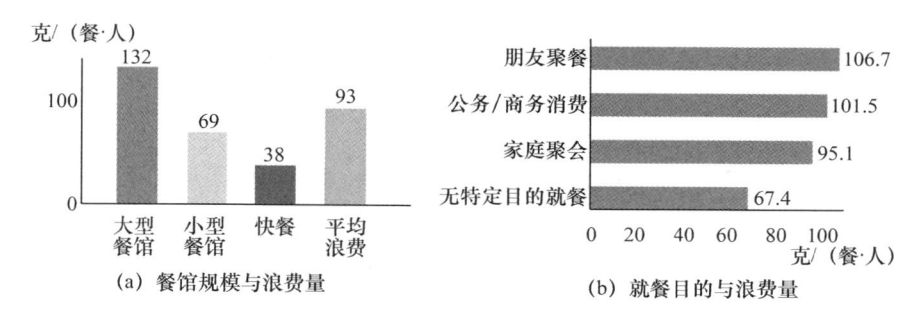

(a) 餐馆规模与浪费量
- 大型餐馆：132
- 小型餐馆：69
- 快餐：38
- 平均浪费：93

单位：克/(餐·人)

(b) 就餐目的与浪费量
- 朋友聚餐：106.7
- 公务/商务消费：101.5
- 家庭聚会：95.1
- 无特定目的就餐：67.4

单位：克/(餐·人)

图2　中国城市餐饮食物浪费情况（2018年）

资料来源：中国科学院地理科学与资源研究所：《中国城市餐饮食物浪费报告（2018年）》，2018年。

随着工业现代化发展，全球环境问题日益严峻，环境污染、温室效应不断加剧。近年来"舌尖上的浪费"越来越严重，餐饮行业食材生产、运输、加工环节的损耗浪费不断增加，厨余垃圾日渐增多，这些问题对可持续发展带来了巨大威胁。历史和现实告诉我们，任何时候都需要提倡节约，倡导绿色消费，特别是要防止"餐桌上的浪费"。

构建互联网平台，推动餐饮绿色发展，是一项上合国策、下得民心的系统工程。网宴平台运用互联网工具，创新绿色产品生产、销售模式，以消费订单引导产品生产，以宴会消费定制绿色产品，引领消费者和生产者树立绿色生产、绿色消费理念，培养绿色消费习惯，从消费端到生产端同时推动绿色化进程，是运用互联网平台推动餐饮行业绿色发展的有效路径。

二　倡导绿色食品，实现绿色消费

（一）网宴从构思策划到落地运营，始终贯穿绿色发展、科学发展、可持续发展之道

党的十八届五中全会提出"绿色发展"理念，中青创投团队站在国家发展、时代进步和文明传承的高度，着眼绿色发展、绿色消费和绿色食品生产，选择餐饮行业生日宴会细分市场为切入点，运用互联网工具创新运营模式，采取绿色消费引导绿色食品生产的逆向思维，策划落地网宴平台。通过绿色理念引领，平台集约化运营管理，达到绿色化生产、节约化消费、科学化饮食、减量化排放，推动种植业、养殖业、餐饮业资源循环利用和经济可持续发展。

（二）网宴整合、融合多方生产要素，实现多种资源要素集约化、高效化运营

网宴是平台型经济组织，其价值更多地体现在整合资源构建大数据平台上。网宴平台通过设定相应的准入标准，吸纳符合条件的酒店、餐厅、鲜花店、蛋糕店、地方土特产礼品店等实体商家入驻，实现主持人、策划、布场、摄影摄像等团队与相关服务机构合作，建立省、市、县区全域覆盖的产品供应链和服务保障网络，建立严格的绿色食品质量检测、监督、追溯制度和产品服务质量评比、反馈、整改机制。把责任明确到区域运营中心，落实到具体工作部门、商家，细化到具体办事人员；打通绿色食品从田间到餐桌、从工厂到餐厅、从生产者到消费者的供应渠道，建设快捷高效的网宴供应链，为所承接的每一场宴会提供绿色食品，为每个"网宴+"社区店、校区店配送最新鲜的绿色食品。

（三）网宴以绿色消费理念引领餐饮消费

网宴从提供符合标准的绿色食品入手，引导市民树立绿色消费理念，养成绿色消费习惯。一是在城市居民小区和学校建立"网宴+"社区店、校区店进行宣传引导，让市民在体验式、情景化消费中，了解绿色健康消费的价值和意义，树立绿色消费理念，主动选择绿色消费方式，自觉到"网宴+"社区店、校区店采购绿色食品。二是承办绿色宴会引领绿色消费潮流，平台承办"集体生日宴会"或"个人定制生日宴会"时，除消费者亲属外，还会邀请一些会员、市民参加，营造热烈的生日宴会氛围，让消费者真正体验到人生的成就感、荣耀感和仪式感；同时，宴会食用的都是网宴供应链提供的绿色食品。三是对远在他乡的消费者亲属，平台开通"远程祝寿"，通过平台直播生日宴会场景，把消费者打造成"网红"，让其在世界各地的亲人都可以通过链接观看直播、表示祝贺等，让消费者真切体会到来自平台和亲朋好友的关心、关爱与祝福；平台还为消费者制作精美纪念相册和视频，赠送或上传云端储存，让消费者随时能够翻阅或回放，随时可以回忆美好瞬间，带给消费者温馨、甜蜜、美好的幸福体验。

三 网宴平台的运营实践

（一）网宴平台的绿色科技之路

网宴平台站在产业互联网时代潮头，充分运用互联网科技手段，精准选择餐饮行业生日宴会细分市场进行绿色消费升级革命，让实体商家、餐饮和文化创意模板、科技影像及配套服务入驻平台，集约化、系统化高效运营。网宴文化创意模板利用虚拟现实、增强现实、全息影像、人工智能等现代高科技手段，充分挖掘各民族、各区域、各朝代的不同生日宴会元素（习俗、传统、服饰、礼仪、文化等）进行创意设计，展示生日宴会文化与现代科技的融合。平台供应链将"网宴+"社区店、校区店与广大种植户和畜禽、水产养殖户直接链接，引导广大种植养殖户采用高新技术、环保原材料等组织生产、防治病虫害，落实绿色产品标准生产、监管、溯源机制，建立绿色供应链，实施绿色配送，实现农产品从"田间"直到"餐桌"，让消费者吃上合格的绿色食品。

（二）网宴平台创意主题设计和实施

创意主题设计和实施是生日宴会绿色生态系统的价值核心。网宴平台通过自动或人工沟通方式，全面了解顾客需求，围绕中式、国风、民族等文化元素和消费者兴趣爱好、职业特点、年龄层次等，设计独特的生日宴会创意主题风格，供消费者选择；采用环保材料和高科技手段，由专业团队打造创意性场景，配备优秀专业主持人，通过现场声光电的有机组合，为消费者提供个性化定制生日宴会，通过"远程祝寿"，把生日过成弘扬绿色发展理念、提倡绿色食品消费的聚会活动，实现现场祝贺人员减量化和消费者荣耀感、仪式感、幸福感增量化，提升消费者精神愉悦度，实现美好生活从"有没有"向"好不好"转变，把生日宴会办成消耗最少、价值最大的绿色宴会。

（三）网宴品牌宣传与传播

网宴采用付费会员模式，通过文化思想传播和平台价值讲解，招募一批有志于宣传绿色发展理念、志同道合的人共同搭建平台，基于大数据完成艺术作品，本身就是用无形带动有形，减少消耗的绿色节约方式。平台举办集体和个人定制生日宴会，能够增加人们现场体验，配合企业文化宣传、社交媒体宣传、自媒体短视频宣传、校企合作宣传、节庆活动宣传、官媒合作宣传等渠道，进行精准的生日文化影响和品牌推广，扩大网宴品牌影响力，提升品牌知名度和美誉度，吸引更多的注册会员和消费者，不断给样板店、旗舰店引流，降低实体商家的获客成本，促进实体餐饮店绿色运营和可持续发展。

（四）开展网宴文化研究

倡导绿色发展理念的网宴文化是平台的核心竞争力。网宴文化研究旨在为平台注入文化内涵，形成只能模仿、无法超越的头部优势。通过深入研究和挖掘中华家文化、传统文化和餐饮文化的核心精华，设计出不同民族生日宴会从主持讲话、仪式程序、服饰装束、音乐灯光、菜品菜系、宴台摆放、宾客座次到视频照片主题的不同标准版本，融入绿色餐饮、健康餐饮、科学餐饮、环保餐饮理念，申报知识产权保护后，上传到平台供消费者选择，既降低了消费者举办宴会的文化策划成本，又提升了宴会品质和品牌价值，以绿色方式弘扬中华文化，推动中国绿色餐饮文化繁荣。

（五）以绿色博爱之心落地运营

网宴平台坚持落地为先，自项目启动之日，就一直把承办绿色生日宴会作为主营业务。在承办的上千场、上万人次生日宴会中，一直贯穿绿色慈善初心，仅2023年就先后免费为云南省曲靖市三宝街道3个村287名75岁以上的老人举行"集体生日宴会"，为云南省昆明市雨花街道颐明园社区100多名退伍老兵举行了"集体生日宴会"；先后两次参与昆明市呈贡区雨花街道、洛龙街道"'真情100温暖99'《我爱我家》节目线下大型'首届网宴邻里节'活动"，赞助承办了300多桌长街宴，得到参与者的好评。在2023年5月19日福州召开的"第十届中国企业家发展年会"上，网宴项目被评为"2022最具成长性的创新企业"。

四　保证绿色食材和绿色加工

（一）从源头上着手，生产绿色食材

网宴把让消费者吃上绿色食品作为第一责任，把让消费者过一个放心、开心、舒心的生日作为服务初心，站在引领餐饮宴会行业发展的制高点，工作下沉、服务下沉、监督下沉，与各地知名农业公司合作建立绿色产品供应链公司，采取"网宴+数字农业"模式，将绿色产品供应链延伸到田间地头，延伸到广大种植户、养殖户，传递到广大消费者，依托现代农业技术和高科技手段，从种苗繁育、科学种养、均衡营养、测土配方施肥、物理生物防治病虫害等环节入手，严控农药化肥施用和激素药品使用，严防农残、激素超标，运用现代科技手段进行视频监管、绿色运输、扫码溯源，从源头上保证食材生产、初加工和运输环节符合绿色标准、达到绿色食品要求，各项常规检测指标达到或超过"绿色级"规定。对签约合作的种植基地和养殖场，在合作协议中明确"必须进行绿色生产，建立内部'种植—养殖'循环生态系统，严禁施用高残留农药化肥、使用高残留激素药物"，要求种植养殖环节的各商家在自己内部做到"零排放"，形成内部资源的良性循环再生利用，达到绿色企业、循环经济标准要求，生产出符合标准的绿色食材等绿色产品。

（二）绿色加工配送，让绿色食材成为绿色食品

网宴平台从源头上抓好绿色食品生产，对种植、养殖和初加工出来的绿色食材，平台一方面通过自己的绿色供应链配送到各承接宴会订单的酒店、餐厅，供平台订单专场宴会使用；另一方面通过绿色供应链及时配送到城市"网宴+"社区店、校区店，供广大市民选购消费，满足更多市民的绿色食品需求。

网宴平台在酒店、餐厅的入驻标准中规定，宴会所使用的食材必须新鲜，存放时间、存放方式要符合规定；在烹饪过程中要保留食材的绿色特性，不能过度添加调味剂。平台要求各运营中心建立宴会食材、加工和烹制食品监测、留样制度，保证每一场宴会餐桌食品绿色安全，保证每一位

宾客吃到鲜美可口的绿色食品。同时，平台还明确要求酒店、餐厅要推行绿色加工、绿色生产、绿色服务等节能降耗措施，对厨余垃圾要进行资源化回收、分类处置和综合利用，杜绝浪费、减少排放。

五　网宴创造价值

网宴既是共建、共享、共赢的大众餐饮服务平台，也是以绿色方式传承中华文化的平台。推行餐饮行业消费方式绿色转型具有重要意义。网宴顺应绿色经济时代趋势，运用互联网工具给餐饮行业赋予绿色发展内涵。

（一）网宴创造经济价值

网宴平台解决了传统自办宴会的"三大痛点"，为消费者节省时间、节省精力、节约经费，降低消费成本；使酒店、餐厅获得客源引流，与餐饮业有关的食材和产品被集中消耗，为餐饮业及绿色供应链商家降低成本、增加效益、创造价值。

（二）网宴创造社会价值

网宴平台围绕承办绿色宴会，直接带动餐饮产业发展，增加就业、创造价值；同时还创新农业产销方式，以消费促生产，组建绿色供应链公司逆向拉动宴会全链条、全体系企业发展，带动大批城乡居民就地就近就业，解决大量绿色农产品销路问题；通过科技引领、技术指导、订单生产，让大量种植养殖户积极参与绿色生产和循环再生产，持续增加城乡居民收入，促进乡村振兴。通过绿色食品生产活动和提供高品质绿色食材，引导城乡居民树立绿色消费理念，养成绿色消费习惯。

（三）网宴创造文化价值

网宴平台通过挖掘不同民族、不同区域、不同朝代的生日宴会习俗、传统、服饰、礼仪等，设计出不同生日宴会标准版本，申请知识产权保护后上传平台，消费者选择不同版本过生日的过程，就是在以绿色方式弘扬传统文化，讲述中国故事，传播中国声音。

（四）网宴创造精神价值

网宴平台通过制定场景标准和专业策划方案，通过现代科技和声光电的综合应用，配上标准文化模板和主持，让消费者展示自己的风采，"远程祝寿"让异国他乡的亲人参与祝贺，从而提升消费者的成就感、荣耀感和仪式感。

六 结语和建议

网宴平台是在"加快发展方式绿色转型"的时代背景下应运而生的，专门针对餐饮宴会细分市场的"互联网+"大众绿色服务平台，着眼解决人们承办宴会"耗费时间、耗费精力、耗费金钱"的"三大痛点"，以弘扬传统文化，让生活更美好"为核心价值，建成中国首个一站式生日派对专业服务商，满足消费者绿色化、便捷化、多样化、个性化、定制化的多层次需求，引导市民进行绿色消费，反对食物浪费。

网宴运用互联网工具对餐饮行业生日宴会细分市场进行绿色升级。网宴将生日宴会的社交属性、文化属性、娱乐属性、情感属性、科技属性有机融合，通过场景展现、宴台餐式、环保餐具和现场全息影像有机组合，给消费者呈现一场充满仪式感、荣耀感、幸福感的精神盛宴，激励人们树立绿色消费理念、养成绿色消费习惯、践行绿色消费行为，引导中华餐饮向集约智能、时尚节约、生态环保的绿色消费模式转变。

为更好地发挥互联网平台优势，动员社会各方面力量参与推行绿色餐饮，提出以下三个方面的建议：

（1）加强舆论引导。充分运用各种社交媒体、自媒体等渠道，全覆盖、无死角地宣传推行绿色餐饮的重要性，推广典型经验和具体做法，提升广大居民的绿色消费意识，促进养成绿色消费习惯。

（2）发挥典型带动作用。分级评选一批在推行绿色消费、绿色餐饮工作中做出重要贡献或显著成绩的先进单位和典型案例，树立典型，总结经验，推进工作。

（3）充分发挥社团组织作用。分布在全国各地的广大商协会等社团组织，是上联政府、下接企业和群众的桥梁纽带，应充分调动这些组织的积极性，发挥它们在推行绿色餐饮、倡导绿色消费工作中的作用。

主要参考文献

艾瑞咨询：《中国新餐饮消费行为趋势研究报告（2018 年）》，《艾瑞咨询系列研究报告》2018 年第 7 期。

沈博：《试论我国绿色餐饮的现状及发展》，《商场现代化》2009 年第 9 期。

陈玮：《发展绿色餐饮与可持续发展之路》，《闽江学院学报》2004 年第 3 期。

韩娜：《我国餐饮企业的社会责任问题》，载《吉林省行政管理学会"政府管理创新与转变经济发展方式"学术年会论文集》，2010 年。

浦云：《绿色餐饮与可持续协调发展》，《合作经济与科技》2009 年第 23 期。

徐乐：《网络餐饮服务行业食品安全社会共治研究》，硕士学位论文，江苏科技大学，2021 年。

李鑫：《网络餐饮外卖食品安全的政府监管研究》，硕士学位论文，吉林财经大学，2020 年。

王小月：《今年餐饮市场规模将恢复至 2019 年水平》，《中国消费者报》2021 年 12 月 2 日。

传统食品企业绿色升级

——以肇庆裹蒸为例

陈宣群　王茂林[*]

新时代中国坚定不移走生态优先、绿色发展之路。良好的生态环境既是美好生活的基础，也是人民共同的期盼，绿色发展是顺应自然、促进人与自然和谐共生的基石。如何以最少的资源环境代价实现最大化的经济效益、社会效益，实现高质量、可持续的发展，成为目前我国产业绿色转型升级面临的重要课题之一。绿色转型是肇庆未来经济社会发展的重要方向，企业存在绿色发展的实际需求，政府亦在积极探索低碳发展的有效途径。肇庆市非常重视裹蒸传统产业的升级复兴，明确了工作规划及目标任务。除产业的文化传承、品牌建设和人才培养外，还致力于探索绿色工厂标准的科学设立以及绿色食品消费的推广，做强做精肇庆绿色食品名片，为凝练绿色产业发展成果、促进经济社会发展全面绿色转型提供肇庆经验。

一　肇庆裹蒸的历史发展和文化传统

肇庆裹蒸以糯米、绿豆、猪肉为主要原料，用肇庆当地特有的柊叶和薄蒲草包裹着蒸熟食用，是当地的传统食品和特产。这种小吃以四角山包的民间特色造型，因其味道诱人、文化内涵独特而享誉海内外。肇庆市沿西江两

---

[*] 陈宣群，英国博尔顿大学工商业管理硕士，广东省政协常委，九三学社肇庆市委员会主任委员，主攻方向包括"双碳"及绿色产业、新能源及新能源汽车产业的领域；王茂林，博士，肇庆市政协委员、九三学社肇庆市综合支社副主任委员。

岸的城乡居民在汉代就已经有了包裹蒸的习俗。肇庆裹蒸的诞生源自劳动人民的生活智慧，是春节一家老少团圆时餐桌上必备的美食，寄予着一家人紧紧团结在一起的意义，这个习俗一直在民间流传，肇庆裹蒸亦素有"天下粽子肇庆有，肇庆裹蒸天下无，民间美食，天下无双"的说法。

肇庆裹蒸的历史可追溯到汉武帝设置高要郡的西汉元鼎六年（公元前111年）。据《肇庆府志》记载，肇庆当时称为端州，当地人有这样一种习俗，每年年末，乡人都要用猪肉做馅，再裹上柊叶，用口阔的陶缸盛在锅子里，备鲜糯米和青豆，用砖头堆砌成锅灶，用积攒下来的松根当柴烧，火不断，不分昼夜地烧着。第二天一大早，就能尝到新做的裹蒸，新鲜裹蒸成为互赠的贺岁佳品。《南史》记载了南北朝齐明帝的一段逸事：太官给他送来肇庆产的裹蒸，他将其一分为四，先吃一半作午餐，留下一半晚上再食。这个故事可以看出，肇庆产的裹蒸在当时已经成为"贡品""御食"。

二 肇庆裹蒸的发展现状和产业升级

肇庆裹蒸作为当地传统的食品和特产，发展初期受当时的经济条件影响，生活水平低，人们都有一种"过年吃一顿好的"的传统思想。这样，肇庆裹蒸作为一种成本低却美味可口的美食，成为当时人们首选的食物。随着社会稳定和人们生活安定，更重视人与人之间的感情，肇庆人除自己享用裹蒸外，还将其作为新春佳节互相赠送的礼品。春节前包裹蒸，成为肇庆民间的风俗习惯。每到过年前夕，肇庆家家户户都要淘糯米、磨青豆，把柊叶洗干净。街头巷尾，到处都有灶台搭建，炊烟袅袅，场面十分壮观。清代诗人王仕祯曾作诗赞肇庆城乡逢年过节，煮饭蒸香，一派欣欣向荣的景象："除夕浓烟笼紫陌，家家尘甑裹蒸香。"

肇庆裹蒸产业经过几十年的发展，已成为当地经济的特色产业。2009年10月，广东省第三批省级非物质文化遗产名录中，"肇庆裹蒸制作技艺"榜上有名。2011年端午节期间，肇庆裹蒸作为传统特色美食，被世界城市合作组织和美食理事会授予"万粽之王"的美誉。2014年，获得国家质检总局批准，肇庆裹蒸成为国家地理标志产品。2022年以来，肇庆裹蒸积极申报国家级非物质文化遗产。除在裹蒸文化传承和品牌打造方面不遗余力外，肇庆还

| 传统食品企业绿色升级 |

在人才培养和文化传承人认定方面不断努力,目前已发展出省级裹蒸制作技艺非物质文化遗产传承人1位、市级传承人2位、区级传承人3位。

根据供需格局统计及行业市场发展空间分析,目前我国裹蒸市场发展空间尚未饱和,发展前景依旧广阔(见图1),未来3年增长率维持在5%—6%(见图2)。2022年5月,肇庆市政府组建了由三个区政府、九个职能部门组成的肇庆市裹蒸产业绿色升级复兴工作小组,推动裹蒸产业升级复兴,推动建设绿色裹蒸企业;推动绿色裹蒸美食消费,做强做精肇庆裹蒸产业,把肇庆裹蒸打造成肇庆市的一张绿色美食名片。通过整合政府部门、行业协会、龙头企业、宣传媒体、电商平台等相关资源,形成工作合力,推动裹蒸产业的绿色升级复兴发展。肇庆市裹蒸产业绿色升级复兴工作小组在对行业进行全链条调研的基础上,共同推动肇庆市裹蒸业做精做强做优,推动裹蒸这一历史传统美食焕发新活力,结合区域公共品牌创建、标准设置、全方位宣传推介、技能比武等工作,进一步提升裹蒸绿色美食作为肇庆城市形象品牌的知名度和美誉度。

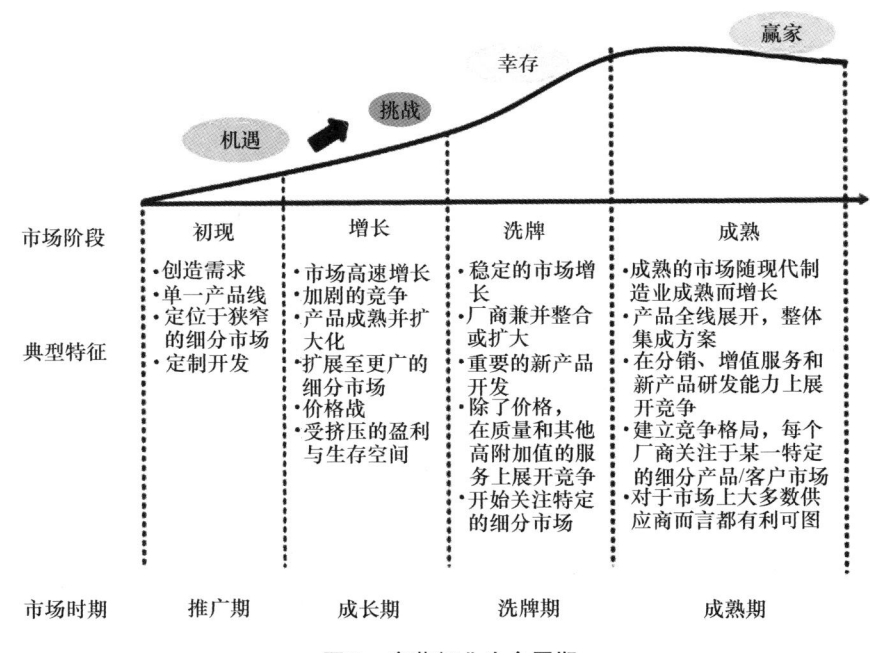

市场阶段	初现	增长	洗牌	成熟
典型特征	·创造需求 ·单一产品线 ·定位于狭窄的细分市场 ·定制开发	·市场高速增长 ·加剧的竞争 ·产品成熟并扩大化 ·扩展至更广的细分市场 ·价格战 ·受挤压的盈利与生存空间	·稳定的市场增长 ·厂商兼并整合或扩大 ·重要的新产品开发 ·除了价格,在质量和其他高附加值的服务上展开竞争 ·开始关注特定的细分市场	·成熟的市场随现代制造业成熟而增长 ·产品全线展开,整体集成方案 ·在分销、增值服务和新产品研发能力上展开竞争 ·建立竞争格局,每个厂商关注于某一特定的细分产品/客户市场 ·对于市场上大多数供应商而言都有利可图
市场时期	推广期	成长期	洗牌期	成熟期

曲线标注:机遇、挑战、幸存、赢家

图1 裹蒸行业生命周期

资料来源:杭州先略投资咨询有限公司:《中国裹蒸市场经营策略分析》,2022年。

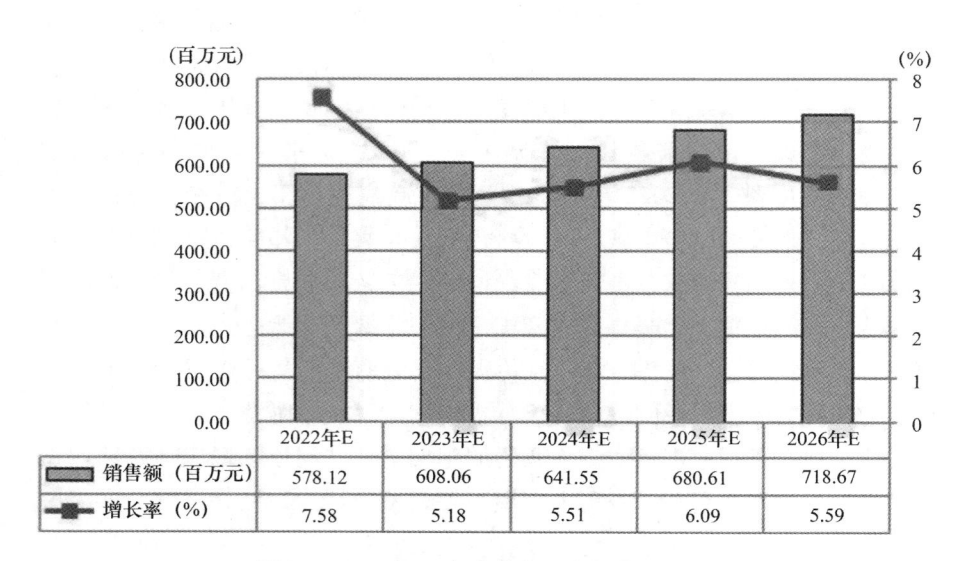

	2022年E	2023年E	2024年E	2025年E	2026年E
销售额（百万元）	578.12	608.06	641.55	680.61	718.67
增长率（%）	7.58	5.18	5.51	6.09	5.59

图 2 2022—2026 年裹蒸行业市场发展空间

注：E 表示预测值。

资料来源：杭州先略投资咨询有限公司：《中国裹蒸市场经营策略分析》，2022 年。

三 引进绿色食品加工标准和建设绿色裹蒸企业

"民以食为天，食以安为先"，完善食品安全保障体系是肇庆裹蒸产业绿色转型升级过程中必不可少的一项工作，应保障其平稳运行，做到应保尽保。质量是食品企业的生命力，裹蒸企业在制作和加工过程中格外重视产品质量建设，引进了绿色食品加工的标准和要求，确保食品更加健康和环保。绿色食品标准的引入，是食品安全生产的前提和保障，这也无疑给生产企业带来了更高的要求和成长空间。从小作坊到加工型企业的转型，是满足人们生活质量提高的必然要求和促进产业发展成长的必经之路。

绿色食品（Green Food）概念由中国农业部于 1989 年提出，是指生产自优良生态环境，按绿色食品标准生产，实行全程质量控制，并获得绿色食品标志使用权的安全、优质的食用农产品及相关产品。绿色食品开发了统一标识，以区别于普通食品。近年来，绿色食品消费需求不断上升，然而绿色食品生产标准不能放松。绿色食品的规范内容包括产地环境、生产工艺、产品质量、包装贮运等一系列标准，需依据《绿色食品标志管理办法》执行。而"绿色食品"标识即使经过许可，也仅有三年的有效期，有效期满后仍需重新申报。由于有严格的标准体系，消费者完全信赖"绿色食品"标志，绿色食品的价值也得到了充分的体现。

中国绿色食品标准（China Green Food Standard）是由中国绿色食品发展中心组织制定的统一标准，按不同标准分为 A 级和 AA 级两个等级。A 级绿色食品的标准以发达国家食品卫生标准和联合国食品法典委员会（CAC）为参照，要求来源地环境质量评价项目综合污染指数不超过 1。在生产加工过程中，对农药、兽药、渔药、肥料、饲料以及食品添加剂可以在有限量、有限品种、有限时间内使用。AA 级绿色食品的标准是参考有关国家有机食品认证的标准，并结合我国实际情况，按照国际有机农业运动联合会（IFOAM）有机产品的基本原则制定的。要求产地环境质量评价项目单项污染指标不超过 1，产品需经过 3 年过渡期，生产过程中禁止使用任何人工合成的化学物质。

根据《绿色食品标志使用许可办事指南》，申请使用绿色食品标志的产品须符合六个方面的条件：①符合《中华人民共和国食品安全法》《中华人民共和国农产品质量安全法》等有关法律法规的规定；②在商标局核定的绿色食品标志商标涵盖商品范围内；③产品或产品原料产地环境符合绿色食品产地环境质量标准；④农药、肥料、饲料、兽药等投入品使用符合绿色食品投入品使用准则；⑤产品质量符合绿色食品产品质量标准；⑥包装贮运符合绿色食品包装贮运标准。

其受理条件也有一定要求：①能够独立承担民事责任；②具有稳定的生产基地；③具有绿色食品生产的环境条件和生产技术；④具有完善的质量管理体系，并至少稳定运行一年；⑤具有与生产规模相适应的生产技术人员和质量控制人员；⑥申请前三年内无质量安全事故和不良诚信记录。

据中研普华研究院《2022 中国绿色食品产业发展规划与产品规模调查》，2020 年全国生产绿色食品的企业总数达到 19321 家，拥有产品 42739 个，成功创建绿色食品原料标准化生产基地 742 个（见图 3），总面积达 1.7 亿亩。通过这些基地的运作，已经累计生产了两亿多吨绿色食品，销售突破 5000 亿元，出口逾 36 亿美元。我国绿色食品产业规模将在"十四五"时期持续增长，绿色食品企业总数达到 2.5 万家，产品总数达 6.5 万个，绿色食品原料标准化生产基地达到800个。绿色食品产品质量抽检合格率达到99%，确保不发生系统性重大质量安全事件。

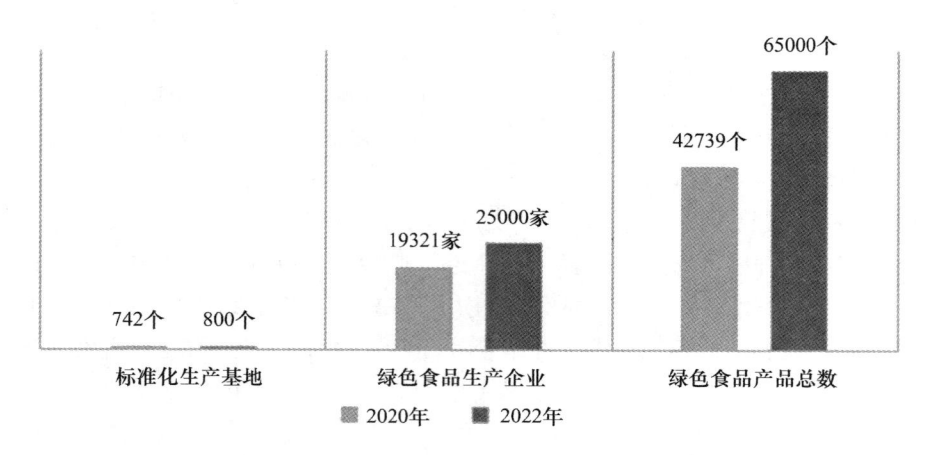

图3　中国绿色食品产业发展规划与产品规模调查结果

资料来源：中研普华研究院：《2022中国绿色食品产业发展规划与产品规模调查》，2023年。

除按照绿色食品的加工要求来完成加工制作外，肇庆裹蒸由于原材料和成品保鲜等因素，需要使用更多的保鲜冷冻环境。肇庆裹蒸在绿色生产上也符合绿色管理的要求，具体包括五个方面。

（1）用地集约化：是指工业企业为提高投资回报率，优化土地配置和提高利用效率，通过对厂区的合理布局和工艺的优化，最大限度地利用土地面积，加大集约用地力度。用地集约化指标包括单位用地容积率、建筑密度、产值等，在绿色工厂绩效评价标准中均有这些指标。

（2）原料无害化："原料无害化"要求遵循绿色发展的理念，不断推进有毒有害原料的替代和减量使用。这种工厂发展模式是为了将其对产品和环境的影响降到最低，从而最大限度地减少有毒有害物质的使用量。在实际应用中，使工厂原料无害的方法主要有两种：一是将有毒有害的原料换成无毒、无害或低毒、低害的替代品；二是尽可能地把原生资源换成再生资源，或者实现产业废料无害化循环利用。在绿色工厂评价中，对工厂所使用的绿色原料，必须做到识别清楚、统计清楚、计算清楚。绿色工厂绩效指标中的原料无害化指标，即使用绿色环保材料。

（3）生产洁净化：注重源头控制，进行系统优化和过程化管控，而不只是末端治理，鼓励采用先进适用的清洁生产工艺技术，减少污染物的产生量。在绿色工厂绩效评价指标中，生产洁净化包括单位产品主要污染物产生量、单位产品废气产生量和单位产品废水产生量。

（4）废物资源化：是通过各种工程技术方法和管理措施，将有用的物质和能源从废料中提取出来，实现循环利用和再利用。这里所指的"废料"，不仅限于"固体废料"，还包括工厂生产的液体废料、工业废料等。工厂若能提升废弃物资源化程度，则可达到资源消耗低、生态环境压力减轻的目的，从而降低对原材料和水资源的需求。衡量废物资源化的指标在绿色工厂的绩效评估中，包括单位产品主要原料消耗量、工业固体废物综合利用率、废水处理及重复利用率等指标。

（5）能源低碳化：体现在两个方面，一方面是采取优化工艺、节能改造等措施，如使用天然气、太阳能、风能等低碳或可再生能源；另一方面是降低能源的使用，减少能源资源的消耗，提高效率，在设计、制造、消耗和回收整个生命周期的过程中减少碳排放，同时也提高循环利用率。

四　大力推广绿色消费

早在1993年，联合国出版的《综合环境经济核算手册》首次正式提出"绿色GDP"的概念。要实现绿色GDP，我们在生产、服务和消费的过程中，就要推广绿色消费。2022年，国家发改委等七部门联合印发《促进绿色消费实施方案》，推动社会层面进一步关注和优先选购、选用绿色食品或绿色工厂生产的产品。实现绿色消费发展一般有两个途径，一个是鼓励生产者，另一个是鼓励使用者。鼓励生产者的方式有很多，目前国家已经出台了相当多的政策来推动和鼓励各个企业法人向绿色食品、绿色工厂标准靠拢，如2020年，国家发改委、司法部联合印发《关于加快建立绿色生产和消费法规政策体系的意见》；2021年，中国绿色食品发展中心印发《绿色食品产业"十四五"发展规划纲要》，工业和信息化部同年印发《"十四五"工业绿色发展规划》。在推动企业生产和制作绿色食品的同时，我们也可以通过鼓励绿色消费来开拓更大的发展空间，如鼓励政策可以依据使用单位和使用场景不同来设定。

（一）根据使用单位设定鼓励政策

1. 家庭单位

（1）绿色食品购买补贴：为家庭购买绿色食品提供一定的购买补贴，以鼓励他们更多地购买绿色食品。

（2）绿色食品兑换活动：让家庭可以通过废弃的塑料、纸张等物品兑换绿色食品，从而鼓励人们参与绿色消费。

2. 企业单位

（1）绿色采购政策：政府可以出台政策鼓励企业优先采购绿色食品，并提供一定的税收或其他优惠。

（2）绿色物流和仓储：鼓励企业采用绿色物流和仓储方式，减少食品运输和储存过程中的污染和浪费。

（3）绿色营销推广：支持企业进行绿色营销推广，通过将绿色食品与健康、环保等理念相结合，提高消费者对绿色食品的知晓度和接受度。

3. 学校单位

（1）绿色学校计划：推动学校实施绿色学校计划，包括推广绿色食品、环保教育等，培养学生的环保意识和消费习惯。

（2）营养教育：通过营养教育，让学生了解绿色食品的营养价值和优势，鼓励他们在日常生活中更多地消费绿色食品。

4. 社会团体单位

（1）合作与宣传：鼓励社会团体与绿色食品相关的企业和组织合作，共同宣传和实践绿色消费的理念。

（2）活动支持：为社会团体举办与绿色消费相关的活动提供支持和奖励，如环保讲座、绿色食品品鉴会等。

（二）根据不同场景设定鼓励政策

在推动绿色消费的过程中，根据使用场景的不同设定鼓励政策也是一种有效的方式。

1. 家庭场景

（1）绿色食品推荐活动：组织绿色食品推荐活动，鼓励家庭消费者购买和使用绿色食品，可以结合健康、环保等理念进行宣传和推广。

（2）绿色烹饪课程：开设绿色烹饪课程，教授学习者掌握和使用绿色食品制作健康、美味、环保餐点的方法，提高他们的绿色消费意识和技能。

2. 企业场景

（1）绿色采购奖励：对于优先采购和使用绿色食品的企业，给予一定的采购奖励或税收优惠，鼓励他们更多地采购和使用绿色食品。

（2）绿色食堂建设：鼓励企业建设绿色食堂，提供健康、环保的食品和餐饮服务，提高员工饮食健康和环境意识。

3. 公共场所场景

（1）绿色餐厅认证：建立绿色餐厅认证体系，为符合环保和健康标准的餐厅授予认证，鼓励消费者在公共场所选择绿色食品。

（2）健康饮食宣传：在公共场所设置健康饮食宣传栏，介绍绿色食品的营养和优势，引导公众选择健康、环保的食品。

4. 其他社交场景

绿色礼品品牌：在快速城市化、现代化的今天，作为独特的乡村自然与人文符号，地理标志产品成为连接传统与现代、城市与乡村的天然纽带和亿万人的乡愁寄托，蕴含着独特的市场竞争力和多重价值。地理标志产品、城市礼品是承载城市文化的关键之一。进一步挖掘肇庆裹蒸绿色食品作为城市礼品的潜力，在传承本土优秀文化的同时，最终在环保方面做出符合市场需求、符合规范的绿色食品。

这些鼓励政策可以根据不同使用场景的特点和需求进行调整和优化，以实现最大的效果。同时，政策的实施也需要考虑其可行性和长期影响。

五　进一步发展的前景和政策支持

肇庆裹蒸作为岭南独有的特色小吃，其升级复兴之路还需各方面的资源支撑和多方面的力量支持。近年来，国家加大了对乡村振兴的扶持力度，乡村产业振兴成了主力军，各地开始认真做起了"土特产品"这篇文章，期待通过"土特产品"的品牌化、产业化，拉动农产品和农副产品的产销量。

裹蒸——这个由地方特色柊叶包裹着糯米、绿豆和猪肉的类粽子地方小吃，自然不会错过绿色食品"土特产品"品牌的打造。加大裹蒸业集聚发展力度，大力推广和宣传绿色发展理念，组织加强品牌建设，深入扩大文化传承和影响，引导鼓励产品创新，在促进地方小吃产业化发展上，突出龙头企业培育等方面，培养、引进、扩大网上销售，强化、提升绿色生产，打出组合拳，培养专有人才。

在未来低碳绿色发展的道路上，为进一步推动裹蒸产业的绿色升级复兴发展，可以提出以下几方面的工作方向和内容：

（1）政府扶持政策：政府可以出台扶持政策，包括财政支持、税收优惠、补贴和奖励等，以鼓励企业投资裹蒸产业，建设裹蒸绿色食品企业，提升生产技术和设备水平，推动产业升级。

（2）产业规划和发展计划：政府可以制订裹蒸产业的绿色发展规划和计划，支持行业协会发展，构建良性互动，明确发展目标和重点领域，提供指导和支持，推动产业高质量发展。

（3）市场拓展和推广：政府可以加大对裹蒸绿色产品的市场推广力度，通过举办展览会、推介会等活动，提升产品知名度和市场份额，拓宽销售渠道，促进产业发展。

（4）技术研发和创新支持：政府可以加大对裹蒸产业绿色发展的技术研发和创新支持，鼓励企业加强技术创新，提升产品质量和竞争力，推动产业向高端化、智能化方向发展。

（5）人才培养与技能提升：政府可以加强对裹蒸产业人才培养和技能提升的支持，通过开展培训计划，建立技能认证制度，提高从业人员的专业素质和技术水平，推动行业发展。

（6）食品安全监管：政府应加强对裹蒸产业的食品安全监管，确保产品质量和安全，提升消费者信心，促进产业可持续发展。

综上所述，裹蒸产业绿色发展需要政府的全面支持，包括财政扶持、市场拓展、技术创新、人才培养和食品安全监管等方面的政策支持。这些政策将为裹蒸产业的升级和发展提供有力支持，推动产业向高质量、可持续绿色发展的方向迈进。

主要参考文献

程文霞：《肇庆裹蒸粽的文化内涵》，《文学教育（上）》2022年第4期。

张钊：《地理标志产品的标准体系构建——以肇庆市裹蒸产业为例》，

《轻工标准与质量》2022年第5期。

杭州先略投资咨询有限公司：《中国裹蒸粽市场经营策略分析》，2022年12月30日，http://www.chinamrn.com/research/3540a0e5b5dd4737a2a43c155f5606fa.html。

北京华经纵横科技有限公司：《2023—2025年裹蒸粽市场发展深度分析报告》，2022年12月22日，http://www.chinacir.com.cn/scyjbg/kbdbikcb.shtml。

中研普华研究院：《2022中国绿色食品产业发展规划与产品规模调查》，2022年8月31日，https://www.chinairn.com/news/20220831/162412989.shtml。

刘洁：《关于肇庆裹蒸产业的食品安全体系研究》，硕士学位论文，华南农业大学，2020年。

仝海芳：《根脉诉求与产品类型对消费者地理标志产品购买意愿的交互作用机理研究》，硕士学位论文，华中农业大学，2020年。

赵子维：《基于城市文化的城市礼品品牌形象设计》，硕士学位论文，浙江科技学院，2022年。

苏国荣：《地方政府与行业协会构建良性互动关系研究》，硕士学位论文，华南理工大学，2009年。

我国香氛行业的绿色发展之路
——以达伦特香氛科技有限公司为例

丁永健　郭玲玲[*]

一　香氛行业市场现状与趋势分析

随着人们生活水平的提高，人们更加追求生活的品质，香氛产品作为能够衬托个人品位的产品，具有镇定、安神、舒缓等作用，常应用于家具、汽车、酒店、商场、办公室等场景，在消费者中越发受欢迎，逐渐成为人们日常生活中不可或缺的一部分。

（一）市场规模分析

近年来，全球香氛行业稳步发展，市场规模不断扩大，不仅欧美市场有着较高的需求，亚洲市场也呈现快速增长的趋势。根据贝哲斯咨询的统计数据，2022年全球香氛和香水市场规模为3882.42亿元，预计到2028年复合年均增长率将达到5.45%，全球香氛和香水市场规模将达到5327.32亿元。据前瞻产业研究院数据，2022年我国香氛市场规模达到了174.3亿元，同比增长了23.68%，未来中国香氛市场发展潜力巨大，预计2023—2028年年均增长率将达到20%，到2028年中国香氛市场规模有望突破539亿元。

国内外香氛品牌加速了线上线下渠道布局。线上除布局天猫、京东、

---

[*] 丁永健，大连理工大学经济管理学院副教授，副院长，国家知识产权局培训专家，主要研究方向为产业经济学、宏观经济学等；郭玲玲，大连理工大学经济管理学院副教授，大连理工大学生态规划与发展研究所副所长，主要研究方向为能源安全与节能减排、产业绿色低碳转型与高质量发展管理等。

唯品会、官网/微商城等渠道外，在抖音、小红书等短视频平台也大举发力。众多香氛品牌通过直播带货的方式增加线上销售。除入驻商超百货或化妆品专营店等，头部企业更是在一线和新一线城市加速开设线下店。在营销方面，香氛品牌利用节日促销活动强化送礼和悦己的概念。节日送礼等需求拉动了套装类产品的销售占比，通过代言人宣传、粉丝福利和真实体验分享来渲染嗅觉氛围，激发消费者的购买欲望。从整体销售来看，香氛类目销售份额已占到总类目的85%。

（二）市场竞争分析

目前，全球香氛市场主要由LVMH、CHANEL、DIOR等大型跨国公司主导。这些公司起步时间较早，在全球范围内拥有广泛的销售渠道和品牌影响力，具有强大的竞争力，对市场趋势和消费者需求有着深入的了解和掌握，占据着高端市场的主导地位。

虽然欧美品牌是当今国际香氛市场的主导力量，但大众对东方传统文化之美的感受力逐渐增强。近年来，市场上不仅出现了越来越多的东方流派产品，而且越来越多的消费者愿意尝试新中式东方香，观夏、气味图书馆、野兽派等新兴的本土品牌也在市场上逐渐崭露头角。本土品牌通常更了解本地消费者的喜好和文化，通过精准定位和差异化竞争，吸引了一批忠实的消费者，逐渐获得了市场份额。由于国内对香氛消费理念较为淡薄，加之本土企业投入力度也相对有限，国产香氛品牌在现阶段还没有形成"一品独大"的市场状况，因此通过品牌宣传对消费者进行初步的品类教育，抢占先机变得尤为重要。

（三）市场前景分析

香氛行业市场前景广阔。在嗅觉经济发展的浪潮下，伴随精致生活观念的不断升级，消费者对可持续和个性化产品需求的增长为香氛市场带来了更大的发展空间。一方面，随着全球消费者对美容和个人护理产品的需求持续增长，人们越来越注重个人形象和健康，香氛产品成为很多人日常生活和美容护理的一部分；另一方面，随着人们对环境和氛围的关注度提高，香氛产品的使用场景逐渐从单一的日常化妆品拓展到了更多领域，广泛应用在居家、办公等多个场景，如观赏香氛、汽车香水、香氛蜡烛等，这些产品在祛除异味、增添香气的同时，更是给消费者带来一场宁静治愈的精神"按摩"。香氛产品逐渐成为现代人生活中不可或缺的一部分，香氛行业预计将继续保持增长。

随着新兴市场和发展中国家中产阶级的崛起和消费水平的提高，更多的人有能力购买高质量的香氛产品，并对独特和个性化的产品有更高的需求。由于不同的人有不同的气质与品位，因此量身定制符合自己的香水成了很多消费者的需求，这种定制化趋势不仅可以提高品牌的竞争力，还可以增强消费者对产品的忠诚度。

越来越多的消费者开始关注环境影响和个人健康，对天然、绿色和可持续的产品有更高的需求。在香氛行业中，天然有机、环保健康的香氛产品将成为未来发展的主流。这种趋势推动了更多品牌开发天然和有机的香氛产品，如使用天然植物提取物和精油制作的产品，不含化学合成香料，不会对人体产生刺激或污染环境，受到了很多消费者的青睐。这样的产品符合消费者的价值观，并且在市场上有很大的潜力。

二　香氛行业绿色发展的内涵及重要性

（一）香氛行业绿色发展的内涵

党的十八届五中全会上首次提出了"创新、协调、绿色、开放、共享"五大发展理念。绿色发展是指以效率、和谐、持续为目标的经济增长和社会发展方式。绿色发展理念以人与自然和谐为价值取向，以绿色低碳循环为主要原则，以生态文明建设为基本抓手。

绿色发展涉及生产方式、消费模式、资源利用、生态环境保护等多个方面。在生产方面，绿色发展要求企业采取更加环保、高效的生产方式，以此来减少对环境的污染和资源的浪费。这包括采用清洁能源、优化生产流程、减少废弃物排放等措施。在消费模式上，绿色发展倡导消费者选择更加环保、健康、可持续的产品和服务，以减少对环境的负担。例如，选择绿色食品、环保家居用品、低碳出行方式等。在资源利用方面，绿色发展强调对自然资源的合理利用和保护，实现资源的可持续利用。这包括推广循环经济等发展模式，提升公民节约用水、用电、用纸意识等。在生态环境保护方面，绿色发展强调对生态系统的保护和修复，以维护生态平衡和生物多样性。这包括加强生态保护区建设、开展生态修复工程、加强环境监测和治理等。

绿色发展是在传统发展基础上的一种模式创新，是建立在生态环境容量和资源承载力的约束条件下，将环境保护作为实现可持续发展重要支柱的一种新型发展模式。绿色发展将环境资源作为社会经济发展的内在要素，把实现经济、社会和环境的可持续发展作为绿色发展的目标，把经济活动过程和结果的"绿色化""生态化"作为绿色发展的主要内容和途径。绿色发展理念主要包括以下几个方面的内涵：

第一，绿色发展强调环境友好。香氛行业应当选择并使用对环境影响较小的原材料和生产工艺，减少对自然资源的消耗。例如，采用可再生资源，推动植物提取技术，以减少对生态系统的压力。

第二，绿色发展注重减少碳排放。香氛制造过程中的能源消耗和碳排放是行业对环境的主要负担之一。通过采用更为节能环保的生产工艺、使用可再生能源，并优化供应链以降低运输过程中的碳足迹，香氛行业可以在减少温室气体排放方面发挥积极作用。

第三，绿色发展强调社会责任。香氛企业应当关注员工的工作条件，确保其权益和福利，同时在产品生命周期内积极参与社会公益事业。这包括与社区合作，支持当地环保项目，提高公众对环境保护的认识。

第四，绿色发展倡导创新与可持续性并重。香氛行业在产品设计、包装、销售渠道等方面应当追求创新，寻找更加环保、可持续的解决方案。通过引入可回收材料、减少包装浪费等手段，降低对自然资源的需求，实现经济效益和环保效益的双赢。

第五，绿色发展需要行业参与者形成合作。企业之间可以共享经验，共同推动绿色技术的发展和应用，形成一个可持续的行业生态系统。此外，政府、行业协会和非政府组织也应参与，制定相关政策和标准，推动整个行业向着更为绿色、可持续的方向发展。

（二）香氛行业绿色发展的重要性

随着全球气候变暖等环境问题日益凸显，提高资源利用效率，改善生态环境，促进绿色发展逐渐成为全社会的共同愿景。香氛行业绿色发展对于满足市场需求、提升竞争优势、实现可持续发展等方面具有重要意义。

香氛行业绿色发展的重要性不容忽视。以香薰蜡烛为例，香薰蜡烛是一种结合了视觉、嗅觉及触觉的艺术品。它将香气融入生活空间，给人带来宁静而又舒适的氛围，有利于减轻压力与疲劳，使人身心放松，提升情绪与专注力，进而提升生活品质与幸福感。然而，蜡烛的制作主要材料是石蜡和植物蜡。石蜡，作为矿产资源，是从石油中提炼出来的，属于不可再生资源的范畴，这些材料不仅产生大量的二氧化碳和有害气体，还对空气质量和人体健康带来负面影响。与此不同的是，植物蜡主要来源于棕榈蜡或大豆蜡，这些资源不含有化学成分与有害物质，对人体健康无害，燃烧更加稳定且安全，本质上是可再生的，但是在获取过程中，大片自然森林会被砍伐，从而对宝贵的林业资源造成不可逆的损害。

面对日益严重的环境问题，全社会越来越重视环境治理问题，消费者对绿色、环保产品的需求不断增长。首先，推动香氛行业绿色发展有利于满足市场需求。采用绿色发展战略的企业可以满足消费者对健康、安全、环保的追求，获得更多的市场份额和消费者信任，提高品牌知名度和美誉度。

其次，推动香氛行业绿色发展有助于香氛企业提升竞争优势。政府对绿色发展的支持力度不断加大，香氛行业绿色发展符合国家政策导向，有望获得政府在税收、资金等方面的支持，降低企业面临的政策风险；香氛行业绿色发展是企业履行社会责任的重要体现，企业通过绿色发展，关注环境保护和员工福利，有利于提升企业的社会责任感，树立良好的企业形象。

最后，推动香氛行业绿色发展有助于实现可持续发展。采用绿色技术、环保原料等手段，可以降低生产过程中的能耗和排放，提高资源利用效率，提高产品的环保性能，进而为企业节约成本，推动企业实现经济、社会和环境的和谐发展，有助于实现可持续发展。

三　达伦特的绿色发展之路

达伦特香氛科技有限公司（以下简称达伦特）成立于1997年7月1日，拥有5家工厂、30余条香氛生产线、1200余名工人，年产香氛产品超10亿支，是目前亚洲自动化水平最高、规模最大的香薰及艺术蜡烛制造企业，连续多届被选举为"中国日用化工协会副理事长单位"，并被商务部评选为"重点培育和发展的中国出口名牌企业"，其研发中心被认定为国家级行业重点实验室。

达伦特的发展历程共经历了四个阶段（见图1）：

工业发展阶段
引进自动化流水线，建起现代化厂房，向工业机械化制造转型

品牌化发展阶段
"二十年一件事"的品牌化战略，立志于用二十年时间打造一个世界级香氛品牌

1997年　2002年　2007年　2017年

实业发展阶段
从事工艺蜡烛设计、制造、出口经营的作坊式企业

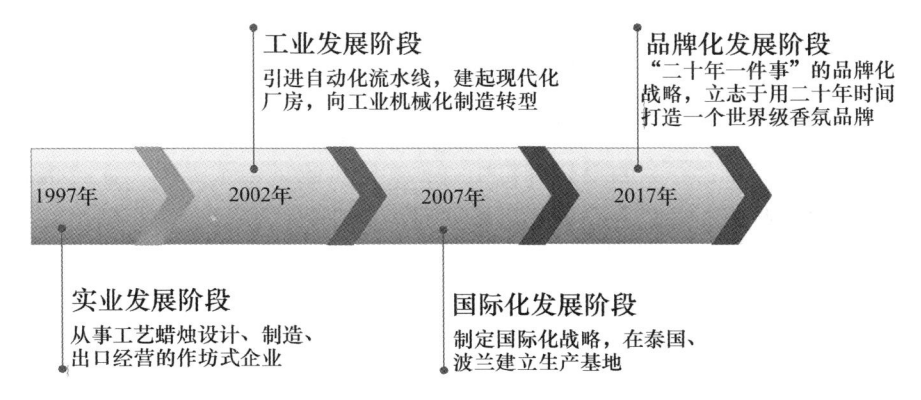

国际化发展阶段
制定国际化战略，在泰国、波兰建立生产基地

图1　达伦特的发展历程

实业发展阶段（1997—2001年）：达伦特成立初期主要从事工艺蜡烛设计、制造与出口经营，在中国改革开放进程中与欧美新经济时代爆发式增长的市场需求的催生下，达伦特快速发展了起来。

工业化发展阶段（2002—2006年）：中国加入WTO为达伦特带来新的机遇，2002年，达伦特斥资引进6条全自动化流水线，建起现代化厂房，聘请最优秀的自动化工程师主持项目，从传统的手工制造向工业机械化制造转型。2003年，全面启动现代企业治理结构改革，先后完成ISO9000、ISO14000、ISO18000认证。建起国际水平的企业研发中心，并与德国和美国合作伙伴建设联合实验室。同时，建立企业设计中心，聘请丹麦设计师加盟。并与多家国际连锁零售企业建立战略合作伙伴关系，组成共同价值链。

国际化发展阶段（2007—2016年）：在贸易保护措施制裁下，达伦特启动了国际化发展战略。2006年，达伦特在泰国清迈投资建厂，充分利用泰国生产基地成功规避美国与欧盟的反倾销制裁。同时，技术研发升级，开发出大豆植物蜡材料。2009年年底，达伦特将企业生产基地建在波兰。

品牌化发展阶段（2017年至今）：自2017年起，达伦特启动了"二十年一件事"的品牌化战略，立志于用二十年时间打造一个世界级香氛品牌，以践行创造绿色消费文明与创造绿色制造文明为己任。企业承担了国

家绿色工厂评价标准、香氛行业的绿色产品评价标准、液体香氛的安全标准和固体香氛的安全标准等多项国家、行业标准的制定工作，促进了整个香氛行业规范发展，提高了香氛产品的质量和安全水平，填补了国内香氛行业标准缺口，对于行业和社会发展都具有重大作用。

达伦特多年来一直倾注全力为消费者创造出美轮美奂的艺术蜡烛、玻璃工艺品，企业重视技术研发与自主创新工作，建起了中国第一家高标准蜡烛检测分析中心、材料监测分析中心，获得近百项中国专利，连续多年被评为高新技术企业，是全球业内所瞩目的企业集团。目前，产品出口至101个国家和地区，体现了中国文化与科技创新的赋能。达伦特高度关注产品质量，在2006年成为宜家公司在中国首个通过IWAY认证的企业、首个通过4-SIP认证的企业。企业重视自主品牌建设，坚持使用自主品牌销售、推广，先后在全球100多个国家与地区注册TALENT、Aroma Naturals、Home Lights品牌。

达伦特打造世界级品牌的产品——祝安香氛，以"艺术、自然、和谐"为品牌理念，向消费者传递爱和美，倡导人与自然和谐共生的可持续发展理念，为消费者创造健康快乐的家居生活，产品设计以中国文化为主导，兼容西方文化，表达东西方家居生活的共同追求，多次获得国际时尚家居和广交会设计大奖。祝安香氛是亚洲唯一获得2022年巴黎时尚家居设计展参展资格的香氛品牌，并在展会中备受称赞，成为该展会最受关注的香氛品牌之一。

为了在国际市场上脱颖而出，达伦特从一开始的经济利益驱动的标准认证转向了积极推动绿色技术创新的方向，朝着产业绿色化的战略目标前进。公司坚持采用可再生材料，推动生产过程低能耗化，以及设计产品可循环再利用，实现公司在可持续发展方面的承诺。通过一系列的举措，达伦特不仅成了环保和可持续发展的倡导者，更为香氛行业的绿色发展树立了标杆和榜样。

（一）纯天然的原材料

公司曾经关于是否成立研发中心的问题陷入了一场激烈的讨论。自主研发是一项需要大量资金和资源投入的举措，能否成功地进行研发以及未来研发所带来的收益都是未知数。然而，在这一切未明朗的情况下，达伦特一直坚信，只有通过掌握核心技术，才能激发绿色创新的潜力，从而在竞争激烈的市场中占有一席之地。中国轻工业蜡烛及制品重点实验室于2016年依托大连达伦特成立，坚守着"材料可再生"的生产理念。公司的材料研发能力不断增强，2020年公司首创了乳木果蜡烛这一新品。乳木果是原始森林中生长的乳油木的果实，经过精心的加工和提取，制得了乳木果蜡。这种蜡具备诸多优势，包括可再生性、不需砍伐自然林以及无须人工种植等特点。根据联合国粮食及农业组织测算，非洲生长的乳油木每年固定吸收150万吨二氧化碳，而每吨乳木果产生的负碳足迹为1.04吨二氧化碳。生产一支320克的蜡烛，以乳木果蜡为主材，要比以石蜡为主材可减少碳排放量2.512千克。以目前全球每年的蜡烛消费量来计算，如果将石蜡替换为乳木果蜡，每年将减少碳排量235万吨。

原材料的绿色化不仅是达伦特绿色发展战略的一个显著亮点，同时也有效地避免了原材料供应的压力以及对不可再生资源的过度依赖。

（二）低耗能低碳的生产

达伦特一直秉持低耗能和低排放的生产理念，在2002—2006年四年多时间里，达伦特投入大量的资金和人力对工艺流程进行升级改造。首先，达伦特与德国的Herrhammer公司和KUKA公司展开合作，致力于研发自动化生产设备，提升生产工艺的效率和质量。这一合作不仅改进了现有的生产流程，还引入了最先进的技术，以确保产品制造的高效性和可持续性。其次，公司与煤化工领域的前沿研究单位展开合作，着眼于开发高效的煤资源炼制工艺，并将其应用到蜡烛材料的制造中。这一创新实现了煤资源的高价值低碳应用，为环境保护做出了重要贡献。另外，达伦特加强了能源的监控和维护，特别是在导热油管路和压缩空气管路方面，以降低能源在传输过程中的损耗。这一举措有助于减少资源浪费，同时也减轻了公司对不可再生能源的依赖。最后，公司着手实施了一系列清洁生产项目，投资改造了蜡化中心，实现了废气排放的集约控制，从而降低了环境负担。达伦特一直在不断努力改善企业的能源结构，尽可能地采用可再生的能源，以追求更环保的生产方式，目前已实现了100%的绿电制造。

此外，为确保环保和安全，达伦特还通过配备适应生产能力的环保和安全设施，如建立安全的排水管网，以实现企业生产废水、生活污水、雨水和地下水的分支分流和分类处理。公司坚守着减少污染、实现绿色生产以及持续改进的环境理念，并加强了节能和环保目标的责任制，有效实现

表 1　新方案与原规常方案碳排放量对比

<table>
<tr><th rowspan="2">产品</th><th colspan="5">新方案 RESTORE 单芯容器蜡产品</th><th colspan="5">原常规方案 GG8090 单芯容器蜡产品</th></tr>
<tr><th>材料</th><th>材料重量（千克）</th><th>数量</th><th>材料单位碳排放量（千克二氧化碳当量/千克）</th><th>重复利用次数</th><th>材料碳排放总量（千克二氧化碳当量）</th><th>材料</th><th>材料重量（千克）</th><th>数量</th><th>材料单位碳排放量（千克二氧化碳当量/千克）</th><th>重复利用次数</th><th>材料碳排放总量（千克二氧化碳当量）</th></tr>
<tr><td>容器</td><td>水泥</td><td>0.570</td><td>1</td><td>0.761</td><td>3</td><td>0.14459</td><td>玻璃</td><td>0.25</td><td>2</td><td>1.78</td><td>1</td><td>0.8900</td></tr>
<tr><td>补充装容器</td><td>铝箔</td><td>0.008</td><td>2</td><td>9.230</td><td>1</td><td>0.14768</td><td>—</td><td>—</td><td>—</td><td>—</td><td>—</td><td>—</td></tr>
<tr><td>主材</td><td>乳木果蜡</td><td>0.190</td><td>2</td><td>-1.040</td><td>1</td><td>-0.39520</td><td>石蜡</td><td>0.19</td><td>2</td><td>1.92</td><td>1</td><td>0.7296</td></tr>
<tr><td rowspan="2">包装</td><td>纸板</td><td>0.300</td><td>1</td><td>0.820</td><td>1</td><td>0.24600</td><td>纸板</td><td>0.10</td><td>0.2</td><td>0.82</td><td>1</td><td>0.1640</td></tr>
<tr><td>—</td><td>—</td><td>—</td><td>—</td><td>—</td><td>—</td><td>涂布白板纸</td><td>0.01</td><td>2</td><td>2.28</td><td>1</td><td>0.0456</td></tr>
<tr><td>产品碳排放量总计（千克二氧化碳当量）</td><td colspan="6">0.14307</td><td colspan="6">1.82920</td></tr>
</table>

了绿色生产的目标。这一系列措施不仅符合环保法规，还为公司的可持续发展铺平了道路。

（三）持续的绿色创新

达伦特一直坚信，创新是企业获取竞争优势的法宝，绿色创新是法宝中的法宝。截至2020年，公司的专利数量累计已达80件，在绿色创新领域取得了显著的巨大成就，实现了对产品全方位的绿色赋能。首先，将产品的环境影响因素作为设计评价的重要内容，选择有利于可持续发展的配件和材料，比如使用食品接触级的玻璃、陶瓷配件；选择藤条、秸秆、干花等天然材料作为香味扩散材料；其次，通过核算产品整个生命周期的温室气体排放量，推动玻璃、铝箔等碳排放量较高的材料供应商实现产业升级，提高回收料的使用比例，进而降低产品生命周期的碳排放量。表1为新方案与原常规方案碳排放量的对比，可知，低碳方案的碳排放量仅为常规方案的7.8%，用一支低碳蜡烛代替使用常规蜡烛，减少的碳排放相当于一个家庭熄灯24小时。达伦特旗下的AN香氛是绿色化战略的一个里程碑的实践，以"艺术、自然、和谐"为品牌理念，产品均是绿色无污染的纯天然植物蜡，实现了全球资源高效整合及原料的全球采集。蜡烛采用的是北美的优质大豆蜡和德国进口的无铅棉芯，容器采用大连本土传统手工玻璃，该工艺曾斩获多项技术专利。

四　研究建议与未来展望

在当今社会，绿色发展已成为企业可持续发展的关键方向，香氛行业也应该积极迎接这一趋势，通过绿色发展实践，实现经济、社会和环境的协同共赢。本文提出了一系列关于香氛行业绿色发展的研究建议，同时展望未来，引领行业朝着更为可持续的方向发展。

首先，制定企业的绿色发展战略不仅有助于明确公司的新使命和愿景，还能够规划公司中长期的战略发展蓝图。简言之，企业的使命就是诠释其存在的目的，而愿景则勾勒了企业未来的繁荣景象。达伦特的核心价值是"为顾客创造完美的消费体验，为员工创造卓有成就的职业发展平台，为环境创造绿色产业文明，为团队创造包容性的多元文化"。在以往的发展过程中，达伦特已逐渐确立了绿色发展战略，也在业务上取得了显著的成绩。未来，达伦特可在产品、营销和企业管理等领域探索绿色商机，寻找新的经济增长点。比如，达伦特已经推出了 Home Naturals 和 Aromal Naturals 系列产品，未来可以考虑进军蜡烛等工艺品领域，采用先进的蜡基制造技术和物质循环技术，构建供应链内的循环经济系统。此外，通过优化供应链、仿真、集成计划和控制等技术，达伦特可以实现整体绿色化运营目标。

其次，建立和完善绿色销售渠道对行业至关重要。目前，渠道竞争已成为供应链竞争的焦点。可以加强现有销售渠道，与消费者建立更紧密的联系，在深入了解其需求的同时提高他们对可持续发展的认知。通过鼓励消费者选择绿色、环保的产品，形成更为环保的消费观念，推动市场向绿色方向转变。同时，加大品牌宣传力度，提高绿色品牌影响力。可以利用电商平台和社交媒体，积极推广达伦特的绿色产品，可以与消费者直接互动，传递绿色理念，并提供详细的产品信息，强化品牌形象。此外，与在关键外围市场拥有卓越分销系统的公司合作，构建促销联盟，以扩大市场份额，提高核心竞争力。同时，加大国际市场的开拓力度，提高品牌知名度，增强绿色竞争力，克服绿色壁垒，不断扩大国际市场的销售渠道。

最后，企业文化和全员绿色意识是公司的核心竞争力。通过搭建平台、提供卓越服务、吸引杰出人才，公司可以逐步扩大自身规模。员工成为企业的主人，能够更好地理解和支持绿色发展理念和企业战略，积极参与绿色制造的各个方面，如从工艺环节的优化到节能减排项目的实施。未来可以加强企业文化管理和宣传，如为员工提供有关环保的培训和教育课程，包括绿色生产、资源节约、废物管理等方面的知识，定期组织绿色主题的培训活动，增强员工对环保的认知，确保各级经营管理人员深刻理解企业战略，将绿色发展理念付诸实践。同时，也可以对生产车间和行政部门进行硬件改造，提高办公用品的循环率，更多地使用可再生能源等。这种自上而下和自下而上的理念相结合，有助于将绿色理念融入日常工作中。

综上所述，香氛行业的绿色发展需要在发展战略、销售渠道、企业文化等方面全面考虑。通过创新和全球合作，企业可以引领香氛行业迈向更为可持续的未来，这不仅有助于企业的长远发展，也对全球环境和社会产生积极的影响。绿色发展不仅是一种责任，更是企业在未来竞争中的差异化战略。

主要参考文献

吴澄：《祝安香氛：引领香氛产业，掀起绿色制造与消费浪潮》，《中国企业报》2022年3月8日第16版。

周弘川：《从代工到自主品牌：T集团转型升级案例研究》，硕士学位论文，大连理工大学，2018年。

赵建军：《中国实施绿色发展面临的机遇与挑战》，第八届环境与发展论坛论文，浙江，2012年12月。

商华、管温馨：《浅绿到深绿：达伦特的绿色发展之路》，2021年，中国管理案例共享中心，案例编号：STR－1419。

商华、管温馨：《追赶到领跑·达伦特的企业社会责任实践之路》，2022年，中国管理案例共享中心，案例编号：CSR-0094。

《香氛和香水行业年规模趋势分析》，贝哲斯市场研究，2023年8月3日，https：//www.shangyexinzhi.com/article/10709050.html。

《我国香氛行业发展现状与竞争格局 市场规模不断上涨》，观研天下，2023年3月10日，https：//baijiahao.baidu.com/s？id＝1759960376980525999&wfr＝spider&for＝pc。

《2023年香气与氛围行业调研报告——市场运营模式解读》，贝哲斯市场研究，2023年8月24日，https：//www.shangyexinzhi.com/article/11893177.html。

社会经济绿色发展典型案例

大语言模型"中创碳知"打通"双碳"知识的"最后一公里"

——北京中创碳投科技有限公司

随着我国碳达峰碳中和目标的提出，认识"双碳"概念、了解"双碳"政策、学习"双碳"相关知识成为各行各业的热点需求。2022年年底，大语言模型（Large Language Model，LLM）技术的突破和应用兴起，为人工智能领域的C端应用提供了强大的技术工具。北京中创碳投科技有限公司（以下简称中创碳投）基于自身在低碳领域十余年的咨询、数字化和金融知识的积累，通过大语言模型技术搭建了"双碳"领域的AI机器人产品——中创碳知，为客户打通"双碳"知识学习的"最后一公里"。

一 大语言模型落地应用的技术和场景

2022年11月底，ChatGPT作为一款AI产品一经推出使用便火爆全球。ChatGPT的创纪录热度也标志着通用大语言模型技术取得了前所未有的成功。在接下来的2023年，国际和国内各类大语言模型不断推出。仅就国内而言，截至2023年10月，有注册的大语言模型已经超过100个。相较于之前的自然语言处理技术，大语言模型在语言理解、归纳、推理和生成等方面具备显著优势，使其在各个领域得到广泛应用。

大语言模型在自然语言处理领域具备强大的分析和处理能力。它可以高效解析海量文本信息，提取有价值的知识和信息。无论是语义理解、情感分析还是文本分类，大语言模型都能准确把握文本含义，为各类任务提供支持。

随着检索增强生成（Retrieval-Augmented Generation，RAG）、思维链（Chain of Thoughts，CoT）以及代理（Agent）等技术框架的快速成熟，大语言模型在知识图谱构建和问答系统方面也扮演重要角色。借助其自动学习和归纳能力，大语言模型能够组织和关联各类知识点，构建庞大且完整的知识图谱。同时，通过问答系统形式，它为用户提供准确的答案并解决疑惑。此外，大语言模型还在机器翻译、摘要生成、文本创作和舆情分析等领域展现了广阔的应用前景。其强大的语言处理能力和智能生成功能使处理复杂任务变得高效且精确。

目前，大语言模型已经在在线客服、教育辅导、内容创作等多个场景中取得了广泛应用，并且随着技术的发展和创新，它将继续发挥重要作用，推动人工智能技术迈向更高水平，为各行各业带来更多便利和创新。

二 碳+大模型：中创碳知实现知识的整合学习

自2020年9月22日中国宣布"双碳"目标以来，国内对于"双碳"议题的关注度急剧上升，相关概念层出不穷。作为一家专注于低碳领域十余年的企业，中创碳投深入研究了碳达峰碳中和目标，探索了碳市场和碳交易等相关政策和机制，为客户提供了全方位的咨询服务。此外，中创碳投还通过数字化和信息化手段，建立了庞大的碳数据库和专业知识库，为客户提供及时、准确的"双碳"资讯和数据支持。

为了更好地满足客户对"双碳"知识的学习需求，中创碳投利用大模型的底座，并结合了RAG和Agent等技术框架，构建了一个强大的问答型人工智能产品：中创碳知（SinoCarbonAI）。中创碳知能够理解用户提出的问题，并提供准确、详细的"双碳"知识回答。无论是对于"双碳"政策的解读，还是对于碳达峰碳中和技术的了解，中创碳知都能为客户提供全面而专业的指导。

中创碳知不只是中创碳投结合大语言模型技术在C端产品的一次创新尝试，更是逐步建立低碳领域AI生态的开始。在大语言模型和相关AI技术的支持下，可以期望未来还将有更多的"双碳"领域应用进行AI整合并形成生态，完成从"碳+AI"到"AI+碳"的建设。

三 拓展硬件支撑，COP 28 大会上的智能助手

作为"双碳"领域的 AI 应用，中创碳知不仅可以在软件层面提供智能问答服务，还可以整合到相关硬件设备中，为用户提供更加便捷和个性化的"双碳"知识服务。2023 年年底，在阿联酋举行 COP 28 大会期间，中创碳知就扮演了重要角色，成为现场的智能助手。

COP 28 是全球应对气候变化的重要会议，吸引了来自各国的政府代表、观察员机构、企业和媒体等利益相关方。作为协办活动的全球气候行动与科技创新中心（CTI-Hub），由世界可持续发展工商理事会（WBCSD）和北京中创碳投科技有限公司联合若干战略合作伙伴发起，并得到多家国际组织和中阿合作伙伴的支持。CTI-Hub 旨在为各利益相关方提供一个合作交流平台，推动气候行动和科技创新。在 COP 28 会议期间，CTI-Hub 在绿区中阿经贸交流中心（中国馆）内举行了为期两周、三十多场次的系列活动。

在 CTI-Hub 的活动会场，中创碳知的智能问答功能得到了充分发挥。通过与硬件的结合，中创碳知成为现场机器人的核心智能助手。在中创碳知的支撑下，机器人能够实时回答与"双碳"领域相关的问题，并且具备流利的中英文双语对话能力。无论是来自各国的代表还是媒体记者，都可以通过与这些机器人交流，获取到准确、及时的"双碳"知识。通过和与会者的互动，中创碳知机器人为活动提供了"双碳"知识支持，促进国际交流、技术推广和产业对接。同时，中创碳知的智能助手也积极参与联合国气候变化框架公约（UNFCCC）观察员机构的活动，并为其提供个性化的服务。

编辑：王澜

农田土壤固碳评价标准
促进气候变化应对
——湖北丹江口试验示范项目

一　政策背景及标准研发

2020年9月22日，习近平主席在第七十五届联合国大会一般性辩论上发表重要讲话时指出，中国将提高国家自主贡献力度，采取更加有力的政策和措施，二氧化碳排放力争于2030年前达到峰值，努力争取2060年前实现碳中和，为中国"双碳"目标明确了方向。

中国围绕碳达峰碳中和顶层设计，先后出台和制定了一系列政策意见，为"双碳"目标达成提供了具体的目标和路径。2021年10月24日，《关于完整准确全面贯彻新发展理念做好碳达峰碳中和工作的意见》（以下简称《意见》）正式对外发布，对未来40年的工作进行了系统谋划和总体部署。《意见》明确提出，要加快推进农业绿色发展，促进农业固碳增效。2022年6月30日，农业农村部、国家发改委印发的《农业农村减排固碳实施方案》中明确，到2025年农业农村减排固碳与粮食安全、乡村振兴、农业农村现代化统筹融合的格局基本形成，粮食和重要农产品供应保障更加有力，农业农村绿色低碳发展取得积极成效，农业生产结构和区域布局明显优化，种植业、养殖业单位农产品排放强度稳中有降，农田土壤固碳能力增强，农业农村生产生活用能效率提升。

为积极响应"双碳"目标对农业降碳减排的战略部署和要求，进一步拓宽农业农村减排固碳的实践路径和举措，2022年，中国生物多样性保护与绿色发展基金会标准工作委员会（以下简称绿会标准委）联合相关单位共同研发制定了《农田土壤固碳评价技术规范第1部分 当季》（T/CGDF

00035—2022）团体标准，并已于同年 12 月 26 日正式实施。

该标准是国内首个土壤固碳的技术标准，规定了当季农田土壤固碳水平的术语与定义、评价原则、评价流程、评价指标、评价方法、数据质量保证、验证和评价报告。评价指标体系分为 5 项一级指标和 16 项二级指标：一级指标包括概括性、普适性指标，无类型限定，包括完整性、技术成熟度、装备强度、执行力、农田固碳水平；二级指标为反映种植地块实际状况和效能的指标，指标的数据可获得、可核查和可验证。

二　标准的应用与实践

《农田土壤固碳评价技术规范第 1 部分　当季》团体标准通过明确农田土壤固碳评价中的项目申请、受理、评估、勘察、评价等具体流程（见图 1）和相关界定，获得行业大力支持和市场的积极响应。

为进一步提升标准的应用实效，绿会标准委通过充分调研后，针对该标准，于 2023 年 3 月 31 日正式发布了《农田土壤固碳评价操作手册（试行）》（以下简称《操作手册》）。《操作手册》适用于评价机构对农田土壤固碳水平的评价工作，特别是对农田作物产量反映农田土壤固碳情况的评价工作，同时可作为作物种植时间为一年以内，多年生作物、林木及其他土壤碳库测算的参考。要求评价机构负责编制评价报告。评价报告需针对每一项评价指标，给出详细的评价基准、数据依据和计算过程，对引用的关键内容给出参考文件来源，做到数据和信息可信、内容精要、判定准确，且应该包括以下基本内容：

（1）基本情况，包括经营者背景、项目农田土壤背景、应用现状和依托项目情况；

（2）评价目的与范围，包括评价内容、评价目的、评价准则和评价范围；

（3）评价过程与方法，包括评价技术路线、实施方案和评价方法；

（4）评价结果，包括各项指标数据分析与验证，评价农田土壤信息完整性、农田种植技术成熟度、农田耕作装备强度、农田管理执行力和农田土壤固碳水平；

（5）结论与分析，包括综合评估结果和改进措施。

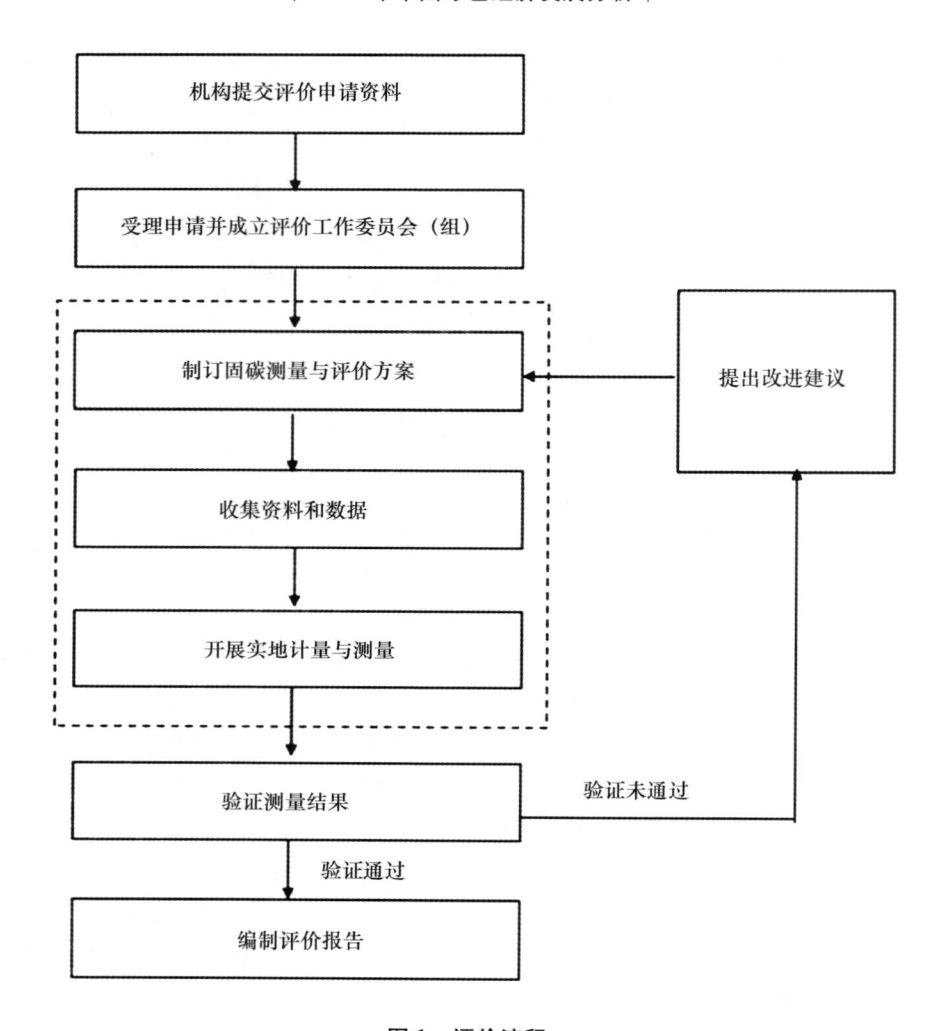

```
          ┌─────────────────────────┐
          │   机构提交评价申请资料    │
          └───────────┬─────────────┘
                      ↓
          ┌─────────────────────────┐
          │ 受理申请并成立评价工作委员会（组）│
          └───────────┬─────────────┘
                      ↓
    ┌ ─ ─ ─ ─ ─ ─ ─ ─ ─ ─ ─ ─ ─ ─ ─ ─ ┐
    │  ┌─────────────────────────┐    │        ┌─────────────┐
    │  │  制订固碳测量与评价方案   │◄───┼────────│ 提出改进建议 │
    │  └───────────┬─────────────┘    │        └──────▲──────┘
    │              ↓                   │               │
    │  ┌─────────────────────────┐    │               │
    │  │      收集资料和数据       │    │               │
    │  └───────────┬─────────────┘    │               │
    │              ↓                   │               │
    │  ┌─────────────────────────┐    │               │
    │  │    开展实地计量与测量     │    │               │
    │  └───────────┬─────────────┘    │               │
    └ ─ ─ ─ ─ ─ ─ ─│─ ─ ─ ─ ─ ─ ─ ─ ─ ┘               │
                   ↓                                   │
          ┌─────────────────────────┐   验证未通过      │
          │      验证测量结果         │──────────────────┘
          └───────────┬─────────────┘
                 验证通过
                      ↓
          ┌─────────────────────────┐
          │      编制评价报告         │
          └─────────────────────────┘
```

图 1　评价流程

随着《农田土壤固碳评价技术规范第 1 部分 当季》团体标准与《操作手册》相继发布。相关农田土壤碳汇试验项目已经陆续正式开展。目前已处于基于项目的试验验证阶段，以验证农田有机质（碳）含量的提高效果，为土壤固碳提供更有价值的参考目标，从而助力提升耕地质量，缓解气候变化，实现碳中和。

2023 年 6 月 2 日，在中国主产粮区之一的湖北省丹江口市蒿坪镇卢嘴村的黄莺贡米稻田中，由中国绿发会生态振兴专项基金、西安秦衡生态科技有限公司（以下简称西方秦衡）、君道环保科技（深圳）有限公司负责实施，以中国绿发会编写的全国首个《农田土壤固碳评价技术规范第 1 部分 当季》为技术依据，以计算农田土壤有机质提升产生碳汇和研究土壤固碳方法学为目的的试验示范项目开展第一次实施。

试点采用西安秦衡的专利技术，高效率、全量化处理畜禽粪污、秸秆等农业废弃物。对含水量少的畜禽粪便和含水量多的畜禽粪便采用不同的处理方法，在几个小时内进行无害化处理，可代替化肥使用，既能解决畜禽粪便对环境的污染，又能降低农业生产中的温室气体排放，提升土壤有机质，做到固碳增容。待水稻成熟收割后，测量水稻产量、采集土壤土样，与原水稻亩产量和土样进行对比，通过计算土壤有机质提升及每亩产出增加计算综合固碳量。通过项目工作人员测算，处理 1 吨秸秆大约可实现碳减排 1.6 吨，处理 1 吨畜禽粪污大约可实现碳减排 0.8 吨。

试点采用技术示范土地的规模为 100 亩，将原有土样和收获后的土样以及农作物的产量相对比，通过计算土壤有机质提升及每亩产出增加计算综合固碳量，初步估算 100 亩试验田一个种植季将增加固碳 300 吨。

对比传统处理方式，试点所采用的技术示范不但可以更大幅度地降低农业生产中的温室气体排放、减少环境污染，还可以实现全面替代化肥，在很短的时间内大幅提升土壤的有机质，达到土壤固碳的目的。

在验证阶段过程中，项目组通过使用有机肥等方式，以增加农作物产量、促进固碳效果、减少化肥使用、提供对农田生态系统更多的价值为目标，进行选品、测算与验证。

土壤固碳试点项目不仅关注其对农田带来的价值，还同步关注固碳本身对于经济、生态等多方面带来的整体价值和收益。从碳目标上讲，土壤固碳的过程和其所需要考虑的目标应该是一致的，即不局限于土壤固碳效果，而是要基于农田生态系统，通过不断的思考、交流和试验，将土壤固碳工作做深、做精、做细，以更好地服务于碳循环经济发展。

三　结语

第二十八届联合国气候变化大会（COP 28）于 2023 年 11 月 30 日至

12月12日在阿联酋迪拜召开。中国绿发会气候变化工作组发布的关于第二十八届联合国气候变化大会的立场声明强调，气候变化是当前全球及全人类有史以来所面临的最为紧迫、严峻的挑战之一，也是当前经济下行、社会动荡、战争冲突等的主要诱因与催化剂之一，影响着国家、集体、组织和个体的行动。

多方数据表明，减少农业碳排放对控制全球气候变化具有重要作用。全球各个国家都非常重视农业碳减排。美国在2002年就成立了农业温室气体减排协作机构（CASMGG）。中国科技部2007年就启动了一个特别行动计划，该计划强调，农业和土地利用是中国减少温室气体排放的一种可行的途径。

根据公开资料报道，农业的温室气体产生的前四大来源主要是畜牧业及其肥料使用、农业用地、作物燃烧及毁林。但是，长期的传统农业种植方式，带来了农业各环节不同类型污染的排放，正在直接或间接地反映在碳排放总量上。

直接碳排放是指水稻、土壤以及微生物等生产过程产生的以二氧化碳、甲烷以及氧化亚氮等温室气体形式释放的碳，约占水稻生产碳排放总量的70%。其中以甲烷（CH_4）形态为主的碳排放占60%以上，是水稻生产碳减排的重中之重。

间接碳排放是指在水稻生产中以种子、化肥、农药、燃油以及电能等农业生产资料形式释放的碳，约占水稻生长碳排放总量的30%。其中氮肥、磷肥和钾肥等肥料投入是间接碳排放的主要来源，在间接碳排放中的占比为33.0%—49.0%。

联合国政府间气候变化专门委员会第四次评估报告指出，农业温室气体减排潜力90%来自土壤固碳，土壤固碳是实现碳中和的有效途径。此次农田土壤碳汇试验示范项目落户丹江口，是贯彻落实"双碳"目标和碳汇型农业战略的具体实践，亦是中国绿发会通过制定、颁布、实施团体标准，并以标准为抓手，贯彻落实习近平生态文明思想，将论文写在中华大地上，落实"双碳"战略目标的实践样本，作为该标准发布后的首个落地实施项目，它标志着标准从理论到落地实施走出了关键一步，旨在真正守护好绿水青山，助力生态振兴。

中国绿发会副理事长兼秘书长周晋峰指出，在农田土壤固碳首个示范项目落地实施的基础上，要不断完善方法学，加强固碳数据的收集记录和整理，通过实践中的详细数据开展方法学研究，制定出高认可度、高质量的方法学标准，并在核算结果出来后组织专家讨论会，将科技成果稳定下来，为后期的拓展实施奠定基础。

编辑：王晓琼　马勇　秦秀芳

内蒙古中核龙腾乌拉特 100MW 槽式光热发电国家示范项目

——常州龙腾光热科技股份有限公司

一 项目介绍

2023年3月，《国家能源局综合司关于推动光热发电规模化发展有关事项的通知》发布，充分肯定了光热发电规模化发展的重要意义：光热发电兼具调峰电源和储能的双重功能，可以实现采用新能源调节用电峰谷，可以为电力系统提供更好的长周期调峰能力和转动惯量，具备在部分区域作为调峰和基础性电源的潜力，是新能源安全可靠替代传统能源的有效手段，是加快规划建设新型能源体系的有效支撑。同时，光热发电产业链长，可消化提升特种玻璃、钢铁、水泥、熔融盐等传统产业产能，还可带动新材料、精密设备、智能控制等新兴产业发展，光热发电规模化开发利用将成为我国新能源产业新的增长点。

据国家太阳能光热产业技术创新战略联盟综合统计，截至2022年年底，全球太阳能热发电累计装机容量约7050兆瓦（MW）（含美国运行30年后退役的槽式电站）。作为全球光热发电的主流技术，其中槽式电站占比约为77%，其中包括世界上单机容量最大达3×200MW的迪拜 Noor Energy 1／DEWA IV 光热电站，以及美国2013年建成的世界上首个带熔盐储热的槽式光热电站——Solana Generating Station 280MW 光热电站。

内蒙古中核龙腾乌拉特100MW槽式光热发电国家示范项目（以下简称乌拉特项目），是国家首批太阳能热发电示范项目中单体规模最大、储热时长最长的槽式光热电站，2020年1月8日首次实现并网发电。项目由常州龙腾光热科技股份有限公司（以下简称龙腾光热）参与开发并投资建

内蒙古中核龙腾乌拉特 100MW 槽式光热发电国家示范项目

设,项目采用龙腾光热核心技术和集热场集成装备,部署 352 条集热回路,集热面积达 115 万平方米,实现了中国槽式光热电站领域的首次国产化替代,性能指标达到国际先进水平,也成为国内同纬度下第一个满负荷发电的光热项目。项目自投运以来,实现了连续稳定、高负荷运行,完整年纯光热发电量约 3.3 亿度,为槽式光热技术国产化规模发展奠定了基础。

相对于国际上的光热电站,我国适合建设光热电站的区域,大多伴随着大气通透度低、大风等特殊自然气象条件,使光热电站面临特殊环境的挑战。而这时乌拉特项目的成功建设、投运,对于助力国内新能源高质量发展的示范作用及推动作用便体现了出来。

二 项目建设内容

乌拉特项目主要由集热系统、储能系统和发电系统组成,兼具绿色发电、大规模储能和调峰电源等多重功能。电站通过由基本集热单元(SCE)组成的集热系统以自动聚焦方式将太阳直射光能聚集,用于加热介质并储存热能,再通过汽轮机将热能转换为电能,系统原理如图 1 所示。

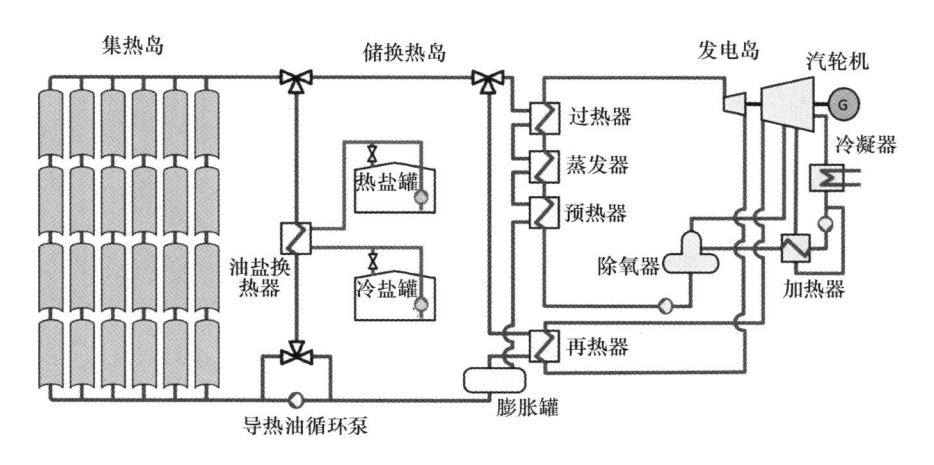

图 1 项目系统原理

光热电站的最佳建设地点多是我国的西北部地区。该地区光照资源丰富,且可利用土地资源较多,便于光热电站规模化建设及发挥效率。乌拉特项目建设在内蒙古西部的巴彦淖尔市乌拉特中旗，占地面积约7300亩，总装机容量达100MW。

独特的自然气象条件使光热电站面临特殊环境的挑战。中西部沙戈荒地区普遍存在大风、扬沙天气和浮尘、沙尘暴频发等恶劣气候，所带来的大气沿程衰减作用是造成太阳能损失的一个重要因素，包括水汽、沙尘、气溶胶等，影响光热电站的运行，反射光的光程越长，衰减越严重。而在乌拉特项目中，集热器（SCE）设计载荷加大、用钢量增加，使集热器稳定性增高，降低了大风天气对集热效率的影响。并且槽式光热技术，凭借其槽式反射镜与集热管一体化、相对位置固定且光程短的设计特点，受风时反射光的拦截率变化及大气通透度对反射光的衰减作用都较小。

高效的光热转化效率是光热电站稳定运行的重要保证，集热系统则承担着由光转化到热的重要作用。系统主要由聚光支架、集热管、中央驱动和反射镜组成，约占电站价值量的52%。项目建设使用由龙腾光热自主研发的真空集热管作为电站集热器中负责高效吸收太阳光，并转化为热能的核心部件，起着至关重要的作用。龙腾光热凭借专有的高温真空集热管设计、独创的玻璃金属封接技术、高性能选择性吸收涂层技术及高性能减反射涂层技术，打破了真空集热管产品的国产化壁垒，光热吸收率、发射率、透过率均达到或超过国际平均水平，这是国内槽式光热电站首次实现国产化替代的有效保证。

拥有长时储存能量并且稳定供能的储热系统，是光热发电安全可靠地替代传统化石能源、参与电网调峰的有效手段。电站配置1吉瓦时（GWh）的热储能系统，可以实现长达十个小时储能。集热系统白天收集的一部分热量进入熔盐储能系统加热熔盐，熔盐被加热并储存为高温熔融状态；当在夜间或者遇到短期光照资源不好的天气，熔盐被冷却并转变为固态，同时通过换热器将热量释放到发电系统，从而实现能源的有效利用，这也是项目可以达到24小时发电的重要依据。

"牧光互补"产生双份绿色效应。光热电站除了可替代煤电承担电力系统基础负荷和调峰负荷，集热系统还能够拦截阳光、防风阻沙、降低电站地表水分的蒸发量、改善墒情，对草原生态有着较好的改善作用。目前，厂区植被覆盖率已在45%以上，是周边植被覆盖率的两倍，并且通过"牧光互补"的方式，确保了草场功能的有效发挥。

三 项目实施效果

2022年作为首个完整运行年度,在1月电站停机检修并进行消缺改造的情况下,电站发电达到3100小时,期间连续12个月累计发电达3300个小时,成为当年发电小时数最高的光热项目,也是目前已投产光热项目中首年达产率最高的电站。步入2023年以来,电站在1—2月受结霜期影响,计划发电量减少约800万度,4—5月遭遇多次沙尘暴影响,计划发电量减少约1600万度的不利条件下,在10月仍实现提前突破3亿度的发电计划。其中6月单月发电量达到5200万度,预计完整年发电可达3528小时,年减排二氧化碳可达30万吨,年节省标准煤12万吨、减少硫氧化物排放9000吨、减少氮氧化物排放4500吨,年均缴税约8000万元,直接带动就业超过300人。

四 项目实施经验与发展前景

(一)集热场成套设备国产化替代,响应国家能源局太阳能热发电示范项目建设的目标

太阳能热发电是太阳能利用的重要新技术领域。为推动我国太阳能热发电技术产业化发展,乌拉特项目通过科研攻关实现集热场成套设备国产化,进口部件替代,响应了国家能源局太阳能热发电示范项目建设的目标。通过示范项目建设,形成国内光热设备制造产业链并达到商业应用规模,同时培育若干具备全面工程建设能力的系统集成商,以适应后续太阳能热发电发展的需要。

(二)响应国家号召,服务"双碳"战略

以乌拉特项目为例,电站已于2020年年底满负荷并网发电,可在全天范围内随时响应电网的调度需求,既可以为光伏、风电让峰,也可以作为稳定电源在晚高峰时段满负荷出力。同时,由于光热发电后端还是采用汽轮机组发电,在极端气候情况下可采用常规能源进行补燃发电,自身就具备类似火电机组的应急保障发电能力。光热发电这种新兴能源技术本身

就兼具太阳能发电、储存调节、调度调峰、应急启动新型电力系统所需要的各种能力，满足构建高比例清洁能源外送和消纳所需的灵活性电源的要求。

（三）带动产业发展和创造减碳价值

据统计，2022年全国供热用煤约32388万吨，若考虑太阳能替代其中10%用煤，按照北方阳光资源较好地区估算，需配置太阳能集热器约2.8亿平方米，相应设备市场容量超过2200亿元。按照每千平方米集热器替代煤锅炉供热年减排二氧化碳200吨计算，上述集热器可每年减排二氧化碳5600万吨。

集热场主要设备由钢材、水泥、玻璃原材料加工而成，此外按照电站口径，电站设备投资约5400亿元。除上述提到的原材料外，发电岛中电站设备还包括汽轮发电机组、水处理系统、空冷系统、热工控制系统等，因此，光热发电项目市场价值巨大，可极大地带动原材料行业和传统电力设备行业的发展。

由于现阶段国内槽式光热技术尚处在示范阶段，还有发展空间，每度电成本较高。随着国内装机规模的扩大，以及槽式光热技术的进步，如增大集热器开口、采用标准化制造和安装技术设计、配备大尺寸集热管、采用硅基导热油及应用高效双玻反射镜工艺等，有望将每度电成本降到0.3—0.4元/千瓦时。

编辑：刘国欣

邻里生物多样性保护赋能乡村振兴
——以留坝县中华蜜蜂产业为例

一 邻里生物多样性保护理念赋能

"邻里生物多样性保护"（Biodiversity Conservation in Our Neighborhood，BCON）是2021年由中国生物多样性保护与绿色发展基金会（以下简称中国绿发会）提出的理念，于2023年9月在巴黎和平论坛入选为全球50大治理解决方案。BCON强调人们在生产、生活过程中开展生物多样性保护，即在生产生活中就地、就近、因地制宜地开展生物多样性保护，以尽可能减少对自然和野生动植物栖息地的干扰，减缓因人类活动持续扩张而带来的生物多样性急剧丧失趋势，推动可持续生计，实现人与自然和谐共生。现BCON已被写入《生态连通性》指南，成为支持《生物多样性公约》缔约方实施国家生物多样性战略的行动计划。

在农业产业绿色发展中，"邻里生物多样性保护"可以体现为：保护本土物种、让野草长、与草共舞、生物防治、促进土壤健康、简化的生产模式等。从2021年至今，中国绿发会通过建立示范单位、示范基地等形式，在国内已建立多个大小不一的邻里生物多样性保护示范点，积累案例200余例。

2023年10月，中国绿发会为留坝县颁布"BCON县域邻里生物多样性保护示范地区"认证授牌。

二 生态优先，重视发掘本土优势

留坝县为陕西省汉中市辖县，位于秦岭南麓，地处生态关键区。秦岭因和合南北、泽被天下，被称为我国的中央水塔，并被认为是中华民族的祖脉和中华文化的重要象征。秦岭显著且独特的自然条件和地理特点，成为我国最重要的南北分界线和地理标志，深度参与了中华民族、国家文化、生态环境的塑造，具有无可替代的地位，也奠定了留坝县丰富的生物多样性资源禀赋。

留坝县属亚热带山地暖温带湿润季风气候区，独特的气候、水文、植被、物种等资源，使其成为中华蜜蜂的栖息地。中华蜜蜂又称中华蜂、中蜂、土蜂，是东方蜜蜂的一个亚种，属中国独有蜜蜂品种，是以杂木树为主的森林群落及传统农业的主要传粉昆虫。秦岭地势高低悬殊，温差大，湿度高，有利于蜜源植物开花泌蜜。位于秦岭南麓的留坝县，有蜜源植物69科177种。优质的野生植物资源优势，为中华蜜蜂在此栖息奠定了基础。

相较于目前国内大规模引进并广泛养殖的意大利蜂，中华蜜蜂更耐低温，采集花蜜地域跨度大、时间长，能够适应早春和晚秋的较低温度并在这一时段为蜜源植物进行授粉，留坝县原始的棒棒蜂巢[①]便是由秦岭山中土生土长的中华蜜蜂构筑而成。中华蜜蜂可以在高寒、高海拔地区活动，早春温度达到7℃时便可出来采蜜授粉，采蜜对象以山间野生蜜源植物为主，亦可对零星蜜源植物进行授粉，这些生活习性使它们更加适应山区生活。这也使中华蜂的蜜源主要是山上野生植物，还包括一些野生中草药植物。食百花蕊，酿百花蜜，这些特点也使中华蜜蜂与其栖息环境密切相关、互相成就——留坝县独特的野生植物资源造就了"棒棒蜜"的独特品质和营养价值，中华蜜蜂种群的栖息繁殖又可为当地植物有效授粉，为植物有效繁衍和物种多样性奠定了基础，发挥着重要的生态平衡作用。

三 政策扶持，助力遗传多样性保护

近几十年来，随着外来物种意大利蜂的引进和养殖范围不断扩大，意大利蜂成为我国主流的养殖品种。由于意大利蜂会攻击中华蜜蜂，甚至导

---

① 留坝蜂群以土生土长的中华蜜蜂为主，采用古老的圆桶养蜂方式（俗称"棒棒桶"），以境内各种野山花为蜜源酿成的蜂蜜俗称"百花蜜"。

致中华蜜蜂群灭,且意大利蜂产量高,更受养殖户青睐,在多方因素综合作用下,我国中华蜜蜂种群日益衰退并逐渐濒危。2006年,中华蜜蜂被列入农业部《国家级畜禽遗传资源保护名录》。

留坝县优质的生态环境是中华蜜蜂的天然繁衍基地,也形成了当地悠久的中华蜜蜂养殖历史。① 留坝蜂蜜由于品质高,被赞"夏季如凝脂,春秋有结晶",且入口绵软细腻,芳香悠长浓郁,于2014年通过了国家农产品地理标志认证。

为长期留住这一特色优质生物多样性资源,2018年3月,留坝县人民政府发布"建立留坝县中华蜜蜂遗传资源保护区"的通告,结合县域丰富的生物多样性实际,重视中华蜜蜂种群保护,明确总面积1970平方千米的保护区域,通过"禁止引进饲养或入境停留西方蜜蜂等外来蜂种;禁止引进、售卖未经检疫的外县中华蜂蜂种;禁止引进未经许可的外来蜜源物种;倡导科学养蜂,禁止烧蜂取蜜、过度割蜜等陋习;禁止捕获、毁坏林地林区内繁衍生息的野生中华蜜蜂蜂群及巢穴;禁止割漆、砍毁鸡骨头及野生猕猴桃等蜜粉源植物;严控农药使用种类,禁止在蜜源植物花期使用任何对留坝中华蜜蜂有毒有害的农药;蜂产品的生产、收购、加工和销售,必须符合国家有关规定,保证质量、防止污染;蜂产品严禁掺杂造假、粗制滥造"等一系列措施,对境内所有留坝中华蜜蜂种群和69科177种蜜源植物,以及引进培植的新生蜜源植物进行保护,对中华蜜蜂所形成的留坝特色蜂蜜产品质量进行把关。

为保障上述措施有效落实,通告同时对监督管理提出了明确要求:任何单位和个人有义务对违反本通告的行为进行举报,所在地镇政府、街道办或公安、林业、农业等部门接到举报后要立即调查取证,果断处置。对违反以上规定的单位和个人,视情节轻重依法给予行政处罚或行政处分,对造成严重后果,构成犯罪的依法移送司法机关处理。

生物多样性包括遗传资源多样性、物种多样性和生态系统多样性,留坝县立场鲜明的强有力的政策措施,有效地保护了当地优质的中华蜜蜂遗传资源,也为中华蜜蜂的种群繁衍和生态系统稳定提供了保障,从而为当地可持

---

① 《留坝县志》记载,宋朝以后,留坝山民学着取林中将枯之木,截成一米长短的木段;圆木对半剖开,一分为二,凿空树心,两边留盖,中空部分放上竹篾做收蜂笼,布头蘸蜜引蜂进桶,让它们筑巢安家、繁衍生息。

续地依托中华蜜蜂养殖产业发展绿色农业，推进乡村振兴奠定了基础。

四 多措并举，促进中华蜜蜂产业发展

从《留坝县国民经济和社会发展第十四个五年规划和二〇三五年远景目标纲要》可以看出，留坝县肩负着筑牢秦岭生态安全屏障、持续改善生态环境质量的生态文明建设职责，同时也要进一步通过做强做优特色农业，助力实现乡村振兴。

近年来，留坝县以技术创新为突破口，大力推进"新三品一标"提升行动，全面实施留坝中华蜜蜂遗传资源保护工作，成功取得地理标志农产品保护登记和地理标志集体商标。全县已建成多个"留坝蜂蜜、留坝棒棒蜜"形象体验店，举办多次直播带货活动，采用政策项目、技术服务、品牌打造、标准建设、展销对接等多种方式，有效地带动了中华蜜蜂保护和产业飞速发展。

同时，留坝县将中华蜜蜂养殖产业列为重点扶持支撑的"四养一林一旅游"农业主产业之一，在积极推进2万群中华蜜蜂养殖基地建设、引进优质蜂蜜深加工生产线、建立蜂产品市场营销体系的过程中，积极对外招商引资，邀请企业参与品牌扶持与建设。据了解，由企业帮扶建设的"秦岭中华蜜蜂博物馆"项目预计于2024年上半年完工，总投入约2000万元。该项目建成后，将有效带动特色土蜂蜜等农产品销售，助力打造乡村振兴示范点，促进"旅游+多业态"融合发展。

五 总结

现阶段，我国社会经济各领域仍处于持续增长期，工业文明时代的谋求经济发展的思路仍在不断影响着各地政府部门的产业发展规划，且由于城镇化建设规模和进程的不断扩大，如何有效保护人口密集地区的生物多样性、如何在日常生产生活过程中有效减少对自然和野生动物的干扰，将保护与发展、可持续生计与生物多样性保护相结合，是极其重要的任务，也是一个难以破解的世纪难题。

邻里生物多样性保护赋能乡村振兴

留坝县基于中华蜜蜂遗传资源保护打造的特色养殖产业，构建了人与自然和谐共生的绿色发展模式，实现了在生产生活中就地、就近、因地制宜地开展生物多样性保护，通过打造品牌带动当地农民增产创收，实现可持续发展，并因此获得了中国绿发会"邻里生物多样性保护"（BCON）示范基地的授牌认证，值得参考与借鉴。

2023年11月，中国绿发会副理事长周晋峰将留坝中华蜜蜂产业发展BCON模式的案例故事，带到国际会议进行重点分享，亦获得了积极反馈。

编辑：王静　张思远

农业工业化引领者的碳中和之路

——北京水木九天科技有限公司

一 农业碳中和领域的先行者

农业是二氧化碳（CO_2）的主要排放源之一，也是二氧化碳的主要吸收汇之一。如何在保障粮食安全和农民收入的前提下，实现农业减排固碳和应对气候变化的双重目标，是一个亟待解决的问题。传统的农业生产方式存在资源消耗大、环境污染重、生产效率低、产品质量差等问题，难以适应绿色低碳发展的要求。因此，探索新型的农业生产方式，利用科技创新和数字化转型，提高农业生产效率和质量，降低农业生产成本和碳排放强度，增加农业固碳能力和适应能力，是农业绿色低碳发展的必然选择。

北京水木九天科技有限公司（以下简称水木九天）在河南省辉县市孟庄镇的热力发电厂里，建设一座利用工业余热和燃煤产生的二氧化碳进行番茄种植的水木碳中和蔬菜工厂，即水木孟电碳中和示范项目（见图1）。该项目是国内首个工业与农业结合推进"双碳"战略、乡村振兴和高效农业的示范项目。

项目运用科技手段，将热力发电所产生的余热和二氧化碳用于现代农业生产。通过这种方式，二氧化碳被固定在有机物中，发电的"副产品"被农作物有效利用了起来。成功实现了"工业排碳大户"与"数字智慧农业"的创新联动，开创了一种全新的、高效的碳中和方式，是工业与农业互惠互利、环保与生产有机融合的优秀范例（见图1）。

该项目通过与电厂的融合与合作，充分利用余热资源和二氧化碳尾气，可以让作物的产量增长30%，通过对余热的有效利用，使番茄采摘周期从传统大田的1个月延长至10个月，每年每平方米可生产欧盟品质的大

| 农业工业化引领者的碳中和之路 |

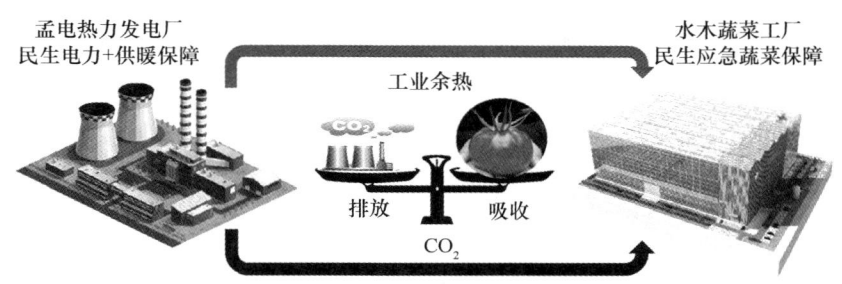

图 1 水木孟电碳中和示范项目

番茄 50 千克。主要营养价值指标高于传统产品 4 倍以上，用水从 160 升/千克降到 8 升/千克，项目使用人工从 1200 人降到 10 人。同时推动蔬菜工厂农业碳中和，每 50 亩蔬菜工厂的固碳能力相当于 4 万亩原始阔叶林的固碳能力，全年直接固碳超过 2000 吨，通过利用余热资源、节水节肥、不使用农药和激素、短半径物流销售等方式间接节碳、减碳超过 2 万吨，相当于 0.3 亿度绿色电能或 8000 亩光伏所发的电能，其生态价值远超经济价值。

该项目践行了农业碳中和发展理念，构建了完整的富碳农业循环产业链，提高了资源利用率和经济效益，实现了工业与农业的互利共赢；探索出一种可推广可复制、适应当地特色和需求的农业发展新路径，增强了当地农民的参与度，提高了收入水平，为乡村振兴战略提供了新样板。

二 水木孟电碳中和示范项目的主要做法

（一）利用工业废气作为农业生产的养分养料，实现了工业与农业的互利共赢、良性循环，为"双碳"目标的实现提供了新思路

水木孟电碳中和示范工厂项目利用火力发电产生的二氧化碳和余热，为富碳蔬菜工厂提供养分养料和温度调节，实现了工业废气的资源化利用，同时通过植物的光合作用，将二氧化碳固定到有机物中，以实现农业碳中和。

一方面，蔬菜工厂改变了传统农业靠天吃饭的模式，探索实现了绿色低碳、循环再生的农业生产方式，同时也利用工业科技驱动农业生产，激发了农产品的生长潜力，培育出高产值和优质的瓜果蔬菜。工厂里面的热量，在冬季的时候可以增温，夏季可以降温，可实现瓜果蔬菜全年连续生产，使种植密度更高。

另一方面，这一项目积极挖掘农业的生态效益和社会效益，符合国家"双碳"的战略需求，是生态文明建设与经济发展在农业中有机结合的体现，推动了企业转型升级，有利于农业经济的可持续发展。

这种模式不仅为火力发电企业提供了一条绿色低碳转型的新路径，也为农业生产提供了一种循环再生的新模式，该项目根据作物模型建立了数字农业碳测量方法，制定了未来农业碳指标，创造了可交易的农业碳资产，为农业生态贡献的碳价值铺平道路。其突破了传统的工业与农业相对立、相互排斥、相互制约的思维定式，将工业废气作为农业生产的养分养料，将工业与农业从竞争关系转变为合作关系，实现了工业与农业的融合互补发展。

（二）运用先进的信息技术和智能化管理系统，提高了农业生产效率和品质，为农业现代化和高质量发展提供了新技术

该项目运用大数据、云计算、物联网等信息技术，实现了富碳农业的智能化管理和优化控制。通过对水、光、气、肥、热等各项环境条件的精准调控，实现了全年连续生产，保证了农作物的高产、优质、安全。亩均年产量、产值远超大田生产模式，品质也优于市场同类产品。此种模式为农业现代化和高质量发展提供了新技术，即运用先进的信息技术和智能化管理系统，提高了农业生产效率和品质，使农业生产从自然生态束缚中脱离出来，实现了省力型、高效型、优质型的生产方式。

（三）突破海外设施农业技术封锁，聚焦适应中国气候和消费习惯的中国式现代化未来农业的场景构建

美国称"设施农业"为"可控环境农业"（Controlled Environmental Agriculture），在欧洲及日本等则称为"设施农业"（Protected Agriculture），而在我国曾使用过"工厂化农业"（Industrialized Agriculture）的概念，这些名称只是在文字表达上有所不同，但其实质内涵是一致的。

相较于国内，荷兰、美国、以色列等发达国家的温室及环境监控系统自动化与智能化程度较高，具备先进的科技和完备的生产工艺，也拥有很高的可靠性，但从国外引进价格昂贵，后期维护成本高，难以在我国市场进行大规模推广应用。

对比国外，我国设施配套投入低，日光温室多与土墙结合，费工费力，不利于机械化作业。近年来，随着国内传感器技术、通信技术、计算机技术的不断发展，云计算、大数据、人工智能、物联网等技术日渐成熟，水木九天致力于以工业化思维构建拥有自主知识产权的、适应中国气候和消费习惯的中国式现代化未来农业新场景。截至目前，已经形成400余项专利及国产化装备和特殊工艺等专有技术体系。

（四）基于自主知识产权的设施农业新场景，将蔬菜工厂"产品化"，不断提高其可复制性、可推广性，坚持创新发展

借助工业化产品思维，水木九天已将水木蔬菜工厂模块化拆解为能源管控系统、环控系统、种植系统、生物防治系统、灌溉系统、分拣包装系统等。并将各个子系统根据实际使用效果，不断优化、动态迭代升级，提高各个子系统的可靠性、灵活性、通用性与可复制性。

同时，该项目的做法被中国农业科学院《中国农业农村低碳发展报告》收录，由央视多次报道，被河南省以及众多部委关注和推广。在国内受到了钢铁、化工、煤炭、发电、水泥、大数据中心等高耗能高排放合作伙伴的密切关注；在国际上被联合国粮农组织，以及美国、澳大利亚、新加坡等国家关注。

三 农业工业化引领者的绿色发展之道

水木九天是由清华大学和北京市政府联合成立的清华工研院与海淀区东升科技园联合投资的国家级高新技术企业，致力于以工业化手段推动农业的工厂化技术和模式变革，最终形成以中国薄皮沙瓤大番茄的城市平急保障为目的的菜篮子供应，形成具有较强抵御自然灾害能力的工厂，以工业化的智能管控软件形成对农业的水肥、环控、能源、人力、生物防治、供需关系、客户关系等的智能化管控平台，以可持续发展为核心的碳价值转化，以及从设计、装备、工程、运维到客服全链条的数字化管理体系建设，从而与投资者（政府或企业）形成专业的"投、建、运、退"的全生命周期商业合作体系。

水木九天立足于设施农业领域，以"水木蔬菜工厂"为核心产品，为相关方提供从设计、采购、施工到运维（Engineering, Procurement, Construction, Operation, EPCO）全生命周期的陪伴式服务。其主要业务围绕以下方面展开：

第一，致力于运用工业化思维赋能农业，推动传统农业的生产模式变革，促成农业生产工厂化。

第二，运用数字化思维赋能工厂化农业，以数字化工具有效调控工厂化农业投、融、建、管、运、维、退全过程中所需的资金、资源、资料、资产、资本等各要素，打造农业操作系统（Agriculture Operating System, AOS）数字平台，促成工厂化农业的数字化与智能化。

第三，深度响应国家"双碳"战略，使农业、工业、数字产业相互赋能，多层面支撑水木九天及相关企业的ESG发展目标，并在此过程中精益化自身管理，持续产出社会价值与生态价值。让老百姓无论穷富，都可以吃到安全放心的绿色蔬菜。

编辑：庄双博

工业生态学的创新实践
——中山市环保共性产业园

一 案例简介

中山市以工业立市，传统制造业体量大、占比高，然而，制造业也是工业污染的主要来源，其外部性常导致资源环境枯竭和环境污染加剧。在面临缺乏科学规划引导、区域产业整体竞争力不强、环保意识及污染治理能力弱等发展瓶颈时，中山市结合大量实践基础及工业生态学等理论进行大胆创新和探索，首创"环保共性产业园"发展模式，走出了一条兼顾环境、经济与社会效益的破局之路。这一创新模式对于解决制造业环境污染问题，提高区域产业整体竞争力，实现可持续发展具有重要的借鉴意义。

二 环保共性产业园的定义

环保共性产业园是基于工业生态学理论，结合市场与产业经济的发展，融入产业集群、循环经济等理论，形成的新型生产运营管理模式。其目的是解决污染存量问题、减少排污总量、提升环境质量，为产业链上下游产污工序与环境污染治理提供配套服务，实现集中设计、生产、治污、监管等，同时形成产业聚集发展的生态圈，最终实现产城融合。其空间布局采取"核心区—缓冲区—拓展区—辐射区"方式，各个分区在空间分布与功能上协调有序，共同维护园区的高效运转，其中：

（1）核心区聚焦于园区企业生产过程中污染较重的产污环节，由多个共性工厂组成，实施集中收集、统一处理，为本地产业提供配套服务。

（2）缓冲区将污染集中治理的核心区与周围环境分隔，减少对外围环境敏感点的影响，助力园区产城融合发展路径的实现。

（3）拓展区通过设置高端生产区、综合办公区等搭建产学研平台，吸引优质企业入驻。

（4）辐射区针对本地企业发展提供配套服务，与环保共性产业园产业链融合共生，形成高端产业生态圈。

环保共性产业园模式的实践应用将为区域土地集约利用、产业融合升级、实现减污降碳发挥更大作用。

三 中山市产业园的发展历程与现状

中山市位于中国广东省中南部，是珠江口西岸的中心城市之一，也是粤港澳大湾区的重要城市。自改革开放以来，中山市已规划并建设了多个不同层次的产业园区，这些产业园区的发展历程可分为积累期、萌芽期、成熟期和转型期四个阶段，并逐渐形成了完善的产业链和产业生态系统。然而在此过程中，产业园区的发展也面临以下问题：

（1）缺乏科学规划引导：中山市的产业集群布局失衡，区域整体规划模糊，配套设施和服务滞后，导致企业运营和政府监管成本上升，制约了产业园区的进一步发展。

（2）区域产业整体竞争力不强：中山市的产业集群内部企业存在同质化竞争，创新能力薄弱，缺乏核心技术，导致产业集群整体竞争力不强，阻碍产业的进步和发展。

（3）土地要素供应紧张：中山市专业镇产业集群的粗放式发展导致土地资源日趋紧缺，同时传统产业低效、厂房冗余问题严重，导致土地集约化利用率低，难以满足地方发展高端产业的需求。

（4）环保意识和污染治理能力弱：中山市产业以轻型制造业为主，多数企业规模较小且环保意识薄弱，涉污企业违法偷排现象时有发生，影响周围的环境质量和企业自身发展，加重了企业成长与转型的难度。

四　环保共性产业园的作用

（一）具体作用

环保共性产业园主要围绕社会、经济、环境和资源四大系统，为区域产业经济发展与环境保护之间的良性循环提供桥梁作用，具体包含三个层面的内容。

（1）发展理念：环保共性产业园的规划建设秉承"集中治污"的核心理念，恪守"规划先行、严格准入、集中治污、智慧管理"原则，可有效破解环保困局，同时融入"绿色、低碳、生态、无废"理念，推动可持续循环经济发展。

（2）园区形态：环保共性产业园根据核心区数量及服务覆盖的园区数量不同，存在"一园一核""一园多核""多园一核""多园多核"四种形态。

（3）治理方式：原则上对污染较重的产污工序在核心区内实现集中生产、集中处理。对于某些难以实现产污工序集中的产业，采用主要污染物集中的方式，实施集中治污。

（二）建设原则

环保共性产业园的规划建设遵循共通性、集中性、约束性、共享性、全局性、协同性、规范性、灵活性和可复制性九大原则。

基于这些原则，将产污工序、污染性质相近或相同的进驻企业进行集中监管、集中治污，同时共享园区内部生产设备、人力资源、环保设施、技术资源，并在运维过程中严格执行安全生产以及环保准入要求，以实现资源利用效率与企业营收的提升。

此外，在结合区域整体产业规划与布局的基础上完成富有弹性、预留调整空间的前期规划，以及落实知识产权保护、技术规范与监管规范等方面的相关内容，最终形成可复制与借鉴的建设模式，从而将环保共性产业园的模式拓展到各个行业。

（三）模式外延

环保共性产业园规划建设亦可应用于第一产业、第三产业，并通过地区整体产业规划与布局合理建设不同产业类型的环保共性产业园，形成环保共性产业园集群和共建平台。同时，通过共享平台的建设，打通环保共性产业集群的联系，提升整体竞争力。

环保共性产业园是实现产城融合的一种发展路径，推动城市产业绿色升级转型，形成产业绿色可持续发展与城市功能优化的协同与互促机制。通过集约发展、统一监管、集中治污等措施，保障城市的生态价值，创造安全、舒适、优美的生活环境，吸引优质企业和人才聚集，实现"寓产于城、以城促产"的融合发展模式。

五 环保共性产业园的发展模式与创新路径分析

（一）发展模式

环保共性产业园是结合产业集群、循环经济、工业生态学和可持续发展理念的创新探索。通过政府主导、国企投资、企业参与，打造"共性、共享、共生、共赢"的产业园发展模式。它针对配套企业的共性特点提供高标准环保设施，实施集约化运维，降低企业成本，提高效率，实现共性共享的轻资产操作模式。同时，通过园区共建产业平台等方式，推动企业间良性互动、资源互换、融合创新与协调发展，形成技术合作或战略联盟，避免同质化竞争。企业之间通过技术交流、资源共享、共同开拓市场等方式相互协作，形成共同的市场竞争力，实现互利共赢，共同推动区域经济与产业的进步与发展。

（二）创新路径

（1）理念升级：在集中治污理念的基础上，通过环保治理设施共享来减少企业在生产环节以及配套设施方面的重复投入，实现污染减排，令企业更专注于生产经营，同时减轻政府在环境监管方面的压力，为具备产污工序行业的绿色发展开辟了一条新路。

（2）科学规划：实践中突出了规划先行、土地集约、产业升级、集中治污的思想，以科学的发展理念对区域产业发展与布局进行合理规划，推动区域产业绿色升级转型，达到环境、经济、发展三方面的需求，营造出"共建、共治、共享"的社会治理格局，最终实现产城融合的目标。

（3）三方共赢：以环保角度切入产业规划，充分考虑政府、企业、公众三方的利益。根据产业间高度共性的特点来整合关联产业资源，充分发挥环保共性产业园集中共享的作用，增强企业成本优势，提高土地利用集约化程度。通过污染集中治理减轻政府监管压力，同时提升区位及周边环境质量，达到政府与企业和公众三方互惠共赢的局面。

六　环保共性产业园的发展前瞻

（一）与碳排放具有显著的协同性

产业园区的绿色低碳建设与发展对实现整体"双碳"目标起到关键性作用。环保共性产业园的规划建设对园区碳排放具有协同性，可发挥节能降碳、资源综合高效利用的功能。

规划建设方面，环保共性产业园在规划阶段预留分布式光伏系统的载荷能力和电网结构；在建设阶段推广绿色建筑、装配式建筑的使用，提升建筑节能水平；在实施阶段推进分布式光伏系统建设，构建绿色低碳的能源供给体系。

生产技术方面，环保共性产业园对中小微企业的生产流程进行共性提取，集中高污染、高碳排放的工序，引入节能高效环保设备，实现集中式减污降碳。同时，推广清洁生产和低碳新技术、新工艺、新装备应用，加快技术升级与改造。

能源利用方面，环保共性产业园淘汰高污染、高能耗的燃料锅炉和小容量机组，提供集中供能满足企业需求，提高清洁能源使用占比，优化能源消费结构并提升能源利用效率。

环保共性产业园从环保角度推动低效园区改造与产业升级，助力实现地区产业绿色高质量发展，其发展建设模式可复制并推广到其他地区及产业，为我国实现"双碳"目标贡献力量。

（二）助力生态产品价值实现

环保共性产业园通过集中处置分散污染，实现环境高效治理和提升区域生态价值，确保优质生态产品供给。未来可探索 EOD 模式结合关联产业，如水域生态治理提升养殖业、农产品质量，结合旅游、文创等产业链开发生态旅游、工业旅游、生态农业等项目，反哺生态环境治理，实现经济发展与生态保护的良性循环。同时，通过淘汰低效、冗余厂房及园区，丰富用地供给，引入高端环保产业服务于生态产品可持续经营开发，共同助力生态产品价值实现的实践探索。

编辑：赖斯楷

建筑屋顶光伏电站案例
——深圳市鑫明光建筑科技有限公司

一 企业简介

鑫明光（中国）控股有限公司（以下简称鑫明光）是一家专注于国内外新能源投资与运营的集团公司。集团旗下直属子公司深圳市鑫明光建筑科技有限公司成立于1997年，注册资金7180万元，公司总部位于深圳市福田保税区。

鑫明光在新能源领域专注经营26年，海内外完成千余项地标性建筑项目，荣获"鲁班奖""金禹奖""优质工程一等奖"等超50项行业最高荣誉，居行业龙头地位。鑫明光在新能源领域拥有国家专利百余项，自主研发轻量化光伏建筑一体化（BIPV）金属屋面系统，可加装太阳能组件和装饰面板，高抗风揭底板最高检测达到19.2千帕（kPa），为亚洲最高纪录。鑫明光BIPV系统年产能可达1000万平方米，预计于2024年12月底可达2000万平方米。

二 屋顶光伏发电站的建设

鑫明光BIPV系统高度重视系统材料属性，突破防火、防水、抗风揭等难题。在防火方面，系统达到建筑A级不燃，板与板之间采用铝合金夹具连接，系统主要部件暴露部分无可燃材料，有效阻燃。在防水方面，采用360°锁边咬口技术，使板与板之间紧密连接，采用上下一致通长板型设计，在建筑屋顶形成一张致密防水蒙皮。在美观方面，将光伏组件"隐身"于建筑屋顶，全黑双玻光伏组件搭配银灰色隐形防水边框，复合叠加式鑫明光 BIPV 产品通身晶黑，采用类瓦型安装模式，打造集成型 BIPV 建筑。

（一）太阳能资源分析

太阳能资源是以太阳总辐射量表示的，一个国家或一个地区的太阳总辐射量主要取决所处纬度、海拔高度和天空的云量。

全国太阳能日照资源分为最丰富带（≥3000 小时/年）、很丰富带（2400—3000 小时/年）、较丰富带（1600—2400 小时/年）和一般带（≤1600 小时/年）4 个区域。中国水平面太阳辐射等级划分如表 1 所示。

表 1　　　　　　　　　中国水平面太阳辐射等级划分

等级	资源代号	年总辐射量（MJ/m²）	年总辐射量（kWh/m²）	平均日辐射量（kWh/m²）
最丰富带	Ⅰ	≥6300	≥1750	≥4.8
很丰富带	Ⅱ	5040—6300	1400—1750	3.8—4.8
较丰富带	Ⅲ	3780—5040	1050—1040	2.9—3.8
一般带	Ⅳ	<3780	<1050	<2.9

注：MJ/m² 为兆焦/平方米，kWh/m² 为千瓦时/平方米。
资料来源：《太阳能资源评估方法》（GB/T 37526—2019）。

（二）深圳物流产业园项目总体方案设计

该园区建筑屋顶为钢结构金属屋顶，总面积约 6 万平方米，除开采光带和无动力风帽，实际可利用面积约 5.6 万平方米。采用鑫明光新型 BIPV 光伏系统进行安装，4 个敷设点预计总安装容量约 7146.76 千瓦。

1. 光伏发电原理

太阳光照在半导体 p-n 结（太阳能电池）上，形成新的空穴—电子对，在 p-n 结内建电场的作用下，空穴由 n 区流向 p 区，电子由 p 区流向 n 区，接通电路后就形成电流。多个电池形成光伏组件，多个光伏组件形成光伏阵列，再通过逆变器转变成交流电即可接入负载或者输入电网。

2. 系统设计

（1）整个系统装机量为 7146.76 千瓦，共计敷设 580 瓦（W）单晶硅高效光伏组件 12322 块。建筑屋面为金属屋面，为不影响建筑整体效果，不做最佳倾角，组件沿既有屋面坡度走，安装倾角约为 3°。方位角依建筑朝向设为 -20°，屋脊设计 1.2 米宽的运维通道。

因既有的金属屋面难以满足光伏系统长达 25 年的寿命需求，因此拆除现有金属屋面板，改用鑫明光的高强抗风揭无支架 BIPV 系统安装。阵列共分为 474 组串，每个组串 26 块组件，接入 29 台 196kW 组串式逆变器，转为交流后通过交流电缆输送到配电房，接入并网柜并网。因本项目超过了 6 兆瓦，因此需分为两个并网点开发建设。

（2）采用华为、阳光电源等一线大厂的组串式并网逆变器，保证发电效率、工作稳定、安全可靠。就地逆变，经交流线缆汇入汇流箱接入就近变压器。

逆变器选型遵循原则：①性能可靠，效率高；②直流输入电压有较宽的适应范围；③具有完善的保护功能；④波形畸变小，功率因数高；⑤具有完善的监控和数据采集接口等。

（3）建筑光伏屋顶安装示意

拆除原有屋面板，更换铺设鑫明光 BIPV 系统，旧屋面分步拆除，同时进行新屋面的安装，拆除多少安装多少，同时做好防护措施，拆、装同步进行，不影响建筑本身使用和功能，在新旧施工面结合处采取防雨措施，防止因天气原因造成的不必要损失。

3. 鑫明光 BIPV 系统优点

BIPV 系统为行业顶级金属屋面光伏系统，具有以下优点：①采用加强型立边双咬合无限涨缩高肋金属屋面系统；②通过 CNAS L9305 检测认证；③静态检测达到 -16.5 千帕；④动态风荷载测试达到 12.6kPa。

具有行业顶级超强抗风揭、零漏水、零维护、外表美观、使用寿命是钢板的三倍以上等特点。

4. 并网接入

根据本项目前期收资、现场踏勘，以及业主提供的信息，本项目以 10 千伏（kV）电压等级并网，项目总装机量约为 7146.76kW，通过 37 台 196kW 组串式光伏逆变器就近逆变，经过交流汇流箱汇流接入 0.4/10kV 箱式变压器，升压后接入厂区 10kV 配电母线。

三 屋顶光伏发电站的经济收益分析

（一）发电量概览

光伏发电站发电量随着天气变化、季节变迁、光照时间变化等因素呈现趋势变化。每年 1—12 月每千瓦每天发电量如图 1（a）所示；每年 1—12 月发电系统效率变化如图 1（b）所示。

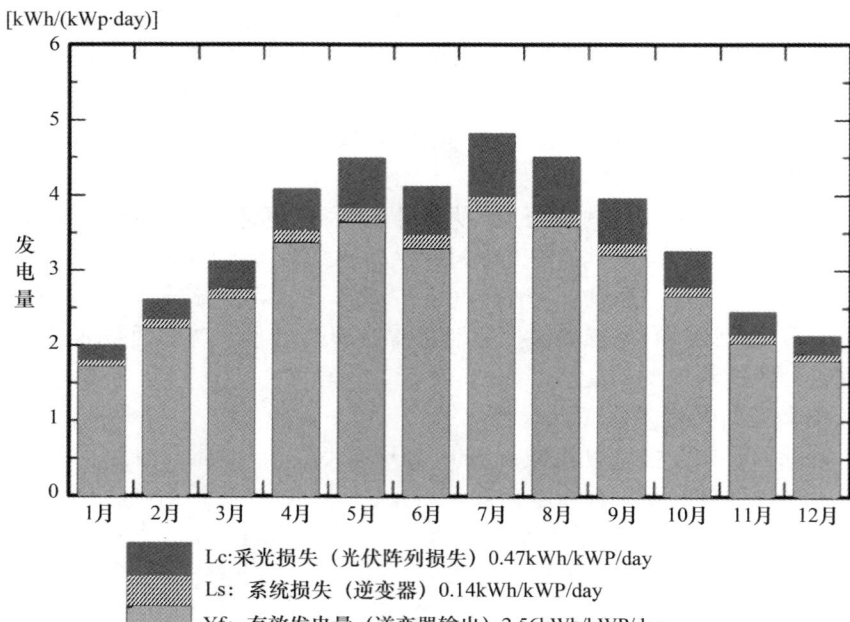

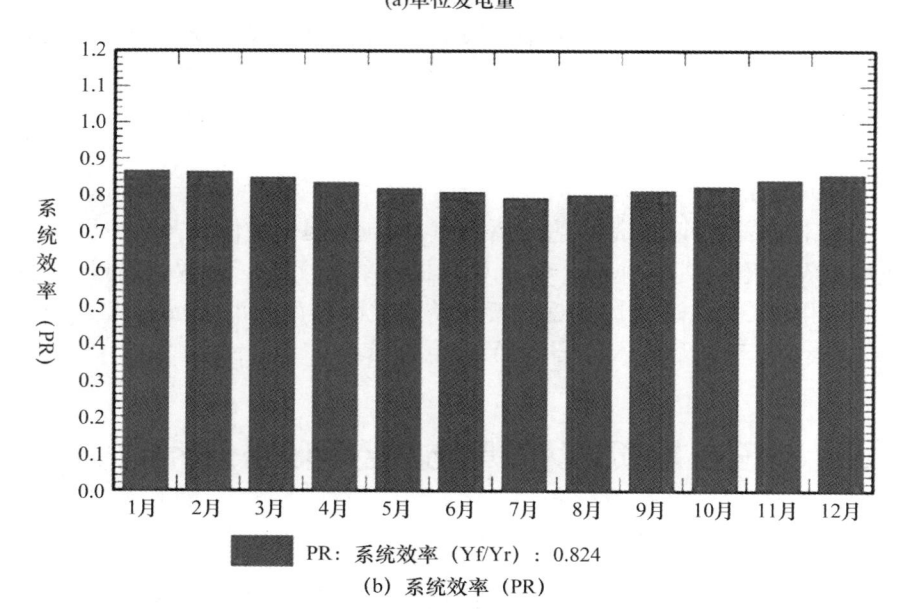

2024年中国绿色经济发展分析

Lc:采光损失（光伏阵列损失）0.47kWh/kWP/day
Ls：系统损失（逆变器）0.14kWh/kWP/day
Yf：有效发电量（逆变器输出）2.56kWh/kWP/day

(a) 单位发电量

PR：系统效率（Yf/Yr）：0.824

（b）系统效率（PR）

图1 发电量概览

资料来源：据公开资料整理。

(二) 25年发电量测算结果

由表2可看出,电站建成后首年发电量746.17万kWh,日均发电约2.04万kWh,25年共可发电约1.7亿kWh,年均发电694.29万kWh。

表2　　　　　　　　　建筑光伏屋顶发电量测算

序号	发电量/万 kWh	PR/%	PR 损失/%
1	746.17	82.40	0.00
2	742.41	81.90	-0.50
3	738.64	81.50	-1.00
4	734.87	81.10	-1.50
5	731.10	80.70	-2.00
6	727.33	80.30	-2.50
7	721.76	79.70	-3.30
8	716.19	79.00	-4.00
9	710.61	78.40	-4.80
10	705.04	77.80	-5.50
11	699.46	77.20	-6.30
12	696.11	76.80	-6.70
13	692.76	76.50	-7.20
14	689.41	76.10	-7.60
15	686.06	75.70	-8.10
16	682.71	75.40	-8.50
17	678.99	74.90	-9.00
18	675.28	74.50	-9.50
19	671.56	74.10	-10.00
20	667.85	73.70	-10.50
21	664.13	73.30	-11.00
22	656.35	72.40	-12.00
23	648.58	71.60	-13.10
24	640.80	70.70	-14.10

续表

序号	发电量/万 kWh	PR/%	PR 损失/%
25	633.02	69.90	-15.20
合计	17357.19	—	-15.20
平均	694.29	76.62	-0.61

资料来源：据公开资料整理。

（三）节能减排

25 年共节约标准煤 26765.48 吨，年均节约 1070.62 吨。

各种污染物减排情况如表 3 所示。

表 3　　　　　　　　减排数据

排放类别	25 年排放量（吨）	年均排放量（吨）
烟尘（毫克）	2.95	0.12
二氧化碳（CO_2）	143023.28	5720.93
二氧化硫（SO_2）	14.41	0.58
氮氧化物（NO_X）	23.09	0.92

资料来源：据公开资料整理。

编辑：岳田

探索环境治理新模式 开拓"绿水青山就是金山银山"转化新路径

——广东省肇庆市广宁县"碧水—竹海—文旅"EOD 项目

一 响应政策导向 创新环境治理模式

生态环境导向的开发模式（Ecology-Oriented Development，EOD）是以习近平生态文明思想为引领，以可持续发展为目标，以生态保护和环境治理为基础，以特色产业运营为支撑，以区域综合开发为载体，采取产业链延伸、联合经营、组合开发等方式，推动公益性较强、收益性差的生态环境治理项目与收益较好的关联产业有效融合，统筹推进，一体化实施，将生态环境治理带来的经济价值内部化，是一种创新性的项目组织实施方式。2020 年以来，生态环境部等部门部署开展 EOD 模式试点项目建设，探索将生态环境治理项目与资源、产业开发项目有效融合，解决生态环境治理缺乏资金来源渠道、总体投入不足、环境效益难以转化为经济收益等瓶颈问题，推动实现生态环境资源化、产业经济绿色化，提升环保产业可持续发展能力，促进生态环境高水平保护和区域经济高质量发展。

广东省肇庆市广宁县是一个典型的山区县，拥有丰富的生态资源。近年来，该县创新生态环境治理投融资机制，拓展生态环保项目投融资渠道，将效益性差的生态环境治理项目与收益较好的关联产业有效融合，谋划实施了"碧水—竹海—文旅"EOD 项目。该项目将生态环境治理与旅游开发相结合，通过改善水质、保护竹林和推动文化旅游等措施，实现生态效益和经济效益的双重目标。并获得中国农业发展银行（以下简称农发行）广东分行 30 亿元贷款授信，首期 7 亿元已成功获批，成为广东省首个正式获得金融机构支持的 EOD 项目。

该项目得到广东省高度肯定，全省"百县千镇万村高质量发展工程"指挥部办公室将其作为《我省金融支持"百千万工程"的经验做法》的典型案例，印发至全省供参考借鉴；广东省生态环境厅将其作为典型案例向省内各地市推荐学习；广州、深圳、梅州、云浮等市县均到广宁县进行交流学习。

二 抢抓政策机遇　全力推动项目申报

自生态环境部推动 EOD 工作以来，广东省肇庆市一直以深入的态度和认真学习的精神，对政策措施进行理解和领会，同时对各地的项目需求和实际情况进行深入的分析和研究。为了更好地推广和应用 EOD 项目，该市选择以广宁县为试点，首次推出 EOD 项目谋划工作。

广宁县在这次 EOD 项目谋划中发挥了积极的作用。通过抢抓"绿美广东生态建设"、"百县千镇万村高质量发展工程"、生态环境部和省生态环境厅大力推动 EOD 工作的"天时"机遇；立足于广宁县"一江"（绥江广宁段）、"一河"（古水河）流域丰富的水资源、竹资源和现有的竹产业、文旅产业等"地利"优势；借助省生态环境厅、农发行广东省分行挂点的"人和"因素，推动广宁县"碧水—竹海—文旅"EOD 项目成功融资。

广东省肇庆市广宁县在推动 EOD 项目方面，认真学习并深刻理解了相关政策措施，紧紧抓住机遇，充分整合当地的资源优势与外部支持，为项目的成功融资提供了坚实的保障。他们的经验和做法，为其他地区和合作伙伴提供了宝贵的借鉴和学习经验。

（一）加强组织领导，高位推进项目申报

为确保工作的顺利进行，广宁县建立健全了工作机构，并成立了以县政府主要领导为组长，常务副县长和有关分管县领导为副组长，县府办、县发改局、县财政局、县水利局、县住建局、县林业局、县资源局、县城规服务中心、县投促中心主要负责同志，各镇人民政府镇长为成员的"广宁县生态环境保护金融支持项目储备库入库工作领导小组"。并下设由县

| 探索环境治理新模式　开拓"绿水青山就是金山银山"转化新路径 |

政府党组成员担任主任的办公室,负责日常的协调工作。另外,还组织了由县政府党组成员担任组长的资料审核专班。为了更好地推进工作,广宁县还建立了联席会议制度,原则上每周召开一次会议,并在必要时随时召开。

在项目谋划方面,县主要领导组织召开了专题会议,研究如何推进EOD项目的谋划。同时带领团队到广东省生态环境厅、农发行广东省分行进行汇报,争取更多的支持。此外,部署并要求分管县领导对项目"一周一调度",带领团队到先进地区进行对标学习。

(二)创新工作机制,凝聚各部门工作合力

根据EOD项目入库到落实的流程特点,广宁县做出了项目入库与项目融资"两条腿走路"的工作部署,既要项目顺利入库,也要确保项目落地。

首先,加强部门联动,合力推进项目谋划。按照EOD项目的要求,生态环境治理与产业开发需要密切关联,组合实施的单体子项目不超过5个。为此,广宁县水利、住建、林业等子项目主管部门已全面梳理子项目的建设需求,并将子项目报送发改部门进行具体研究,做好项目把关。此举有助于更好地处理与专项债项目立项的关系,以确保项目顺利入库。肇庆市生态环境局广宁分局迅速制定项目清单,县政府研究部署,确定具体产业项目和治理项目,各相关主管单位对应落实。

其次,就地取材,确定项目内容。县政府组织县财政局、县发改局、县城规服务中心、县投促中心、县林业局、县城管局、县农业农村局、县住建局、县资源局、县工信局等部门,对全县符合EOD项目申报条件且比较成熟的项目进行梳理。经过初步梳理,先行筛选出13个子项目,经研究后最终决定按照2个环境治理项目和3个产业项目组成EOD申报项目。

同时,本县同步开展项目申报和融资工作。为此,已组建EOD项目融资工作专班,形成"项目谋划—融资计划"一体化工作模式。对照EOD项目申报要求,明确需要开展的各子项目,形成EOD项目包。融资工作由县财政局牵头,负责与设计单位及银行沟通对接,以确保顺利获得授信。

(三)做好项目搭配,实现环境保护与产业发展双赢

为推动生态环境治理与关联产业融合发展,广宁县采取了诸多措施。

把水环境综合整治、北片区饮用水源安全保障等收益性较差的生态环境治理项目与竹产业加工聚集区建设、碧水竹海生态文旅开发、光伏产业乡村振兴示范等收益性较好的关联产业融合，在成本与收益综合测算的基础上，将其作为一个整体项目向银行申请贷款，并统筹推进、一体化实施，最终实现收益较好的关联产业反哺生态环境治理项目的效果。

环境整治，为产业发展打造了更加优质的美丽生态环境，推动了文化旅游等产业的繁荣发展，真正将"绿水青山就是金山银山"的理念落到了实处。

三 突出融合关联，统筹做好项目设计

广宁县"碧水—竹海—文旅"EOD项目共包含5个子项目，其中生态环境治理子项目2项，分别是绥江流域水环境综合整治项目、北片区饮用水源安全保障项目，关联产业类子项目3项，分别是竹产业加工集聚区建设项目、碧水竹海生态文旅开发项目、光伏产业乡村振兴示范项目。本项目在设计上着重突出项目建设内容之间的关联性，主要包括逻辑关联和空间关联。逻辑关联是指各项目建设内容之间存在的支撑、依托关系；空间关联是指项目实施在空间范围上的一致性，确保逻辑关联能够真正发挥作用。

（一）逻辑关联

本项目的逻辑关联思路是，以"一江"（绥江广宁段）、"一河"（古水河）为主线，聚焦"水资源、水环境、水安全"，通过健全环境基础设施，开展水环境综合整治，强化饮用水源保障，推进旧采矿区生态修复，将广宁县优良的生态环境、优质的生态产品、优越的人居条件打造成为独特的发展优势，同时加大竹产业集聚区培育，利用丰富的竹林等特色生态产品，进一步延长产业链、提升价值链、完善供应链，构筑高附加值的现代竹产业体系。

此外，充分借助绥江广宁段和古水河优质的流域环境、竹林特色，推进特色文旅向"一江""一河"持续延展，打造碧水竹海旅游区，利用丰富的太阳能资源，发展光伏清洁能源产业，满足居民及相关行业发展对电

力资源的需求，形成文旅的特色亮点和乡村振兴的增长点，构建"一江＋一河＋三区（集聚区、旅游区、示范区）"的生态产品价值转化体系，形成生态保护投入—现代竹产业/文旅产业/光伏产业反哺的闭环。

（二）空间关联

本项目的空间关联思路是，生态环境治理项目与关联产业项目在空间上具有一致性，避免出现"产业飞地"情况，导致生态环境治理产生的效益难以溢出到关联产业中。

本项目绿色关联产业所在地与生态环境治理项目所在地空间关联具有一致性，相关项目总体均集中在"一江""一河"范围内。从项目建设位置来看，北片区饮用水源安全保障项目、碧水竹海生态文旅开发项目、竹产业加工集聚区建设项目、光伏产业乡村振兴示范项目空间位置较为集中，空间集聚度较高。绥江流域水环境综合整治项目中的工业园区污水处理设施沿绥江干流布设，农村污水处理设施沿干流、支流布设，均依托"一江""一河"展开。水环境、水资源、水安全等生态环境治理要素与竹产业、文旅产业等开发内容空间临近，确保生态环境治理成为关联产业的要素基础，实现产业开发对生态环境治理的反哺。

编辑：王耕南　雷鹤渊

未来科技基金的 ESG 投资实践

一 ESG 纳入投资决策的内涵

ESG 投资理念在 20 世纪 90 年代即开始显现。联合国全球契约组织（United Nations Global Compact，UNGC）一直在鼓励金融机构和企业将环境（Environmental）、社会（Social）和治理（Governance），即 ESG 原则，以及可持续发展理念纳入其决策和业务战略中，以构建强大、有弹性的金融市场并推动可持续发展。责任投资原则组织（Principles for Responsible Investment，PRI）于 2006 年在联合国的支持下成立，目标是促使投资者将环境、社会和治理因素纳入其投资决策和实践中，以更好地管理风险、提高回报，并在社会中产生积极影响。

将 ESG 要素纳入投资决策是大势所趋。过去几年，气候变化和极端天气事件、COVID-19 大流行、全球范围内爆发的反种族歧视和争取社会公正运动、对自然资源管理和生物多样性的关切，以及科技迅速发展为解决能源和环境问题提供的可能性等变化趋势，使 ESG 投资理念进一步深入人心。部分投资机构也开始逐渐从只关注企业财务绩效指标表现转变到关注非财务绩效指标 ESG 的表现，不再追求单一财务回报，而是更加注重财务回报和可持续发展的均衡、绿色低碳及改善社会福祉。综观全球，有近 100 个国家实施了 350 项 ESG 强制性法规和 250 多项 ESG 自愿性法规，企业可持续发展披露正逐步从自愿行为向强制性 ESG 报告转变，政府监管极大地推动了 ESG 在全球各国的迅猛发展，也给企业的 ESG 合规和披露工作提出了更高要求。这也推动更多资金流向注重 ESG 规划和 ESG 绩效表现良好的企业和项目，并开始探讨如何将 ESG 要素纳入投资决策、投后赋能，协助企业制定 ESG 战略，提升 ESG 管理水平和 ESG 披露的规范程度，以及实现可持续发展和价值创造。

二 未来科技基金的 ESG 投资理念

未来科技基金[①]致力于将 ESG 投资准则和管理流程纳入"募—投—管—退"全流程。未来科技基金是一只 2023 年在深圳注册成立的私募股权基金,聚焦于智能生活核心硬科技及新能源应用领域(半导体、机器人、人工智能、储能),投资者包括财富 500 强企业和国内外科技行业具有多年创投经验的高净值个人。未来科技基金关注投资企业在环境、社会、和治理方面的规划和业绩,以联合国全球契约组织(UNGC)和责任投资原则组织(PRI)提供的 ESG 投资框架为指引。未来科技基金尤其支持在减碳方面表现优秀的企业。在募资过程中,寻找有 ESG 经验并关注可持续发展和社会责任的投资人(LP)。在投资过程中,将 ESG 要素融入项目筛选、尽职调查和投资决策中,评估和选择能够创造可持续价值的项目和企业。完成投资后,协助企业识别与 ESG 相关的商业机会和可能对业务产生负面影响的 ESG 风险,包括环境影响、社会责任和治理结构等问题,将 ESG 要素融入企业的愿景、目标和战略中,确保企业在经营活动中充分考虑 ESG 因素,定期评估 ESG 绩效,并持续改进 ESG 管理流程。通过与被投企业共享 ESG 知识和资源,在投后管理过程中为被投企业赋能,稳步提升被投企业的可持续绩效表现。未来科技基金尤其关注被投企业的供应链管理,提醒并协助整个价值链中的公司遵循 ESG 标准。在退出过程中,未来科技基金一直鼓励企业提供 ESG 业绩表现报告,向投资者展示更多的透明度,呼吁并鼓励企业履行社会责任并展示相关成果,揭示企业创造的可持续价值并持续对投资者和市场产生积极影响。未来科技基金会定期与 LP 交流,并将 ESG 相关战略、规划与管理逐步嵌入为投资人提供的报告中。

---

① 2023 年 10 月 26 日于中国证券投资基金业协会备案(备案编号:SB9195)。

三 未来科技基金的 ESG 投资案例

未来科技基金一期投资了若干优秀的整合 ESG 因素的企业,如致力于推进船艇电动化和智能化,能提供完整低碳产品解决方案的"逸动科技";致力于将先进的技术与美食相结合,为客户提供一体化 AI 数字厨房解决方案的"不停科技";致力于应对全球性蛋白质供应短缺,旨在利用昆虫生物转化、工业自动化、数字孪生、人工智能等技术,实现有机废弃物高值化利用的"茵塞普科技"。

(一)逸动科技致力于打造新能源船舰动力系统

逸动科技以"用绿色智能科技,赋能人类与水上环境的新连接"为公司愿景,致力于推动船艇动力系统新能源化。相比传统燃油船机,逸动科技所专注的船艇电力推进系统综合效率可达 50%,远超传统燃油发动机约为 20% 的整机效率水平,更为节约能耗。同时,电力推进系统可随时利用太阳能、风力、水力等可再生能源补充电量。据估算,船艇实现清洁能源供能后,可减少排放氮氧化物约为 80%,硫氧化物为 99%,微粒物质为 95%,二氧化碳为 20%。以逸动科技旗下 Spirit 1.0 电动船外机推算,通过电机替换油机,每位用户每年可减少二氧化碳排放 1.628 吨,相当于 15 棵树一年的固碳量。逸动科技也在船艇智能化方面不断发力,持续开发船艇辅助驾驶技术和船联网。其产品既能够提高船艇驾驶的安全性,降低驾驶员疲劳程度,提升工作效率,又能够精准控制船艇的动力,减少不必要的功率输出,有效提高综合能效比。

逸动科技的产品已应用于全球 60 多个国家和地区在观光游览、水上巡逻、水上环保作业、交通接驳、帆船赛事、钓鱼娱乐、渔业等场景的低碳转型。以上海苏州河电动游船项目为例,逸动科技为其 12 艘游船提供的电力推进方案,预计每年可减少碳排放量 859 吨。[①] 逸动科技还积极携手蓝丝带海洋保护协会、深圳市蓝色海洋环境保护协会、SailGP(国际帆

---

① 截至 2023 年 10 月底,苏州河游船已累计开出航班 8800 余次,接待游客 10 万余次,节假日上座率可达 95%,实现了社会效益和环保效益的双赢。

船大奖赛）等机构及赛事组织。2022 年，逸动科技与国内最大的 5A 级海洋公益机构——蓝丝带海洋保护协会联合举办了国内首场全电动清洁能源帆船赛，所有参赛帆船均搭载逸动 Spirit 系列电动船外机，在进出港等情况下为其提供可靠动力，以鼓励大众对全球气候变化和海洋保护采取行动。逸动科技也与全球首个以"加速向清洁能源过渡"为目标的体育娱乐赛事 SailGP 达成合作，帮助其在每场赛事中平均减少 10% 碳排放量，加快大赛运营向清洁能源转型。

（二）不停科技致力于打造零碳智能厨房

传统烹饪会产生有害气体排放，对环境造成损害，而不停科技 AI 数字厨房系列产品始终坚持纯电力驱动，相较传统燃气灶能有效减少 58% 的二氧化碳排放。其 MAX 美食机器人采取分段式电磁加热方式，可根据不同菜的分量控制加热区域，与燃气加热相比能量利用率更高。此外，MAX 采用了闭环温度控制算法代替传统的开环功率控制；内置 TCS 温控系统，可以根据菜谱烹饪流程动态调节加热功率，帮助客户实现高效用电，降低 20% 的用电量。由人工智能驱动的自动投料控制系统可以确保调料投放精确到 0.5 克，与人工投料方式相比，可减少 15% 的能源浪费。菜品烹饪完成后自动清洗，采用高压喷水方式高效去除锅内食材残渣，相较人工清洗方式可节约 50% 用水量，提高能源利用率。

不停科技 MAX 美食机器人将传统厨房工作中的翻炒、控温、出菜、洗锅等烦琐步骤免去，消除了厨师长期受油烟环境影响的困扰。另外 MAX 的 BI 系统和餐厅的管理系统可以将数据打通，实现从前端供应链到备菜、炒菜，再到后端的收银的全过程无缝衔接，进一步降低人工劳动，从而很好地改善传统厨房的工作环境，提升工作效率。

（三）茵塞普科技致力于低碳高效的可持续蛋白质供应

茵塞普科技旨在利用昆虫生物转化、工业自动化、数字孪生、人工智能等技术，实现有机废弃物高值化利用，以应对全球蛋白质供应短缺问题，被《财富》杂志评为"中国最具社会影响力的创业公司"之一。

茵塞普科技通过配备全环境控制的饲养仓饲养黑水虻等昆虫[①]，相较

---

① 相比禽畜，可食用昆虫是一种更为环保的替代蛋白质：每生产 1 千克牛肉需要消耗 10 千克饲料和 22 千升水，同时占用 200 平方米土地并排放 2.85 千克温室气体；生产 1 千克可食用昆虫只消耗 1.7 千克饲料和不到 1 升的水，同时只占用 15 平方米土地并排放 1 克温室气体。

传统养殖方式每平方米的产出效率可提升12倍以上，占地面积可节约70%以上，同时不造成二次污染。且借助茵塞普科技的食料预处理、物料搬运、视觉收投、产物后处理等自动化系统，可实现无人化处理，避免从业人员接触有机废弃物，改善就业环境的同时提升工作效率。

随着我国垃圾分类等"双碳"政策的全面实施，预计到2025年我国餐厨垃圾产生总量将达到1.7亿吨，如果全部回收并用于设施化黑水虻饲养，可以得到680万吨的黑水虻鲜虫以及1360万吨的虫砂，每年可为传统餐厨垃圾处理行业带来超过211亿元的新增收入。

相比传统的垃圾焚烧处理方式，黑水虻昆虫生物转化减少碳排放比例可达57.99%，转化每吨餐厨垃圾平均可减排65.85千克二氧化碳当量。当考虑黑水虻昆虫蛋白和虫砂代替同等质量鱼粉和化肥时，转化每吨餐厨垃圾平均可减排97.76千克二氧化碳当量。茵塞普科技的数字孪生系统可以非常直观地追溯整个昆虫生物转化过程中的碳排放数据，为未来碳交易以及ESG投资带来全新的想象空间。

编辑：张翼

绿色新经济　成竹新未来
——浙江中合碳科技集团有限公司

一　构建竹产业循环经济复合产业链

我国是竹资源品种最丰富、竹产品生产历史最悠久、竹文化底蕴最深厚的国家。2021年12月，国家林业和草原局联合国家相关十部委发布《关于加快推进竹产业创新发展的意见》，深入践行"绿水青山就是金山银山"理念，立足新发展阶段，贯彻新发展理念，构建新发展格局，聚焦服务生态文明建设、全面推进乡村振兴、"双碳"等国家重大战略，大力保护和培育优质竹林资源，构建完备的现代竹产业体系。

绿色，是中国竹产业的底色。"小竹子，大产业"。浙江中合碳科技集团有限公司（以下简称中合碳科技）经过多年研发投入，结合新能源、新材料、林下经济、碳汇交易、生态修复和森林康养旅游等项目形成产业闭环，已逐步建成健全的"以竹代矿""以竹代塑""以竹代木""以竹代粮"等竹产业全产业链，推动产业上下游有机衔接，融合发展。在国家政策的支持下，在我国主要竹产区因地制宜拓展"原料—加工—产品—营销"上中下游产业链，建设集研发、初加工、精加工、竹工装备制造、环境综合治理于一体的竹生态产业链，通过集聚各类型产业，促进竹产业链高度衔接和结构优化，全力打造"全竹利用"产业链和价值链，推动竹产业集中、集群、集约发展。

竹产业向产业园区集聚，可以推动竹产品迈向价值链高端，促进资源集约、节约、高效、循环利用，逐步探索出实现碳中和的有效路径，形成具有区域优势的可持续碳循环经济模式，同时可促进竹、农、文旅深度融合，延伸竹资源价值链。打造全竹种植、生产、研发、销售、储运以及生态康养旅游产业链，实现竹产业融合发展、乡村振兴和农民增收致富，推动经济社会高质量发展。

二 中合碳科技业务情况介绍

中合碳科技，专注于生物质可再生资源的综合开发利用，依托旗下公司的生物质清洁能源、生物基材料及高科技生物质炭、气、电联产高效智能一体化装备的科研、制造，联动整合产业上下游资源、高校、机构，以及相关领域高科技企业，以竹产业、竹文旅为驱动，运用农业生态和"数字中国"建设战略，建成全国农业发展的高标准样板，国家现代农业科技示范展示基地。打造以中竹智谷（竹）零碳产业园、中竹绿谷共富园、中竹乐谷文旅康养园为核心的新型绿色环保（竹）产业集群，构建产业聚集、人才聚集、资源聚集、科技聚集、消费聚集的新经济体产业生态圈。

中合碳科技下设中竹竹产业技术研究院、中竹竹产业科创中心（孵化园）、中竹未来产业基金、中竹竹产业展销交易中心和人才培训服务中心。未来竹产业的发展主要靠创新和人才。中合碳科技在创新驱动发展战略中，以中竹竹产业技术研究院为新起点，以产业发展、市场需求为导向，广泛集聚人才，特别是招引产业相关青年科学家，着力解决"科技所能"和"产业所需"的问题。目前已有数十位行业专家学者加入团队，集团也将陆续在项目建设地搭建竹产业院士专家工作站等。中竹竹产业技术研究院作为"产学研"联系的纽带，加上市场化运作，将专家团队的技术成果快速转化为产品，在中竹竹产业科创中心进行孵化，推动建设新的竹产业链，形成一个良好的"内循环"。

从实现原创技术突破，到延伸产业链、扩大产业集群，中合碳科技依托研发、产业、技术等优势，因地制宜发展林下经济立体经营模式。着力培育打造一批龙头企业和特色品牌；同时，在中竹乐谷文旅园开发竹海观光、竹林探幽、竹楼野宿等竹文化旅游项目，以及康养大健康基地，逐步形成产业带动、技术带动、就业带动、品牌带动、文化带动、生态带动"六带一体"及四产融合的乡村振兴新模式，实现了"输血"与"造血"并驱，经济与生态共存。

三 中合碳科技模式的创新及其运营方式介绍

(一) 中竹智谷（竹）零碳产业园

中竹智谷（竹）零碳产业园，依托中合碳科技旗下中竹竹产业技术研究院的生物质清洁能源、生物基新材料等核心装备技术，孵化和引进多家以竹炭板、活性炭、负极材料炭、竹炭纤维、超级电容炭、竹纤维、竹纳米材料和先进竹材料、新能源为主导的产业链企业。产业园区将通过不断完善产业链生态体系，打造和复制具有全国和全球竞争力的集竹产业高新技术研发、资源利用转化、竹产品展示及相关服务产业等于一体的新能源、新材料产业园区。

产业园区立足将竹资源进行高效综合开发利用，以生物质绿色能源和新材料作为核心。集团公司下属的宁波中合碳新能源科技公司自主研发的炭、气、电联产高效智能一体化装备，各项技术处于行业领先，具有以下几个特点：产炭率高（20%以上）；得气量高（20000立方米的生物质天然气，可用于燃气内燃机发电或锅炉供热）；炭质量高（可用作钠离子电池负极材料）；有多种副产品（分离式工艺，将焦油、竹醋液等分离，竹醋液是制作除臭液等的主要原材料）；生产过程无须外部能源供给且无"三废"排放。这项技术装备的应用，为园区企业提供低成本的生物质绿色能源，实现用气用电降本增效，提高行业竞争力。

在新材料方向，零碳产业园区紧紧围绕"以竹代矿""以竹代塑""以竹代木""以竹代粮"等领域方向，孵化和引入高科技创新企业。"闪脱提质""植物纤维木质素物理分解""磁悬浮高速电机""高温热管技术""超声速超微气流粉碎分级技术""定向酵控生物酶解技术"等专利技术的注入，使企业可生产纤维碳膜、石墨烯、纳米竹粉、全降解材料、竹板材等迎合市场需求的高端高值产品。

通过竹零碳园区高度集约化、规模化、标准化建设，促进持续开展科技创新，推进竹产品精深加工，全力构建完善竹产业生态圈。

(二) 中竹绿谷共富园

中竹绿谷共富园，依托当地丰富的竹林资源，通过当地农户、合作社、政府和企业的共同合作运营,"以工补农、以城带乡、以商活村",形成种养一体、产业融合、全链条循环、多模式促富的现代绿色产业示范园,支撑中竹智谷零碳(竹)产业园内"以竹代塑""以竹代矿""以竹代木""以竹代粮"为主导的产业链企业的竹材需求,同时,通过运营林上林下经济,以及引进旅游、康养项目,不仅能增加当地税收,还能带动农民创富,从而实现共同富裕,推动乡村振兴。

(三) 中竹乐谷文旅康养园

中竹乐谷文旅康养园,集生态保护、旅游观光、产业发展、文化传承于一体,通过开发丰富的竹乡旅游线路、旅游产品,打造以竹为主题的新型文旅康养品牌,促进竹乡经济效益、生态效益、社会效益的高质量发展。

四 推动竹产业运营,实现共同富裕,带动乡村振兴

中合碳科技通过竹林碳汇经营与高效培育、竹林林下复合经济的第一产业,推动竹材精深加工、竹产品高值化利用的第二产业,带动竹林旅游与康养产业设计的第三产业。基本形成"一产优、二产强、三产兴"的竹产业综合体系,走出了一条竹林碳汇、竹材产业、竹材高值化利用产业、竹林林下经济产业、竹林旅游与康养产业综合发展的可持续生态发展路径。

在我国重要竹产区,竹产业是推动乡村振兴的有力抓手。中合碳科技下设人才培训服务中心,通过携手学科优势明显的高校、科研院所,搭建对接平台,持续为各竹产业基地输送智力支持和人才支撑,培养当代青年人成为竹产业职业经理人、技术能人、工艺匠人、产业工人和文旅达人等返乡就业和创业,在中竹智谷(竹)零碳产业园区、中竹绿谷共富园、中竹乐谷文旅康养园中担任重要角色。通过"人才集聚"和"科技创新"双驱动,激发乡村振兴的活力,跑出竹产业振兴的"加速度"。

中合碳科技计划在三年内陆续在国内各竹重要产区投资新建中竹智谷(竹)零碳产业园区、中竹绿谷共富园、中竹乐谷文旅康养园,围绕竹绿

| 绿色新经济　成竹新未来 |

色能源、竹新材料行业领域，通过建基地、扩市场、强品牌系列"组合拳"，加快竹资源培育，提升精深加工能力，做强竹全产业链，形成以竹产业为核心，林下经济、农产品种植、乡村旅游等多元化产业融合发展格局，奠定坚实的产业振兴基础，切实提高三次综合产值，推动竹产业成为带动当地竹农增收共富、助力乡村振兴的重要支撑。

"竹"梦未来，亩产万元不是梦！

编辑：周炜明